Elard Hugo Meyer

Deutsche Volkskunde

REPRINT – VERLAG
LEIPZIG

Die zum Teil geminderte Druckqualität ist auf den Erhaltungszustand der Originalvorlage zurückzuführen

Volker Hennig, Goseberg 22–24, 37603 Holzminden
ISBN 3-8262-1304-1

Reprint der Originalausgabe von 1898
nach dem Exemplar der Universitätsbibliothek Leipzig
(Signatur: Dt.Gesch. 72015[h])

Lektorat: Andreas Bäslack, Leipzig
Einbandgestaltung: Jens Röblitz, Leipzig
Gesamtfertigung: Westermann Druck Zwickau GmbH

Deutsche Volkskunde.

Von

Elard Hugo Meyer.

Mit siebzehn Abbildungen und einer Karte.

Straßburg,
Verlag von Karl J. Trübner.
1898.

Vorwort.

Dieses Buch bietet sich dem wachsenden Betriebe der deutschen Volkskunde als Führer an. Nicht nur fühlen die Germanisten, daß dieser Zweig ihrer Wissenschaft zu seinem Gedeihen noch weiterer besonnener Pflege und Leitung bedarf, sondern auch viele Gebildete, von unseren höchsten Beamten bis zu den bescheidensten Dorfschulmeistern herab, namentlich alle die Männer, die berufen sind, dem Volk zu raten und zu helfen, und wiederum dessen Hilfe in Anspruch nehmen, ja alle wahren Volksfreunde empfinden immer dringlicher die Pflicht einer genaueren Bekanntschaft mit den Zuständen und Anschauungen des gemeinen Mannes. Das hat auch die zahlreiche Zuhörerschaft meiner akademischen Vorlesungen über deutsche Volkskunde in Freiburg bezeugt, aus denen das Buch hervorgegangen ist. Denn unser „Volk" im engeren Sinne des Wortes ist, wie unser Gesamtvolk, am Ende des neunzehnten Jahrhunderts eine ganz andere Macht geworden, als es je zuvor war, und es ist in der gewaltigsten Umwälzung begriffen. Und mitten hinein tritt die Volkskunde, indem sie das Alte liebevoll der Erinnerung bewahrt und aus Älterem erklärt und zugleich aufmerksam die Vorbereitung und Wendung zum Neuen nachweist. Die Volkskunde hat eine wissenschaftliche und zugleich eine sociale Aufgabe.

Kuriositäten, wie sie viele zusammenhangslos aufhäufen, können der Volkskunde diensam sein, machen sie aber nicht aus; nicht in allerhand Überlebseln der Vergangenheit steckt ihr Hauptreiz. Über die Bücher hinweg erfaßt sie zunächst mit ihren eigenen Augen und Ohren die lebendige Gegenwart und alle deren Volksäußerungen, mögen sie alt oder neu, häßlich oder schön, dumm oder sinnig sein. Im Wirrsal der Erscheinungen sucht sie das Gesetz oder den Zusammenhang, der denn doch zu allertiefst in der Volksseele ruht und dort seine Deutung findet. Und weil die Gegenwart so viel Unverstandenes, Entstelltes und Halbverschollenes mit sich schleppt, bemüht sich die Volkskunde nun auch in die aufklärende Vergangenheit einzudringen. Da thut sich allmählich ein mächtiger Hintergrund hinter unseren Zuständen auf, wie noch unser alter Wald hinter den modernen Rübenfeldern steht. Man wird begreifen, warum meine Darstellung durchweg die Zustände der letzten Hälfte unseres Jahrhunderts wiederspiegelt, aber hier und da bei längst vergangenen Zeiten ruhig verweilt.

Dieses Buch ist ein Buch der Beispiele, gleichsam ein in die erzählende Form gegossener Fragebogen. Es soll die vielfältigen Töne des Themas anschlagen, die Leitmotive hervorheben und bald hierhin, bald dorthin zeigend zur Mitbeobachtung und Mitforschung anregen und die Teilnahme der Leser den bereits bestehenden, wie den noch sich bildenden Organen und Vereinen für deutsche Volkskunde zuwenden. Es hofft dabei selber, von allen Seiten her mannigfach berichtigt und ergänzt zu werden; gerade darauf ist es angelegt. So soll die Laienhilfe immer mehr in wissenschaftliche Bahnen einlaufen, so soll eindringliches Verständnis die höheren Klassen, die mit den Worten „Aberglauben", „Roheit" und anderen Schlagwörtern so vieles Volkstümliche schnell fertig abthun, den niederen nähern. Unser Jahrhundert darf nicht schließen, ohne daß eine wirkliche eingehende Kenntnis des Volkes in den weitesten Kreisen wenigstens angebahnt wäre.

Der anspruchvolle Titel meiner kleinen deutschen Volkskunde ist nur der Kürze halber gewählt; denn das Buch, das er deckt, ist ja nur eine Skizze der verschiedenen Gebiete des Volkslebens und nicht einmal eine vollständige. Der Begriff „Volk" ist vorläufig fast ausschließlich auf das Landvolk beschränkt worden, die „Arbeiter", Handwerker und die anderen Bürgersleute treten ganz zurück. Es galt zunächst, den festen einheitlichen Nährboden des Volkslebens zu gewinnen, der trotz aller Wandelungen sicherlich noch immer im Bauernstande ruht. Ferner fehlt dem Buche Anfang und Ende. Einen von mir bereits ausgearbeiteten Überblick über die Quellen und die Entwickelung der Volkskunde halte ich zurück, um den Leser sofort an die Hauptgegenstände heranzuführen, und auch mit Anmerkungen mochte ich ihn nicht behelligen. Ein Schlußkapitel, das die namentlich für den Gesamtcharakter und die Stammesunterschiede unseres Volkes wichtigen Ergebnisse zusammenfaßte, schien mir noch nicht thunlich. Die jetzige Reichsgrenze ist aus naheliegenden Gründen nicht immer innegehalten, sondern öfter nach Holland, Österreich und der Schweiz hin überschritten worden. In dem einen Kapitel wiegt ein Teil unseres Vaterlandes, in dem anderen ein anderer vor. Wer das Ganze überblickt, wird einen gerechten Ausgleich der Ansprüche der verschiedenen Landschaften gewahrt finden. Nur der Nordosten ist zu kurz gekommen.

Wenn auch meine Arbeit, wie angegeben, an Vorlesungen anknüpft, die erst in den letzten Jahren gehalten worden sind, so hat sie doch zu ihrem Reifen mehr als dreier Jahrzehnte bedurft. Schon in den sechziger Jahren machte ich von meiner Vaterstadt Bremen aus wiederholt volkskundliche Streifzüge durch Nordwestdeutschland vom Kyffhäuser bis an die Zuydersee. Fast ein ganzes Jahr verlebte ich in Brixen, allerdings krank, aber im regsten Verkehr mit dem ersten Kenner der österreichischen Alpenwirtschaft, Professor von Kaltenegger. Seit fünfzehn Jahren halte ich mich in Freiburg i/B. auf, wo meine Mitarbeiter an der badischen Volkskunde, die Herren Professor Kluge und Dr. Pfaff, und ich namentlich in den letzten fünf Jahren ein stattliches, demnächst zur Veröffentlichung gelangendes Material gesammelt haben und zwar mittelbar namentlich durch zahlreiche eifrige Volksschullehrer, aber auch unmittelbar auf manchen Wanderungen. An handschriftlichen Quellen muß ich außerdem noch hervorheben den für den Ackerbauabschnitt des Sittenkapitels ausgiebigen Nachlaß meines Lehrers Mannhardt, der aus den sechziger Jahren stammt. Die Bibliothek zu Berlin, die ihn hütet, hat ihn mir mit dankenswertem Vertrauen zur Verfügung gestellt. Die meisten Stücke dieses reichen Schatzes, die ich für das vorliegende Büchlein nicht verwerten konnte, werde ich anderen Orts vorlegen. Auch darf nicht vergessen werden, daß ich einige Hausabbildungen und -grundrisse den bekannten Werken von Henning und Meitzen verdanke. Die Mundartenkarte lehnt sich zwar an die von Maurmann für Meyers Konversationslexikon 5. Aufl. 1894 entworfene an, verlegt aber mehrere Grenzlinien oder giebt sie ganz auf. Fachleute werden außerdem bemerken, daß die volkswirtschaftliche Litteratur in ziemlichem, die volkstümliche und die volkskundliche in weitem Umfange benutzt worden ist. Sie werden viel Bekanntes vorfinden, aber auch viel bisher Übersehenes und sich hoffentlich mit den Hauptgesichtspunkten befreunden. Von den anderen Lesern möchte ich mir als schönsten Dank eine ähnliche Stimmung wünschen, wie sie uns einst an einem unserer volkskundlichen Übungsabende ein Student überschwenglich aussprach: „Uns sind jetzt erst die Augen geöffnet über unsere Heimat, über unser Volk und unser eigenes Leben!“

Freiburg, 1. November 1897.

Elard Hugo Meyer.

Inhalt.

Erstes Kapitel.

Dorf und Flur.

Die früheste und umfassendste Kulturarbeit unseres Volkes, die Besiedelung und der Anbau des deutschen Landes, begann im Norden desselben vor etwa 2000 Jahren, und sie breitete sich im ersten Jahrtausend bis an und über die Alpen aus. Ihr Schauplatz erstreckt sich heute vom gletscherumlagerten höchsten Dorfe Europas, Gurgl in Tirol, bis hinab zu den schleswigschen Halligen, an denen die nimmersatte Nordsee zehrt. Aber innerhalb dieses weiten Gebietes ist der überwiegend schwierige, doch nicht undankbare Boden noch immer nicht völlig bewältigt. In seiner Besiedelungsgeschichte spiegelt sich das Schicksal und das Wesen unseres Volkes ebenso lebendig wieder, wie in seiner Sprache und seiner Sitte. An viel tausend Stellen ragen Dörfer und Höfe als Denkmäler auf, im Kern ihrer Anlage großenteils weit älter als unsere Städte, Burgen und Klöster, und eine fast noch deutlichere Sprache reden die Fluren, Allmenden und Marken, die zu unseren ältesten Urkunden gehören. Doch sind auch unter diesen bäuerlichen Gebilden ältere, mittlere und junge, Urdörfer, Töchterdörfer und Neudörfer erkennbar, und hier und da brechen rohe Siedelungs- und Wohnformen der Urzeit aus der Lebensweise noch unseres Jahrhunderts hervor. In den Heiden der holländisch-deutschen Grenzstriche tieft sich noch heute der Arme seine elende Erdhütte aus, nicht viel mehr als ein bloßes Dach aus Stroh und Reisig, das auf niedrigen Rasenwänden ruht, und vollends das Sommerheim der Tiroler Landstreicherfamilien, der „Dörcher“, ist nur ein zweiräderiger Karren.

Zu Cäsars Zeit lebten die Germanen noch überwiegend von Jagd und Viehzucht, aber daneben bestellten sie, in Dörfern *vici* oder Einzelhöfen *aedificia* geschlechter- und familienweise zusammenwohnend, in gemeinsamer roher Bewirtschaftnng ein ungeteiltes Grundstück, das mit einem anderen rasch vertauscht wurde, sobald es ausgesogen schien. Tacitus kennt ebenfalls solche Familienniederlassungen, in denen aber jeder Hausvorstand auf Grund seiner Abstammung und seines Ansehens eine bestimmte Quote vom Ackerland in feste Hand bekam, dessen Teile zwischen Anbau und Brache jährlich wechselten. Viele Jahrhunderte später werden bei den Westgoten und Alamannen wiederum die ackerbauenden Sippschaften bezeugt, und noch bis heute müssen das zerstreute Haufendorf, wie es Tacitus schildert, und der einsame Einzelhof als die ältesten und wichtigsten Siedelungsformen Deutschlands gelten.

1) Das **Haufendorf** oder **Sippendorf** wurde zuerst in Urdeutschland gegründet, das von der Nordsee und der dänischen Grenze sich zwischen der Schwentine, der Unterelbe, der Saale und dem Thüringer Wald einerseits und der Unterweser, dem Osning, dem Rothaargebirge und dem Taunus andererseits bis gegen den Main hin erstreckte und etwa im vierten Jahrhundert v. Chr. von den Sueven, Chatten und Hermunduren und später zum größten Teil von den Sachsen besetzt wurde. Die heutigen Länder Schleswig-Holstein, Osthannover, Braunschweig, Hessen und Thüringen bildeten Deutschlands ältesten Kern. Beim Vordringen jener Stämme gegen Süd und West wurde das Haufendorf über den größten Teil Mittel- und Oberdeutschlands verbreitet. Wir finden es bei den Franken am Main und in der Pfalz, bei den Schwaben-Alamannen am Neckar und Oberrhein bis zum Lech, bei den Bayern vom Lech bis zur Isar und bis ins Tiroler Innthal hinein. Das Haufendorf ist eine lockere Gruppe planlos gelegter Hofstätten von mäßiger Anzahl, wie das Wort Dorf, mit dem das lateinische *turba* Schar, Haufe urverwandt ist, ursprünglich nur eine bloße Menge bedeutet. Jedes Haus hat seine eigene Richtung und liegt für sich, ist zwar den anderen Häusern benachbart, berührt sie aber nicht und schließt sich vollends nicht mit diesen zu einer Reihe zusammen. So ist

denn auch das Wegenetz des Dorfes regellos, krumm und winkelig. Im Mittelalter umgab ein Etter, Dorfzaun oder Hagen, im Westen auch wohl eine Mauer, das Dorf mit seinen Höfen und Gärten.

Um diesen engeren Kreis, das Dorf, legt sich ein weiterer, die Flur, der Esch, das etwa 300—400 Hektare umfassende permanente Ackerland, das sich auf die 10—30 Hofstätten in gleichen, ideellen Anteilen oder Hufen verteilt. Die Hufe oder Hobe scheint abzustammen vom niederdeutschen *höven, behöven* = nötig haben, *Behoof* = Behuf, das im holländischen *hoeven* (sprich huwen) = bedürfen und im englischen *behoof* und *behove* weiterlebt. Sie war also ein für den Bedarf eines bäuerlichen Haushaltes ausreichender Landbesitz, etwa 30 Morgen oder Tagwerke groß, bestand aber nicht aus einem zusammenhängenden Stück, sondern lag in kleinen Ackerbeeten zerstreut in verschiedenen Gewannen, Lagen, Flagen, Breiten. Man teilte nämlich die Flur in fest begrenzte Abschnitte von in sich gleicher Bodenbeschaffenheit, Güte und Lage und diese Gewanne nach der Zahl der Hofstätten des Dorfes in Äcker von unregelmäßiger Form oder in gleichmäßige, annähernd rechteckige Längsstreifen, so daß jeder Bauer einen gleichen Anteil an jedem Gewanne bekam. Dieser Anteil wurde früher von Zeit zu Zeit ausgelost, verwandelte sich aber wohl schon bald nach der dauernden Besitznahme des Landes in festes Sondereigentum. So entstand eine bunte Gemenglage schmaler Ackerstreifen, die weder durch Rain, noch Stein voneinander geschieden waren, obgleich jeder anstoßende Streifen einen anderen Besitzer hatte. Eine Grenzfurche genügte, nach der die Dorfgenossen später noch Furchgenossen, niederdeutsch *Vorgenaten*, kölnisch *Fuhrgenossen* hießen. Vielleicht schon in merowingischer Zeit wurde diese Flur im Wechsel der Dreifelderwirtschaft zwischen Winter-, Sommersaat und Brache auf drei Zelgen bestellt und noch bis in die erste Hälfte unseres Jahrhunderts hinein. Die Hindernisse, die dieser Bestellung aus der zerstreuten Lage und der schweren Zugänglichkeit der Hufenstücke erwuchsen, wurden wesentlich erleichtert durch den Flurzwang. Die versammelten Bauern setzten in ihren Bauersprachen oder Einungen den Wechsel der Bestellungs- und Ruhejahre des Ackers, die Wahl und Folge der Saaten, die Zeit des Pflügens, Säens und Erntens, die Zeit der Umzäunung und Öffnung der Brach- und der Stoppelweiden für das Vieh, die Unterhaltung der Brücken und Stege fest.

Jenseits der Flurgrenze dehnte sich die Allmende, die Gemeinheit, das aus Wald und Weide, Sumpf und Moor bestehende Gemeindeland aus. Die Allmende war ein Rest des freien Weidegebietes der alten umziehenden Hirtengemeinde, der auch nach der Gründung fester Ackerdörfer volles Gemeingut blieb. Ihre Weiden, Wälder, Brüche und Öden stehen teilweise noch in unseren Tagen jedem Bauer des Dorfes frei zu Schaf- und Rinderweide und Schweinemast, zu Jagd, Fischfang und Zeidelei oder Imkerei. Weil die Allmende der ganzen Dorfsippe gehörte, hieß sie zuweilen geradezu das Geschlecht.

Diese aus Dorf und Flur und Allmende bestehenden Dorfgemarkungen waren umgeben von den gemeinen Marken, ursprünglich weiten Flächen unangebauten Landes, die die Bezirke größerer Weidegenossenschaften gewesen zu sein scheinen, später zum Teil aber in die Nutzung der Genossen der angrenzenden Dörfer übergingen oder auch seit der Ausbildung des Königtums königliches Eigentum wurden.

Man hat diese den urgermanischen Nachbarvölkern in der geschilderten Weise unbekannte Dorf- und Flurgestaltung, insbesondere die Gemenglage der Äcker in den verschiedenen Gewannen, aus einem planmäßig waltenden Gerechtigkeits- und Gleichheitssinn der ersten Ansiedler erklärt, der jedes Mitglied der Verwandtschaft mit einem möglichst gleich großen und gleich guten Anteile bedacht und auch Landschäden, wie sie z. B. Überschwemmung und Hagelschlag oft dem einen viel stärker zufügen als dem anderen, möglichst gleichmäßig zu verteilen gesucht habe. Der Ursprung des Dorfes aus einer Sippe und die gerechte Fürsorge für den einzelnen Schwerbetroffenen in noch heute bestehenden Gemeinden, wie sie z. B. noch auf den Halligen vorkommt, scheinen für solche Erklärung zu sprechen. Aber Gleichheit gab es schon in der Siedelungszeit nicht mehr, zu Tacitus' Zeit bereits wurden die Äcker nach dem Range oder Ansehen der einzelnen Mitglieder verteilt.

Ferner scheint die Verteilung der Äcker auf die verschiedenen Gewanne nicht sofort bei der ersten Siedelung in einem Akt, sondern vielmehr zu verschiedenen Zeiten nach Bedarf erfolgt zu sein. Das Gewann war wohl das erste von der Hirtengemeinde durch einen Zaun aus der Mark ausgeschiedene Stück Land, das gemeinsam gerodet und dann unter die Einzelnen verteilt wurde. Als ein Stück Ackerland den Nahrungsvorrat an Milch, Butter und Käse nicht mehr genügend durch das Getreide vermehrte, unterwarf man ein zweites und ein drittes Stück, bald hier, bald dort im weiten Weideland, der gleichen Behandlung und Verteilung. So geriet die Flur des Haufendorfs nach und nach wie von selber in die seltsame Gemenglage hinein. Da mit der Zeit sich auch die Geschlechtsgenossenschaft in einen bloßen Nachbarnverband, in eine bloße Markgenossenschaft von Anteilberechtigten und Erblosen, lockerte, so trat das Verwandtschaftliche immer mehr zurück und das volle Privateigentum immer stärker hervor.

An der Spitze solcher Haufendörfer standen wahrscheinlich von alters her der Geschlechtsälteste, dann ein von der Gemeinde selbst jährlich neugewählter Aufseher, der spätere Dorfmeier, Anwalt, Hann, Bauer- oder Bürgermeister, Schulze, oder auch mehrere, die Vierer Süddeutschlands, die schon im neunten Jahrhundert bei Walahfried Strabo als *quaterniones* erscheinen und von Schleswig bis Siebenbürgen bekannt sind, wohl jeder für ein Dorfviertel. Sie wachten über die Ausführung der Gemeindebeschlüsse und hatten schiedsrichterliche Gewalt. Neben ihnen wurden Weibel, Förster, Bannwarte und fast überall Hirten ernannt, welche letztere vor dem Dorf ihr Haus zu haben pflegten. Diese Wahlen fanden gewöhnlich um Neujahr oder zu Beginn des Wirtschaftsjahres, zu Fastnacht, statt, wo man dann nach dem Geschäft zusammen fröhlich das Fastnachtsbier trank.

Die Gründung eines Haufendorfs scheint in der Regel von einer Verwandschaft, einer Sippe, ausgegangen zu sein. In unserer Sprache, insbesondere in unseren Dorfnamen, hat die eigentümliche Geschlechterniederlassung, und die ursprüngliche hohe Bedeutung ihres Ältesten tiefe Spuren zurückgelassen. Sippensiedelungen sind vor allem die namentlich vom achten bis elften Jahrhundert urkundlich bezeugten, zum Teil aber viel früher begründeten Orte auf ing(en) in Baiern, -ingen in Schwaben, aber auch in Franken und Niedersachsen, auf -ungen in Hessen und Thüringen. Diese Endung, welche meistens die Abstammung von einer Person, seltener die Zugehörigkeit zu einer Örtlichkeit bedeutet, kam nach den Karolingern für die Fürstengeschlechter aus der Mode, denn der Name der Ludolfinger ist eine gelehrte Analogiebildung. Beliebt blieb sie aber z. B. in den ostfriesischen Familien der Ebbinge, Hayenga u. s. w. der Nachkommen des Ebbo und Hayo, ferner in Glarus in den Kerenzer Manzig (s. Manzing), d. h. Leuten des Geschlechts der Menzi. Auf dem westfälischen Hellweg verwandelten die Pastoren und Amtsleute des achtzehnten Jahrhunderts die zahllosen patronymischen Familiennamen auf -ing in solche auf -mann. Im Volksmunde lauten aber auch Namen anderer Art, wie Obermann, Timmermann, noch jetzt Üawerink, Timmerink. Nach solchen Geschlechtsnamen wurden nun Orte und Länder benannt, Wipkingen war der Wohnort der Nachkommen Wibichos. Über 1000 solcher Ortschaften führt Förstemann in seinem altdeutschen Namenbuch auf, und der einzige Kanton Zürich besitzt oder besaß etwa 150 Namen auf -inga, -ingun, -ingen oder auch -inkhova, -inkhoven, später -ikon oder -iken. Zollikon entstand aus Zollinchovun, d. h. den Höfen der Nachkommen Zollo's. Überhaupt begegnen diese Sippensiedelungsnamen am häufigsten bei den familienweise vorrückenden Alemannen und drängen sich um den südlichen Schwarzwald sowohl in der oberrheinischen Tiefebene wie auf der östlich anstoßenden Hochebene der Baar, während sie das dazwischen liegende eigentliche wilde Gebirge meiden, das erst besiedelt wurde, als die altertümliche Ortsnamenbildung auf -ingen längst abgekommen war. In die Zeit der alten Dorfgründungen reichen aber auch die meisten Ortschaften, die in der ersten Hälfte ihres Namens ebenfalls das Andenken des ersten Ansiedlers festhalten und in der zweiten denselben mit dem Begriff der Wohnung oder der Örtlichkeit verknüpfen. Es sind zahlreiche auf -büttel (Hof) in Schleswig-Holstein, Hadeln, Wursten und im hannöverschen Amte Gifhorn, ferner -heim, -hem, -um am häufigsten im Rheinthal bis

Flandern hinab, -hofen in Bayern und der Schweiz, -leben, von leiba (Nachlaß) im alten Nordthüringen, -horst bei Sachsen und Franken, -loh, -lahe, -lage am häufigsten in den Niederlanden, -mar, -mer (Sumpf, See) in Thüringen, Hessen, Westfalen, -moor, moos in Friesland, bez. Südbayern, und viele unter den fast überall vorkommenden auf -dorf, -feld, -hausen, -stad, -stedt, -stetten, -a, -ach, -au (Wasser), -bach, -beck, -born, -brunn(en), -tal, -dal. In diesen Namen tritt die Familie hinter ihrem Oberhaupt oder auch hinter ihrem Stamme — man denke z. B. an Sachsenhagen, Frankenhausen, Friesenhagen (?) — und hinter der Eigenart der Ortslage zurück. Schon wird ersichtlich, wie wichtig die genaue Aufzeichnung des Namens und des Alters jedes einzelnen Dorfes, wie auch seiner Flur- und Gewannnamen für die Volkskunde werden muß.

Die altdeutsche Dorf- und Flurverfassung barg neben ihren Vorzügen und Freuden eine Menge Fehler und Nöte in sich, und immer neue und gefährlichere Feinde traten im Laufe der Zeit gegen sie auf. Aber sie zeigte eine zähe Lebenskraft, und noch immer ist sie nicht völlig tot. Jahrhunderte und Jahrtausende hindurch kostete die Gemenglage unserem Bauernstande eine Unsumme von Zeit und Geld und machte jede freiere Betriebsweise und durchgreifende Verbesserung fast unmöglich. Der Wegmangel schnitt ihn vom großen Verkehr ab, und die vielen Grenzfurchen schufen ihm Landverluste und Prozesse mit seinen Nachbarn. Diese Isolierung, Gebundenheit und Unbeholfenheit zog in ihm eine Neigung zum starren Festhalten am Alten groß und eine Verkümmerung nicht seines Fleißes, aber seiner Thatkraft. Doch in einer Heimstätte, wo außer Haus, Hof und Garten alles allen gemeinsam war, die Ackerflur, der Schauplatz ihrer Lebensarbeit, in beschränkter Weise, die Allmende und die weite Marke mit ihren freieren Genüssen in vollstem Maße gemeinsam, erwuchs auch ein lebendiges Gemeingefühl, und wenn ein weiteren Zielen zustrebender Wetteifer beim Flurzwang kaum möglich war, den Wetteifer kleinen Stils reizte gerade die dadurch gebotene enge Gemeinschaft so vieler gleichzeitiger und gleichartiger Feld- und Hausarbeit. Dazu war ihnen die Arbeitsgenossenschaft auch Fest-, Kampf- und Schutzgenossenschaft in Not und Tod. Die enge, aber nicht arme Heimat erzeugte ein starkes Heimatsgefühl.

Während diese kleinen meist abgelegenen Gemeinwesen ein erstaunliches Beharrungsvermögen entwickelten, war um sie her der Staat, dem sie angehörten, in stetem Wandel begriffen. Und nun zogen die historischen Ereignisse auch sie in ihre Strömung. Es waren nicht so sehr die zahlreichen Fehden und Kriege, die die alte Verfassung umgestalteten, wie viele alte Haufendörfer auch darin untergingen und wie viele andere in Friedenszeit moderner und praktischer neu erbaut werden. Es waren Gewalten anderer Art, welche die mangelhafte Gemenglage und die freie Dorfmarke zersetzten, umformten oder aufhoben. Die in der Karolingerzeit aufkommende große Grundherrschaft, die weltliche wie die geistliche, sprengte vielfach das Eigentums- und Flursystem der Dorfmarkgenossenschaft, machte aus deren vollen Waldrechten einige ihnen schuldige, kümmerliche Waldservituten, nahm ihr die Selbstverwaltung, drückte ihre Mitglieder zu Pächtern oder bloßen Arbeitern herunter und belastete sie mit Frondiensten. Schon am Ende der Regierung Karls des Großen besaßen einzelne reiche Klöster je 4000—10 000 Bauerhöfe. Dann brachte der Landesfürst, auf das römische Recht gestützt, viele alte Bauernwaldungen an sich, wie denn der Pfalzgraf Friedrich der Siegreiche das Obereigentumsrecht über sämtliche Allmenden seines Landes beanspruchte. Im sechzehnten und siebzehnten Jahrhundert brachen die fürstlichen Polizeiordnungen die Selbstverwaltung und verschüchterten das ganze bäuerliche Leben von der Taufe bis an der Toten Besingnuß. In einem weiten Teil Deutschlands wurden die Bauern Hörige, vielerorts abermals Hörige, und die Bauernkriege in Süd- und Mitteldeutschland verschlechterten nur ihre Lage. Aber in einzelnen Ländern suchte der Fürst, z. B. in Braunschweig schon 1433 Herzog Heinrich der Friedsame, den Bauer von seinen schwersten Lasten zu befreien, in anderen wußten sie selber den Grundherren gegenüber ihre Rechte zu wahren oder wiederzuerringen und sich namentlich in einzelnen Teilen Schleswig-Holsteins und der Schweiz zu freierer Gemeindeverfassung zu erheben, wie wir aus der Geschichte und zahlreichen Offnungen und Weistümern, d. h. Rechtsverträgen der Bauern mit ihrem Grundherrn, erfahren. Eine wunderbare Begebenheit! Die alten freien Dorfverfassungen lebten nach einem mehrhundertjährigen Winterschlaf wieder auf! Immer verschiedener und vielgestaltiger aber wird das Bauerndasein. So haben z. B. die freien Ditmarschen ihre Marken schon früh aufgeteilt und ihre zerstückelten Ländereien ausgetauscht und zusammengelegt, dagegen hielten die Schwyzer und Urner ihre alte, das ganze Land umfassende Mark fest, und die mit freien Grundeigentümern stärker als irgend eine andere besetzte Mark Schwyz hat dann dem ganzen größeren Staate Schweiz den Namen gegeben. Innerhalb dieses Staates aber zeigt die Ebene wieder wesentlich andere Dorfverfassungsformen als das Gebirge.

Am großartigsten und segensreichsten wirkte mit der Aufhebung der Leibeigenschaft im achtzehnten Jahrhundert die etwa gleichzeitig einsetzende Landeskulturgesetzgebung. Noch stand mehr als die Hälfte deutschen Bodens in Gemeinbenutzung, und die bäuerlichen Privatgüter lagen zumeist in Gemenge. Schon Friedrich der Große drang auf Marken- oder Gemeinheitsteilung und auf Verkoppelung, Flurbereinigung, Separation, und die große französische Revolution fegte im Rheinland die Grundbelastung hinweg. Aber erst die Stein-Hardenbergische Agrarreform griff durch. Sie führte 1821 zur Einsetzung der preußischen Generalkommission, welche die Bauern von den gutsherrlichen Lasten und den Fesseln der Gemeinwirtschaft befreite und ihnen ein unbeschränktes Privateigentum an Grund und Boden gab. Im größten Teil Mittel- und Norddeutschlands war ihre Arbeit bis 1850 vollendet, doch kranken z. B. die Eifel und der Hunsrück noch immer an ihrer altfränkischen Fluranlage In Südwestdeutschland führte man die Verkoppelung später ein und begnügte sich hier oft inmitten eines stark kupierten Terrains, zersplitterten Besitzstandes und unvermittelten raschen Wechsels der Bodenwerte, in Weinbergen, Baumfeldern und Hopfenanlagen, mit einer richtigeren Anlage der Feldwege, der Aufschließung der Äcker und der Beseitigung des Flurzwangs. Bayern aber blieb noch weiter zurück; erst mit dem Gesetz von 1886 kam hier die Flurbereinigung in wirklichen Fluß. In Österreich endlich erfreuten sich bisher nur Mähren, Kärnthen und Niederösterreich solcher Reform. Doch darf man schon jetzt sagen: ein freier, deutscher Bauernstand ist wiederhergestellt, aber auf einem verwandelten Boden.

Der umfassende Gemeindebesitz an Weide und Heide, Wald und Moor ist in den meisten Dorfmarken zerschlagen und an die einzelnen Bauern verteilt, wenn es auch noch viele Gemeindewälder, -heiden und -alpen, Allmenden und gemeines Außendeichsland giebt. Umgekehrt ist der in viele kleine Gewannenbeete zerstückelte Privatbesitz an Acker in ein oder einige große Äcker zusammengelegt, und damit sind die alten Bande, die den Bauer an den von den Vorfahren überkommenen und liebgewordenen Acker knüpften, zerschnitten. Der gemeinsame Betrieb der Weide mit seinem Hirtentum, der Flurzwang und die Dreifelderwirtschaft hörten auf. Auf den eintönigeren, weiten Korn-, Kartoffel-, Tabaks- und Rübenbreiten arbeitet jeder Bauer für sich oder auch schon vielfach seine Maschine das, was ihm beliebt, oder vielmehr, was die nächste Marktstadt oder die über sein Land hin rauchende Fabrik erheischt. Die Nachbarbeliebung ist gegenstandslos geworden, die strenge „Nachbarschaft“ ist in Geselligkeits-, in freie Sang-, Schützen- und Kriegervereine aufgelöst, das alte Fastnachtsgelage der Bauerschaft ist durch besondere patriotische oder landwirtschaftliche Feste verdrängt. Ein neues, großartiges Genossenschaftswesen führt den Bauernstand einem neuen Wirtschaftsleben entgegen.

Die Volkskunde der deutschen Gegenwart hat sich die Wirtschaftsgeschichte unseres Bauernstandes vor Augen zu halten, wenn sie die Bauernseele richtig begreifen will. Denn kein anderer Stand ist mit dem Boden so sehr verwachsen wie er; seine Natur steht mit der Natur des Bodens, mit den Pflanzen, die er darauf zieht, mit den Tieren, die ihm dabei helfen, in innigstem Zusammenhang. Losgelöst vom Land ist er nichts, darum ist auch sein Landhunger unstillbar. Erst wenn wir die Art der Besiedelung und der Bodenbearbeitung, deren Schöpfer und Geschöpf er ist, erfaßt, wenn wir ihn inmitten seiner alten und neuen Flur- und Markverfassung, in seiner Dorf- und Feldthätigkeit uns voll vergegenwärtigt haben, werden wir einige seiner wichtigsten Charakterzüge bloßlegen können. Und unter den verschiedenen Formen seines Landlebens, die er sich geschaffen, muß das Haufendorf als die über alle Stämme verbreitete, älteste und eigentümlichste voranstehen, und der Dorfforscher wird gut thun, zunächst festzustellen, ob das von ihm zu erforschende Dorf ein Haufendorf sei oder nicht, ein altes oder ein neueres, ob es noch von seiner alten Verfassung etwas gerettet habe, ob eigentümliche ältere oder auch neuere Formen daraus erwachsen sind. Das wird er aus der Dorfgeschichte, den Orts- und Flurnamen, aus der gegenwärtigen Allmend-, Flur- und Dorfverfassung, aus den noch üblichen Wirtschaftsgebräuchen erkennen. Und nun mögen einige Beispiele vom Flurzwang, von der Flurverlosung, der Feld- und Waldgemeinschaft, dem Geschlechter- und Gildenwesen den Zusammenhang der Gegenwart mit der Vergangenheit der Haufendörfer erläutern und damit Beiträge zur Bauernpsychologie geben.

Den alten Flurzwang haben die Winzer noch teilweise festgehalten. Während der Reife wird der Zutritt zum Weinberg jedem, auch dem Eigentümer, verboten und die Lese erst dann erlaubt, wenn ihre Zeit von Gemeindewegen bestimmt und der Bann wiederaufgehoben ist. Bei Meran schreitet noch der Saltner, der am Sonntag vor Jakobi, dem 25. Juli, zum Hüter für die nächsten zwei bis drei Monate gewählt wird, durch die stillen, schmalen Gänge des Weinbergs. Den Hut mit Pfauenfedern, Fuchs- und Eichhornschwänzen, ja mit einem den Rachen aufsperrenden Dachs geschmückt, streckt er dem Eindringling seine Hellebarde, die Rungel, entgegen und den Hexen sein Hexenkreuz. — In den Heidedörfern und auf den friesischen Inseln des Nordens sowie bei den weltfernen Sachsen in Siebenbürgen waltet noch oder waltete bis vor kurzem auch der Flurzwang umfassenderer Art. Altertümlich erscheint er namentlich in der holländischen Provinz Drente, wo er noch heute weitergeübt wird, z. B. in dem echten Haufendorf Liewern. Denn die drenteschen Bauern waren zu *koppig* (eigensinnig), um altererbte Ländereien auszutauschen, wie sie denn auch zum Teil noch heute zu gunsten ihrer Heidschnucken an den weiten Heidemarken festhalten. Einem Bauern, der den Bullen, den Zuchtstier, des Jahres zu halten hat, ist auch für das Jahr das *„Boer-*

hoorn“, das Bauernhorn, anvertraut, ein Rinderhorn, in das der jährlich wechselnde *Hoornboer* gern seinen Namenszug einschneidet. Mit diesem Horn bläst er die Bauern zusammen, um mit ihnen die Zeit für die Bestellung des Esches und der anderen Äcker, das Grabenziehen und den Brückenbau festzusetzen. Wer nicht kam, wurde früher gepfändet. Der Hornbauer kündete auch durch sein Horn den Beginn, die Mittagspause und den Schluß der Tagesarbeit den Pflügern, Säern und Mähern an. Kein Schnitter durfte nach dem letzten Hornstoß nochmals die Sense *strijken* (schärfen). Wer zuwider handelte, hatte Geld zu zahlen oder Bier zu spendieren. Auch beim ersten Auftrieb des Viehs auf die Stoppelweide, bei Feuersbrunst, bei drohendem Unwetter und vor einem Begräbnis erscholl das Horn. Noch heute wird es zu einzelnen dieser Gemeindezwecke gebraucht. Im anhaltischeu Schadeleben putzten am Mittag des dritten Pfingsttages die Ausspännersöhne und Knechte ihre Pferde, die Töchter und Mägde ihre Kühe, die Schafe wurden gemolken, und sobald der Kuhhirt blies, versammelten sich alle mit ihrem Vieh vor dem Dorf. Feierlich zog man, die Pferde voran und die Gänse zuletzt, nach der vom „Dorfknecht“ abgesteckten Pfingstwiese, und ein jeder weidete da sein Vieh. Das Sattelpferd, der Bulle, ein Schaf, eine Ziege, eine junge Gans, alles kehrte bekränzt abends heim, und der Kuhhirt erhielt von dem Bauern, der das Jahr den Bullen hielt, das schönste Geschenk, ein Hals- oder Schnupftuch, und ein Stück Kuchen. In Groß-Kühnau in Anhalt wurde das Vieh beim ersten Austrieb mit Salz oder Dill bestreut oder mußte eine ins Hofthor gelegte Axt überschreiten. Am zweiten Pfingsttag schickte jeder Bauer mittags durch ein Mädchen dem Hirten, wenn er mit der Herde vom Felde kam, vor seine Wohnung einige Groschen und schenkte ihm die gegen Mittag an diesem Tage gemolkene Milch. Das zuerst beim Hirten angekommene Mädchen mußte den Gemeindebullen, der bei ihm im Stalle stand, anlegen, und sie erhielt dafür vom Hirten einen mächtigen Pfingstrosen- und Nachtviolenstrauß aus seinem Garten. Dann wurde vor dem Gemeindehause getanzt bis zum nächsten Austrieb der Kühe. Am dritten Pfingsttag wurde vormittags die einzige Wegebesserung im ganzen Jahre vorgenommen, nachmittags die Spritze probiert, dann vor dem Spritzenhause das Pfingstbier getrunken, zu dem sich jeder einen eigenen Krug mitbrachte, und endlich unter einer Maien getanzt. In anderen benachbarten Dörfern wird auch das Brunnenreinigen an diesem Tage erwähnt. Die alte Hirtenzeit mit ihrer Gemeindeweide, ihren gemeinsamen Festen des ersten Austriebs und des dritten Melkens, des Mittagsmelkens, den Weidewegen und Viehtränken und der hervorragenden Bedeutung des Gemeindezuchtstiers und seines Halters und Hüters erhebt sich hier deutlich als ältester Hintergrund der späteren Ackergemeinschaft, die sich eigentlich allezeit um die Weide der Allmende und die Stoppel- und Brachweide drehte.

Der Führer der Gemeinde hat auch für den Führer der Herde, den Stier, zu sorgen. Schon im salischen Gesetz 3, 7 erscheint der Zuchtstier der Mark, und im zwölften Jahrhundert war der Fron- oder Herrenhof verpflichtet, das Fasel- oder Zuchtvieh zu halten. In Altorf in der Schweiz hatten die Dorfmeier (s. o.) die Aufsicht über den Stier und den Eber, und wie eine humoristische Erinnerung an uralte Zeiten klingt's, wenn Hans Sachs ein paarmal dem blasenden Sauhirten den Titel S c h u l t h e i ß giebt. Um den kräftigsten Stier zu ermitteln, ließ man, wie noch z. B. in Andreasberg auf dem Harz oder in Mecklenburg und Dithmarschen, im Frühjahr die Stiere sich stoßen. Auf dem Dorfhorn tutete auch der V i e r t e l m a n n in den westschleswigschen Heidedörfern bis in unser Jahrhundert, wenn die Feldarbeiten begannen, deren Zeiten die Bauernversammlung, die vom Ä l t e r m a n n durch den von Hof zu Hof gesandten D i n g s t o c k eingeladen war, vorher bestimmt hatte. Zu einem Instrument vereinigt erscheinen beide mahnenden Geräte im hannoverschen Amt Gifhorn, wo ein hölzerner Hammer zuerst als Gebotmittel herumgeschickt wurde. Mit diesem und einem anderen Hammer schlug dann, wenn die Versammlung zusammentreten sollte, der B a u e r m e i s t e r an ein aufgehängtes Brett. Die ähnliche H i l l e b i l l e war bis gegen 1850 ein Signalgerät der Harzer Köhler. Im Norden und in Obersachsen berief ebenfalls ein Hammer zur Versammlung. In Preußen wird oder wurde noch vor kurzem als Gebotzeichen der S c h u l z e n s t a b oder

Kringel, in Schlesien das Krummholz, das Geboteisen, oder der Gebotzettel, in Schleswig-Holstein der Grande-, Lade-, Boten-, Bauernstock oder Dingwall (altnord. *völr* Stab?), an der Aller bis 1868 der Knüppel mit der Inschrift: Alle Herren selber!, wie noch in den Drömlingsdörfern und in Siebenbürgen das herzförmige Nachbarzeichen herumgeschickt. Sollte der Westen und der Süden nicht ähnliche Stäbe kennen? Im schlesischen Hohendorf kommt der Gemeindebote nie ohne seinen Nachtwächterspieß mit seiner Meldung ins Haus, im badischen Moosbrunn legte sogar jedes neue Gemeindemitglied auf den Nachtwächterspieß, der noch gezeigt wird, seinen Bürgereid ab.

Auch auf der nordfriesischen Insel Föhr durfte niemand, wenn es zur Heuernte in die Marsch hinausging, zu mähen anfangen, bevor der Dorfvorsteher das Zeichen dazu gegeben hatte. Ein Zug zarter Schonung blickte dabei hervor: Leute, welche Trauer hatten, durften schon am Morgen vorher beginnen, offenbar um nicht gestört zu werden durch die Freude, mit der man hier wie vielerwärts zur schweren Erntearbeit wie zu einem Feste auszog.

Noch im zwölften und dreizehnten Jahrhundert trugen die Moselfranken das altgermanische Flursystem nach dem fernen Siebenbürgen. Um es durch Verkoppelung zu brechen, rief in den vierziger Jahren unseres Jahrhunderts der begeisterte Volksfreund Roth vergebens einsichtige Bauern aus Württemberg ins Land. Statt die Sachsen dort zu heben, sanken die Schwaben in deren veraltete Wirtschaft hinab. Darnach gebietet im Auftrag des Hannen oder Ortsrichters, des altfränkischen Hunnen, die tönende Stimme des *Borgers* alle Kommunitätsleute vor die Kirche, auf den gewöhnlichen alten Versammlungsort der Gemeindemitglieder. In einer Stunde dort unter freiem Himmel versammelt, ordnen sie die Arbeiten auf der weiten Hafer- und Kukuruz- (Mais-) Flur an, um sie gleichzeitig wie eine große Familie zu düngen, pflügen, besäen und mähen. Der Hann schlägt die Glocke an, wenn das gemeinsame Mähen beginnen soll. Der Kornschnitt beginnt mit einem Gottesdienst, der Erntekirche, nach der der Hann Gottes Segen vor der Kirchthür erbittet und an die Ordnung des Viehtriebs während der Ernte erinnert. Wer nicht rechtzeitig mäht, geht der Ernte verlustig. Im Fallthor des Dorfzauns, das auch die Bayern und die niederrheinischen Franken Fallter oder Valder nennen, halten der Hann und der Gelassenhann (der Hann a. D.) Zuwiderhandelnde an und verfällen sie in die gesetzliche Strafe. In dieser Feldgemeinschaft sehen manche Sachsen das, was allein das sächsische Volk, das deutsche Leben in der Fremde erhalten hat. In Niederdeutschland verkündigt den Flurzwang, wo noch Reste bestehen, statt des Horns oder Stocks oder Ausrufers meistens die Glocke, die die Bauern auch in Hessen unter die Linde läutete, und auch hier wird gern der Wetteifer hervorgehoben, den nichts mehr als die gemeinsame auf Acker neben Acker fortschreitende Arbeit entflammt. Ehre ist's, der erste am Platze zu sein, und früher hieß auf Rügen ein Vormäher, der einem anderen in aller Frühe zuvorkam, der Sieger. Schande ist's, zuletzt fertig zu werden, für den Mäher, für die Binderin und auch für den Drescher. Ein eigentümliches Strafsystem ist für sie ausgedacht, von dem wir später hören werden. Jeder kannte jeden. Seitdem man aber sich nicht mehr so oft wie früher in der Kirche und infolge der Grundstückszusammenlegung nicht einmal mehr in der Flur trifft, kennen oft die Bewohner des Oberdorfs die des Unterdorfs kaum dem Namen nach.

Altertümlich ist auch die Verlosung von Gemeindeland auf Zeit. Von Tacitus hervorgehoben, wurde sie noch im vierzehnten Jahrhundert in Schlesien bei der Regulierung einer in Unordnung geratenen Ackerflur als deutscher Brauch geübt, und noch bis in unser Jahrhundert hinein hat sie sich in der Pfalz, in Nassau, im Hohenloheschen, auf dem Hunsrück, in Hessen, im Eichsfeld, in der Schweiz und anderswo erhalten. Im Braunschweigischen und anstoßenden Hannover nennt man Kabelwiesen d. i. Loswiesen solche, die mit Holzstückchen, auf die jeder Nutznießer sein Holzmal eingeschnitten hat, ausgelost werden. Wir begegnen hier einem schon dem Tacitus bekannten altgermanischen Verfahren, das sich ähnlich auch auf Föhr und Rügen und Mecklenburg bis in die neueste Zeit erhalten hat. Die Verlosung mag hier und da neueren Bestrebungen ihren Ursprung verdanken, aber auch dann bezeugt sie wohl noch das Fortleben des uralten mark-

und flurgenossenschaftlichen Sinnes, der auf Gleichheit der Lose hält. Schön äußert sich noch heute dieses Gemeingefühl auf den meerbedrängten Halligen an der schleswig-holsteinischen Westküste. Da derjenige Bauer, der Land am Strande gekauft hat, bei den fortwährenden Landverlusten, die die See ihm zufügt, ziemlich rasch verarmen müßte, so bilden die Bewohner einer *Warfbool*, einer Gruppe von Hofstellen, eine Genossenschaft unter einem jährlich wechselnden Boolskurator, um die dem Einzelnen durch die See aufgebürdete Last auf die Schultern aller gleichmäßig zu verteilen. Darum verteilen sie die Schiften oder Bruderteile d. h. die jährlich wechselnden Stücke ihres Mäh- und Weidelandes derart, daß jeder Bauer so viel davon erhält, als er nach seinem Kaufbrief verlangen kann. Rosegger erzählt, wie die Gemeinderäte eines steirischen Alpendorfes, das nach einer traurigen Ernte von Hungersnot bedroht war, von Haus zu Haus gingen und jeden Besitzer zwangen, sein Korn auf Vorschuß der Gemeinde zu verkaufen. Als einer sich auf seine Korntruhe setzte und sich weigerte, sagte der Vorstand finster zu ihm: Die Haberer trudern dir das Haus, und so sprang dieser rasch von der Truhe herab und gab das Korn. Und das Dorf kam durch den Winter. Nicht aus alter Geschlechtsgenossenschaft, sondern aus der Gemeinschaft grundherrlicher Hofleute sind die Gehöfer- oder Erbschaften im Regierungsbezirk Trier hervorgegangen, deren strenge Feldgemeinschaft erst jetzt im Kampfe mit dem Sondereigentum und der politischen Gemeinde erliegt. Die Gehöferschaft erkennt ein bleibendes Privateigentum nur an Haus und Garten an, alle Äcker, Wiesen, Wildländereien und Waldungen wurden an ihre Mitglieder periodisch verlost. Auf bloßen Waldgemeinbesitz beschränkte Gehöferschaften sind die Haubergsgenossenschaften im Sieger Lande, die in einem in eine gleiche Anzahl von Hauen eingeteilten Waldbezirk in einer Periode von 15—20 Jahren jährlich einen Hau zum Abtrieb bringen. Gleichmäßig und gleichzeitig werden die erforderlichen Arbeiten von allen Genossen ausgeführt, bis die abgeschälte Lohe und das Eichenholz verkauft, das geringe Reisigholz samt dem abgehackten Rasen verbrannt ist. In die Asche des Brandhains streut jeder Teilhaber für seinen Anteil mit der

Schaufel die Wintersaat und bringt sie mit dem Hainhaach, einem leichten, rohen, radlosen Pflug, gleichzeitig mit seinen Genossen an einem vom Haubergsvorsteher bestimmten Herbsttage unter. So wird aus dem Brandhain ein Kornhain. Ende August wird der Roggen geschnitten und der Hau geschlossen, um bis zum abermaligen Abtrieb 15—20 Jahre lang dem Vieh der Haubergsgenossen als Weide zu dienen. Mit der altertümlichen Form dieser Sieger wie jener Trierer Genossenschaft ist der altertümliche Betrieb der Brandkultur verbunden, die als Gereuthbrennen in den österreichischen Alpen, dann auf dem sog. wilden Berg im Schwarzwald, als Hackwaldwirtschaft im Odenwald, als Schiffeln auf den Gehöferschaftsgebieten des Hunsrücks und der Eifel weiterlebt. In Nordwestdeutschland, namentlich in Oldenburg, wird das wilde Moor von der Gemeinde bezw. vom Staate auf bestimmte Zeit an die einzelnen Bauern ausgewiesen zur Bewirtschaftung, sowie bis in unser Jahrhundert in den oben erwähnten schleswigschen Heidedörfern. Hat das aufgehackte und gebrannte Heidestück ein paar Buchweizenernten geliefert, so muß es Jahrzehnte hindurch brach liegen und fällt an die Gemeinde zurück, während der Bauer ein anderes Stück erhält. Die Ausübung dieses landverwüstenden Moorbrennens, das übrigens in der Heide erst im vorigen Jahrhundert aufkam, meldet dem übrigen Deutschland im Mai der widerwärtige Moor-, Höhen- oder Heerrauch an, dessen äußerste Dunstboten noch jenseits des Brennerpasses wahrzunehmen sind.

Vielleicht noch älter als jene Ackergenossenschaften sind die Alpgenossenschaften der Schweiz mit ihren Frühjahrs- und Herbstversammlungen, welche die Alpmeister, Alpschreiber, Waldvoigte und Hirten zu wählen, die Stuhlung oder Randung d. h. die Schatzung der Alp, wodurch die Anzahl des Sommerviehes für die Alpe festgesetzt wird, den Bau von Sennhütten und Ställen, das Holzschlagen, Wegewesen und Düngerbereiten zu bestimmen haben. Das Stimmrecht des Einzelnen richtet sich entweder nach der Zahl seiner Kuh- und Hüttenrechte oder ist ein gleiches. Nicht nur in diesen großen, ernsten Wirtschaftsverhältnissen bekundet sich die volkstümliche deutsche Auffassung der Flur und Allmend noch bis in neuere Zeit, sondern auch in kleinen idyllischeren Nebenakten. Pflanzte jemand auf einer Allmend in Uri Kirsch- und Nußbäume, so wurden sie Gemeingut, außer ein paar Eigenbäumen, die ihm verblieben. Die Baarer Allmend im Kanton Bern ist mit einem Wald von Obstbäumen bedeckt, da hier die uralte Sitte besteht, daß jeder Dorfgenosse, so oft ihm ein Kind geboren wurde, auf der Allmend zwölf Obstbäume pflanzen muß, die später dem Kinde selbst zur Pflege übergeben werden. In hessischen Gemeinden mußten alle Bauern bei ihrer Niederlassung im Ort und alle jungen Eheleute bei ihrer Verheiratung eine Anzahl Bäume pflanzen und pflegen. Nach einer Dorfordnung von Gröbschütz von 1793 hatte jeder neu eingetretene Nachbar, jeder Zugezogene einen Apfel-, einen Birn-, einen Kirschen- und einen Pflaumenbaum auf der Gemeinde zu setzen. Wie lieblich verflicht diese Sitte das menschliche Einzelleben mit der gemeinsamen Heimaterde! Der Große Kurfürst verwandelte sie, um sein durch den dreißigjährigen Krieg verwüstetes Land zu heben, in staatlichen Zwang. Er verbot jedem Landmann die Trauung, der nicht wenigstens sechs Obstbäume veredelt und sechs junge Eichen gepflanzt hätte.

Im wirtschaftlichen Beruf geht die alte Feld- und Markgemeinschaft keineswegs ganz auf. Manche hatte auch sittliche, sociale und politische Pflichten und Rechte. Sie schützte ihr Mitglied gegen Gewalt, half ihm bei Verhaftung und Überlieferung eines Verbrechers, bei Zeugnis und Eid vor Gericht, wahrte dessen Rechte bei Abwesenheit, rettete dessen Vieh aus Gefahr u. s. w. Und noch heute wirken diese Pflichten und andere in vielen Dörfern weiter: namentlich in der Teilnahme jeder Familie an Freud und Leid jedes Dorfgenossen. Zu Hochzeiten und Begräbnissen kommt noch in manchen kleineren oder mittleren Dörfern aus jedem Hause wenigstens ein Bewohner, und hat das Feuer einen Hof verzehrt, so gilt die Hilfe beim Wiederaufbau durch Beiträge von Holz und Steinen und unentgeltliche Fuhren für selbstverständlich.

Noch höhere, mehr politische Ziele gelang es auf dem Wege solcher Gemeinschaft zu erreichen. Östlich von der Stadt Hannover liegt im früheren Amte Ilten das sogenannte Große Freie, das

Gebiet der Freien vor dem Walde, das schon 1395 erwähnt wird. Ihre Genossenschaft besteht noch heute unter einem Vorstand und zwei Beisitzern fort. Zu ihr gehörten im Jahre 1769 14 Dörfer mit 565 freien Höfen, die ein Freigericht nach eigener Wahl hatten, Weistümer aufrichteten, freie Jagd und Freiheit von öffentlichen Abgaben, Handels- und Gewerbefreiheit besaßen, berechtigt waren Waffen zu tragen und, den Degen an der Seite, sich trauen zu lassen mit der Braut, die mit frei herabhängendem Haar vor den Traualtar trat. Nur Königsgeld und -hafer und Kriegsdienst auf eigene Kosten leisteten sie bei allgemeiner Wehrpflicht unter eigener rot und gelber Fahne. Erst im neunzehnten Jahrhundert sind ihnen diese Rechte und Pflichten, wie sie etwa die Gemeinfreien in der ersten Karolingerzeit besaßen, zum größten Teil genommen, und die Verteilung der Forsten und die Verkoppelung hat ihnen den festen Boden entzogen.

Noch tiefer wurzelte in manchen Gegenden dieses männlich zur Freiheit strebende Gemeingefühl in jener schon von den alten Römern hervorgehobenen Versippung der Bewohner eines Dorfes. Der persönliche Verband und der Wohn- und Feldverband schlangen sich zu einer ungewöhnlich festen Organisierung ineinander. Aber auch wo dieser gesprengt war, überdauerte ihn oft noch jener lange Zeit allein für sich.

In Norddeutschland, bei den Friesen und Sachsen, behauptete sich die Dorfsippe durchweg länger als in Süddeutschland, wo übrigens doch auch die nicht seltene Vorherrschaft eines Familiennamens in einem Dorf alten Geschlechterverband zu bezeugen scheint, wo nach Ausweis der Pfarrbücher, namentlich in den abgelegenen Alpendörfern, alte Geschlechter noch heute zusammensitzen. Noch im sechzehnten Jahrhundert waren Esenshamm und Atens im oldenburgischen Butjahdingen an der Unterweser alte friesische Geschlechterdörfer, und als private Gesellschaften und Gilden dauerten die Geschlechter in den ditmarsischen Haufendörfern, namentlich in Büsum, noch bis in die Mitte unseres Jahrhunderts hinein. Noch heute hat sich von dem Dutzend Vetterschaften der Ostseeinsel Fehmarn eine fest organisierte Vetterschaft erhalten (s. S. 26). Ditmarschen allein aber ist zu einem mächtigen bäuerlichen Geschlechterstaat ausgewachsen, der in mehreren Krisen der norddeutschen und der dänischen Geschichte ein entscheidendes Gewicht in die Wagschale warf. Aus zahlreichen Urkunden, den Landrechten von 1447 und 1539, die manche friesische Züge aufweisen, und den Landeschroniken, namentlich der des Neocorus um 1600, tritt diese höchste politische Schöpfung deutscher Dorfsippe ziemlich plastisch heraus.

Vielleicht erst im zwölften Jahrhundert wanderten aus jenem Butjahdingen die beiden friesischen Geschlechter der Vogde- und der Hodiemannen in das Land zwischen den Mündungen der Elbe und Eider ein und breiteten sich nach Friesenart vorzugsweise an der Küste aus. Sie trafen hier aber mit zahlreichen eingeborenen sächsischen Geschlechtern oder Slachten zusammen, die schon früher von der holsteinischen Geest bis an die Nordsee vorgedrungen waren. Aus der Vereinigung dieser friesischen und sächsischen Geschlechter erwuchs ein ungewöhnlich thatkräftiges Bauernvolk. Denn es brach die Zwingburgen der Grafen von Stade und Heinrichs des Löwen, verdrängte nach und nach die adligen Familien, deckte sich gegen die wilden Sturmfluten durch hohe Deiche und gegen die Ländergier der Nachbarn durch schwer angreifbare Landwehren in Wald und Sumpf. In der wichtigen Schlacht von Bornhövede 1227 bedangen sich die Ditmarschen als Lohn für ihren ausschlaggebenden Abfall vom König von Dänemark zu den Holsteinern und Lübeckern die Freiheit aus und bildeten fortan eine stolze Bauernrepublik. Mit den benachbarten Fürsten und Hansestädten, mit Kaiser und Papst unterhielt diese seitdem selbständige politische Beziehungen, und nur eine Scheinoberhoheit war es, die der Erzbischof von Bremen über sie durch seine Vögte behauptete. Ein *genus insuperabile bello*, eine im Krieg unüberwindliche Art, wie Ulrich von Hutten die Ditmarschen pries, verteidigten sie ihre Freiheit in jedem der drei nächsten Jahrhunderte durch einen großen Sieg. Bei Hemmingstede im Jahre 1500, wo ein Mädchen ihre Bannerträgerin war, schlugen sie den König Johann von Dänemark und den Herzog von Holstein samt ihren besten Rittern und den gefürchtetsten Landsknechten der Zeit, der großen Garde des Junker Slens, gewaltig aufs Haupt. Durch die Reformation wurde ihre allerdings höchst unzeitgemäße Geschlechterverfassung erschüttert, und einer nochmaligen Vereinigung dänischer und holsteinischer Waffen erlagen sie endlich im Jahre 1559, retteten jedoch noch ein gut Teil ihrer alten Freiheiten.

Das Merkwürdigste an dem ditmarsischen, wie an den Schweizer Freistaaten, ist das, daß in ihnen während des vierzehnten und fünfzehnten Jahrhunderts, wo in einem großen Teil Europas der moderne Beamtenstaat, die steigende Bedeutung des Geldes und die Veränderung des Kriegswesens den verwilderten Lehnsstaat zu verdrängen begann und das römische Recht ihn der absoluten Staatsgewalt unterwarf, aus der Kraft niederdeutscher und hochdeutscher Bauern eine Staatsform, viel älter als der veraltete Lehnsstaat, wiederauflebte, ausgestattet mit manchen Eigenheiten germanischer Urzeit. In seiner Blüte wurde der ditmarsische Freistaat geleitet von 48 Ratgebern oder Verwesern, die aus den Geschlechtsältesten auf Lebenszeit gewählt wurden. Sie hatten der Landsgemeinde ihre Vorschläge zu machen, sie waren die Redner, deren Kunst auch im Auslande bekannt war, die Landsgemeinde stimmte zu oder lehnte ab. Die Slachten zerfielen, wie die von dem ditmarsischen Verfasser der römischen Geschichte Niebuhr mit ihnen verglichenen römischen Gentes, in Familien, in sogenannte *Kluften* d. h. Abteilungen oder *Brodertemede* d. h. Bruderzünfte. Diese an sich altertümlichen Gruppen trugen aber einen modernen Zug, indem in ihnen das persönliche und das politische Element das örtliche und das wirtschaftliche, das in den meisten Haufendörfern vorherrscht, weit überwog. Früh schon sagten sich diese praktischen, stark individuellen und durchgreifenden Bauern von der alten Gemenglage und damit von der Feldgemeinschaft los und teilten die Dorfmarken auf. Sie führten auf ihren zusammenhängenden Koppeln eine nach dem Belieben des Einzelnen geregelte, freiere Wirtschaft ein. Auch war die Slacht nicht an einen Ort gebunden, sondern wohnte kluftenweise über mehrere Dörfer zerstreut und nahm auch Zugewanderte von gutem Leumund, oft nur um eine hohe Summe Geldes, als Vettern auf, für die sie dann wie für die Leibesverwandten Haut und Haar dransetzte. Nach Ritter- und Patrizierart führte jedes Bauerngeschlecht ein Wappen. Darum kam bei ihnen wie bei den freien Bauern der Schweiz und z. B. auch bei den Bremer Bürgern das Fensterschenken auf, namentlich beim sogenannten Fensterbiere, dem Fest der Hausrichtung. Die Glasmalerei, die sich seit der Mitte des fünfzehnten Jahrhunderts von der Kirche ab- und dem Rat- und Bürgerhaus zuwandte, entwickelte sich infolgedessen auch hier zu einem Kunstgewerbe, wenn auch nicht so fein wie in der Schweiz. Noch im vorigen Jahrhundert hielten sich die ditmarsischen Glasermeister Wappenbücher, um beim Fensterbier die Scheiben gehörig einsetzen zu können, in die das Wappen jedes dazu geladenen Gastes kam. Neunzig derartige alte Scheiben prangen jetzt im Meldorfer Museum. Auch anderer höherer Kunstschmuck mangelte nicht. Das bekannte niedersächsische Bauernhaus verwandelte sich schon mehrere Jahrzehnte vor Neocorus in einen reich mit Winter- und Sommerstuben, in Dornschen und Pesel, ausgestatteten Steinbau, wie er noch jetzt besteht. Neben der Wirtschaftlichkeit kam mehr als anderswo darin die Wohnlichkeit zur Geltung. Noch mehr! Der Pesel, das Fremden- und Festgemach, war in manchen Häusern „nicht allein mit Panneel (Getäfel), sondern auch mit Schnitzwerken und stattlichen Gemälden“ verziert. So sind uns erhalten aus dem Jahre 1552 die Porträts des berühmten Achtundvierzigers Marcus Swyn und seiner Ehefrau, die in Nachbildungen noch heute einzelne Bauernstuben schmücken, sowie ein Teil des Pesels ihres zu Lehe unweit der Eider gelegenen Hauses, der ein Prachtstück der Schnitz- und Intarsiakunst im edelsten Renaissancestil ist aus dem Jahre 1568. Man erstaunt über die Freude an solcher modernen südländischen Eleganz inmitten eines nordischen Bauernvolkes um so mehr, als dieses von der oft furchtbaren altgermanischen Rauheit noch im Innersten erfüllt war. Und welchen großen Zug hat die altertümliche, einfache Pracht ihrer Hochzeitsfeste! Nur einige Züge aus dem Leben eines Ditmarschen, wie es etwa ums Jahr 1500 verlief! Im Alter von elf Jahren sechs Wochen brauchte der ditmarsische Knabe keinen Vormund mehr, wie in den altdeutschen Volksrechten je nach den Stämmen der Knabe mit dem zehnten bis fünfzehnten Jahre mündig wurde. Karl der Große forderte den Treueid von allen, die über zwölf Jahre alt waren. Im vierzehnten Jahre war der Ditmarsche schon in der Waffenübung seines Kirchspiels thätig, und in den Pfingsttagen, früher am 1. Mai, an dem in den anderen deutschen Landen der Hirtenbube zum erstenmale sein Vieh auf die Weide trieb, ließ er sich wie alle Männer in seinem Harnisch öffentlich sehen. Denn da wurde an fünf Orten des Landes Heerschau gehalten und mußte jeder zeigen, was er gelernt. In ihren letzten Kämpfen im Jahre 1559 hatten sie über hundert Stück Geschütze auf Rädern. In der Kirche von Oldenwörden hingen die Siegeszeichen von 1404 und seit 1500 das erbeutete Danebrog. Anderthalb Jahrhunderte feierte man den 4. August, den S. Oswaldstag, an dem im Jahre 1404 Herzog Gerhard von Holstein geschlagen wurde, durch das ganze Land, und zum Tanze sang man das Lied von dem noch herrlicheren Siege von Hemmingstede, das sich anfing: „De König wol to dem Hertogen sprak: ‚Ach, Broder, harteleve Broder!‘“ Noch 1747 führten sie unter Trommelklang den so schwierigen Schwerttanz auf, dessen höchste Kunst darin bestand, die Klingen so geschickt und fest ineinander zn fügen, daß der Vortänzer oder „König“ darauf treten und, auf ihnen in die Höhe gehoben, von oben eine Ansprache halten konnte. Erlaubt war der Zweikampf mit Speeren und Stangen, und der etwaige tödliche Ausgang wurde nicht bestraft, wohl aber, umgekehrt wie bei unserem Studentenduell, das Schlagen ins Gesicht. Leider wissen wir nicht genau, wie tief das Geschlechterwesen in den Heeresverband eingriff. Wahrscheinlich bildete wie zu Tacitus' Zeit jedes stärkere Geschlecht eine besondere Heeresabteilung. Sicherlich zogen doch die Mitglieder eines solchen vereint zur jährlichen Heerschau; auch hören wir, daß einzelne Geschlechter für sich allein Krieg führten, z. B. mit den Hamburgern in der Elbmündung, wie das Geschlecht der Fabier mit den Vejentern am Cremera. Das mächtigste ditmarsische Geschlecht war diesem römischen überlegen, die Woldersmen konnten in ihrer Blüte 509 wehrhafte Männer stellen.

Am verhängnisvollsten machte sich das Geschlechterwesen in Recht und Gericht geltend. Hier verharrte es eigensinnig auf der früheren Kulturstufe der Blutrache, des Wehrgelds, des Gottesurteils. Das Gericht bestimmte nur, welche Partei der anderen den Beweis zu erbringen habe und mit welchen Mitteln, und ob derselbe richtig erbracht sei. Zwei von den altgermanischen Beweismitteln: das Gottesurteil und der Eid waren auch ditmarsisch, vielleicht auch das dritte, der Zweikampf, obgleich seine prozessualische Bedeutung nicht betont wird. Namentlich ein Mord brachte den Fortbestand dieser uralten Rechtsanschauungen an den Tag. Schon wenn jemand eines natürlichen Todes gestorben, war die Leichenfolge heilige Geschlechtspflicht, zu der Männer und Weiber oft meilenweit von der Geest in die Marsch herbeiströmten. Um wieviel stärker war der Zudrang zur Bestattung eines Erschlagenen! Angesichts des versammelten Geschlechts setzte, wenigstens nach altholsteinischem Recht, der sogen. Banner des Mörders die Degenspitze auf den ins Grab gesenkten Sarg und sprach: *Ik banne N. N. in Karken und Klüsen unde allen Godes Hüsen, up Karkwegen, up Markwegen, in Wischen und Weiden, up Wegen und Stegen.* Überall war nun der Thäter vogelfrei, selbst das Asylrecht der Kirche scheint nicht anerkannt zu sein. Nun haben die Freunde des Ermordeten das Recht Ersatz zu fordern für den ihrer Sippe zugefügten Schaden entweder in einem rächenden Gegenmord, dann soll man den einen Mann legen (d. h. rechnen) gegen den anderen, oder in der Broke, dem Wergeld. Wie peinlich man im ersten Fall auf genau entsprechendem Ersatz bedacht war, geht aus der altholsteinischen um 1400 bestehenden Sitte hervor, die eine Lübecker Chronik mit Recht eine jämmerlich böse, schnöde Sitte nennt. War einem ein Vater, Bruder oder Vetter getötet, so hatte er dafür zu sorgen — man staune! — nicht daß der Thäter, sondern daß dessen Vater, Bruder oder Vetter getötet wurde. Auch im Blockland bei Bremen mußten noch 1468 der Rat zu Bremen und der Konvent des Klosters Lilienthal den Landschaden der Blutrache verbieten. Wurde solche in Ditmarschen nicht genommen, so betrug das Strafgeld, die Brüche, nicht mehr als 100 Mark. War aber der Marktfrieden verletzt d. h. jemand getötet, während er zu Markt oder Gericht zog, pflügte, erntete, am Deiche baute oder in der Vogelbude bei seinem Fischgarn oder bei seinem Kaufschiff lag oder zwischen zwei Sonnenscheinen d. h. nachts das Vieh hütete, so soll der Thäter 30, bez. 60 Mark mehr zahlen, sein Haus niedergebrannt werden und er alle seine Tage für einen ehrlosen Schalk gelten. Das Geld fällt nicht bloß den nächsten Schwertmagen d. h. den nächsten Verwandten von Mannesseite, sondern dem ganzen betroffenen Geschlecht zu. Ist der Ermordete gerächt oder gebüßt, so ist dem Rechte genug geschehen und die Fehde hört auf. Es läßt sich nicht erweisen, ob neben dieser äußeren Buße auch auf innere Buße und Demütigung des Mörders gesehen wurde, wie es z. B. aus einer lieblichen Richtung d. h. einem Sühnevertrag von Appenzell aus dem Jahre 1587 erhellt. Der Mörder muß danach nicht nur der Frau und den Kindern des Ermordeten eine Geldsumme zahlen, sondern überall den Verwandten desselben ausweichen, einen bestimmten Kirchweg innehalten, mit einer Kerze in der einen Hand, mit dem Mordgewehr in der anderen um die Kirche schreiten und auf dem Grabe des Getöteten diesen knieend um Verzeihung bitten. Leugnet aber ein Ditmarsche die ihm zugeschriebene Unthat ab und liegen keine Beweise dafür vor, so muß der Kläger den Erschlagenen, d. h. den Todschlag auf ihn bringen mit 30 Volleiden aus 30 Geschlechtern. Solch ein Volleid hieß das *Nemede*, altnord. *nefnd* d. h. Bezeichnung, wie auch die Eidhelfer im mittelalterlichen Latein Nominati heißen. In diesem umständlichen Eidgerichtsverfahren gipfelt die Eigenart des ditmarsischen Rechts. Da zu jedem Volleid zwölf Männer bezeichnet werden mußten, so waren im ganzen 360 Eidhelfer erforderlich. Nur einen einzigen Volleid darf das klagende Geschlecht aus seiner eigenen Mitte ableisten, die übrigen 29 müssen mit Hilfe von 29 anderen Geschlechtern beschafft werden. Dies Nemede verwickelte oft den einzelnen in einen schweren Kampf zwischen seiner Geschlechtspflicht, denn das war die Eidhilfe, und seinem Gewissen und rief im ganzen Lande jedesmal eine tiefe Bewegung hervor. Will aber der Beklagte dieses Eidesrecht überbieten, so muß er das Gottesrecht anrufen d. h. sich dem Gottesurteil unterziehen. Dann hat er Frieden vor seinen Gegnern und muß ein glühendes Handeisen von der Richtertafel bis zu einer Wassertonne tragen, acht Ellen weit. So verschaffte sich das Geschlecht selber Recht gegen seine Feinde, so auch gegen seine eigenen Mitglieder. Ließ sich ein Mädchen entehren und gab einen falschen Vater an, so vollzogen die Verwandten an ihr den Feuertod, und auch ohne diese zweite Verschuldung durfte sie der Vater mit dem Beistand der Geschlechtsfreunde in die Erde vergraben oder unter dem Eise ersticken.

Diese Rechts- und Sittengesetze der ditmarsischen Geschlechter reichen zum Teil noch über das frühe Mittelalter in unser höchstes Altertum zurück, wir meinen oft eher deutsches Leben aus Armins als aus Luthers Zeit vor uns zu sehen. Freilich die erneuerte Kirche konnte dergleichen nicht mehr dulden. Das von der evangelischen Geistlichkeit geforderte und beeinflußte Gesetz von 1539 hob die Verbündnisse aller Slachten als öffentliche Körperschaften auf, erst die Reformation hat hier die urgermanische Blutrache und Mannbuße samt dem Nemede ausgerottet und dem Geschlechterstaat sein Grab gegraben.

Das Schlachten- und Kluftenwesen ist in privaterer, milderer Form über die Küstenländer der Nordsee bis nach Drente und Overyssel und wahrscheinlich noch weiter verbreitet, und an die Ostsee, auf die Insel Fehmarn, scheint es von den Ditmarschen verpflanzt. Von den fehmarnschen zwölf Vetterschaften haben sich noch zwei, jetzt zu einer einzigen, der Mackeprang-Witteschen, vereint, erhalten, deren jetziges Statut vom Jahre 1611 einem früheren aus dem Jahre 1562 nachgebildet ist. Seltsam berührt darin der merkwürdige Anachronismus der Verpflichtung zur Mannbuße d. h. zum Wergeld in der Höhe von 60 Mark Lübisch für einen von einem Vetter Erschlagenen. Und doch hatte auch hier wie in Ditmarschen die Reformation und danach die Regierung mit dem Wergeld schon um die Mitte des sechzehnten Jahrhunderts aufgeräumt, und überhaupt ist die jetzige Vetterschaft mehr auf Geselligkeit und Wohlthätigkeit gerichtet. Schon eine Urkunde von 1486 bestimmt, daß bei der Verpachtung der sogen. Spendeäcker die Geschlechtsangehörigen und bei Verteilung der Erträgnisse derselben die Verarmten unter ihnen den Vorzug haben sollen. Wie hoch früher dieses Vetternverhältnis geschätzt wurde, bezeugt die Anekdote: Ein Sohn, der mit seinem Vater in Streit geraten war, sagte schließlich zu ihm: Vadder, wenn du nich min Vedder wärst, harr (hätte) ick di dood sla'en. Daneben blüht nun aber auch, wie in Skandinavien, im deutschen Norden das Gildenwesen, das gerade auf Fehmarn noch besteht. Die dortige Bruderschaft S. Johannis des Täufers, deren Statut aus dem Jahre 1494 stammt, ist jetzt eine Bürgerkompanie in dem Hauptorte Burg. Bei ihren Zusammenkünften, bei denen wohl vierzig silberne Humpen die Tafel zieren, nennen alle Anwesenden einander Brüder, und der jüngste Bruder muß mit einem merkwürdig geformten, eisernen Stab an der Thür stehen und auf Ordnung halten.

Die zahlreichen Bruder- und Nachbarschaften im übrigen Deutschland sind zwar durchweg christlichen Ursprungs, knüpfen aber zum Teil an die heidnischen Gilden an, die bei ihren Opfergelagen und Totengedächtnisfeiern den Göttern und den Verstorbenen Minne zutranken d. h. auf ihr Andenken den Becher leerten. Sie hießen deshalb auch später noch Minnen d. i. Gedächtnisse, die holsteinischen, wie die schwäbischen Gildegenossen auch Minnebrüder. Schon in einem Kapitulare Karls des Großen vom Jahre 779 tauchen westfälische Gildonien auf, Genossenschaften zur Hilfe in der Not, bei Verarmung, Feuersbrunst und Schiffbruch. Ihre enge Schwurgemeinschaft, die *sacramenta per gildonia*, die *conjurationes per S. Stephanum* verbot der König. Doch tragen sie auch noch einzelne echtheidnische Züge an sich: so trinken sie Christi und seiner Heiligen Minne. Die westfälischen Gilden hatten im Mittelalter und noch darüber hinaus ihre Wurzel in den Bauerschaften; diesen gehörten die an den Kirchhöfen innerhalb des Kirchenfriedens errichteten Gildenhäuser. Die Gilde bot Ersatz für die durch die großen Grundherren so oft zersprengte Markgenossenschaft.

Schön ausgebildet sind die ihr verwandten Bruder- und die Nachbarschaften in der Schweiz und in den sächsischen Haufendörfern und Städten Siebenbürgens. Ihre ältesten Artikel vom Jahre 1563 bewahrt Hermannstadt. In diesen Vereinen zeigt sich bis in die Gegenwart herab am Saume Halbasiens altdeutsches Wesen, durchdrungen von der kirchlichen Frömmigkeit der Reformationszeit. Die Bruderschaft ist dort die Vorschule der Nachbarschaft und umfaßt alle konfirmierten Burschen oder Knechte, deren außerhäusliches Leben frei gewählte Beamte beaufsichtigen. Der ernste Akt der Aufnahme neuer Brüder verläuft in eine derbe Posse, die des Eingetretenen schwere Verpflichtung sinnbildlich ausdrückt; Roßdecken, Ofenwische, ja an Seile befestigte schwere Steine werden den jungen Brüdern umgeworfen, um sie zu Boden zu ziehen. Also nicht nur bei den Studenten, Handwerkern und Schiffern, z. B. den hansischen Bergenfahrern, kam das Hänseln bei der Mitgliedsaufnahme vor, sondern auch bei jenen siebenbürgischen und anderen deutschen Bauern, und es fragt sich wohl noch, welcher Stand denn eigentlich diese Neulingsprüfung erdacht habe. Jedenfalls paßt das Hänseln durchaus in den bäuerlichen Strafkodex, auf den ich schon oben hingedeutet habe, und z. B. die Brüderschaft der Ackerknechte im Magdeburgischen hatte es in ein förmliches, peinliches System gebracht. Die braunschweigischen Pferdejungen (Enken) wurde zu Fastnacht, nachdem sie je zwei mit dem Rücken aneinander gebunden, barbiert waren, in den Kreis der Knechte aufgenommen und durften nun wie diese mit den Mädchen verkehren. Milder wurde das Inheisen (das Einkleiden?) in Jamund bei Cöslin mit einem Hilfegelübde unter dreimaligem Zutrunk des Ältesten zu dem Jungknecht gefeiert. Jener neue siebenbürgische Bruder aber muß nach der Probe ein halbes Brot und eine Kerze entrichten, jenes für den Schmaus, diese für den Tanz. Sommersonntags scherzen, singen und spielen die Brüder in den Gespielstuben, Winters kommen sie in den Spinnstuben mit der Schwesterschaft zusammen, unter Aufsicht des Amtsknechts oder des Ortshanns oder gar des Pfarrers. Heiratet ein Bruder, so entrichten er und seine Braut Speis und Trank und eine Kerze für einen höflichen Abschied. Als Ehemann tritt er in eine der vier Nachbarschaften ein, in die in der Regel ein Sachsendorf zerfällt (s. S. 5). Unter ihrem Nachbarvater rückt jede Nachbarschaft zu den gemeinsamen Dorfarbeiten (s. S. 14) aus, ihre Mitglieder sind zu gegenseitiger Rechtssicherung und Hilfeleistung namentlich bei Krankheit und schwerer Arbeit, z. B. der Aufrichtung eines Dachstuhls, verpflichtet. Auch sorgen sie für Grab, Bestattung und Grabgeläute. Der Nachbarvater soll fest, steif und unbeweglich über den Artikeln der

Nachbarschaftslade halten und den Lebenswandel der Nachbarn überwachen. Er entbietet sie durch das oder den herzförmigen Nachbarzeichen zur Versammlung. Im Feierkleid halten sie am Fastnachtsdienstag ihren Richt- oder Sitttag ab, die aus den dabei verhängten Strafgeldern zusammenfließende Kasse gewährt den ärmeren Nachbarn Darlehen. Am folgenden Eschtag (Aschermittwoch) hält die Nachbarschaft ihr Hauptgelage, wie viele andere altdeutsche Genossenschaften in diesen Tagen ihr Fastelbier oder auch, wie in Zug in der Schweiz, ihr Nachbarschaftsmöhli einnahmen. Dagegen kommen in Überlingen am Bodensee die Nachbarschaften am Sonntag nach Johanni in einem Wirtshause abends beim Wein zusammen, um die im vergangenen Jahre entstandenen Feindschaften wieder auszugleichen. Jede hat ein eigenes, von einem Gassenpfleger verwaltetes Vermögen, doch haben mehrere das ihrige dem Schulfonds geschenkt. In Siebenbürgen ladet der Nachbarvater dreimal im Jahre am Tage vor der Abendmahlsfeier zum Versöhnabend ein. Wer aber hier der Nachbarschaft müßig geht d. h. von ihr ausgeschlossen ist, muß nach einem Kronstädter Statut von 1606 des Brunnens, des Backhauses, der Bach (des fließenden Wassers) und der eigenen Feuerstelle entbehren. Wer durch Kauf eines Hauses Hauswirt geworden, schuldet den Nachbarn eine Hausseligkeit, ein gut Gericht mit einem Eimer Wein dazu. Das hieß in Niederdeutschland das Buurbeer.

Beide ehrwürdigen Einrichtungen Siebenbürgens, die Bruder- und die Nachbarschaft, sind in den letzten Jahrzehnten durch lässige Handhabung ihrer Gesetze und durch die neuen transleithanischen Gesetze untergraben. Doch noch giebt der siebenbürgische Bauer dem Bewußtsein der Familienhaftigkeit der Gemeinde treffenden Ausdruck dadurch, daß er seinen Pfarrer unseren Herrn Vater und die Pfarrerin unsere Frau Mutter nennt. Auch enthält sich beim Tode des Pfarrers die Bruderschaft für eine bestimmte Zeit des Tanzes und aller lauten Vergnügungen und legen die Mädchen ihre Borten ab, um schwarze Bänder zu tragen.

Und nun vergleiche man das Bild der steifnackigen ditmarsischen und der fügsamen siebenbürgischen Bauerschaft. Obgleich beide protestantisch, wie klafft ihr Leben auseinander! Die eine sprengt selber ihre Feld- und Markgemeinschaft und giebt erst im Beginn der Neuzeit nach hartem Kampf mit der neuen Kirchensatzung ihr altheidnisches Recht preis, auf dessen Boden sie trotz ihrer geringen Anzahl einen starken Staat gegründet hat, während die andere an ihrer wirtschaftlichen Gemeinschaft trotz aller besseren Lehre zähe festhält und vielleicht mehr geduldig als tapfer dem Ansturm der Fremden widersteht und ihr altes Geschlechtertum willig den neuen kirchlichen Formen anpaßt.

Je mehr dieses Genossenschaftswesen der Einzelorte sich verhärtete und abschloß, desto häufiger kam es zu Reibereien und Zusammenstößen mit den Nachbarorten. Die alemannischen Dörfer und Städtchen scheinen mit Spottreimen auf ihre Nachbarn am freigebigsten zu sein. Namentlich um Fastnacht, im Mai, um Ostern und Pfingsten lieferten sich ganze Nachbargemeinden wenigstens Scheinkämpfe, hie und da geschieht das noch, trotz aller Polizei. Schon der alte Tschudi berichtet im sechzehnten Jahrhundert, daß die Graubündner bewaffnet von einem Dorf zum anderen laufen und sich einander mit Kräften stoßend und putschend, daß ihnen ihr Korn desto besser gerate. Es entbrannten aber auch viele wirkliche Parteikriege, gleichfalls Putsche genannt, unter den landschaftlichen Genossamen namentlich in der Schweiz.

2) Von hohem Alter wie die Haufendörfer ist auch ein großer Teil der **Einzelhöfe**, die ebenfalls durch ganz Westdeutschland von Norden bis Süden sich verbreiten, aber kleinere und versprengtere Gebiete einnehmen als jene Dörfer. Die Ansicht Meitzens, diese Einzelhöfe seien nicht germanischen, sondern keltischen Ursprungs, namentlich in Westfalen, wo allerdings erst zu Cäsars Zeit keltische Menapier von den siegreichen Germanen verdrängt wurden, ist nicht genügend begründet durch den Hinweis auf die Wohnweise der gallischen, britannischen und irischen Kelten in Einzelhöfen und durch die Annahme, daß das keltische Hallenhaus das Vorbild des niedersächsischen Bauernhauses sei. Denn diese Annahme ist irrig, wie sich weiter unten zeigen wird, und jener Hinweis nicht beweiskräftig. Man bedenke: in Westfalen ist das Paderborner Land samt dem Hellweg, auf dem Dortmund liegt, mit Haufendörfern

bedeckt und auch die Einzelhöfe haben dort die unkeltische Marken- und Hufenverfassung. Überhaupt bildet die Weser keineswegs eine so scharfe Scheide zwischen östlichen Haufendorf- und westlichen Einzelhoflandschaften, wie Meitzen angiebt. Denn auch auf der altoldenburger Geest und im Emsland überwiegen die Haufendörfer weitaus die Einzelhöfe. Andererseits liegen alte Einzelhöfe in echtgermanischen, nie von Kelten bewohnten Gebieten, wie in Norwegen, dem nördlichen Schweden, auf einzelnen Strecken der jütischen und der schleswig-holsteinischen Westküste, im südholsteinischen Heideland und in den Niederungen der Altmark längs der Elbe. Mächtig gediehen sie allerdings namentlich in Westfalen, aber auch in Friesland und Holland, am Niederrhein bis in die nördliche Eifel, ins nordwestliche Belgien. Weiter südlich finden wir Einzelhöfe auf dem Odenwald und dem Schwarzwald, dessen mittlerer Teil in Baden etwa 5000 Einzelhöfe trägt, während der südlichste wieder mehr Dörfer, die teilweis verkümmerten und übervölkerten Hotzendörfer, hat. Endlich haben sich die Einzelhöfe, in Bayern auch Einödhöfe (Ainet) genannt, in der Nähe und im Inneren der Alpen eingenistet. Die Einzelhöfe sind nicht alle alt, doch nimmt man bereits für die karolingische Zeit neben einem bedeutenden Wachstum der Dörfer ein verhältnismäßiges Zurücktreten der Einzelhöfe wahr.

Auf die Wahl der Wohnweise mögen gewisse Stammesunterschiede, z. B. der Ostfalen und Engern, bei denen das Haufendorf überwiegt, von den Westfalen, die den Einzelhof vorziehen, eingewirkt haben. Stärkeren Einfluß hatte jedoch die individuelle Lage des einzelnen Bauern. Hatte er keine Sippe, stand er mit seiner Familie isoliert da, so wird er oft dem Anschlusse an unverwandte Leute im Haufendorf die selbständige Wirtschaft auf einem einsamen Hof vorgezogen haben. „Der Starke ist am mächtigsten allein.“ Am stärksten aber wurden die Ansiedler bestimmt durch die Bodenverhältnisse. Die rauhere Natur Norwegens und der genannten deutschen Mittelgebirge und Alpen ließen kaum eine andere Siedelungsform als den Einzelhof zu, und diese war auch in der Ebene oft durch die oasenhafte Enge der fruchtbaren Erde inmitten der Heiden und Brüche, wie namentlich in Westfalen, geboten. Daher finden wir im ebenen Baden und Bayern und in der ebenen Schweiz überall Haufendörfer mit Zelgenabteilung, Nachbarrecht und Umzäunungen; sobald wir aber ins Gebirge dringen, zerstreute, von eigener Wiese umgebene Höfe ohne geschlossenen Dorfverband. In manchen breiteren fetten Strichen aber, wie z. B. im schleswigschen Eiderstedt, mußte das Vieh bei der Hand oder unfern vom Hause weiden, weil Kühe und Schafe auf jenem zähen Lehmboden bei Regen schwer vom Platz kommen können. Man bedurfte also eines dicht um den Hof gelagerten einheitlichen Weidelands, wie es die Haufendorfanlage seltener gewährte. Denn das ist nun die zweite charakteristische Eigenschaft des Einzelhofs, die ihn fast noch schärfer als die isolierte Lage vom Haufendorf unterscheidet, daß ihn ein zusammenhängender Grundbesitz von etwa quadratförmigen, oft durch Hecken oder Gräben abgegrenzten Blöcken oder Kämpen umgiebt. Mehrere weit übers Land verstreute Höfe bilden eine Bauerschaft. Die Hauptstraßen der Flur verbinden seltener Hof mit Hof oder Bauerschaft mit Bauerschaft als Dorf mit Dorf, oder wo Dörfer fehlen, Stadt mit Stadt. Von der Straße her erreicht der Wanderer nur auf Nebenwegen den Hof, und der Bauer sucht auf Richtwegen, Fußsteigen quer über die Kämpe den Markt oder die Kirche auf, wobei er manche Zauntreppe übersteigen muß. Daher heißt in Bayern auch ein Kaplan auf dem Lande, weil er so oft über die Zäune steigen muß, wenn er auf die Filialen geht, ein Stiglhupfer. Wohnen an der Hauptstraße gilt dem Hofbauern oft noch heute nicht gerade für einen Vorteil, sie bringt ihm nur häufiger Landstreicher ans Haus, und früher fiel auf solche Höfe der schwerste Teil der Naturalleistung an durchreisende große Herren und Heere.

Die wirtschaftliche Überlegenheit des geschlossenen Hofes über den zerstückelten Besitz eines Dorfbewohners, die der große Grundherr noch zu steigern wußte, springt sofort in die Augen, aber die Gefahr einer noch größeren Vereinsamung und somit einer Erstarrung des Gemeingefühls, das die Haufendörfer so frisch erhalten, war oft kaum abzuwehren. Übrigens hatten die Höfe in Westfalen ihre Bauerschaft, in der Schweiz ihre Bäuerte, auch Ürte und Rodgemeinde genannt, und die Bauerschaften ihre Mark und in ihr auch einen Herd des Gemeinsinnes, aber es fehlte doch die tagtägliche Berührung, die gemeinsame Feldarbeit und die gemeinsame innere Dorfverwaltung. So kehrt denn auch der Hofbauer oft den ungeselligen Aristokraten heraus. Die Harmersbacher Thalordnung untersagte sogar die im Schwarzwald wie im ganzen Reich so beliebten „Lichtgänge“ d. h. Spinnstubenbesuche und bestrafte sie noch härter, wenn ein Musikant dabei aufspielte. Das Heimatsgefühl dagegen erstarkte auf den Höfen noch mehr als in den Dörfern; in der Schweiz, in der das Wort Heimweh entstanden ist, heißt gerade ein solcher Einzelhof auch Heimat, in Oberbayern und Tirol Heim. Aber in den letzten Jahrzehnten hat auch dieses Gefühl der Zauber des Stadtlebens bedenklich eingeschläfert. Prächtige Bildnisse solcher selbstherrlichen Hofbauern in Westfalen, dem Schwarzwald und der Schweiz haben uns Immermann im Münchhausen, Hansjakob im Bauernblut und Gotthelf im Uli entworfen. Im Schwarzwald nennen sich die Söhne des Hofbauern schon bei ihren Knabenspielen unter sich „Baschebuur“ oder „Hornbuur“, und mit stolzem Behagen gedenkt der alte Bauer der Zeit, „wo i Buur wore (worden)!“ Fast komisch klingt es, wenn der Großvater, der seinen Hof an seinen Sohn übergeben hat, nach diesem oder die Frau nach ihrem Manne fragt: „Wo isch der Buur?“ und zwar nicht etwa nur Dienstboten oder Taglöhner fragt, sondern auch Kinder im zartesten Alter, die denn auch genau wissen, wer damit gemeint ist. Wo ein norddeutscher Marschenbauer einen solchen Einzelhof besitzt, der benachbarte Geestbauer aber in seinem Haufendorf wohnt, bildet sich oft ein scharfer Gegensatz. Jenseits seiner Fettweiden ist jenem „alles man Geest“, er meint schlechten Sandboden damit, wofür sich die Dorfleute der Geest rächen, indem sie von der Marsch sprechen, „wo de Lüde nix to doon hebben, aber äten un slapen as dat Veeh“. Förmliche Ehrfurcht empfindet man in Bayern vor einem stattlichen Einzelhof: „Vor einer Ainet (Einödhof) soll man den Hut herabthun.“

Die folgenden Mitteilungen gelten zum Teil zwar auch von den Hofstätten der Dörfer, aber doch vorzugsweise und durchgehends nur von den Einzelhöfen und werden darum an dieser Stelle gemacht. Jeder Bauerhof hat einen eigenen Namen und hatte seine eigene Haus- oder Hofmarke, eine meist einfache, aus Strichen zusammengesetzte Figur, später ein Monogramm. Der Name bleibt trotz allem Wechsel der Besitzer an Haus und Hof, die Marke ans bewegliche Eigentum desselben gebunden. Denn weil am Hause das Recht an Grund und Boden haftet, führt der Hof als Vertreter dieses Rechtes trotz aller Verordnungen einen unzerstörbaren Eigennamen und zwingt jeden, der den Hof durch Aufheiratung oder Kauf erworben hat, seinen Familiennamen aufzugeben oder zurückzulegen und den alten Hofnamen anzunehmen. Das Heim steht über dem Geschlecht. Die Hofnamen sind überhaupt zum Teil älter als die Familiennamen, die in Süddeutschland im zwölften Jahrhundert, in den norddeutschen Städten im dreizehnten und auf dem platten Lande wohl erst im vierzehnten aufkamen. Es giebt Striche in Deutschland und Holland, wo diese erst in diesem Jahrhundert durch die napoleonische Herrschaft eingeführt wurden. Meist heißt der heutige Hof nach einem früheren Besitzer, wie z. B. ein Schwarzwälder Baschehof zuerst einem Sebastian angehörte, oder nach der Lage, wie der Winterhalder, Strittmatter, Schweighofer Hof nach einer Halde, Matte oder einem Herdenhof. Sogar ein Kind, dessen beide Großväter noch leben, nennt denjenigen Großvater, der nicht mit ihm im Hause wohnt, nach dem Hof, z. B. den Bägoldsbachgroßvater. Im Braunschweigischen hängt man wohl die Namen der früheren Besitzer dem des gegenwärtigen an, und daher wird ein Mann Namens Gremmel in Bortfeld genannt Behn-Meier-Sauer-Gremmel. Eine kleine lebensvolle Welt für sich, ein wohl überlegter Organismus, ist ein einsamer Bauernhof. Wieviel alltäglich Leid und Freud, einen wie starken Wechsel von Leidenschaft und Genügen beschließt oft sein scheinbarer Frieden in sich! Drei, vier Lebensalter, Gerechte und Ungerechte, wohnen unter einem mächtigen Dach, Leibgedinger, Meister und Meisterin, deren Söhne und Töchter, hinter denen auch wohl schon ein paar Kinder herlaufen, Roß- und Kuhknechte und Saububen, Groß-, Mittel- und Kleinemagd. Bettler sprechen vor und bleiben ein paar Tage hängen, Taglöhner helfen,

Handwerker unterbrechen mit ihrer Stör das gewöhnliche Leben. Der Hof hat zwar nicht mehr den Reichtum an Betrieben wie früher, wo Spinnen, Weben und Schneidern, Mahlen, Backen, Brauen und Brennen, Seifekochen, Eisenschmieden und -schmelzen, die Anfertigung von Geräten, Pflug und Wagen neben den eigentlich bäuerlichen Arbeiten von den auf sich selbst gestellten Bewohnern eines einzigen Hofes geleistet werden mußten, ja das stattliche Hofhaus selber von ihrer Hand gezimmert, gemauert oder gelehmt und gedeckt war. Aber noch immer blüht ein Teil dieser Gewerbthätigkeit mitten in der Landwirtschaft der Einzelhöfe fort. Auf der niedersächsischen Hofstätte liegen noch ein Backofen, eine oder mehrere Nebenscheuern regellos neben dem Hauptaus, und ein Graben, Zaun, auch wohl aus Feldsteinen, oder eine Mauer mit darauf gepflanztem Hagedorn schließt alles ein. Ohne solche Einzäunung schaut das freie Gehöft im Schwarzwald z. B. bei St. Märgen auch stattlich genug von seiner grünen Halde ins Ibenthal herab: das Haupthaus umschließt Wohnung, Stall und Tennenraum und unter dem Dache Futter und Garbenfrucht. Aber etwas abseits birgt das Spicherhüsle die gedroschenen Früchte, den geräucherten Speck, wertvolle Kleider und oft auch Geld, weil es bei einer Feuersbrunst meistens verschont bleibt oder leichter zu räumen ist. Es nimmt auch wohl noch die Alten auf, wie wir wissen. In einem dritten Gebäude, in der Kapelle, wird von den Bewohnern Sonntags der Rosenkranz gebetet und täglich dreimal das Ave Maria geläutet und wenn ein Wetter aufzieht, auch bisweilen eine Messe darin gelesen, z. B. beim Aufrichten eines Hauses. Oder auch tragen die Häuser, wie auch in Tirol, einen Dachreiter, dessen Glocke zu Mahl und Gebet und gegen das Gewitter und bei einem Sterben geläutet wird. Dazu kommt ein Backofen und auch wohl noch eine eigene, meistens in der Hausmatte gelegene Hofmühle, die von einem Weiher aus bewässert werden kann, um die Frucht zu mahlen. Die Bauern hier im Ibenthal beanspruchten aber auch im Mittelalter von ihrer Obrigkeit die Anrede: ihr Herren!

Mit dem Hofwesen sowohl der Einzel- als auch der im Dorf zusammenliegenden Höfe sind einige Sitten verknüpft, welche die

Volkskunde sorgsamst zu beachten hat. In den meisten deutschen Ländern pflegt sich die bäuerliche Erbsitte, das Gewohnheitsrecht, mit dem geltenden gesetzlichen Erbrecht nicht zu decken; sie verteidigt vielmehr noch heute das Anerbenrecht der ungeteilten Übernahme des Hofes mit Erfolg gegen das von Juristen geschriebene Landrecht, das meistens die Teilung des Hofes begünstigt. Gewöhnlich wechselt der Besitz auch nicht durch Erbgang, sondern durch Übergabevertrag unter Lebenden, durch Verschreibung, die häufig in einem bei der Verheiratung des Sohnes geschlossenen Ehevertrag besteht. Eigentliche Testamente, Verfügungen von Todeswegen, liebten weder die alten, noch lieben sie die neuen Germanen. Doch finden wir schon im fünfzehnten und sechzehnten Jahrhundert in Ditmarschen und auf Fehmarn zahlreiche Belassungen. Häufig unterläßt man das Testamentieren aus Bequemlichkeit oder aus Scheu vor den Kosten oder gar aus der Angst, man müsse nach einem solchen Akt sterben, wie man nach dem Versehen mit den Sterbesakramenten dasselbe befürchtet. Wie gestaltet sich denn nun die Erbfolge?

Die dem einzelnen Genossen von der Markgemeinde zugeteilte freie Hufe war in ältester Zeit ohne Zustimmung der Gemeinde so wenig teilbar wie veräußerlich. Der Grundbesitz war mehr ein Familiengut als ein individuelles Eigentum, der Hof fiel ungeteilt einem Erben zu, die Miterben wurden abgefunden. Doch wenn der Hof an mehrere Erben kam, so wurde er deswegen nicht zerstückelt, sondern die Erben blieben mit gleichem Anrecht zur gesamten Hand, in Gemeinderschaft, auf dem Erbgut sitzen. Diese beiden Erbschaftsformen dauerten bis ins dreizehnte Jahrhundert hinein und erzeugten damals eine hohe Blüte des Bauernstandes. Aber schon begann die Hufenteilung, und um 1220 warnte der Dichter Freidank: Breite Hufen werden schmal, teilet man sie nach der Zahl, wie noch heute im Main-Fränkischen gesagt wird: Viel Brüder machen schmale Güter, und ein anderer alter Dichter fügte hinzu: Geteiltes Gut kommt nicht auf die vierte Brut. Gegen Ende des Mittelalters nahmen die Teilungen überhand, ein dürftiges Zwerggütlertum entstand, aus dem die Bauernaufstände aufflackerten, bis zu der ungeheuren Feuersbrunst des Bauernkrieges im Anfang des sechzehnten Jahrhunderts.

Der große Grundherr setzte nun seine vielhundertjährige mittelalterliche Arbeit des Legens der Bauerhöfe unter dem Schutz des römischen Rechts mit erneutem Eifer fort und vernichtete in manchen Landschaften den Bauernstand fast völlig. Manche Landesherren nahmen sich aus militärischen und finanziellen Gründen des bedrängten Landvolkes an und gaben ihm ein neues Hufenrecht, dessen Schwerpunkt in jenem alten echt deutschen Anerbenrecht lag und das auch der Gemeinderschaft Luft ließ. Daneben aber schritt die Teilung der Güter fort, so daß gegenwärtig drei Hauptarten der Hofvererbung bestehen.

Die letzte, die Realteilung, ist noch heute üblich, namentlich in Gegenden, wo Wein, Gemüse und Handelspflanzen gebaut werden, nahe Städte z. B. auch kleinen Milchwirtschaften guten Absatz bieten oder Fabriken den Mann beschäftigen, während die Frau das Äckerchen bestellt. Es scheint, daß die Franken solcher Teilung mehr geneigt sind als die Bayern und die Sachsen. Die zweite Art, die übrigens oft eine Aufteilung des bäuerlichen Vermögens nur hinausschiebt, die gemeinsame Bewirtschaftung eines Gutes durch alle Erben, heißt in der Schweiz die Gemeinderschaft, in Bayern die Kommunhausung. In den overysselschen Dörfern Staphorst und Rouveen bleiben alle Nachkommen gleichberechtigt auf dem Hofe, ob verheiratet oder nicht, und ihre Familien sitzen wie eine einzige um einen einzigen Herd. Der Hausgemeinschaft ungeteilter Einzelhöfe nähert sich schon mehr der Brauch, der um Säckingen vorkommt, daß nämlich die Ledigen, um in ihrem Geburtshause dauernd als Familienmitglieder behandelt zu werden, ihren Vermögensanteil in die Haushaltung einwerfen; sie werden ins Haus g'metzget, eingeschlachtet. Auch in einzelnen Dörfern um Bonn heiratet von einer Familie nur ein Bruder, die anderen bleiben unverheiratet auf dem Hof. Die Frau des verheirateten Bruders wird aber von allen Ons Fru genannt, sie führt die Kasse und teilt dem einzelnen als Lohn für seine Arbeit ein Taschengeld aus.

Das Schwergewicht der bäuerlichen Erbsitte liegt aber noch

immer in der dritten Art, im sogenannten Anerbenrecht, um das unter den Bauern, Juristen und Gesetzgebern seit Erlaß des hannoverschen Höferechtsgesetzes vom Jahre 1874 ein heftiger Kampf entbrannt ist. Nach diesem Recht übernimmt der geeignetste Erbe den Hof ungeteilt und hat je nach der Höhe des Übernahmepreises die weichenden Miterben abzufinden. Der Familiensinn und die Liebe zur Heimat pflegt sich dabei so stark zu bethätigen, daß einerseits die Geschwister auf ihre gesetzlichen Erbansprüche und zum Teil selbst auf ihre Pflichtteilsansprüche verzichten, um ein erträgliches Schätzungsverfahren für den Haupterben herbeizuführen, und daß andererseits Klagen wegen Verletzung des Pflichtteils selten sind, obgleich durch die Zahlung desselben der Haupterbe oft überbürdet wird. Man sträubt sich meistens mit Hand und Fuß gegen einen Verkauf des Hofes, wenn man dadurch großen Schwierigkeiten entgehen kann. Keine Rechtsüberzeugung ist dem Hofbauern tiefer eingeprägt als die, daß der Hof „beim Blute bleiben muß“ d. h. bei der alten Hofesfamilie. Denn daß „das Blut dicker als Wasser“ sei, ist ein alter Bauernsatz, und „wo das Blut nicht hingeht, kriecht es doch“, meint der Friese von Amrum. Es beunruhigt die ländliche Bevölkerung schon sehr, wenn ein Hof durch den aufgeheirateten Ehegatten den Kindern des alten westfälischen Wehrfesters entzogen und in eine neue Familie übergeführt wird. Denn es heißt: Wer will selig sterben, laß den Hof dem rechten Erben.

Den Hof übernimmt in den Majoratslandschaften der älteste, in den Minoratslandschaften der jüngste Sohn; die verschiedenen Wirkungen dieser gegensätzlichen Anordnungen hat die Volkskunde zu verfolgen. Der Älteste ist der Hofesnachfolger in einem Teil der Rheinprovinz, durchweg in Westfalen, in Oberschwaben und, irre ich nicht, im größten Teil des deutschen Alpengebietes, aber z. B. im oldenburgischen Butjahdingen, in Siebenbürgen und im Mittelschwarzwälder Kinzigthal erbt der Jüngste, während im südlichen Schwarzwald wiederum der Älteste das Vorrecht hat. In einem Seitenthal der Kinzig, im Harmersbacher Thal, wo der Jüngste erbt, kommt das Gut nach dem Thalbuch von 1563, falls

Söhne fehlen, an die älteste Tochter, und, falls überhaupt Leibeserben fehlen, an den ältesten Freund d. h. Verwandten.

Die Geschwister des Hofeserben bleiben bis zur Erreichung der Selbständigkeit auf dem Hofe, der ihnen auch dann noch Zuflucht gewährt, wenn sie abgeschichtet d. h. abgefunden sind. Sie übernehmen in diesem Falle die Rolle des Gesindes. Der Hoferbe hat sie, wie man in Schwaben sagt, mit Kalt und Warm im Hause zu dulden. In Steiermark heißen sie zwar Knechte und Knechtinnen, aber sie arbeiten und leben kaum anders als der Herr. So hat sich z. B. auf den Höfen des mittleren Schwarzwalds eine neue höchst altertümliche, oft drei oder vier Generationen umfassende patriarchalische Hausgenossenschaft gebildet, die auch die unehelichen Kinder einer Tochter des Hauses nicht ungern einschlüpfen läßt, um die Mutter für die Hofarbeit zu behalten und ihre Kinder für die Arbeit heranzuziehen. Hof geht vor Kind, sagt Gotthelf in seinem Bauernspiegel. „Sein Lebtag hatte der Bauer wenig anderes gesinnt, als einen großen Haufen zusammenzubringen. Seine Kinder sah er wie Ameisen an, die zu diesem Haufen immer noch mehr zusammenkratzen sollten. Daß der zusammengescharrte Haufen zusammenbleibe auch nach seinem Tode, war sein Lieblingsgedanke; ob darüber seine anderen Kinder Bettler würden, daran dachte er gar nicht oder dachte vielleicht, es wäre am besten, wenn keines heiratete, sie alle die unbezahlten Leibeigenen ihres Bruders blieben.“ Aber gerade Gotthelf hat auch die würdigsten Hofpatriarchen geschildert, die nicht nur ihrem weiten Hauswesen, sondern auch der ganzen Umgegend zum Vorbild und Segen gereichten.

Von jeher zogen aber manche abgefundene Geschwister ein anderes Los vor wie noch heute. Waren sie nicht schon besonders stark unter jenen vertreten, die vom zehnten bis zum dreizehnten Jahrhundert mit ihren großartigen Kolonisationen den Osten erfüllten? Noch im vierzehnten Jahrhundert rodeten die Nichthoferben sich neue Güter in der Allmend der badischen Ortenau. Und heute nehmen ihrer viele ihr Erbteil und verdingen sich in andere Höfe oder suchen irgendwo in der Fremde ein Nest. Im Norden gehen manche auf See. Auf dem Hohen

Schwarzwald von Triberg nach dem Feldberg hinüber ist diesen älteren, erblosen Söhnen eine staunenswerte Bauernindustrie zu danken. Um sich wirtschaftlich unabhängig zu machen, warfen sie sich mitten im Waldreichtum ihrer Berge auf Löffelschnitzerei und Küblerei, auf Bürsten- und Glasmacherei, bis sie den höchsten Gipfel der Kunst in der Uhren- und Orgelfabrikation erreichten. Wie weit sie auch mit ihren Waren herumstreiften, bis zum Zaren und Sultan und über den Ocean hinüber, sie blieben fast immer ihres alten Hofes treu eingedenk und kehrten gern aus ihren bunten Abenteuern zur stillen, grünen Heimat zurück. Dies Wanderleben ist dahin, aber manches dieser alten Bauerngewerbe blüht dort noch weiter. Noch früher, schon seit dem fünfzehnten Jahrhundert, waren im Südosten die Gottscheer rührige Hausierer mit Leinwand, Holzgeräten und später mit Südfrüchten, und noch ziehen ihrer viele im Herbst aus und kommen um die Sonnenwende heim, wo ihnen ihre Frauen oft meilenweit mit Jubelrufen entgegenziehen. Man begreift, warum dort der ganze Juni der Sonnwendmonat heißt!

Noch ein anderes Verhältnis, das des Bauern zu seinen noch lebenden Eltern, hat sich namentlich auf dem Einzelhofe eigenartig gestaltet. Es scheint uralte, germanische Sitte, daß der väterliche Besitz und das Hausregiment mit der Verheiratung des ältesten oder erbberechtigten Sohnes vom Vater auf den Sohn übergeht, und daß diesem von da an die Geschwister und sogar die Eltern als Meister, Baas ansehen. Dann kommen die Alten in den Altenteil, ins Leibgeding, in die Pfründe, den Austrag, Aushalt, Auszug u. s. w. Sie sind z'Herwet, sagt man zu Linach, A. Villingen, als ob hier das alte Heergewaete, oder Heergewedde, welches ursprünglich Pferd, Schwert und Rüstung des Erblassers begriff und dem Mannsstamme gehörte, z. B. dem ältesten ledigen Sohn, auf die den Eltern von ihrem Sohne belassene Ausstattung übertragen wäre. Denn dreierlei pflegt den Altenteilern, z. B. in Süddeutschland, zu gebühren, ein Wohnraum, ein vollständiger Unterhalt und häufig noch entweder eine einmalige Abschlagssumme oder eine regelmäßige Zinszahlung. Die dürftigste Wohnstatt des Alters ist ein Winkel am Ofen der Hauptstube, Kattenstie, Katzhal, Katzenwinkel, Hinderherd, Unnerherd, Hinterofen genannt, und in Krankheit ein Lager in dieser Stube, eine bessere ist ein eigenes, heizbares Stüble, oder gar ein besonderes Hüsle, Stöckli, Ausdinghaus. Vom Bodensee bis in die norddeutsche Heidegegend um Fallersleben kommt der Ausdruck Spicher, Spiker dafür vor, der auch im Bremischen und Westfälischen ein kleineres zu einem Bauernhof gehöriges Wohnhaus bezeichnet, dagegen in Bayern wiederum ganz ungebräuchlich ist. Spicher hat aber daneben im Alemannischen auch noch die ursprüngliche Bedeutung des eigens für die Bergung des Korns (der Kornähren, lat. spicae) gebauten Nebenhauses. Ein Teil des Vorratshauses ist also den Alten eingeräumt worden, und auch die Junggesellen und ledigen Mädchen der Familie finden hier noch Unterkunft. Auch aufs Wasch- oder Brennhaus werden dafür wohl ein paar Zimmer aufgebaut. Im bayerischen Landgericht Wolfstein heißt das Austragshaus auch Nahrungshaus. Denn je nach dem Vertrag beköstigen die Alten sich selbst, oder sie werden von den Jungen beköstigt, die ihnen im ersten Falle alle Lebensbedürfnisse, namentlich Naturalien, liefern müssen. So z. B. im mittleren Schwarzwald 32 Sester Hafer, Korn und Weizen, zwei Sester Bohnen, die zwei besten Kühe im Stall, ein Schwein, je die zwei vollsten Obstbäume, Holz und genügend Kartoffelland. Dazu kommt dann wohl noch im südlichen Schwarzwald der Notpfennig von 800—1000 Mark und das Fronfastengeld, eine Quartalszahlung. Im vierten Abschnitt unseres Sittenkapitels muß das aus dieser Einrichtung erwachsene, oft unerquickliche Verhältnis zwischen Eltern und Kindern besprochen werden.

3) Eine Mittelstellung zwischen Haufendorf und Einzelhof nehmen die **Weiler** ein. Sie bestehen oder bestanden — denn viele haben sich zu Dörfern erweitert — aus einer geringeren Anzahl von Gehöften, etwa drei bis sechs, und die Ländereien, bald Ackerstreifen, bald Blöcke, sind nach Umfang, Bodenart und Entfernung vom Hofe viel ungleicher als die Hufen der Haufendörfer. Man nimmt an, daß ein Großgrundbesitzer, der zunächst in Lothringen seinen Hof nach dem vornehmen Muster einer römischen Villa

oder eines Villare (lothring. *ville, villers*) eingerichtet hatte, einige Teile seines weiten Gutes an seine Söhne oder an kleinere Leute ausgegeben habe. Deswegen treten auch die zahlreichen Weilernamen fast ausschließlich in Oberdeutschland, namentlich in demjenigen Teil auf, in dem die Römer Villen angelegt hatten, und da die fruchtbarsten Striche der Ebene und der offenen Thäler schon von den volkstümlichen Gewannenfluren eingenommen waren, so waren die Weiler mehr auf die unfruchtbaren Plateaus des Odenwaldes, der Rauhen Alb und ihrer Ausläufer bis nach Ulm hinüber, des Steigerwaldes, der Naabgegend und des Bayerischen Waldes angewiesen. Die Alemannen legten ihre Weiler, Weier und Weil meistens an den Rand der Gebirge, oft ziemlich dicht aneinander, wie z. B. bei Freiburg Wolfenweiler, Oehlinsweiler, Pfaffenweiler und Bolschweil, die Schwaben in die Vorarlberger Alpen, die Bayern in die Vorberge der Alpen bis zur Enns in Österreich. Das Wesen dieser bald dauernd abgeschiedenen, bald vom Verkehr ergriffenen Weiler scheint sich nicht so scharf ausgeprägt zu haben, wie das der Dörfer and der Einzelhöfe, sondern neigt je nach Ortslage und Entwickelung entweder dem einen oder dem anderen Typus zu. Doch wird die Volkskunde bei tieferem Eindringen auch dieser Siedelungsart wohl noch einzelne eigentümliche Lebensformen abgewinnen.

4) Eine wiederum andere Siedelungsart, das **Reihendorf**, ist, teilweise unter grundherrlicher oder fürstlicher Anleitung, durch eine mühsamere, eingreifendere Arbeit bäuerlicher Kolonisten in etwas späterer Zeit geschaffen worden. Schon Karl der Große, der größte Volkswirt der deutschen Vergangenheit, siedelte zahlreiche Sachsen im Fränkischen und Alemannischen und wiederum Franken und auch Wenden in Sachsen an, kolonisierte die holländischen Bruchländereien und verlieh wohl schon den Waldkolonisten die sogen. Königs-, Wald- und Hagenhufen d. h. geschlossene Doppelhufen von 60 Morgen. Als die offeneren, zugänglicheren und leichter zu bestellenden Gebiete in den fruchtbaren Thälern und auf den ungünstigeren Hochflächen seltener wurden und die Großgrundbesitzer nach Neuland trachteten, thaten auch diese den kleinen Leuten solche Hufen, auch Deich-, Marsch- nnd Moor-

haufen, in der Wildnis aus. Die sächsischen und salischen Kaiser förderten gleichfalls die Arbeit in den Nord-, wie in den Ostmarken, auf altdeutschem, wie auf slavischem oder ungarischem Boden. Später riefen auch einzelne Fürsten und Gutsherren Neusiedler von Westen in das Ödland. So wurde Österreich, Kärnten und Steiermark von Deutschen bebaut, dann der das böhmische Tschechengebiet umgebende, ungeheure, noch unangetastete Markwald des Böhmerwalds, des Erzgebirgs und der Sudeten aus grüner Wurzel besiedelt und mit deutschen Reihendörfern besetzt. Die Friesen kolonisierten Nordfriesland an der schleswigschen Westküste und das Sater-, Stedinger- und Wursterland an der Unterems und Unterweser, sowie die Moore am Dümmersee. Um den Anfang des zwölften Jahrhunderts aber nahm die Kolonisation des Ostens einen neuen nachhaltigen Aufschwung und zwar zuerst in den Überschwemmungsgebieten der Weser und der Elbe. Zuerst wurden hier auch die neuen Mittel der Entwässerung und des Deichbaues in großartigem Umfange angewendet. Am Niederrhein hatte zuerst Germanicus Deiche aufwerfen lassen, wie man meint, Jahrhunderte zu früh, weil das eingedeichte Land durch den Niederschlag der ausgetretenen Gewässer noch nicht genügend aufgehöht gewesen sei. Im siebenten und achten Jahrhundert war das Deichwesen in Holland schon ausgebildet. Nun schloß im Jahre 1106 Erzbischof Friedrich von Bremen mit sechs Holländern einen für viele spätere Kolonisationen vorbildlichen Vertrag. Jeder von ihnen und ihren Nachzüglern erhielt in der Vahr bei Bremen eine sogen. holländische oder flämische Hufe d. h. eine Königshufe von 60 Morgen in Form eines langen Streifens Marsch als Bauerstelle, und das niedrigste Land wurde als Umland unter die einzelnen Höfe verteilt. Noch heute ist dort ein Gut dem anderen an Größe fast gleich; nach Hollerrecht war es freies Eigentum, die Ansiedler wurden Erfexen, nicht Meier. Eine Gemeinheit gab es von vornherein nicht. Jede Gemarkung hatte ihr eigenes System von Abzugsgräben, mit denen man die Siedelung begann, erst im dreizehnten Jahrhundert wurde ein planmäßiges Deichwesen durchgeführt. Um 1150 teilte Markgraf Albrecht der Bär an Holländer, Seeländer und Flandrer, die durch Sturmfluten vertrieben waren, bei Werben an der Elbe holländische Hufen aus und zog auch verarmte Franken vom Niederrhein und Westfalen in die Mittelmark. Vielleicht ist die Gründung Schönhausens, des Geburtsortes Bismarcks, auf diese Zeit zurückzuführen. Der Schöpfer des neuen Deutschlands kam mitten in der buntesten Mischung aller deutschen Volkselemente empor. Denn ein halbes Jahrtausend später als der Große Markgraf rief der Große Kurfürst zur Wiederbevölkerung eben dieser durch den dreißigjährigen Krieg entvölkerten Striche abermals Holländer, aber auch Friesen, Schweizer und sogar Lothringer und Wallonen herein. Auf jener mittelalterlichen Ostfahrt sangen die Holländer und Fläminger das hoffnungsreiche Lied: *Naar Oostland willen wy ryden*, das noch die Brabanter Dienstboten in der Form: *Naar Roozeland willen wy ryden* anstimmen, wenn sie in einen neuen Dienst ziehen.

Bald folgten ihnen westfälische, nieder- und mittelrheinische Bauern, sowie Thüringer über die Elbe, umzingelten den slavischen Spreewald und drangen bis nach Ostpreußen, Obersachsen, Schlesien, in die ungarische Zips und nach Siebenbürgen vor. Stellt sich in der meerbeherrschenden Hansa des dreizehnten und vierzehnten Jahrhunderts die höchste mittelalterliche Leistung deutscher Bürger dar, so ist die schon etwas frühere Kolonisierung des Ostens die größte That deutscher Bauern, allerdings ausgeführt mit Hilfe deutscher Fürsten, Mönche, Ritter und Städter. Aber die eiserne deutsche Pflugschar und die Holzaxt thaten das gute Beste. Man wird den Zug dieser Kolonistenarbeit des zwölften und dreizehnten Jahrhunderts, dieser Rodeepoche der Stauferzeit, einigermaßen durch das alte und das neue Deutschland hin verfolgen können, wenn man sich durch die Mundart, den Hausbau und mancherlei Sitten, aber auch durch die Ortsnamen leiten läßt, die jetzt nicht mehr die Geschlechtsgenossenschaft oder deren Oberhaupt betonen, sondern die Arbeiten in der Wildnis, das Roden oder Reuten, das Lichten des Waldes oder Schwenden, das Leben in oder am Walde, das Bauen von Burgen und Gotteshäusern. Daher die vielen oberdeutschen -Reute oder -Reut, die namentlich im Harz und in Hessen noch zahlreicheren meist nieder- und mitteldeutschen -Rode, die übrigens späteren -Schwand, wie Höchen- und

Menzenschwand, im Schwarzwald. Und man liebt nun auch die Örter mit Wald- oder Walde, in Mitteldeutschland mit Hain (=Hagen), in Norddeutschland mit Busch zu benennen. Die uralten Ortsnamen auf -burg wurden jetzt, wo die Deutschen sich in fremdes Land vorschoben und das Rittertum aufblühte, häufiger, auch die auf -stein, seltener -fels. Um die Gotteshäuser lagerten sich die namentlich in Bayern zahlreichen Orte auf -kirchen, die meist süddeutschen auf -zell und späterhin manche auf -kappel. Aus dieser Namengruppe weht ein anderer Geist als aus jener der Gründungszeit der Haufendörfer, nicht mehr der der Urzeit, sondern der des aufblühenden Mittelalters! Die meisten dieser neueren Dörfer sind, falls die Neusiedler nicht ältere Slavendörfer bezogen oder nachbildeten oder auch, wie die Moselfranken in Siebenbürgen, ihr Haufendorf behielten, Reihendörfer von den Mooren von Oberyssel her bis zu den Sudetenwäldern hinüber und an ihrer von den Haufendörfern und Weilern weit abweichenden Form leicht erkennbar. Längs einer einzigen Dorfstraße, die etwas erhöht durch das Moor oder auf dem Deiche oder durch das Waldthal hinläuft, liegen einreihig oder auch zweireihig die Höfe, jeder durch einen mehr oder minder breiten Abstand vom nächsten geschieden. Jeder Hof bildet meist den Kopf eines nicht sehr breiten, oft sehr schmalen und langen, riemenförmigen Landstreifens, der dem Siedler zugeteilt ist; seltener liegt er in der Mitte des Streifens. In der Ebene scheiden schnurgerade Entwässerungsgräben diese Streifen, die in Moor und Sumpf verlaufen oder an die nächste Kolonie stoßen. Im Gebirge ziehen Streifen sich von der Thalsohle hoch den Berg hinauf, hier oft breiter, namentlich in den böhmischen Bergen, so daß ein langer Zug weit voneinander getrennter Häuser und noch tiefer im Gebirge auch eine völlig verstreute Anordnung entsteht.

Die Reihendorfbewohner wohnen und schaffen nebeneinander ähnlich den Haufendorfbewohnern, aber jeder bebaut sein Land nach seinem Gutdünken, wie seit alters der Hofbauer. Doch die Bestellung der übermäßig langgestreckten Äcker raubt viel mehr Zeit als die des geschlossenen Kampes der Hofstelle, und die weiten Längswege und die allerdings im Sumpfland so notwendigen

Gräben verschlingen viel Land. Wer giebt uns eine Schilderung des hier entwickelten Bauernlebens?

5. Der nördliche und der mittlere Teil Ostdeutschlands zeigt dann eine wiederum andere Siedelungsform, die **Runddörfer** oder **Rundlinge** und die verwandten **Straßendörfer** der Slaven. Diese erscheinen, mit Haufendörfern untermischt, östlich von der Linie, die etwa von Kiel bis Lauenburg zieht, dann die Elbe überschreitend das hannoversche Wendland umfaßt, durch die Altmark über die Aller bei Gifhorn bis gegen Braunschweig und Königslutter läuft, durch Sachsen bis an die Saale bei Halle und Camburg, bis in den bayrischen Frankenwald und an die böhmische Seite des Böhmerwaldes. Ostholstein, ein Teil Mecklenburgs, Brandenburg, Sachsen und Böhmen haben viele Runddörfer, jenseits der Oder werden die Straßendörfer häufiger. Die Ortsnamen auf -ow, -itz, -eitz, -eitsch verraten den slavischen Ursprung. Die Häuser eines Runddorfs lagern um einen rundlichen, ursprünglich nur durch einen, später oft zwei Wege zugänglichen Platz, hinter ihnen strahlen fächerförmig die Gärten, Wiesen und Felder aus, das Ganze ist von den Hofzäunen umfriedigt. Ist der runde Platz in die Länge gezogen, indem die Häuser mit der Zeit mehr gegen die Mitte vorgeschoben wurden, so entsteht die Abart des Straßendorfs. Vorzügliche Rundlingsmuster bieten die meisten der zweiundvierzig Dörfer der Insel Fehmarn. Die Gehöfte eines Dorfes, oft nur sechs bis acht, haben hier meistens ihre hufeisen- oder kreisförmige Anlage bewahrt oder, wo sie später vorgeschoben wurden, diese in ein längliches Rechteck verwandelt. Einige bilden eine wirkliche Sackgasse, da der einzige Eingang auch zugleich der einzige Ausgang ist. In den meisten durchschneidet diese jetzt der Länge nach den freien Dorfplatz, den sogenannten Ring, dem alle Häuser ihre Giebel zukehren. Auf dem Ringe liegt die Viehtränke und der Dingstein, dieser wohl unter einer Linde, die, wie man meint, nie vom Blitz getroffen werden konnte, weil man in ihre Wurzeln einen Donnerstein gesteckt hatte. Wo der Ring aufgeteilt ist, ist der einzelne Anteil dem Gehöfte als Hausbrücke oder Schild zugelegt worden und dient, wo die Wohnung nicht vorgeschoben ist, als Dungstätte, Vorhof oder Gärtchen. Am Eingang des Dorfes

liegt gewöhnlich eine niedrige Kate, die einst der Hirte bewohnte, der das nachts auf dem Ringe lagernde Gemeindevieh bewachte und es tags auf die Weide trieb. Ein Baum versperrte das Thor des Dorfes zur Nachtzeit, rings um das Dorf liefen Steinwälle. Man kann an dem slavischen Charakter dieser einst von den Wagriern bewohnten Dörfer nicht zweifeln, er zeichnet sich von dem des deutschen Haufendorfes aus durch die in eine Kreisform viel straffer zusammengefaßte geschlossenere Anlage der Häusergruppe, die fächerförmige Verteilung der Fluren, die ängstlichere Sicherung gegen außen. Wenn das deutsche Hirtenhaus vor dem Dorfe liegt, so liegt das slavische noch im Dorfe, an dessen Eingang, auf Fehmarn wie weiter südlich im Braunschweigischen. Nachts wird das Dorf überhaupt zu einer großen Hürde, die mit einer Tränke versehen ist, die an die seltenen friesischen Dörfer, wie Rysum bei Emden, und die „Warfboolen" auf den Halligen, die um alte Tränkstätten herum errichtet sind, erinnert. Merkwürdig sind in Fehmarn der Dingstein, an dessen Stelle in den braunschweigischen Runddörfern die Schule oder die Kirche liegt, der mit dem Donnerstein an den furchtbaren Thorstein der isländischen Gerichtsstätte erinnert, auf dem einem Verbrecher der Rücken zerbrochen wurde, und dann der „Schild" oder die „Brücke", der Vorplatz, der auch den Lüneburger Rundlingshäusern vorliegt, jedoch hier oft mit einer Scheuer verbaut ist, so daß der Anblick des Hauses verdeckt wird. Aber wie ist es nun zu erklären, daß diese hirtenhafte Anlage mit den letztgenannten auffallenden Eigentümlichkeiten auch in Dänemark, wohin nie Slaven kamen, wiederkehrt? Nach dem altjütischen und einem seeländischen Gesetze nämlich bestand das dänische Dorf aus Toften = Gehöften und dem Forta = Dorfplatz, der zur Hauptpassage, zur Sammelstelle fürs Vieh beim Aus- und Eintreiben und zu dessen sommerlicher Nächtigung diente. Auf diesem lagen auch der Dorfbrunnen, die Tränke und der Dingstein. Auch hier erfuhr das Gemeingut des Dorfplatzes später das Schicksal der Verteilung. Auch hier war das Dorf von einem Hauptzaun umgeben. Nur das kommt in anderen Gegenden deutlich zum Vorschein, daß die deutschen Kolonisten im slavischen Gebiet in die fremde, offenbar auch praktischere Dorf- und Fluranlage sich gern einlebten, dagegen das slavische Wohn- und Wirtschaftshaus durch ihr deutsches ersetzen, so in jenen braunschweigischen Rundlingen durch das regelrechte niedersächsische und auf Fehmarn durch eine Abart desselben, das ditmarsische.

6) Die neuesten Bauernansiedelungen großen Stils sind die nach holländischem Muster angelegten **Veenkolonien** in Nordwestdeutschland, die durch einen Hauptkanal, eine Vaart, und viele Seitenkanäle das Hochmoor erschließen und den abgestochenen Torf ausführen und durch zugeführten Marschenschlick und Städtedünger ersetzen. So blüht das Torfbauerndorf wohl zu einem Handelsstädtchen empor, wie z. B. Papenburg in Ostfriesland. Ebenfalls aus neuerer Zeit stammen die holländischen **Polder** und die gleichartigen Polder oder Groden in Oldenburg und die Kooge an der schleswig-holsteinischen Westküste, große Eindeichungen von Watten, Sümpfen oder gar Seen wie dem Haarlemer Meer, die, durch Pumpwerke entwässert, neue Dorfstellen und Ländereien geliefert haben. Auch diese moderneren und nur teilweise bäuerlichen Schöpfungen wird die Volkskunde zu berücksichtigen haben.

7) Aus der Gesamtzahl der deutschen Dörfer und Weiler und Höfe heben sich viele tausend Dörfer als **Kirchdörfer** hervor, deren weithin sichtbarer Turm daran erinnert, daß sie nicht nur wirtschaftliche, sociale, politische Organismen sind, sondern daß noch eine andere Macht das Bauerntum ergriffen und geformt und eine oder mehrere Dorfgenossenschaften in eine Kirchengemeinde, ein Kirchspiel, eine Pfarrei verwandelt hat. Die Lage, der Stil und die ganze Bauart und Ausstattung der Kirche und des Kirchhofs, z. B. mit Altären und Grabsteinen, wie schmucklos sie auch sei, haben nicht bloß geschichtliche und kunsthistorische Bedeutung — ich erinnere nur an die Holzkirchen Deutschböhmens —, sie stehen auch mit dem Schicksal, der Sinnesweise, dem Geschmack der Bevölkerung in einem keineswegs genügend aufgeklärten Zusammenhang. Aus den großen Kirchenstilen, dem romanischen oder gotischen, sind die bei den Franken beliebten oft nadelschlanken, die bei den Bayern so häufigen zwiebelförmigen und die mit dem Satteldach versehenen anderer Gegenden nicht erwachsen. Woher kommen sie denn? Und ferner wo stehen die Glockentürme, gleich den italienischen

Campaniles, abgesondert von der Kirche, wie wohl noch kunstvoll geschnitzt im Egerlande? Dienten die Kirchhofsmauern als Festungen uud die Turmgelasse als Gefängnisse oder sichere Vorratskammern? Mancher Bauer hat im Kampf für sein Dorf auf den Gräbern seiner Toten den Tod gefunden. Hinter den Ringmauern der Siebenbürger Verteidigungskirchen stehen, mit den Namen und Hausnummern bezeichnet, in stattlichen Reihen die vollen Kästen und Speicher, in denen fünfundzwanzigjähriger Weizen lagert, aus denen man bis heute die Lehrer besoldet. Im Paderbornischen bewilligte der Adel dem Bischof Bernhard V. (1321—1341) eine Abgabe von den Kirchhofsgadems und den Kasten in der Kirche. In süddeutschen Dörfern sieht man wohl noch ein älteres, stattliches Gebäude, die Zehntscheuer, in der einst der große und der kleine Zehnt geborgen wurde. Die Kirche hatte und hat auch mitten in der Dorfflur ihre eigenen Hufen und manche eigene Flurrechte. Die siebenbürgischen Bauern begannen vor kurzem noch ihre Ernte unentgeltlich auf dem Pfarracker und schnitten dann erst ihr eigenes Feld an. Aber was tiefer dieses Kapitel berührt, ist der Einfluß der Kirche auf die Dorfverfassung. Neben jenen mächtigen achtundvierzig Landesvorstehern in Ditmarschen hatten doch auch die Vögte des Kirchenfürsten und die Schließer und Geschworenen der Kirchspiele ihre Stimme, und vollends die lutherische Geistlichkeit, der es z. B. zuerst gelang, den altheidnischen Trieb der Blutrache ganz zu bändigen, griff überhaupt tief in die bäuerliche Verfassung ein. Ein größeres Kirchdorf wird oft wie eine Mutter von den kleineren Nachbarorten angesehen, während gleich große Dörfer häufig einander befehden. Der Kampf mit der Kirchengewalt hat nicht nur die Städte, sondern viele Dörfer bewegt, man denke an den mehr als hundertjährigen Hader des Harmersbacher Reichsthals mit der Abtei Gengenbach und den der Salpetrer des südlichen Schwarzwaldes mit dem Kloster St. Blasien, der noch nachzuckt, obgleich die Mönche es längst geräumt haben. Die Wahl des oder der Schutzheiligen hat oft das Dorf entscheidend beeinflußt, zumal wenn es von einem weiten Kirchspiel umgeben oder gar durch ihn zu einem Wallfahrtsort erhoben war. Die stärkste Anziehungskraft äußern diejenigen Heiligen, die Mensch oder Vieh Gedeihen geben und sie von Krankheit befreien. Und hier erhebt sich die höhere Frage, der eine ernste Volkskunde nicht ausweichen darf: Wie hat das Christentum auf das Gemüt und den Verstand, auf Sitte und Glauben unseres Volkes, wie weiterhin die beiden Hauptkirchen, die katholische und die evangelische, darauf eingewirkt? Einiges ist im vierten Kapitel angedeutet.

Meitzens gewaltiges Werk über Wanderungen, Anbau und Agrarrecht der Völker Europas hat in seinen hunderten von Plänen deutscher Dorf- und Fluranlagen einen reichen Urkundenschatz erschlossen. Dennoch wird die Volkskunde noch mehr solcher Situationspläne von Höfen, Dörfern und Fluren samt genauen Namenangaben und Schilderungen beizusteuern haben, wenn wir nicht nur die wirtschaftlichen, sondern auch die socialen Wirkungen der alten und der neuen Siedelungsformen auf unser Volk richtig erkennen wollen.

Zweites Kapitel.

Das Haus.

Dorf und Flur und Allmend sind die konzentrisch umeinander gelagerten Wohn- und Arbeitsräume mehrerer bäuerlicher Familien, deren gemeinsame, oft aber auch widerstreitende Interessen ihren Ausgleich finden in verschiedenen eigentümlich deutschen Genossenschaftsformen. Auch das Einzelgehöfte hat sich uns zunächst nicht als Privathaus, sondern nur als Träger einer besonderen Wirtschaftsart und als Glied einer Bauerschaft dargestellt. Nun gilt es, den innersten Lebensherd, gleichsam das Herz dieser größeren Organismen, deren oft stundenweiter Umkreis fernab durch tiefe Allmendwaldungen läuft, zu prüfen, **das Haus.** Wie hat sich unser Volk inmitten dieser weiteren Heimat sein engeres Heim gestaltet, eine schützende lebenslängliche Herberge für sich und eine Schutzstätte für sein Vieh und seinen mühevollen Getreide- und Heuertrag? Wie hat es darin das Behagen der Wohnung mit den Erfordernissen der Wirtschaft zu vereinigen gewußt? Und welchen äußerlichen und innerlichen Nutzen und Genuß hat ihm nun das Haus, seine nach der Dorf-, Flur- und Markenanlage größte, zweite Leistung, verschafft oder versagt?

Die Bauart des Bauernhauses ist zwar vielfach bedingt durch die Siedelungsart seines Dorfes oder Gehöftes, aber so innig ist beider Zusammenhang keineswegs, daß jede Siedelungsart ihren eigenen Haustypus mit sich führte. Nur das kann man sagen, daß das Hofhaus die höchste, wenn auch nicht modernste Form ländlicher Architektur häufiger erreichte als das Dorfhaus, weil es oft über reichere Mittel verfügte und sich draußen in freier Weite freier ausleben konnte. Diesen höheren Hausformen hat die Volkskunde bisher fast ausschließlich ihr Augenmerk zugewendet, ohne bisher die Verwendung sonderlich zu beachten, die gerade dieser Haustypus dann auch in der Stadt gefunden hat, die merkwürdige Umwandlung des Großbauernhauses ins Bürgerhaus. Noch heute sind z. B. die altbremischen Kaufmannshäuser mit ihrer schmalen Straßenfassade, ihren drei Packhaus und Wohnung umfassenden, sich nach hinten zur Halle erweiternden Schiffen und ihren Lagerraumluken und ihrer Giebelornamentik nicht alle verschwunden, die ohne Frage ziemlich unmittelbar aus dem niedersächsischen Bauernhause hervorgegangen und mit Glück in den Dienst des Handels gestellt worden sind. Andererseits hat man fernerhin aber auch der unscheinbaren, freilich minder charakteristischen und nur der Notdurft dienenden „Batzenhäuschen" der Kätner und Tagelöhner nicht zu vergessen, sowie auch nicht jener Fischerhäuser z. B. auf den holländischen und deutschen Nordseeinseln, die übrigens nicht auf die Inseln beschränkt sind (s. unten) und einen älteren Typus zu verraten scheinen. Allein diese drei: Hofhaus, Dorfhaus und Kate ergeben keine richtige Einteilung; es drängen sich vielmehr ganz andere durchgreifendere Unterschiede auf. Wir sehen gewisse Hausformen nicht über ganz Deutschland verbreitet, bald dichter, bald dünner wie das Haufendorf und den Einzelhof, sondern jede von ihnen nimmt ein geschlossenes, mehr oder minder umfassendes Teilgebiet des ganzen Landes ein. Die Haustypen haben ihre Stilgebiete. Wenn jene alten Siedelungen allgemein westdeutsch, altdeutsch sind, so haftet den Haustypen bereits etwas Stammtümliches an. Man mag daraus wohl auf ein jüngeres Alter der verschiedenen Typen schließen, immerhin aber sind auch sie schon sehr früh und wohl mit oder bald nach der Bildung der großen deutschen Stammverbände, die etwa der Zeit von 200—500 n. Chr. angehört, entstanden. Denn mit den Grenzen der Stämme fallen wenigstens die wichtigeren Haustypen annähernd zusammen, und die stärkeren Abweichungen lassen sich meistens aus besonderen geschichtlichen Verhältnissen zweier Stämme zu einander erklären.

Da die deutschen Stämme sich von Norden nach Süden verbreitet haben, die norddeutschen ihren alten Stammsitzen am treusten geblieben sind und im ganzen am wenigsten fremden Einflüssen ausgesetzt waren, so stehe hier voran

das **niedersächsische Bauernhaus.** Wie der reinste germanische Körpertypus, das älteste mundartliche Konsonantensystem, die früheste Form des Haufendorfes und des Einzelhofes, so begegnet uns hier auch eine hochalte Hausform, namentlich in den weltabgeschiedenen Heidelandschaften Niedersachsens. Schon die spärlichen alten Kunden über das deutsche Haus scheinen in dem Dunkel, das es vor dem Jahre 1500 deckt, die dämmernden Umrisse eines niedersächsischen Hauses der Urzeit zu zeigen. Denn Pytheas weiß schon um 300 v. Chr. von einem Nordseevolk, das wegen der Unbill des Klimas nicht im Freien, sondern in großen Häusern, also bedeckten Tennen, sein Getreide dresche. Aus der Zeit des Kaisers Augustus stammen mehrere im Halberstädtischen und bei Staßfurt gefundene Hausurnen, die zum Teil deutlich eine längliche Form und ein hohes Sparrendach haben, dessen First sogar bei einer Urne an beiden Enden mit einem auswärts schauenden Pferdekopf geschmückt ist. Nach Tacitus endlich bauten die Germanen aus einer unförmlichen Materie ihre Häuser und beschmierten einige Stellen mit einer glänzenden Erde, so daß farbige Linien und Bilder entstanden. Als Winterzuflucht und Fruchtbewahrsam legten sie einen unterirdischen mit Mist bedeckten Raum an, den auch Seneca als ihren einzigen Schutzort in der Kälte bezeichnet und den sie nach Plinius auch zur Weberei benützten. Alle diese Züge, so unzureichend sie sind, stimmen mit mehreren wichtigen Merkmalen des altniedersächsischen Bauernhauses überein: ein längliches Viereck, dessen Hauptraum eine große Tenne unter einem hohen, mit Pferdeköpfen gezierten Sparrendach ist und dessen Wände aus Lehm und Reisig hergestellt sind, die aber in ihrer Füllung und auf ihren Ständern mit weißer Farbe und bunten Figuren bemalt sind. Nur die unterirdischen Wohn- und Arbeitsränme, welche die drei Römer erwähnen, sind meines Wissens in Niedersachsen nicht nachweisbar, während nach den altdeutschen Volksrechten Franken- und Friesenweiber allerdings in einer Kellerstube, *screona*, arbeiteten und noch bis in unser Jahrhundert die halbunterirdischen Spinn- oder Webstuben, die *escrenes* oder *écraignes*, in der Champagne und in Burgund bestanden, sowie die ursprünglich vom wärmenden Mist benannten Dunge in Augsburg. Im achten Jahrhundert ist allerdings schon ein heizbares oberirdisches (Bade-)Zimmer bei den Alemannen unter dem Namen Stuba, bei den Langobarden unter dem des *Pensile*, althochdeutsch *Pfiasal*, niederd. *Pesel* vorhanden. Wie dieses ersichtlich vom Lateinischen stammt, so scheint auch die Stube ein Fremdwort zu sein, und die gleichbedeutende althochdeutsche *turniza*, mittelhochdeutsche *dürnze*, „Badestube," kommt aus dem Slavischen. Diese in Süddeutschland früher eingeführten fremden Einrichtungen drangen in Norddeutschland erst spät ein. Selbst in dem schon früh oft reich ausgestatteten ditmarsischen Hause (S. 22) wärmte man sich noch lange nur am Herde und an kleineren Feuerbehältern, den Kiekern und Füürsteden, und erst im sechzehnten Jahrhundert fingen hier die Pastoren an, sich Öfen in Peseln und Dornsen zu setzen. Diese fremdländischen Ausdrücke wurden dann später und werden noch heute auch für unheizbare Festgemächer gebraucht. Im vorigen Jahrhundert war auf Fehmarn selbst die Wohnstube noch ohne Ofen, und man wärmte sich die Füße durch Feuerkieken und Häckerlingssäcke. Ja, in vielen niederdeutschen und niederländischen Häusern, wie sich weiter unten zeigen wird, kennt man noch heute kein Ofenzimmer, die Umgebung des Herdfeuers ist im Winter der einzige warme Raum. Endlich könnte das dem Tacitus auffällige Aufwachsen der germanischen Jugend unter dem Vieh die im niederdeutschen Hause altübliche Vereinigung der Wohnung und des Stalles andeuten; jedoch dieser Fingerzeig ist zu unsicher.

Die Einräumigkeit des Hauses, die unter einem Dache die Wohnung, die Stallung, das Heu- und Getreidelager samt dem Wirtschaftsraume ungetrennt umfaßt, ist sicher ein Hauptmerkmal hohen Alters, zumal wenn der für die Wohnung bestimmte Teil dieses vollkommenen Einhauses eine freie, offene Herdanlage in seiner Mitte hat. Die ganzen Habseligkeiten um sich und unter seinen Augen zu haben, ist ein natürliches Bestreben des Menschen einer frühen Kulturstufe, und ebenso selbstverständlich ist die mittlere Lage des Herdes in einer aus Holz und Reisig erbauten Hirtenhütte. Die Entwickelung des deutschen Hauses vollzieht sich nun geradezu in zwei Hauptrichtungen. Man strebt danach, erstens den Herd aus der Mitte zur Seite, aus dem freien, alten Hauptwohnraum in eine engere Küche zu schieben und ihm eine Art Hilfsherd beizugeben, den zur Heizung eines neueren Hauptwohnraums, der Stube, bestimmten Ofen, und man strebt zweitens danach, Wohnung, Stallung und Scheune voneinander zu trennen, zunächst noch unter einem Dache, dann aber auf verschiedene Gebäude verteilt. Es ist unnütz darüber zu streiten, ob die Germanen alle jene drei oder vier verschiedenen Hauszwecke zuerst durch mehrere kleinere Bauten oder durch einen einzigen größeren zu erreichen gesucht haben. Gewiß hat der eine sich so, der andere anders eingerichtet. Nur darauf kommt es an, die charakteristische Hausanlage festzustellen, in der sie und zunächst die Sachsen ihre wirtschaftlichen Aufgaben am besten oder bequemsten lösen zu können glaubten, von der ihre Lebensweise eine besondere Haltung annahm, an der sie hingen und teilweise noch hängen bis auf den heutigen Tag. Vor allem hat man aus der urwüchsigen Einräumigkeit und der ebenfalls anderswo nirgend so zähe behaupteten Freistellung des offenen Herdes, wie sie dem niedersächsischen Hause eigen sind, mit Recht nicht nur einen altgermanischen, sondern auch wirtschaftlich höchst bedeutsamen Organismus erkannt. Justus Möser war dessen erster Lobredner, die Neueren haben stärker die unleugbaren Schattenseiten hervorgehoben. Jedenfalls erscheint dieses Haus namentlich vom rein wirtschaftlichen Standpunkt aus als eine höchst gelungene Vereinigung der alten Hirtenhütte mit der ebenfalls alten bedeckten Tenne und der ebenfalls bedeckten, wahrscheinlich auch sehr alten Hürde, wie sie sich noch gesondert im dachförmigen Schafkoben der bremischen, lüneburger und münsterschen Heide erhalten hat.

Der verbreitetste erste Haupttypus des niedersächsischen Bauernhauses mit Diele und Flett herrscht im westlichen und mittleren Münsterland bis tief ins Oldenburgische, im nördlichen Westfalen, im mittleren und nördlichen Hannover bis ins friesische Wursterland hinein, im Hauptstück des Herzogtums Braunschweig, im westlichen Holstein bis zum kleinen Danewerk und bis in den Dänischen Wohld. Er hat folgenden Grundriß (vgl. Fig. 1 u. 2), den man sich etwa 20 Meter lang vorstellen muß. Dieses Haus macht einen viel freundlicheren Eindruck, wenn, wie sehr häufig, die beiden Vorbauten d und e fehlen und das Giebeldach nicht bis zu den beiden Stallthüren, sondern nur bis zur großen Dielenthür hinabfällt. Noch heller und freier erscheint es, wo die Giebelwand steil bis zur Giebelspitze aufsteigt oder doch nur einem kleinen Dachdreieck in der Spitze Raum läßt, namentlich wenn sie mit allerlei eingemauerten oder auf die Balken gemalten Mustern verziert ist. Das Haus ist eine einstöckige, dreischiffige Halle, bestehend aus einem

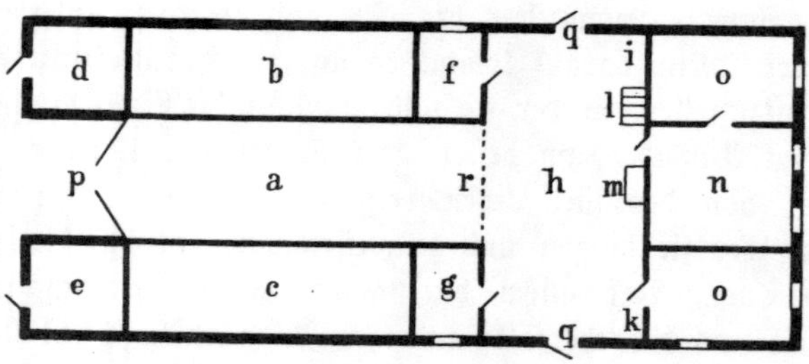

Fig. 1.

a Diele. b Kuhstall. c Pferdestall. d Gänsestall. e Schweinestall. f Koje oder Vorratskammer. g Mägdekammer. h Flett. i Waschort. k Tisch mit Bänken. l Kellertreppe. m Herd. n Wohnstube. o Kammern. p Lange Thür. q Kleine Thüren. r Mit einer Thür versehene Zwischenwand in neueren Häusern.

Mittelschiff, der Diele mit ihrem geschlagenen Lehmboden, und zwei Seitenschiffen, den Ställen, aus denen die Pferde und Kühe in die Diele blicken, und einigen Geschirr-, Vorrats- oder auch Schlafräumen. In diese Diele führt eine mitten in der Giebelwand gelegene große Thür, de lange Döör, deren Schwelle und Mittelpfosten für die Einfahrt weggehoben werden können. An die Diele schließt sich ein Querschiff, das Flett, osnabrückisch Flötte, der eigentliche Hausflur, oft mit Kieselsteinen gepflastert, der meist an jeder Seite eine kleinere Thür, Siedeldöör, lüttje Döör, und an der Rückwand den vielerorts noch heute offenen und schornsteinlosen Herd hat. In der einen Ecke des Fletts, im

Mannsiedel (oldenburgisch), wird gespeist, in der anderen gewaschen, und seitwärts vom Herd führen einige Stufen in den Keller hinab. Hinter der Rückwand des Fletts sind zwei oder drei meist niedrige Stuben zum Wohnen und Schlafen angebaut, die fehlten, solange das Flett nicht bloß Küche, sondern auch Wohnung war und seine Kojen oder Alkoven dem Ehepaar oder auch die Dachwinkel über den Ställen, die Hillen oder Hilden, wie noch jetzt, den Knechten und Mägden zum Schlafen genügten. Den über alle diese Räume sich ausdehnenden, oft nur aus losen Brettern

Fig. 2.

zusammengesetzten Boden, der den Erntesegen faßt, deckt ein tief herabreichendes hohes Satteldach, dessen Sparren mit Stroh, Rohr und auch Heide, in neuerer Zeit mit Ziegeln belegt sind.

Durch eine Luke in der Mitte der Diele wird von dem eingefahrenen Erntewagen Heu oder Getreide mit der Forke hinaufgeschafft und zum Füttern oder Dreschen herabgeworfen. Nur ausnahmsweise bedarf dieses Haus irgendwie bedeutenderer Nebengebäude, doch werden solche allerdings in Westfalen schon 841 erwähnt. Das niedersächsische Bauernhaus ist allen anderen deutschen Hausformen durch seine wirtschaftliche Einheit und Übersichtlichkeit überlegen. Vom Frauensitz am Herd, vom Flett aus, das schon in der altsächsischen wie angelsächsischen Poesie der Haupt=

wohnraum ist, ist das Treiben von Mensch und Vieh durch das ganze Haus hin zu überblicken, zu überwachen, zu lenken. Wie auf einer offenen Schaubühne spielt es sich vor dem Herde ab. Freilich stört das bei der Fensterarmut oft mangelhafte Licht und bei schornsteinlosem Herde der überall hinziehende Rauch. Gewiß ist das ein altertümlicher Zug, daß die Wohnlichkeit der Wirtschaftlichkeit durchaus untergeordnet ist. Ferner: die Arbeit und und das Spiel, das Thun und Lassen des Bauern und seiner Frau und Kinder, der Knechte und Mägde, des Hundes, der Hühner, ja selbst der zuschauenden Pferde und Rinder greifen auf der Diele fast fortwährend ineinander. Die Arbeitsgenossenschaft draußen auf dem Acker setzt sich im Innern des Hauses fort, in keiner anderen Hausart ist das Zusammenleben der Familie und des Gesindes, der Menschen und der Tiere ein so enges und jeweils auch inniges wie in der niederdeutschen. Wenn auch in mancher fränkischen Stube unter dem Ofen die Hühner ihren Stall haben und sogar zuweilen Ferkel und Kälber verkehren, so ist das nicht mit dem steten Zusammenleben des gesamten Viehstands mit den Bewohnern eines altsächsischen Hauses zu vergleichen. Nur eins: Bis vor etwa fünfzig Jahren legte man im hannöverschen Amte Rotenburg am Weihnachts- und Neujahrsabend den Kühen Roggengarben vor und setzte sich dann im „Flett“ zu Tische, von wo aus man sie genau beobachtete. Die zuerst vom Fressen ablassende werde, meinte man, im nächsten Jahre krepieren. Wer zuerst vom Tisch aufstand, ebenfalls. Nach dem Essen leuchtete man unter den Tisch nach der Fruchtart. Von welcher die meisten Körner gefunden wurden, die geriet am besten im nächsten Jahre. Dann band man Strohseile um die Obstbäume. So gewann man einen Ausblick in die Zukunft der Hausgenossen, des Ackers, des Gartens und, man möchte sagen, vor allem des Viehes, aus solcher Gemeinschaft heraus. Hat nicht dieser trauliche Verkehr mit den Haustieren den Sinn für das Leben der ganzen Tierwelt in den Niedersachsen ganz besonders geschärft, deren zahlreiche auf eine Tierscene anspielende Sprichwörter und Tiergeschichtchen so erstaunlich übersprudeln von Witz, Humor und feiner Naturbeobachtung? Der Wettlauf des Hasen mit dem Swinegel auf der Buxtehuder Heide, die Sperlingsgeschichte in Reuters Hanne Nüte, die aus der Volksüberlieferung geholt sind, stehen unübertroffen da. Die Diele ist aber auch der Festraum, auf welcher der Erntetanz, das Kindelbier, und das oft bis in die gesäuberten Ställe hinein bereitete Hochzeitsmahl, die Köste, gehalten wird oder wurde, nachdem, wie in Ditmarschen, hier die Mitgift der Braut ausgemacht und anderswo (s. unten) noch altertümlicher die Braut im Flett um den freien Herd geführt war. Auf die Diele wurde die Leiche eines verstorbenen Hausmitgliedes getragen, damit seine Seele durch die offene Bodenluke frei ausfliegen könnte. Kein anderes deutsches Bauernhaus bietet auch den großen Begebenheiten des Menschenlebens einen solchen Schauplatz dar. Endlich: Das einheitliche, kräftige Binnenleben der fensterarmen Diele, die ihr Licht, von etwaigen winzigen Stallfenstern abgesehen, nur von den Thüren her empfängt, zieht den Blick fast ausschließlich ins Innere und wendet ihn ab vom Hinausschauen auf die Straße zu anderen Menschen hinüber oder in die helle Landschaft. Und auch aus den Stubenanbauten sieht man nach hinten hinaus bloß in seinen eigenen Garten, dessen Obstbäume noch dazu oft genug alle freie Aussicht verhindern. Namentlich im Winter ist die Häuslichkeit von der Außenwelt streng geschieden. Aber auch Sommers ist die nachbarliche Unterhaltung auf der Gasse, das abendliche Sitzen vor der Thür viel schwächer entwickelt, als in den oberdeutschen Häusern, die ihre Wohnräume der Straße zuwenden und draußen vorn oder seitlings mit Bänken versehen sind. Ist nicht auch wirklich eine größere Verschlossenheit des niederdeutschen Wesens bemerkbar? Dazu beeinträchtigen die Dunkelheit, der Rauch, der Geruch und die sich weiter mitteilende Unreinlichkeit der Ställe, namentlich in alten Häusern, die Stubengemütlichkeit, wie sie der Oberdeutsche wenigstens in besserer Lage kennt. Wie sehr aber diese Form durch die Natur der Dinge geboten war, lehrt in überraschender Weise das altgriechische Haus in Pergamon, das uns der berühmte Arzt Galenos im zweiten nachchristlichen Jahrhundert schildert. Denn auch dieses war ein längliches, dreischiffiges Einhaus. Das breitere Mittelschiff bildete die Tenne, an deren Seiten die Ställe lagen. Ärmere benutzten die

Diele als Küche, Wohn-, Arbeits- und Schlafraum, die Reicheren hatten an die Rückwand der Tenne ein Wohnzimmer und zwei Schlafzimmer gebaut. Der Herd stand in der Längenachse etwa in der Mitte, unweit des Wohnzimmers. Das Haus hatte ein niedriges Giebeldach, und der Rauch zog frei durch den Dachraum. Man glaubt sich in die Lüneburger Heide versetzt! Und doch wie verschieden ihre Bewohner! Zwei Änderungen haben nun seit einem oder anderthalb Jahrhunderten diesem Typus einen anderen Charakter gegeben, der jetzt das Übergewicht in dem angegebenen überwiegend nordsächsischen und ähnlich in dem elbslavischen Gebiete gewonnen haben mag. Erstens wurde das Flett von der Tenne durch eine hohe Thür oder eine leichte Holzwand getrennt und dann, wie die Mindener Dorfordnung schon 1755 bestimmt, der Herd mit einem Schornstein ausgestattet. Dadurch verringerten sich die oben gerügten Nachteile bedeutend, aber auch der Vorteil der Einheitlichkeit, zumal wenn dem Herd ein besonderer Küchenraum angewiesen wurde. Der Blutumlauf des alten Organismus ist unterbunden.

Ein zweiter Haupttypus, ein südlicherer, mit durchgehender Diele ohne Flett, ist üblich im südlichen und mittleren Westfalen und im Schaumburgischen, aber auch im mittleren Süd- und in Ostholstein: die Diele läuft nicht ins Flett aus, sondern durchschneidet das ganze Haus von der vorderen bis zur hinteren Giebelwand, so daß wie die Diele, das Hauptschiff, auch ihre Seitenschiffe die ganze Länge des Hauses einnehmen. Diese werden in ihrem vorderen Teile zu Ställen, im hinteren zu Wohnräumen benutzt. Das Querschiff des Fletts mit seinen Seitenthüren ist verschwunden und der Herd neben die Hinterthür der hinteren Giebelwand oder an eine Seitenwand der Diele geschoben.

Der dritte Haupttypns mit Diele und unvollständigem Flett vereint die beiden ersten Typen; er lagert die Räume und stellt den Herd wie der erste, verbaut aber die Seitenthüren des Fletts durch zwei Kammern wie der zweite. Auch dieser kommt in Holstein vor, das überhaupt das formenreichste Land in Niederdeutschland ist.

Ein vierter Haupttypus mit Vorderwohnung nähert sich insofern der oberdeutschen Bauart, als er gegen allen sonstigen niederdeutschen Brauch in dem zweiten durch seine ganz durchgehende Diele ausgezeichneten Typus die Wohnung in den Vorderteil, an den Hof, an die Straße verlegt und die Ställe nach hinten schiebt. Im Alten Lande am linken Unterelbeufer liegt die Wohnung vorn an der Deichstraße, die Einfahrtsthüre der Diele öffnet sich nach hinten gegen Acker und Wiese, ähnlich in Ditmarschen vielleicht unter friesischem Einfluß, dann im Leinegau und zerstreut auch an der Diemel und im Braunschweigischen.

Man könnte im älteren fehmarnschen Haus einen fünften Typus mit Vorder- und Hinterwohnung ansetzen. Auch hier liegt die eigentliche Wohnstube vorn an der einen Seite der Diele und eine Kammer an der anderen, aber die große Diele endet hinten mit der besten Stube, der großen Dörns, und hat an ihren beiden Seiten meist Kammern, aber auch den Stall, während, wie mir ausdrücklich versichert wird, gegenwärtig in keinem fehmarnschen Bauern-, höchstens in einem Kätnerhause, noch ein Stall vorhanden ist, auch der Boden höchstens das ausgedroschene Getreide enthält, das Heu aber samt dem Vieh in einer besonderen Scheune geborgen wird. Die alte Einheitlichkeit des niederdeutschen Hauses ist hier auf niederdeutschem Boden innerlich aufgelöst worden.

Die erwähnten fünf Haustypen nehmen den größten Teil der westfälisch-niedersächsischen Stammsitze ein. Ihre Südgrenze zieht von der Maas bei Venlo ostwärts an den Rhein, schließt jedoch in der Grafschaft Mörs und in Cleve sächsisch-friesische Mischformen ein, erreicht beinahe Elberfeld und läuft von da ungefähr auf der politischen Grenze Westfalens an die Sieg, jedoch in der Grafschaft Mark sächsisch-fränkische Mischformen einschließend, von da über das Rothaargebirge nach Sachsenburg und Sachsenhausen und über Zierenberg nach Münden. Dann weicht die Linie hinter der niedersächsischen Sprachgrenze des Südharzes auffallend nordwärts zurück auf die Linie Holzminden, Elze, Hildesheim, Braunschweig, Drömling, Tangermünde. Weiter östlich tritt das niedersächsische Haus bald in dichten Massen, bald in zerstreuten Gruppen, wie um Berlin, bis nach Hinterpommern, auf und bildet in der letzten Landschaft auch wohl den Hintergrund einer geschlossenen Hofanlage, wie etwa ein thüringisches Haus. Während es also im Süden offenbar im Rückzug begriffen ist, hat es nach Norden in friesisches Gebiet, wie das Saterland und das Land Wursten, Vorstöße unternommen, mischt sich in Schleswig jenseits der Schlei mit dem anglodänischen und dem jütischen Hause. So finden wir hier auch Höfe mit getrennter oder in einem Flügelanbau untergebrachter Scheune, in Nordschleswig beherbergt der westliche Querflügel Ställe und Scheune und schützt den Längsflügel mit seinen Wohnräumen gegen die heftigen Westwinde. Dieser sogen. T-Bau ist auch im niederländischen Westfriesland, um Mörs und Cleve, üblich, aber mit entgegengesetzter Verwendung der beiden Flügel. Im mittleren und westlichen Schleswig liegen auch nach oberdeutscher Weise Wohnraum oder Wohnräume quer hintereinander, dann folgt die Querdiele und der Querstall, wie es schon zu Neocorus' Zeit die Ditmarschen liebten. Bemerkenswert ist, daß die Nordseeinsel Pelworm besondere Schlafzimmer nicht kennt, sondern nur Bettverschläge in der Wohnstube und der großen Stube (Pesel) und alle Hausgenossen, wie ursprünglich in Angeln und noch in jütischen Strichen, einen gemeinsamen Schlafraum haben. In Angeln und Sundewitt waren dagegen die Bauern schon im vorigen Jahrhundert so fortgeschritten, daß sie, ums Herkommen unbekümmert, auch wohl einen viereckigen Hofplatz auf allen vier Seiten mit Wohn- und Wirtschaftsgebäuden einschlossen, fast nach fränkischem oder niederbayerisch-oberösterreichischem Stil. So berührt sich die nördlichste Bauart mit der südlichsten.

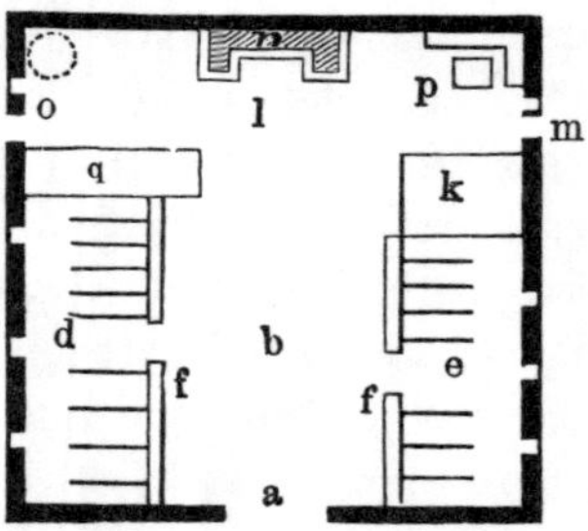

Fig. 3.

a Einfahrtsthor. b Diele. d Rinderstall. e Pferdestall. ff Krippen. k Vorratskammer. l Flet. m Seitenthüren. n Herd. o Waschfaß. p Eßtisch. q Schlafbühne.

Um die Entwickelungsgeschichte des deutschen Hauses weiter aufzuklären, bedarf es noch namentlich der Untersuchung älterer niederdeutscher Formen. Meitzen hat das Verdienst, eine Form des niedersächsischen Hauses nachgewiesen zu haben, die alle anderen bisher erwähnten an Ursprünglichkeit übertrifft (Fig. 3). Ich mache auf vier andere in Hinsicht der Herdlagen noch altertümlichere aufmerksam, von denen nur die letzte schon anderswo bekannt gemacht worden ist. Es sind zunächst die älteren Häuser im Achterhoek, im holländischen Hinterlande d. h. in den östlichen Heidestrichen der Provinzen Drenthe und Overyssel. Nach dem genauen Bericht über Drenthe vom Jahre 1792 umfaßten die alten Häuser in einem einzigen Raum alles: Stall, Wohnung

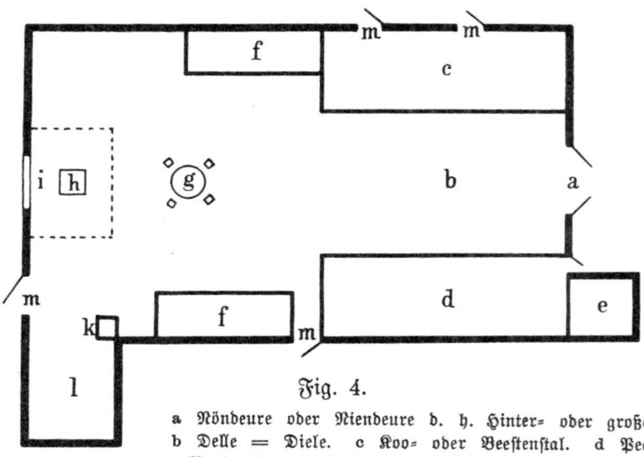

Fig. 4.

a Nöndeure oder Niendeure d. h. Hinter- oder große Thüre. b Delle = Diele. c Koo- oder Beestenstal. d Peerdenstal. e Varkenschot. ff Beddestêen = Betträume. g Tâfele met Stoele. h Herd met Koker, einem trichterförmigen Rauchfang aus Holz. i het groote Raam = das große Fenster. k Pompe. l Waschkammer. mm Deuren = Thüren.

und Schlafstätte und einen völlig frei stehenden Herd. Um Enschede und Almelo in Twenthe und gewiß auch in den abgelegeneren Teilen von Drenthe bewahren die älteren Häuser noch dieselbe Bauart, so bei Enschede (Fig. 4).

Vom Schweinegelaß e abgesehen ist alles ein Raum, der Herd steht völlig frei und der Rauch entweicht durch einen Rauchfang. In den neueren Häusern ist der Wohnraum von der Diele durch eine Mauer geschieden und der Herd häufig an diese Zwischenwand geschoben. Die Fenster sind von ungleicher Form und ohne Gardinen. Der Tisch ist ein Klapptisch und versetzbar, die Bettstellen, die nach außen ein Fensterchen haben, sind durch eine blau karrierte Gardine abgeschlossen. Kleine Bauernhäuser haben die Stallung auch wohl nur an der einen Seite und an der anderen die Milchkammer oder Schlafräume für die Knechte. Hühner und Schweine laufen in der Wohnung um die Menschen hin. Das Holzwerk ist meist ungefärbt.

Eine weiter abliegende, ebenfalls hochaltertümliche Form (Fig. 5) haben die ältesten overysselschen Häuser von Staphorst und Rouveen zwischen Zwolle und Meppel bewahrt. Man tritt durch die Schuurdeur (Scheunenthür) a oder durch das kleine Deurtje b in die Heuscheuer c, die begrenzt wird durch den Potstall d d. h. Topf- oder Grubenstall, weil die Kühe darin in einer Vertiefung stehen, ferner durch den Schweinestall e und durch den Pferdestall f. Die Stallthür ist g. Zwischen dem Potstall und der Hintermauer breitet sich die Diele und das Vorhaus h, ein Lehmflur, an den von der Seite her die Banderdeur i führt. Es ist wie die Ställe vom Kornboden bedeckt. In den neueren Häusern trennt ein *Middelschot met Middeldeur*, eine mit Schränken besetzte Mittelwand, den oft mit roten Backsteinen gepflasterten Herdraum, de Keuken, die Küche, von der Diele. Aber im übrigen ist die Einrichtung in den meisten Häusern noch gerade so wie in den alten, auch der Herd k ist noch völlig frei, und hinter ihm an der Wand steht die feste Bank m, der enge Kindersitz. An beiden Seiten des Herdes sind Fenster angebracht. Schrankartige Bettsteden, Bettstellen für Eltern und die kleinen Kinder o o und eine für die größeren Söhne p, vor der der Backtrog q steht, nehmen die eine Seitenwand ein, und unter den Betten werden die Kartoffeln aufbewahrt. An der anderen Seitenwand liegt die mit Fenstern versehene Milchkammer r, von der ein Teil später zum Keller und einer darüber hergestellten Schlafstube der erwachsenen Töchter gemacht ist, damit der Freier unbemerkt zu ihnen hinein- und hinausschlüpfen kann. An dieser Seitenwand ist auch noch eine Pumpe s, von einem Pumpenpflaster umgeben, auf dem gewaschen wird, und die Pumpenthür. Endlich steht zwischen Milchkammer und Herdbank an der Hinterwand ein Brot- und Speiseschrank u mit einem Klapptisch v. Der Bretterschornstein reicht nicht bis ans Dach, sondern der Rauch zieht unter dem Dach zunächst über den Buchweizen, der den wärmsten Platz hat, dann über das andere Getreide und entweicht durch ein Loch in der Hinter-, oder je nach dem Winde in der Vorderwand.

Dieses Haus trägt gleichfalls noch sehr alte Züge, denn zu der ausgesprochenen Einräumigkeit und der völlig freien Herdlage

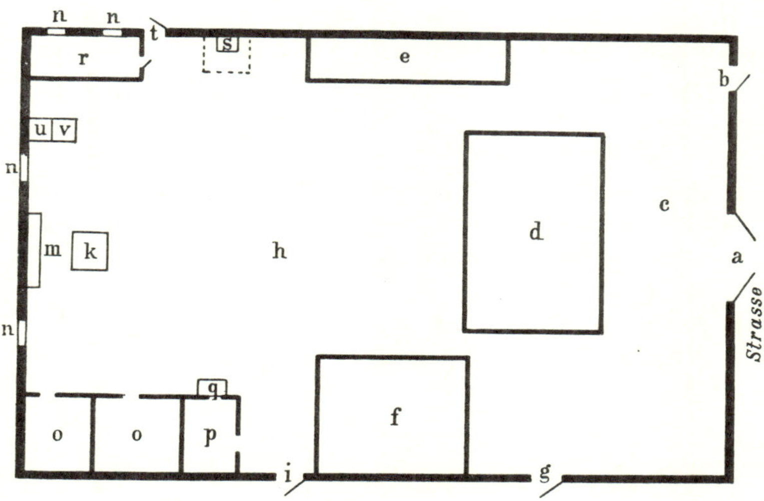

Fig. 5.

a und b Straße. c Hooischuur. d Potstal. e Varkenstal. f Paardenstal. h Vorhaus und Diele.

kommt noch die regellosere Anordnung der Ställe und Scheuern. Vielleicht verdient auch Beachtung die tiefe Lage des Viehstalles. die wohl auf eine Vereinigung von Stall und Mistgrube innerhalb des Hauses berechnet war. Auch im oldenburgischen Saterland, im Teufelsmoor bei Bremen und um Scheessel, halbwegs zwischen Bremen und Hamburg, steht der Herd in Häusern des ersten niedersächsischen Typus ohne Schornstein noch öfters frei in der Mitte des Fletts, wie z. B. in Abbendorf in einem Hause von 1790 (Fig. 6).

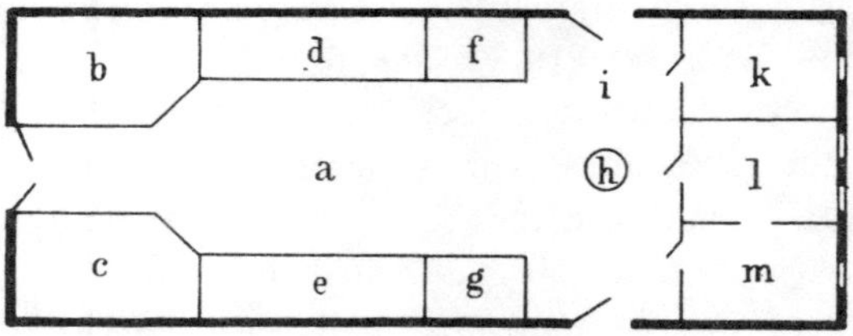

Fig. 6.

a Diele. b Pferdestall. c Pferde- oder Schweinestall. d e Kuhstall. f Alkoven. g Vorratskammer. h Herd. i Flett. k l m Wohn- und Schlafstuben.

Noch altertümlicher ist ein einräumiges Haus in der Husumer Gegend (Fig. 7). Gesonderte Wohn- und Schlafräume giebt's hier noch nicht, sondern nur Nischen im Flett, die sogen. Sitten. Auf der Bank an der Rückwand steht das Küchengeschirr, in der Mitte aber der völlig freie Herd. Neben diesem sogen. weißen Viereck erhebt sich der *Krüzboom* oder das kleine, schwarze Viereck d. h. ein schwerer, beschnitzter Pfosten, an dem Armleuchter und Haken für Lampen angebracht sind. Die Mutter sitzt mit ihrer Handarbeit auf einem Sessel, an diesen Pfeiler gelehnt.

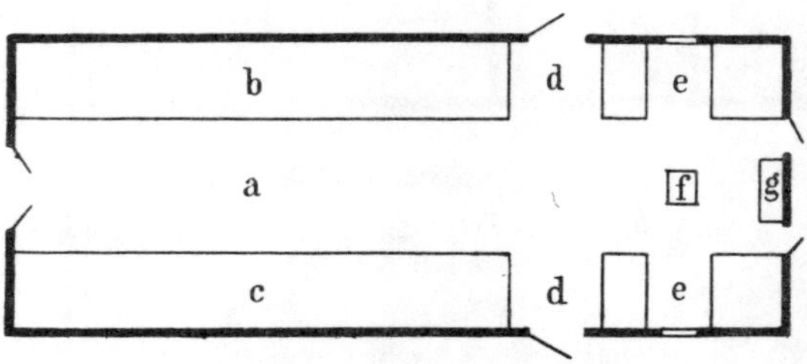

Fig. 7.

a Diele. b c Ställe. d Durchgang. e e Sitz- und Schlafstellen (Sitten). f Herd = das weiße Viereck. g Gemauerte Bank.

Das alles atmet hohe Altertümlichkeit, wie sie nur in Niederdeutschland möglich ist. Doch hat sich auch auf der Hohen Venn um Montjoie der freie Herd mit seinem an einem Gestell hangenden, großen Kessel behauptet, aber getrennt davon liegt auf der einen Seite die Wohnstube, auf der anderen der Stall. Das sogen.

langobardische Haus im Blegno- und im Malvagliathal am Südabhange des Sankt Gotthards hat eine als Wohnung benützte Küche mit einem Herd in der Mitte, aber getrennt davon liegt die Heudiele und dahinter ein Speicher und eine Laube. Im sogen. burgundischen Hause im Simmen- und Saanethal und in Unterwallis liegt die Küche an der Langwand und ist auf den drei anderen Seiten von fast allen anderen Wohn- und Wirtschaftsräumen so umgeben, daß der Herd fast den Mittelpunkt des Ganzen bildet. Es ist nicht zu leugnen, daß in jenen norddeutschen und niederländischen Häusern der Herd in engerer Beziehung zu allen Teilen des Hauses steht als in diesen mitteldeutschen und schweizerischen, und schon ahnt man neben der baugeschichtlichen die große sittengeschichtliche Bedeutung des Herdes.

Der Herd ist oder war das Centrum des häuslichen Lebens. Er weiht die wichtigste und schönste Handlung des Lebens, die Einführung der jungen Frau in ihre neue Häuslichkeit. Nur das niedersächsische und niederfränkische Haus hat die folgende uralte, auch altindische und ossetische Sitte bis in unser Jahrhundert erhalten. Im Saterland schritt das eingesegnete Paar von der Kirche auf dem Totenwege nach Haus, wurde hier von der alten Mutter des Bräutigams an der Hauptthür empfangen, über die Diele zu dem früher nach allen Seiten frei stehenden Herde geleitet und ums Feuer geführt. Dabei gab die Alte dem jungen Weibe den *Schleef* oder Kochlöffel in die Hand. Um 1860 ging auch noch zu Varrel in der Grafschaft Hoya die Braut als Herrin um den Kesselhaken, im westfälischen Sauerland auch die neue Magd dreimal um das Herdfeuer oder den Kesselhaken, *dat Hâl*. Im brandenburgischen Diesdorf trug der Bräutigam die Braut auf seinen Armen auf die Diele und umwandelte mit ihr dreimal den Kesselhaken. In Heinsberg nahe der holländischen Grenze bei Roermonde *hielt, haalt, helt* man die neue Herrin oder auch die neue Magd dreimal um das Feuer, über dem der *Hielhôch*, der Helhaken, hängt. Daher auch der Name Hängehaken, denn *Hel* stammt von dem alten Wort *Hâhala, Hâhel* von *hâhen* hangen. In der Eifel, wo übrigens noch 1830 der breite Herd in der Mitte des großen Flurs loderte, zog man die *Feuerhahl* über dem

Herd hervor, leitete die junge Frau um diese und hängte ihr dann in bemerkenswertem Einklang mit dem Saterländer Brauch den Kochlöffel an. Die Moselfranken brachten die dreimalige Umführung der jungen Frau ums Feuer bis an die kleine Kokel in Siebenbürgen, hier besteigt sie nach diesem Akt den erhöhten Sitz der Hausfrau und leert mit dem Gatten einen Becher Weins. Im übrigen Mitteldeutschland und vollends in Süddeutschland, wo ja auch der Herd in die enge Küche gedrängt ist, finde ich keine Spuren. Nur in Bayern berichtet eine aus Scheiern stammende, ältere Schrift von abergläubischen Hochzeitsbräuchen, daß man die Braut anlegte in einem Trog (Back- oder Futtertrog?), ihre Hände in eine Milch stieß und sie um das Feuer führte, womit nach dem Vorhergehenden doch nur das Herdfeuer gemeint sein kann. Doch glaube ich einen anderen durch Süddeutschland weit verbreiteten Rest der alten dreimaligen Umführung um den Herd in dem dreimaligen Ehrentanz der Braut im neuen Hause zu erkennen (s. unten).

Sowie die Heiligkeit des norwegischen Herds auf die Stange, mit der man bei Regenwetter den mit Haut bespannten Rahmen über das Rauchloch im Dache zog, übertragen wurde, so vertrat in Norddeutschland den Herd schon in dem erwähnten Hochzeitsgebrauch der Kesselhaken. Aber auch in anderen Bräuchen: so ergriff im Braunschweigischen ein Käufer von einem Haus dadurch Besitz, daß er dessen Kesselhaken berührte als Sinnbild des Herds, des Hauses, und nach dem Hofrecht von Luttingen in Westfalen soll man die vier Pfennige Abgabe legen *in dat hail* d. h. auf den Kesselhaken. Als solches ist der Kessel und sein Haken auch wohl unter das Heergewäte d. h. das Erbgut des Mannsstammes geraten, nach nieder- und obersächsischem Recht.

Einen glänzenden Hauptschmuck vieler niederdeutscher Bauernhäuser bilden die Zinn-, Messing- und Blechschüsseln, Kummen und Kannen auf dem Feuerrahmen des Herdes, die namentlich auf Ostern am Gründonnerstag blank gescheuert werden. Die Verehrung des Herdes wird in Sundewitt, wo man, wie in Angeln, die frommen Sprüche sehr liebt, von dem Brauch bezeugt, den oberen Rand des Herdes mit solchen zu schmücken. In oldenburgischen und hannoverschen Dörfern um Bremen laufen wohl noch die Balken des Feuerrahmens in Pferdeköpfe aus, und an ihnen wird die Erntekrone oder auch, wie in Westfalen, hier und da am Bausen, der Herdkappe, nach offenbar uralter Sitte die bunte Harke nach der Ernte aufgehängt. Hier bleibt der Segen des alten Ackers für den neuen bewahrt, und auch der Schutz des Viehes geht von hier aus. In Schleswig-Holstein mauert man, um das Sterben der Kälber zu verhindern, das Herz eines Kalbes in eine bestimmte Wand des Feuerherdes ein. In oder an den Wänden des alten Herdraumes, der einzigen Stube, sind dunkle, dumpfe Kojen, schrankartige Bretterverschäge, noch vielerorts in Niedersachsen, Holland und Friesland angebracht und, wie es scheint, von da nach Dänemark eingeführt, während sie das übrige Deutschland nicht kennt.

Niederdeutsch, wie dies alles, ist auch das Äußere des altsächsischen Hauses. Zwar der Riegelbau ist auch in Oberdeutschland beliebt, aber der reine Holzbau des Gebirgshauses ist im Norden völlig unbekannt, und so fehlen ihm auch alle jene malerischen Ausbauten, Gallerien oder Lauben und die Altane und die allerdings selteneren Erker, durch die so manches oberdeutsche Haus ausgezeichnet ist. Dafür erfreut uns in mehreren wohlhabenderen, niedersächsischen Landschaften ein gefälliger, zuweilen bunter Schmuck der vorderen Giebelwand, der noch dazu mehr als eine bloß ornamentale Bedeutung zu haben pflegt. Die auffälligste Zierde besteht in zwei hölzernen Pferdeköpfen, in welche die schützenden Windbretter der Giebelspitze auslaufen. Sie wenden sich voneinander ab im nördlichen Westfalen, wo sie übrigens auch im Münsterland durch hölzerne Hähne und im Ravensbergischen durch Stäbe ersetzt werden, ferner im Bückeburgischen, Hoyaschen bis ins Bremische und endlich auch in Braunschweig und einem Teile Mecklenburgs. Dagegen sind jene Köpfe in der Regel einander zugekehrt in den Herzogtümern Lüneburg, Bremen und Verden. Schleswig-Holstein, Mecklenburg, die Mark und Pommern zeigen sie bald in der einen, bald in der anderen Richtung. Sie heißen von Holstein bis nach Braunschweig *Kraienstool*, Krähenstuhl, in Mecklenburg auch wegen ihres offenen Mauls, *Mulapen.*

Um Bremen schmücken sie selten auch die Enden der Herdkappe. Außerhalb Niedersachsens sieht man diese Giebelzierden nur in wenigen Dörfern, am häufigsten noch in Bayern, wo dann zwischen den Pferdeköpfen ein Wetterkreuz ragt; *Rossgoschen*, Roßmäuler, heißen sie im oberösterreichischen Gesenke. Das von Flamländern besiedelte Alte Land zwischen Stade und Buxtehude hat Schwäne auf dem Giebel, wie sie hier und da auch in Nordflandern vorkommen.

Bei Augustenburg auf Alsen waren im vorigen Jahrhundert die Giebelbretter wie Ochsenhörner geformt, ähnlich den jetzigen auf der dänischen Insel Lolland. Sie erinnern am bestimmtesten an das altsächsische *hornseli* im Heljand, das angelsächsische *hornreced*, das Horndach, im Beovulf, und den Herrscherpalast, der *Heorot* d. i. Hirsch hieß. Selten sind am unteren Ende des Daches wie in Grumbye in Angeln Drachenköpfe angebracht, die sich auch in Bayern und in der Schweiz finden. Statt dieses der Tierformenwelt nachgebildeten Giebelschmucks bringen im holländischen Twenthe die Katholiken gern im Giebeldreieck ein auf einem Herzen stehendes Kreuz an. Im Ravensbergischen setzt man auf die Spitze sterngekrönte oder wie ein Scepter geschnittene Stäbe, die man in Westfalen *Geck* nennt. Warum? In Fehmarn trägt das Haus einen *Brant* d. h. einen geschwungenen Giebelspieß, dänisch *Husbrand.* Der vielbesprochene Zweck jener Pferdeköpfe und Ochsenhörner wird sofort klar, wenn man erwägt, daß in den Firsten namentlich süddeutscher, doch auch bergischer Bauernhäuser bei Hückeswagen Pferdeschädel aufgehängt sind gegen Unwetter und Seuchen und noch 1584 ein solcher auf eine Stange gesteckt wurde, um Ratten und Raupen zu vertreiben. Es ist charakteristisch für das niederdeutsche Haus, daß es dieses gemeindeutsche Schutzmittel in einen architektonischen Zierat für seinen Giebel verwandelt und nicht nur dieses, sondern noch zwei andere.

Das Hufeisen, das z. B. in Oldenburg das Haus schützt, sah ich in Ockel und Hasenbüren bei Bremen in kolossaler Form als Steinmuster in die Mauern gelassen, und drittens ist der Besen, der in ganz Deuschland namentlich umgekehrt an die Thür gestellt, Hexen und dergleichen abwehrt, als sogenannter (?) Donnerbesen d. h. als künstliches Steinmuster, das aus einem Stiel und einem fächerförmigen Busch besteht, meist über oder neben der Thür eingemauert von Hamburg bis Lübeck, in Mecklenburg, Osthannover und im Braunschweigischen. Eine besen- oder baumähnliche Figur zeichnete man um Gruppenbüren im Oldenburgischen mit benetztem Finger (Sonnabends?) an die rußige Wand hinter dem Herd und bewarf die Wasserlinien mit weißem Sand. Ob diese bald wieder zerfallende Figur mit jener architektonischen in Zusammenhang steht? Eine bisher gar nicht beachtete Zierde bilden Vollsonnen oder häufiger Halbsonnen, eingeschnitzt in die Balken des steilen Vordergiebels, häufig an den niedersächsischen Stadthäusern von Wernigerode am Harz bis Bielefeld, am schönsten in Hildesheim auch an solchen Häusern, die aus dem ersten Viertel des sechzehnten Jahrhunderts stammen, so daß man an Einfluß der Renaissance nicht denken darf. Auch wird diese Zierde kaum weiter südlich über die angedeutete Linie hinausgehen. Nordwärts von ihr sehen wir sie nun auch an Bauernhäusern, namentlich in manchen Dörfern um Bremen und auch auf Fehmarn. Westlich von Hannover und weiterhin im Lippischen sind auf die Thürpfosten Säulen gemalt, die eine Topfpflanze oder auch eine Scheibe tragen, oder auch größere Pflanzen ohne Säule kommen darauf vor, die Weser weiter hinauf und nach Westfalen hinein.

Über der Hausthür nagelt im Braunschweigischen der Schützenkönig gern eine Scheibe, der Sieger im Fahnenreiten eine hölzerne Fahne an. Höher hinauf über der Giebelspitze ist das Eulenloch, *Ulenlok*, die *Ulenflucht, Ulengebühr* genannt, eine dreieckige Öffnung. Am buntesten mit allerlei geometrischen Figuren geziert ist das Haus im Alten Lande an der Unterelbe. Inschriften waren früher häufig, sie laufen bisweilen schützend um das ganze Haus, wie christliche Haussegen.

Die anderen deutschen Hausstile dürfen wir kürzer besprechen. Zunächst verwandt ist dem sächsischen Hause, namentlich dessen erstem Haupttypus, das benachbarte **friesische Haus** und zwar 1) der sogen. Heubergtypus. Er soll schon im Mittelalter in den Niederlanden nachweisbar, am Ende des sechzehnten Jahrhunderts zwischen Ems und Weser und in Ditmarschen üblich geworden und im siebzehnten und achtzehnten Jahrhundert, nach anderen aber viel früher, nach Nordfriesland gebracht worden sein. Vom holländischen Friesland aus verbreitete sich der Heuberg auch bis in die holländische Grafschaft Geldern. Diese um 1800 in den Marschen fast allein übliche Bauart stirbt jetzt langsam aus. Die in diesen grasreichen Landschaften blühende Viehzucht verlangte ungewöhnlich große Ställe und Vorratsräume, während die Tenne auf ein paar Futtergänge eingeschränkt werden konnte, da die Drescharbeit zurücktrat oder auch, z. B. nach der Rapsernte, im

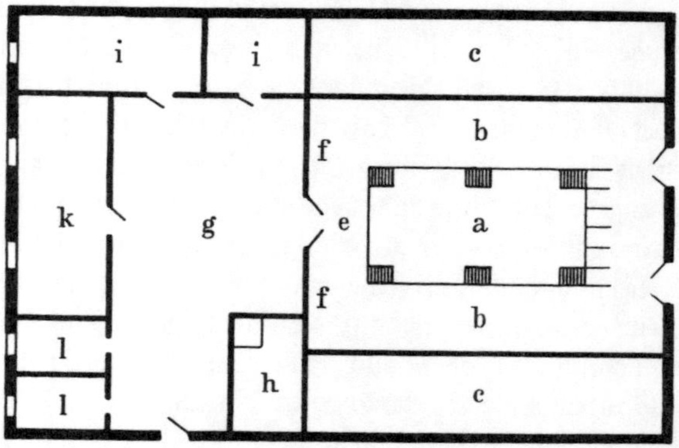

Fig. 8.

freien Felde besorgt wurde. Daher stapelte man auf dem Erdboden der breiten Tennenmitte, im Vierkant oder Gulf, in Feimengerüsten den Heu- und Getreidesegen, den Heuberg, zu einem oder mehreren Fächern *(Faken)* bis unters Dach auf. Man nahm offenbar die in Holland noch sogen. *Hooibergen* (Heuberge) oder Mieten, die Vierrutenberge Ditmarschens d. h. die außerhalb des Hauses zwischen vier Balken und einem verschiebbaren Dach aufgespeicherten Vorräte ins Haus hinein und legte um diesen nun besser gesicherten Vierkant a die Dreschdiele *(Loh)* b b und die Kuh- und Pferdeställe *(Boos* und *Queerboos)* c, c, d, in denen die Tiere der Diele den Hintern zuwenden. Der Pferdestall ist aber auch wohl vom Vierkant abgerückt und an die Vorderwand zwischen den beiden Thüren angelehnt. Durch einen Mittelgang e, der übrigens oft schon ins Wohnhaus einbezogen ist und Seitenthüren ins Freie hat, tritt man ins Wohnhaus, Binnerende, das eine oft bis zum Giebel massive Brandmauer f f von der Scheune trennt und dessen Dach von dem des Vierkant oft überragt wird. Es besteht aus Flur g, Küche und Volksstube h, Gesindekammern i i, großer

Fig. 9.
Ein dem friesischen ähnlicher Heuberg mit einer Vorderthür aus Eiderstedt.

Wohnstube oder Festsaal *(Pesel)* k und Kammern l l. Doch wird die Zimmerreihe auch wohl durch den Flur durchbrochen, der dann eine Thür in der Vorderfront des Hauses hat und das Wohnhaus über die Mauern der Scheune hinaus verbreitert (Fig. 9). Dieser friesische Heuberg scheint aus der verbreitetsten Anlage des benachbarten sächsischen Hauses hervorgegangen, von der er sich dadurch wesentlich unterscheidet, daß der Erntesegen das innerste Viereck der freien sächsischen Diele vollstopft und der Heuberg zum Kern des ganzen Wirtschaftsraumes wird und daß zweitens wegen dadurch gesteigerter Feuersgefahr dessen Trennung vom

Wohnraume entschiedener durchgeführt wird. Der Überblick über das Ganze ist dem Bauern benommen, dafür aber das hochgesteigerte Wirtschaftsbedürfnis doch noch durch ein wenigstens scheinbares Einhaus bewältigt. Daß aber dieses Einhaus dem sächsischen früher viel näher stand, meldet eine Notiz vom Jahre 1667, nach der die Leute im oldenburgischen Friesland vom Herde aus durch die Thür ihr Vieh im Stalle sehen konnten.

Ein zweiter friesischer Typus, der Middelhûstypus, der namentlich in Ostfriesland heimisch ist, gliedert das Einhaus in eine selbständige Scheune oder Doppelscheune und in ein dahinter liegendes Wohnhaus, das aber durch ein Middelhûs, ein schmaleres Querhaus, das sich aus dem oben erwähnten Mittelgang entwickelt hat, mit der Scheune verbunden ist. In diesem befinden sich Küche und Keller, oder es dient auch zur bloßen Durchfahrt. In Ostfriesland wenigstens ist aber außerdem dieses fast losgelöste Wirtschaftshaus zu zwei Scheunen verdoppelt, die Wand an Wand dicht nebeneinander gestellt sind, jede aber unter einem besonderen Dach. Aus diesen beiden Typen, die durchweg in Backstein auftreten, haben manche reiche Grundbesitzer neue Formen entwickelt, die einerseits noch zusammengesetzter sind, andererseits das Einhaus in mehrere ganz selbständige Bauten auflösen. Vielleicht stehen in älterem organischen Zusammenhang mit dem altfriesischen Wohnhaus die älteren Fischerhäuser auf den Inseln und die Häuslingshäuser des friesischen Festlandes.

Die Giebelwand des friesischen Hauses ist nüchterner als die des sächsischen; sie pflegt völlig kahl zu sein. Höchstens trägt ihre Spitze einen geschnitzten Stab, einen westfälischen Geck (S. 70), den man bei Norden in Ostfriesland mit deutlicherem Humor den mallen Jan d. h. den tollen Hans nennt, und auf den nordfriesischen Inseln z. B. ist vorn die eiserne Hausmarke als Maueranker eingelassen. Nur auf dem Eiland Marken in der Zuydersee ist die Front der kleinen Fischerhäuser so bunt wie die Tracht seiner Frauen.

Während der sächsisch-friesische Hausstil sich im großen Ganzen mit dem Stammgebiete deckt, sind die mittel- und die oberdeutschen Hausformen viel bunter durcheinander geworfen, und namentlich der fränkische ist weit über das ursprüngliche Stammgebiet hinausgedrungen. Das Haus des oberdeutschen Westens spiegelt die ungleichmäßigen Geschicke der mit den Franken jahrhundertelang ringenden Alemannen und die spätere unmäßige Zersplitterung dieser Stämme wieder. Nur die Bayern, die in der Geschichte eine geschlossenere Einheit behaupteten, haben auch für sich ein eigentümliches Haus entwickelt.

Im Gebiet des **fränkisch-alemannischen** Hauses greifen fränkische und alemannische Eigenheiten ineinander über, die noch nicht sicher geschieden werden können. Namentlich im südlichsten Teile, in der deutschen Schweiz, mischen sich so viele andere Elemente, burgundische, keltische, rhätische und romanische, hinein, daß hier jetzt sieben oder acht Typen angenommen werden müssen. Die Schweiz übertrifft noch an Formenreichtum ihr nördliches Gegenstück, Schleswig-Holstein. Außer dieser stärkeren Mischung ursprünglich getrennter Stammeigenheiten unterscheidet noch ein anderes die fränkisch-alemannische Bauweise von der sächsischen. Das Einhaus ist in Mittel- und Oberdeutschland bei weitem nicht so allgemein üblich wie in Niederdeutschland und, soweit wir zurückblicken können, ist dessen Wohnraum von der Wirtschaft durch eine Wand getrennt. Oder es ist sogar in mehrere Gebäude aufgeteilt. Ferner legt der Niederdeutsche die Wohnung nur ausnahmsweise an die Straße, während sie der Ober- und Mitteldeutsche in der Regel dahin legt und gern durch oft dicht aneinander gereihte Fenster auf sie hinausblickt. Endlich ist die in sächsischen Häusern so seltene Zwei- oder Dreistöckigkeit in Oberdeutschland fast die Regel geworden.

Die Haupttypen sind zu bestimmen nach dem Lagerungsverhältnis des stets getrennten Wohnraums zum Wirtschaftsraum. 1) Der erste Typus ist ein langer, breiter, ursprünglich einstöckiger Einhaustypus, der Wohnung und Wirtschaft in einem großen, länglichen Rechteck unter einem Dache hintereinander lagert. 2) Der zweite ist ein kürzerer, aber höherer mehrstöckiger Einhaustypus, der den Stall und auch noch andere Wirtschaftsräume nicht hinter, sondern unter den Wohnraum lagert. 3) Der dritte, der Hoftypus, besteht aus einem selbständigen

Wohnhaus, an das sich in besonderen Gebäuden Stall, Scheune und Schopf anreihen, drei oder vier Seiten eines von der Straße getrennten Hofes bildend.

1) Der ursprünglich einstöckige Einhaustypus stellt sich so dar:

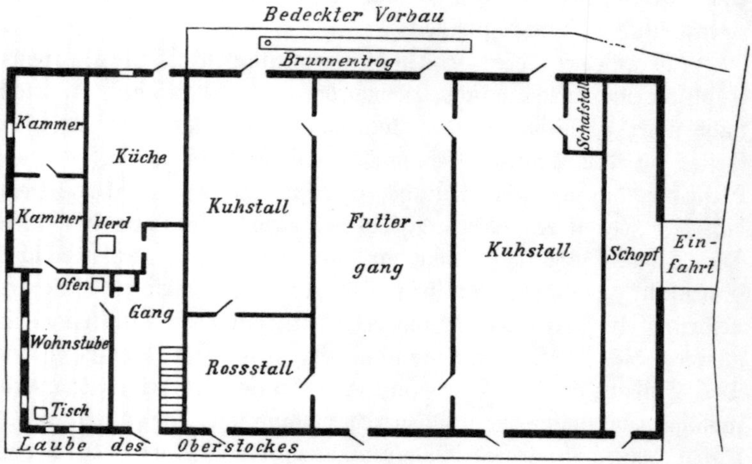

Fig. 10.

Die Vergleichung des niedersächsischen Hauses (Fig. 1 u. 2) mit dem alemannischen Bohlenständerbau (Fig. 10 u. 11), dem Gößhofe in Oberried bei Freiburg i. B. vom Jahre 1740, lehrt, daß beide ein bequem gestrecktes Rechteck unter einem hohen Dach bilden. Dieses senkt sich bald an der Giebelseite tief herab, bald bildet es einen Walm, bald weicht es einer steil bis zur Spitze aufsteigenden Vorderwand. Es springt nach allen Seiten viel weiter vor als das niedersächsische. In Süddeutschland und der Schweiz ist es oft mit Stroh und Rohr oder auch mit Schindeln und neuerdings mit Ziegeln gedeckt und ruht in Mitteldeutschland häufig auf Riegel- oder Fachwerkwänden, im Süden häufig auf Block- oder Bohlenwänden. Doch ist auch Steinmauerung nicht selten. Beide Hauptformen gliedern sich in drei Querabschnitte: 1) die Wohnung mit zwei oder drei Stuben, 2) den Flur mit dem Herd, den man jedoch im Süden viel früher als im Norden in eine abgesonderte Küche verwies und in der Stube durch einen Ofen ergänzte, und 3) den Wirtschaftsraum, der Tenne, Stall und Scheune umfaßt und im Süden früher als im Norden von dem Flur durch eine Querwand getrennt wurde. Meistens kommt noch der Unterschied hinzu, daß die Wohnung des Niedersachsen hinten, die des

Fig. 11.

Der Gößhof in Oberried bei Freiburg i. B.

Mittel- und Oberdeutschen an der Straße liegt, doch wird diese Lage auch in einigen norddeutschen Gegenden bevorzugt (S. 61). Hat der süddeutsche Flur an beiden Seiten Stuben, so darf die von der Straße abgekehrte, an den Wirtschaftsraum stoßende Kammerreihe wohl als späterer Zusatz betrachtet werden, und es scheint mir fraglich, ob man mit Henning in dieser Dreiteiligkeit des Vorderhauses ein fränkisches, vom alemannischen Typus abweichendes Merkmal erblicken darf. Wie das norddeutsche Flett, ist der entsprechende Ärn, Hûsärn, Gang des Südens von der Seite zugänglich. Aber hier ist seine Thür der Haupteingang, im Norden dagegen die große Dielenthür, die zunächst durch den ganzen Wirtschaftsraum und dann erst in die Wohnräume führt. Diesen altertümlicheren Verkehrsweg versperrten die Franken und

Alemannen dadurch, daß sie Wohnung und Wirtschaft durch eine geschlossene Querwand schieden und ihre Ställe und Tenne in der Regel parallel mit dieser Wand in die Quere legten, während sie in Niedersachsen der Länge nach liegen. Doch kommt die Queranlage auch in Nordschleswig und Friesland vor, ja auf der Insel Alsen liegen die Ställe gerade auf den ältesten Höfen quer, und andererseits treffen wir die Längslage auch im Thalgebiete der badischen Kinzig an. Da nun die Franken wie die Alemannen wahrscheinlich aus der norddeutschen Ebene nach dem Süden gekommen sind, so liegt die Vermutung nahe, daß sie ein Haus mehr sächsischer Art, ein echtes Ebenenhaus, in ihre neue Heimat brachten und nach den dortigen gebirgigeren Bodenverhältnissen veränderten. Solcher Änderungen seien noch zwei erwähnt: wo das Haus an einem Abhang liegt, wird Heu oder Getreide nicht in eine zu ebener Erde belegene Tenne geführt, sondern im Schwarzwald und an den Schweizer Alpen durch eine Einfahrt, Isaart oder Isar, über eine Brugg oder Rampe in die über den Schopf, die Stallung und Wohnung ausgedehnte Tenne. Zu beiden Seiten des Tenn pflegt sich die Heubüni zu vertiefen, weiterhin liegt die Garten- oder Gewächsbüni. Über dem Tenn liegt noch oft die Oberte, die in Bayern Obere heißt, und ebenfalls das Getreide birgt. Das Tenn ist in großen Bauernhäusern, z. B. den Simonswäldern im Schwarzwald, so geräumig, daß ein halbes Dutzend Wagen bequem Unterkunft darin findet. Diese auffällige, offenbar ursprünglich für das Gebirge berechnete Einrichtung, die denn auch das Zillerthaler Haus kennt, ist wahrscheinlich erst später auf die Ebenen Badens und der Kantone Bern, Freiburg und Waadt übertragen worden und in Bayern auf den unterländischen Lechrain. Die zweite Änderung liegt darin, daß die dem niedersächsischen Wohnhause fast ausnahmslos eigene Einstöckigkeit von den Franken und Alemannen, aber wahrscheinlich erst neuerdings, in den meisten Häusern aufgegeben und dem unteren Stock oder Erdgeschoß des Einhauses ein niedriger, vom vorspringenden Dach meist halb verdeckter zweiter Stock für Schlafkammern oder die Gesindestube, das alemannische Völchergaden, aufgesetzt worden ist, der aber die übrige Raumverteilung nicht stört. Auch dazu wird die Lage an einer Halde den ersten Anlaß gegeben haben. Die Berglage, später auch wohl Raummangel und Dürftigkeit haben dann

2) den zweiten Typus des eigentlich mehrstöckigen Einhauses veranlaßt, in welchem die Mehrstöckigkeit die Verteilung der Räume wesentlich verändert hat. Dieses Haus besteht aus einem meistens steinernen Unterstock, der ganz von den Wirtschaftsräumen: Stall, Keller, Scheune, ausgefüllt wird, und aus einem oft aus Holz oder Riegelwerk errichteten, zum Wohnen bestimmten Oberstock. Das Einhaus wird kürzer, aber dafür höher, denn oft wächst es noch zu einem dritten Stock aus, und zur Thür der Wohnung führt eine mehrstufige Treppe empor. An diese wie übrigens auch an die niedrigere Treppe manches Einhauses der ersten Form schließt sich oft eine Gallerie oder Laube, und ein gepflasterter Gang, das fränkische Wandele, die bayerisch-österreichische Greden, läuft längs dem Hause hin.

Am reichsten haben sich diese beiden Typen im Schwarzwald und in der Schweiz entfaltet, namentlich spricht das Berner Haus durch lustige Fensterreihen, wohnliche Lauben und zierlichen Fassadenschmuck unter dem stolzen Walmdach an. Im und am südlichen Schwarzwald und im Berner Oberland lehnen auch wohl zwei Häuser ihre Enden oder Flanken zu einem Doppelhaus aneinander, wie es schon das Haus der Handwerker auf dem Grundriß des Klosters St. Gallen aus dem Jahre 820 darstellt.

3) Weit verbreitet ist der wohl überwiegend fränkische dritte Haupttypus, der entweder Wohnhaus und Scheuer mit Stall einander einfach gegenüberstellt, wie z. B. in den Kantonen Freiburg und Waadt, oder mit seinen verschiedenen Gebäuden ein förmliches Hofviereck bildet (Fig. 12). Eine Mauer oder ein Bretterzaun, dazu auch wohl ein z. B. für den Altsitzer oder Auszügler bestimmtes Häuschen trennt den Hof von der Straße, von der man mit dem Wagen durch einen Thorweg, zu Fuß durch ein Nebenthor hineingelangt. Neben dem kleineren Thor erhebt sich das Wohnhaus mit der Giebelwand an der Straße, während die mit einer Thür versehene Langwand und die daranstoßenden Stallungen die zweite Seite des Hofes einnehmen. Die Rückseite

schließt dem Thorweg gegenüber die Scheuer ab, welche eine Tenne in der Mitte und an deren einer oder zwei Seiten den Vorratsraum oder Bansen enthält. An der vierten Seite liegen kleinere Ställe und Schuppen, im Hofe die Düngerstätte, der Taubenschlag, der Brunnen.

Fig. 12.

Vertauschen Wohnhaus und Scheune ihren Platz, d. h. liegt das Wohnhaus im Hintergrunde des Hofes, zu beiden Seiten desselben aber die Wirtschaftsgebäude, so verwandelt sich die mehr fränkische in die nahverwandte mehr thüringische Anlage. Im „Sächsischen Haus- und Land-Wirthschaftsbuch. Leipzig 1704“ erscheint die Wohnung an der Seite, aber zwischen dem vor ihr an der Straße liegenden Stall und der Scheuer, die man dem Thorweg gegenüber erblickt. Obgleich sich in diesen Hofanlagen das Wohnhaus noch entschiedener von Stall und Scheune losriß, als in den zwei erstgenannten oberdeutschen Hausformen, so hat doch gerade die freiere Gruppierung dem Ganzen einen Teil der wirtschaftlichen Übersichtlichkeit des Sachsenhauses wiedergewonnen. Von den Fenstern der Wohnung aus beherrscht der Bauer zwar nicht alle Gebäude, aber doch die Mehrzahl und dazu den Hof, auf dem sich ein Teil des Wirtschaftslebens der niederdeutschen Diele im Tageslichte abspielt. Darum ist vornehmlich diese auch am leichtesten herstellbare Hausanlage vom rheinischen Frankenlande siegreich nach allen Himmelsrichtungen hin vorgedrungen, wenn auch nicht immer in ihrer vollständigen, reinen, sondern oft in einer verkümmerten und gemischten Form. Von Stall und Scheune entlastet, ist das fränkische Bauernhaus auch am leichtesten in Landstädten zum Bürgerhaus geworden und dann zum eigentlichen Stadthaus. Umgekehrt hat dieses manchen Dorfhäusern, z. B. in der Pfalz, am Oberrhein und in der Baar einen mittelalterlichen Staffelgiebel vermacht. Ob die römische Villa der Rheinlande das Vorbild dieser Hofanlage gewesen? Namentlich die Ummauerung mutet ausländisch an, und das oft mit einem kleinen Dach versehene Thor gleicht altitalienischen Thorwegen.

Das Gebiet dieser drei fränkisch-alemannischen Haupttypen erstreckt sich vom Mittel- und Oberrhein her bis nach Litauen, Schlesien und Siebenbürgen hinein. Noch neuerdings zeigten die 24 Bauernhäuser der Budapester Ausstellung, die den verschiedensten Teilen Ungarns angehörten, durchweg diesen oberdeutschen Typus. Nur in Niederbayern und im Erzherzogtum Österreich ist er verschmolzen mit dem bayerischen Gebirgsstil. Denn die Massigkeit dieses noch zu besprechenden alpinen Einhauses bemächtigt sich hier auch des dritten fränkischen Typus, des Hoftypus, und verwandelt den Hof in einen geschlossenen, lückenlosen, kastellartigen Geviertbau. Die verschiedenen Haupttypen, geschweige denn die Nebentypen, voneinander abzugrenzen, ist eine noch unmögliche Aufgabe, da sie in manchen Gegenden, z. B. in Baden, alle drei auf dem Gebirge und in der Ebene vom Neckar bis zum Oberrhein nebeneinander herlaufen und z. B. der Abstieg durch das Kinzigthal von Triberg bis Kehl die mannigfaltigsten Abstufungen und Übergänge zeigt. Ja, es giebt Dörfer, in denen alle drei Formen ihre Vertreter haben. Wie die niedersächsische Hausform im nördlichsten Teile ihres Gebiets, in Schleswig-Holstein, bringt die alemannisch-fränkische in ihrem südlichsten Grenzgebiet, in der Schweiz, die mannigfachsten Abarten hervor.

Wie man nun auch über die wirtschaftliche Bedeutung des alemannisch-fränkischen Hauses, verglichen mit der des sächsischen, denken möge, für die Volkskunde ist wichtiger der aus der Verschiedenheit ihrer Anlage entspringende Unterschied der Wohnweise und des Zusammenlebens. Das einheitliche Binnenleben des sächsischen Hauses, das freilich durch die Neuerungen aufgelockert wurde, ist im mittel- und oberdeutschen nicht mehr möglich. Der eine, der dienende, Teil der Hausgenossen, hält sich wohl nur ausnahmsweise in eigenen Gesindestuben, meistens in dunklen und abgeschiedenen Ställen oder zerstreuter auf dem Hofe auf, der andere, die Herrschaft mit den Kindern, mehr in der Wohnstube, wo die Aufmerksamkeit zwischen Hof und Straße geteilt ist. Eine feste Holzbank, die fast um die ganze Stube, auch rings um den großen Kachelofen und unter allen Fenstern hinläuft, fordert wie zum Dreinschauen, auch zum Hinausschauen auf. Die alte Centralstelle des niederdeutschen Hauslebens, der Flur mit dem Herd, ist im oberdeutschen Hause verödet, indem man das Feuer zum Kochen in die Küche wies, das zur Erwärmung dienende dagegen in einen Ofen in der Wohnstube. In der heizbaren, oft noch getäfelten Stube wurde nun das alltägliche Bedürfnis nach Stärkung und Erholung befriedigt an den beiden Sammelpunkten, an dem großen Kachelofen und an dem schräg gegenüber in der Ecke stehenden Eßtisch. Um die Wärme recht auszugenießen, ist der Ofen im Schwarzwald noch durch einen Anbau, die Kunst, erweitert, die Bank an dieser Stelle ist der Lieblingsaufenthalt der Familie und muß auch einen Platz für den Leibgedinger oder Altenteiler, dessen Hinterstüble oft nicht heizbar ist, offen halten. Auch ist wohl oben auf ihm eine Schlafstätte angebracht und unter ihm ein Hühnerstall. Seine Wärme benutzt häufig auch noch die anstoßende Kammer, deren Binnenwand nicht immer bis zur Decke reicht und mancherorts nur aus einem Schrank besteht. Für den feierlichen dreimaligen Umgang der jungen Frau um den niederdeutschen Herd am Hochzeitstage bietet es nur einen dürftigen Ersatz, wenn sie in der mährischen Frankenkolonie Iglau in den Rauchfang oder in Thüringen ins Ofenloch schauen muß, und zwar, wie man mit offenbarer Verschiebung des Grundmotivs meint, weil es gut gegen das Heimweh sei. Die Ecke aber, in der die Mahlzeiten des Tages und auch die Stör, die Arbeit der Haushandwerker, am Eßtisch verrichtet werden, heißt der Brautwinkel oder in katholischen Gegenden der Herrgottswinkel. Denn hier hängt der Herr am Kreuz, überschattet von geweihten Palmenzweigen, über einem kleinen Eckdort oder dem Hausaltar, dem Herrgottsschäftle, das von Maria und Johannes oder einigen anderen Heiligenbildchen flankiert und mit Gold- und Buntpapier, das zu Ostern erneuert wird, bekranzt ist. Dann schimmert es besonders freundlich in die dunkelgetäfelte Stube hinein. Der Gottscheer ziert diesen Hausaltar zum Weihnachtsabend mit der Krippe und legt davor auf den mit einem weißen Tuche bedeckten Tisch feines, mit Figuren versehenes Weißbrot und Teigtäubchen und allerhand nützliche Geschenke, die dadurch geweiht sind. In der Erntezeit wird noch hier und da der Fuß des Kreuzes mit Kornblumen oder den ersten geschnittenen Ähren geschmückt. Der Balken dieses Winkels heißt im Schwarzwälder Kinzigthale der Herrgottspfosten und muß der stärkste im ganzen Hause sein. Auf ihm fußt der Zimmermann, wenn er bei der Hausrichtung den ersten Nagel in den Dachsparren schlägt. Im Herrgottswinkel sitzt auch das Brautpaar an der Hochzeitstafel, wie übrigens auch die ditmarsische Braut nach Neocorus an ihrem Hochzeitstag im Winkel, *in de Hörn*, des Festgemaches, des *Pesels*, saß. Am Thürpfosten der süddeutschen Stube hängt in katholischen Häusern ein Weihwassernapf, der Weihbrunn, aus dem man sich selber, aber auch den Gast, beim Hinaustreten zum Schutz gegen böse Geister besprengt. Die Stubengemütlichkeit erreicht beim Abendbesuch, dem Lichtbesuch, ihren höchsten Grad, und man erhebt sich ungern, wenn aus der Schwarzwälder Uhr der Kuckuck oder der Trompeter heraustritt, um die Scheidestunde anzukünden. Aus mancher Schwarzwälder Wohnstube steigt man dann auf einer über dem Ofen angebrachten Stiege durch eine Fallthüre in die Schlafstube hinein. Der innigere Zusammenhang des Hauslebens mit dem Straßenleben, den schon die vielen Vorderfenster vermitteln, zeigt sich noch offener in den Gallerien, in denen das Bettzeug gelüftet und gesonnt, manche Tagesarbeit verrichtet und manche Abendstunde verplaudert wird. Namentlich im Berner Lande sind sie der beliebte Sommeraufenthalt der Familie.

Noch ein anderes Stammhaus macht sich in Süddeutschland geltend, das **bayerisch-rhätische oder bayerisch-romanische.** Auf dieses scheint stärker als auf die bisher besprochenen Häuser fremdes Volkstum, nämlich das der anstoßenden italienischen Voralpen, eingewirkt zu haben, wie die reichlichere Anwendung des Steins und die mit Zimmerräumen getriebene Verschwendung vermuten lassen. Ein Beispiel gewährt ein Haus aus dem Zillerthal (Fig. 13 u. 14). Dieses Haus steht nicht gar weit ab von dem ersten fränkisch-alemannischen Einhaustypus. Hier wie dort sind die Wirtschaftsräume quer gelagert, und über die Auffahrt fährt man den schwerbeladenen Erntewagen unmittelbar in den Dachraum. Der Flur heißt hier, dem niederdeutschen Flett entsprechend, Fletz oder Flatz, dringt aber nicht wie in den anderen oberdeutschen Hausformen von der Längsseite quer, sondern von der an der Straße liegenden Giebelseite durch die Länge des Hauses und schließt nicht die Küche in sich, sondern scheidet sie von der gegenüberliegenden Wohnstube, sowie weiter die Milchkammer von der Schlafkammer. Dieses Fletz bietet übrigens in vielen Gegenden dem Erntewagen eine breite Durchfahrt bis in die Tenne hinein und gewinnt dann den Charakter der niederdeutschen, insbesondere der Leinethaldiele. Auf das oft überwölbte Erdgeschoß ist in der Regel ein Oberstock mit einer Laube oder einem Altan gesetzt, die ja auch manchen alemannischen Häusern nicht fehlen. Die innere Einrichtung, namentlich die der Wohnstube, stimmt wiederum mit der alemannischen fast genau überein, wie z. B. von Leoprechtings gemütvolle Schilderung des Lechrainhauses beweist. Auch hier ist der äußere Wohnstubenwinkel, der Herrgottswinkel, in dem der Tisch steht, geweiht. In Tirol schwebt noch dazu an einer Schnur „der heilige Geist" in Taubenform darüber, und flüchtet sich in Oberösterreich jemand vor den Dreschern, die er gefoppt hat, in diese Ecke, so darf ihm keiner etwas anhaben. Die Fenster der altbayerisch-oberpfälzischen Häuser sind unregelmäßiger als die der fränkischen und alemannischen, auch wie Schießscharten oder Gucklöcher klein und tief in die dicke Mauer eingelassen. Der Franke und Thüringer legt sein Inneres offener dar als der verschlossenere Bayer. Aus manchem oberbayerischen und engadinischen Stüble kann man auf einer über dem mächtigen Ofen angebrachten Stiege durch eine Fallthüre, die übrigens auch im Schwarzwaldhause vorkommt, in die obere Schlafkammer klettern. Bemerkenswert ist, daß im warmen Kuhstall des Engadiner Hauses früher selten ein Tisch fehlte, an dem die Männer

Karten spielten, wie man sich noch jetzt gern im Winter häuslich darin einrichtet.

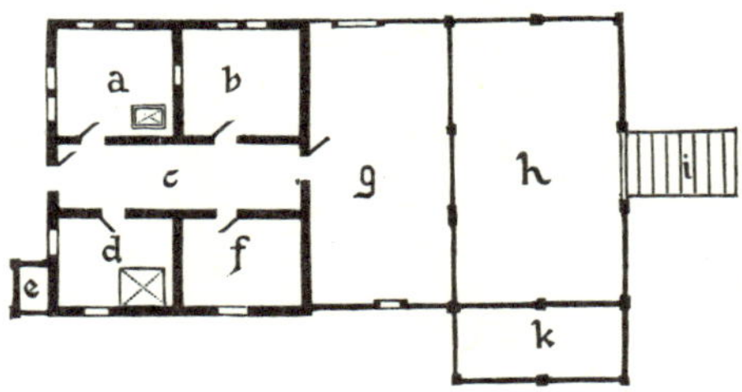

Fig. 13.

a Stube. b Schlafkammer. c Flur. d Küche. e Schweinestall. f Milchkammer. g Stall. h Scheune. i Auffahrt. k Schuppen.

Fig. 14.

Das Hauptgebiet dieses bayerisch-rhätischen Hauses ist das mächtige Flußgebiet des Inns, Tirol, Oberbayern und Salzburg, aber es greift westlich bis zum Oberlech hinüber und nördlich bis gegen den Böhmer Wald. In Niederbayern und im Erzherzogtum Österreich tritt in oft kolossalen Hofvierkanten, wie schon bemerkt, eine Vermischung des fränkischen Hofes mit diesem massivsten Baustil ein, wenn man nicht darin ein slavisches oder altostgermanisches Vorbild erkennen will. So entstehen ähnliche riesenhafte Gebilde, wie sie ausnahmsweise auch in Sundewitt und auf Angeln vorkommen.

Es erübrigt noch als letzte Form das **nordostdeutsche Haus**, wiederum ein Langhaus, das an einer Vorhalle erkennbar ist, welche die ganze oder die halbe Giebelseite schützt. Von ihr aus

Fig. 15.

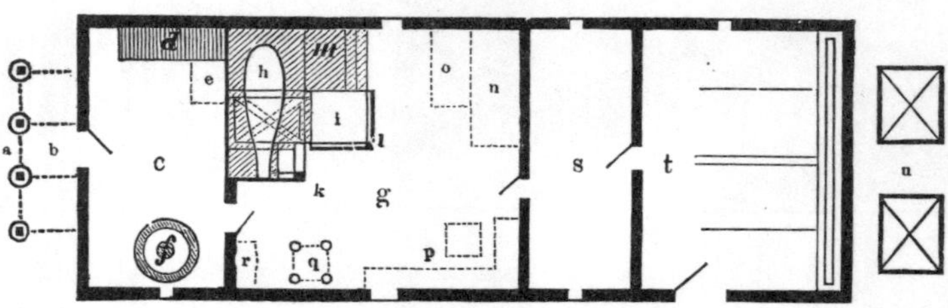

Fig. 16.

a Straße. b Vordach. c Flur mit d Bodenleiter. e Gesindebett. f Stein zum Getreideschroten. g Wohnstube. h Backofen. i offener kaum einen Fuß hoher Herd zum Kochen und Einheizen nebst einer Kappe, die auf das Holz l gestützt ist. k Sommerkamin mit Leuchtkien. m Nachofen, ein Ruheplatz vor und über dem Backofen. n großes, o kleines Bett. p Tisch und Bank. q Spülfaß. r Spind. s Kammer. t Stall. u zwei als Keller dienende Gruben.

tritt man in den Flur und gelangt dann erst in die weiter zurückliegende Wohnstube, in der ein großes System von Backofen, Herd, Nachofen und Sommerkamin ein ganzes Viertel einnimmt, wie es das rauhere Klima erheischt. Hinter der Wohnstube ist eine Kammer und der Stall quer gelagert. So in Posen und Polen. Schon im lüneburgischen Wendland schiebt sich dem im übrigen rein sächsischen Hause ein überdachter Vorplatz vor, und Typen wie der obige treten hier und da in Mecklenburg, z. B. in Wustrow, auf. Jedoch wie wir aus dem vorhergehenden erfahren, hat zwar das niederdeutsche Haus im slavischen Osten sich mehr an die Ostseeküstenländer bis nach Hinterpommern gehalten, im übrigen sich aber der fränkische Stil, dem schon der Spreewald mit seiner zierlichen Holzornamentik angehört, gewaltig bis nach Litauen hinein ausgebreitet. Doch etwa vom pommerschen Stolpe an in Westpreußen, Posen und Polen macht ihm jenes nordostdeutsche Halleneinhaus den Platz streitig, das für einen Vetter des skandinavischen Hauses und einen Abkömmling des Hauses der alten taciteischen Ostgermanen gilt, die hier vor der Slavisierung des germanischen Ostens ansässig waren.

In den Dorf- und Fluranlagen, die, im ganzen gleichmäßig über das ganze Land verbreitet, nach den verschiedenen Zeiten ihrer Entstehung und den verschiedenen Sonderzwecken verschiedene Formen annahmen, liegt uns das eine große Lebenswerk unseres Volkes vor. Die ländliche Architektur ist das andere, das sich zwar auch im Laufe der Zeiten gewandelt hat, aber, fester an die einzelnen Stämme geknüpft, sich je nach dem Stammesboden verschieden entwickelte. Die Nachbarvölker, wohl weniger die Kelten, als die Romanen, vielleicht auch die Slaven, mögen einigen Einfluß auf unsere Bauernbaukunst ausgeübt haben und nicht nur die alten Römer, sondern auch die späteren Mönche. Die Geschichte der einzelnen Bauteile, der alten und der später hinzugefügten, und deren technische Bezeichnungen werden am besten darüber aufklären. Aber im wesentlichen ist das Bauernhaus in seinen verschiedenen Typen selbständige deutsche Bauernarbeit, ohne fremdes Vorbild erdacht und ausgeführt. Fast spurlos gehen die großen Stilepochen der kirchlichen und übrigen profanen Baukunst, Romanik wie Gotik,

Renaissance wie Rokoko, an ihm vorüber. Höchstens daß ein Giebel in spätmittelalterlichen Treppenstufen wie ein Stadthaus aufsteigt oder daß ein Dorfmaler am Ende des vorigen Jahrhunderts die dorischen Pilaster der Vorhalle des Klosters zu St. Blasien auf die Front einzelner umliegender Hauensteiner Bauernhäuser pinselt. Die Volkskunde also, je tiefer sie in das Wesen und die Geschichte des deutschen Hauses sich versenkt, in die architektonische Gedankenwelt der Bauern, wird desto tiefer das Wesen unseres Volkes erfassen, das beinahe so organisch mit seinem Haus zusammenhängt, wie das Muscheltier mit seinem Gehäuse. Ein gut Teil auch seines Lebens steckt in seinem Hause.

Drittes Kapitel.

Körperbeschaffenheit und Tracht.

1) Die Körperbeschaffenheit.

Die Römer schilderten unsere Vorfahren als hohe Gestalten von blondem oder rötlichem Haar, mit blauen Augen und weißer Haut, mit denen verglichen die Römer selber klein, schwarzhaarig, dunkeläugig und von bräunlicher Haut erschienen. Dieser einst allgemeine helle germanische Typus ist gegenwärtig, wie jeder sieht, wesentlich eingeengt, aber nur so weit, daß er zwar nicht gemeingültig ist, jedoch noch immer vorwiegt. Auf Virchows Anregung wurden etwa vor anderthalb Jahrzehnten in Deutschland gegen sieben Millionen Schulkinder betreffs ihrer Haare, Augen und Haut untersucht, außerdem auch die österreichischen und die schweizer. Es ergaben sich

in Deutschland	31,80 %	Blonde,	14,05 %	Braune,
in Österreich	19,79 %	„	23,17 %	„
in der Schweiz	11,10 %	„	25,70 %	„

die übrigen gehörten einem Mischtypus an. Man erkennt sofort eine Zunahme des blonden Typus von Süden nach Norden, von den Alpen zum Meere, die auch die genauere deutsche Statistik bestätigt. Denn

Süddeutschland	hatte	24,5 — 18,4	Blonde,	19 — 25	Braune,
Mitteldeutschland	„	32,5 — 30	„	18 — 13	„
Norddeutschland	„	43 — 33	„	12 — 7	„

Die blondeste Bevölkerung haben Schleswig-Holstein und Oldenburg (43), dann Pommern und Mecklenburg (42), dann Hannover und Braunschweig (41) u. s. w. Deutlich verrät sich der verdunkelnde Einfluß der Stadt, wenn die Bauernländer Oldenburg und Hannover 43 und 41, dagegen das von diesen umschlossene Bremen nur 39 % Blonde hat. Danach würde eine nur aus der Landbevölkerung geschöpfte Statistik dieser Art nicht unbedeutend durch ganz Deutschland hin den Prozentsatz der Blonden steigern.

Ob die Blonden auch eine bedeutendere Körpergröße bewahrt haben als die Braunen, wie man oft sagen hört, ist bisher nicht festgestellt: Johannes Ranke giebt als Durchschnittsmaß der Militärpflichtigen eines der brünettesten Bezirke, Rosenheim in Oberbayern, 1707 mm, dagegen als das der blondesten Deutschen, der Schleswig-Holsteiner, nur 1692 mm an. Doch ist dies Ergebnis nicht entscheidend.

Wenn die so wichtige Messung der Schädel, die man in Lang- und in Kurzschädel teilt, dem Anthropologen überlassen werden muß, so vermag doch der Volkskundige über manche andere, namentlich die sichtbaren Teile des Körpers wertvolle Auskunft zu geben. Die Formen und Größenverhältnisse der Stirne kann auch der Laie näher bestimmen. Vor allem aber scheint die Nase wichtig nach ihrem Schnitt, ihrer Länge und ihrer Breite. Derselbe Ranke findet in Altbayern unter 100 Nasen etwa 31 Adlernasen, eine überraschend große Zahl, ferner 44 gerade und 25 Stumpfnasen. Die Nase namentlich des dortigen weiblichen Geschlechts zeichne sich durch Kürze, breiten Rücken und einen besonders breit zwischen den Augen gelagerten Teil desselben aus. Er beachtet auch die gegenseitige Stellung der Zähne im Ober- und Unterkiefer. Es giebt Geradzähner, Orthognathen, deren Zahnreihen annähernd senkrecht, Hyperorthognathen, deren Zahnreihen in einem mehr als 90° betragenden Winkel zu einander stehen, und Schiefzähner, Prognathen, bei denen sie umgekehrt einen spitzen Winkel bilden, also nach außen hervortreten. Rückzähner heißen diejenigen, deren Unterkieferzähne hinter denen des Oberkiefers, und Vorderkauer, deren Unterkieferzähne umgekehrt vor denen des Oberkiefers stehen. Die Geradzähner bilden z. B. in Altbayern $^2/_3$, in Franken fast $^3/_4$ der Bevölkerung, aber der übrige Teil derselben gehört in Altbayern überwiegend zu den Hyperorthognathen, in Franken dagegen zu den Prognathen. Und während Vorderkauer, Leute mit vorstehendem Unterkiefer und Kinn, in Süddeutschland sehr selten sind, kommen sie in Friesland häufig vor und verbreiten sich tief nach Hannover.

Man wird auch gern von der Form und Lage der Augen und ihrer Stellung zu einander und von dem Verhältnisse hören, in dem die großen zu den kleinen, die abstehenden zu den anliegenden Ohren stehen. Die Entwicklung der weiblichen Brust, die so oft unter einer pressenden Kleidung und der schweren Arbeit verkümmert ist und z. B. bei Italienerinnen sich durchweg viel schöner und voller entfaltet, muß berücksichtigt werden, sowie die Form und das Maß der Hände und Füße.

Es werden noch manche andere Wege betreten werden müssen, um auch nur ein einigermaßen klares Bild von den Volkstypen unserer Gaue zu gewinnen und wenigstens die Abweichungen und Mischungen einzelner besser begreifen zu lernen.

2) Die Tracht.

Die äußere Erscheinung hängt nur teilweise von der Körperbeschaffenheit ab, sie beruht zum anderen Teil auf der Körperbekleidung. In den meisten Landschaften verschwindet die Volkstracht oder ist bereits dahin, in manchen schon seit vielen Jahrzehnten. Die Ursachen ihres Niederganges sind verschieden, oft einander entgegengesetzt. Sieht man ihre schmucken Träger namentlich in den Alpen oder etwa im Lipper Lande oder im Schwälmer Grunde noch heute, so möchte man vermuten, die Abwesenheit größerer Städte hätte ihre alte Kleidung geschützt. Aber die gleich alte Hanauer Tracht in Baden prangt noch heute in Straßburgs nächster Nähe fröhlich weiter, während im abgeschiedenen südlichen Schwarzwalde nur noch ein paar greise Hotzen ihre noch altertümlichere Gewandung etwa für den Kirchgang anlegen. Dicht um das Münchener Weichbild gedeiht noch manche Volkstracht, während sie in den entlegensten Winkeln der Oberpfalz schon lange verkümmert ist. Offenbar hat dort die in sich selbst befriedigte Behäbigkeit die altgewohnte farbigere Tracht erhalten und hier die Not des Lebens das billige, praktische, eintönige Allerweltskleid empfohlen. Aber auch die wirtschaftliche Lage entscheidet nicht überall für das eine oder das andere: die norddeutschen Marschbauern, die fern von der Stadt sich ihrer fetten Weiden und Rinder freuen, haben längst ihre alte Tracht als unmodern abgeschafft, ebenso der wohlhabende Bauer in Braunschweig. Dagegen behält sie hier der kleine Bortfelder Rübenhändler noch immer bei, um in den Straßen der Hauptstadt seine Rüben dadurch als echte Bortfelder zu empfehlen. In vielen Dörfern, ob reichen, ob armen, ist sie zum Kindergespötte geworden; die thüringische Jugend holt die Dreimaster und Brautjacken und Abendmahlsmäntel der Großeltern am Aschermittwoch, zum Maifest oder für eine lustige Gesellschaft hervor, um sich damit zu verkappen. Die städtische Tracht gilt für feiner und anständiger und pflegt auch da, wo sie entschieden häßlicher ist als die ländliche, billiger und bei der Arbeit bequemer zu sein. Unwiderstehlich zwingt der moderne Verkehr, der die Stände wie nie zuvor durcheinander schüttelt, allen eine möglichst gleiche, gemeinsame Tracht auf und verstärkt nur den nicht etwa modernen, sondern tausendjährigen Trieb der Bauern, es den höheren Ständen vor allem in der Kleidung gleich zu thun. Oft unter Vorantritt von Geistlichen oder Künstlern kämpfen in jüngster Zeit Vereine zur Erhaltung der Volkstrachten gegen diese Mächte an; vergeblich! Zwei Volksschriftsteller, Rosegger in Steiermark und Hansjakob in Baden, äußern sich darüber im entgegengesetzten Sinne. Aus ästhetischen, socialen und ökonomischen Gründen tritt dieser entschieden für die Volkstracht ein, aber jener meint: „Die Volkstracht wieder einführen heißt Ruinen künstlich erhalten. Die Lebensweise, die Gebräuche, der Häuserstil, die Tracht (auch diese?) wachsen aus dem Innern eines Volkes, aus seiner Geschichte, seinen Boden- und klimatischen Verhältnissen, seinen wirtschaftlichen Zuständen hervor. Gebt dem steirischen Bauern wieder die Zustände, daß er seinen Rockloden, sein Schuhleder, seinen Hutfilz, seine Hemdleinwand selbst erzeugt, und seine Tracht ist dann vielsagend und interessant. Wenn er aber seine Stoffe und sogar den Schneider dazu aus der Stadt holt, um sich ‚ländlich‘ zu kleiden, so ist das Maskerade. Deshalb Maskerade, weil diese Dekoration den Thatsachen nicht entspricht. Wer wirkliches Volkstum haben will, der soll mitwachten und mittrachten, daß das ursprüngliche, natürliche Volkstum nicht ganz zerstört werde. Ein künstlich erzeugtes wäre unter den widerlichen Talmiwerten unserer Zeit der widerlichste." Zweckmäßiger möchten wir durch schriftliche und bildliche Darstellungen und Museen dafür sorgen, daß die Volkstracht unserer Kunde bewahrt bleibe als ein Denkmal des stets zwischen Fremdem und Nationalem schwankenden, häufig wechselnden und wiederum so zähe festhaltenden Volksgeschmacks.

Den ersten ernsten Versuch einer Trachtengeschichte einer deutschen Landschaft machte im Anfang des siebzehnten Jahrhunderts der Ditmarse Neocorus. Wollen wir eine Geschichte der gesamten deutschen Volkstracht noch heute, wo sie ausstirbt, zustande bringen, so bedürfen wir dazu dringlichst der Volkskunde. Sie hat die Alltags-, Sonntags-, Abendmahls-, Hochzeits- und Trauertracht vom Kopf bis zu Fuß und die Unterschiede, die aus dem Stande, der Vermögenslage, der Konfession, dem Altersunterschiede der Ortsbewohner hervorgegangen sind, nach Stoff, Form und Farbe darzustellen. Ist es z. B. überall die Regel, daß die Protestanten dunklere Kleiderfarben tragen als ihre katholischen Dorfgenossen? Auch die Haartracht und der Schmuck sind nicht zu vergessen. Aber nicht nur als Ganzes ist die Tracht zu schildern, ihre Vorliebe für bestimmte Stoffe, Farbenmuster und Häufung der Kleidungsstücke, namentlich der Röcke, oder der Zieraten wie der Knöpfe, sondern auch in ihren genau in der Volkssprache zu bezeichnenden einzelnen Stücken. Denn gerade diese haben ihre am leichtesten erkennbare Modengeschichte. Auch ihr Verhältnis zu den Trachten der Nachbarschaft ist oft lehrreich. Endlich vermerke man den Zeitpunkt ihres Aufkommens, ihrer Umgestaltung und ihres Abgangs. Man vergesse aber auch nicht die Art ihrer Verfertigung und ihre Herkunft. Der Spruch: Selbst gesponnen, selbst gemacht, ist die beste Bauerntracht bezieht sich doch nur auf einen Teil derselben; all' die Seide und der Sammet und vielfach auch die darauf angebrachten Zieraten kamen doch immer aus Fabriken. Manche Stickerei fertigt die Bauerndirne, und wiederum zieht der Lyoner Seidenagent noch heute durch die Lüneburger Heide, um seine buntgemusterten Hochzeitsbänder zu verkaufen. Die neuen Seidenwebereien im Wiesenthal suchte vor einem Jahrhundert die Regierung dadurch zu fördern, daß sie die flügelartigen Bänder der Markgräfler Frauenkappe größer machen ließ.

Die germanische Nationaltracht, die zu Tacitus' Zeit noch für beide Geschlechter fast die gleiche war, wurde schon früh von römischen und byzantinischen Einflüssen ergriffen, und wenigstens in den höheren Ständen herrschte von der Karolingerzeit bis ins elfte Jahrhundert der römische Schnitt. Die deutsche Kaiserchronik des zwölften Jahrhunderts erzählt aber, Karl der Große habe nach seiner Kaiserkrönung für die Bauern folgende Kleiderordnung erlassen. Sein Rock soll schwarz oder grau und mit nur einem an der Seite, nicht vorn oder hinten auszulassenden Gêren oder Schoß (Schlitz?) versehen sein. Sieben Ellen groben Tuches (Leinwand?) darf er auf Hemd und Beinkleid verwenden und rindslederne Schuhe tragen. Ein Schwert ist ihm versagt, mit seiner Mistgabel mag er sich seiner Haut wehren. Wirklich legt auch noch der österreichische Geschichtschreiber Ottacker im Anfang des vierzehnten Jahrhunderts dem kärntischen Bauern Hosen, Rock, Mantel und Hut von grauer Farbe bei. Dagegen hat der Landmann, den das Aschaffenburger Evangelienbuch aus dem zwölften Jahrhundert beim Stiefelschmieren schildert, zwar einen schwarzen, namentlich auch bei Sachsen und Friesen von alters beliebten Strohhut, aber es fällt ein rotes Kopftuch von diesem herab, und er trägt über einem roten Rock einen blauen Mantel. Noch jahrhundertelang gingen die Ärmeren mit nackten Beinen einher, doch werden die weiten Leinwandhosen und die Beinlinge immer üblicher. Aus mehreren Dichtungen des dreizehnten und vierzehnten Jahrhunderts erfahren wir, daß die üppigen österreichischen Bauern, im Gegensatz zu den Kärntnern, prächtige Hüte, weitärmlige, pelzverbrämte, beknöpfte Kleider von allen Farben wie die Adligen trugen, und viele Bilder unserer großen Maler des fünfzehnten und sechzehnten Jahrhunderts, die das Sittenbild aufbrachten, erweisen dieselbe Prunksucht ihrer bäuerlichen Zeitgenossen. Auch deren Tracht gleicht der der Vornehmen bis in die einzelnen Stücke, bis auf das Schwert und die Schnabelschuhe. Sie unterscheidet sich von ihr nur durch geringeren Aufwand an Falten, Schlitzen und Puffen, derberen Stoff und eine gewisse Nachlässigkeit. Dazu tragen Bauern und Bäuerinnen oft einen Strohhut, die Männer ein Kopftuch oder eine Gugel (Kapuze), die auch wohl nach französischer Mode wie ein Turban um den Kopf gewunden wurde. Ihre enge Hose schützen sie durch Beinlinge, die Frauen ihren Rock durch eine Schürze, die übrigens auch die Handwerker trugen, und zwar je nach Gewerbe in Stoff, Farbe und Schnitt verschieden; einige in einigen Gegenden noch heute. Das lang nachschleppende Damenkleid verschmähen die Bäuerinnen nicht, nur ziehen sie es durch einen zweiten Gürtel in die Höhe und bilden dadurch unter der Hüfte einen Überwurf. Die ärmeren Bauern tragen einen von einem Riemen umgürteten groben Kittel. Diese im ganzen deutsche Tracht wurde nun in der zweiten Hälfte des sechzehnten Jahrhunderts stark beeinflußt von der spanischen, auch in Bauernkreisen, wie uns die ditmarsischen Mannsbilder lehren. Während des dreißigjährigen Krieges wurde außerdem weithin der halblange Schwedenrock mit seinen hinten getrennten Schößen und seinem einfachen Kragen, der die Krause verdrängte, beliebt, später der französische (?) Dreispitz. Die fremden Moden zerstörten die oben geschilderte, ziemlich einheitliche Tracht, ohne ihr überall gewisse altherkömmliche, vielleicht nationale Eigenheiten zu nehmen, und sie hängten ihr bald dieses, bald jenes modische Stück an, in einem Gau schon in diesem, im anderen erst in einem anderen Jahrhundert. Viele Bayern halten an den Trachten des siebzehnten, die meisten Stämme an denen des achtzehnten Jahrhunderts fest. Zu den konservativsten gehören wohl die krainischen Gottscheerinnen im Hinterland, die sich noch heute wie im siebzehnten Jahrhundert kleiden. Am Ende des achtzehnten hatte in den Gebirgen jedes Thal, an der Küste jedes Inselchen, in manchen Staaten jeder Kreis seine besondere Tracht. Der Gegenschlag begann unter dem armen Winzervolk am Mittelrhein, das von der revolutionären Lehre der Gleichheit und Brüderlichkeit aufgeregt und dem stark wechselnden Ertrage, „Herbst“, ihrer Rebgärten unterworfen, zuerst sich in die billigere städtische Tracht warf, schon in der ersten Hälfte unseres Säculums.

Die noch gegenwärtig am weitesten verbreiteten älteren Trachten sind folgende, nämlich die Männertracht: Dreispitzhut, worunter oft ein Käppchen, später durch einen runden Filzhut ersetzt und als Wolkenz'reißer und Nebelspalter verspottet, langer weißer oder auch z. B. in Gutach im Kinzigthal schwarzer Zwillichrock, meist ohne Kragen, mit einer dichten Reihe von Messingknöpfen besetzt nnd rot gefüttert. Daneben kommt ein kurzer, jackettförmiger Sammetschoben, gleichfalls ohne Kragen und oft auch ohne Knöpfe, vor, den die Hotzen vorn über der Brust durch ein genesteltes Band zusammenhielten. Darunter eine lange Weste oder altertümlicher, wie in Braunschweig, im badischen Hotzenwald und im Zillerthale, ein rotes Fürtuch in der Form eines kurzen Hemdes, das an der linken Seite aufgeschlitzt ist oder wie ein Panzerhemd über den Kopf geworfen werden muß und bauschig über die lederne Hose herabhängt. Ferner dunkle oder früher gelblederne Kniehosen, lange Strümpfe und Schnallenschuhe oder Stiefel oder hier und da weite Pluderhosen, im südlichen Schwarzwald „Hotzen" genannt. Bei den Frauen ist wohl noch die das Haarnest umschließende, unter dem Kinn zusammengehaltene schwarzseidene Haube oder Mütze, von der Bänder, oft mehrere, lang über den Rücken hinabfallen, die beliebteste Kopfbedeckung. Ausnahmsweise, wie auf den Markgräfler Kappen, breiten sich die Bänder auch seitwärts wie Flügel aus. „Die het e heiliger Geist uf," scherzen die Katholiken über diese Hauben der protestantischen Markgräflerinnen. Die Bekleidung des weiblichen Oberkörpers pflegt, abgesehen vom Hemd, aus drei übereinander liegenden Stücken zu bestehen, aus Tschobe (Jacke), Mieder (Rockbrust) und Koller, das Mieder oft schön bestickt. Darüber häufig noch ein feineres schwarzes oder buntes Tuch, mit einer Krause darüber. Daran schließt sich ein Faltenrock, wie ihn nicht nur bereits Holbeins berühmte Madonna und die Braut in seinem Totentanze trägt, sondern auch die bäuerliche Braut auf einem Darmstädter Miniaturbild des sechzehnten Jahrhunderts und viele Frauen aus dem Volke von der Schweiz bis nach dem Norden auf den Bildern der Folgezeit. Der mit unzähligen Falten versehene Rock, Rigirock, Reihenrock in Basel, ist mit einer oft bunt gemusterten Schürze bedeckt, und die

Füße stecken gern in Zwickelstrümpfen und Schuhen mit einer Schleife. In zahllosen Variationen kehren diese beiden Formen von der See bis zu den Alpen wieder, doch kann man keineswegs alle Einzelheiten der verschiedenen Ortstrachten auf sie zurückführen und, gerade wenn man die Einzelstücke genauer verfolgt, wird man erkennen, daß doch oft diese etwa um 1700 eingeführte Tracht viele ältere, nicht nur fremde, sondern auch deutsche Bestandteile bewahrt hat.

Der charakteristischste Teil der Tracht, die Kopfbedeckung, neben der auch die oft sehr künstliche und nicht immer sehr reinliche Haartracht zu beachten ist, bietet die besten Belege dafür. Statt des verpönten Dreimasters deckt nicht nur ein runder, sondern auch, namentlich in Tirol und Oberbayern, ein spitzer oder ein kegelförmiger Hut das Haupt, hier und da auch ein hoher Cylinder, der sich im badischen Glotterthal, noch dazu schwefelgelb gefärbt, des weiblichen Kopfes bemächtigt hat. Beide Geschlechter bedienen sich in vielen Landschaften auch im heißesten Sommer einer Pelz- oder Sammetmütze, die wieder verschieden geformt ist. Die Bandhauben der Weiber sind noch viel mannigfaltiger gestaltet, wie schon angedeutet. Die eigentümlichste Frauenkopftracht ist die holländische oder ursprünglich wohl friesische, das aus Silber oder Gold bestehende sogenannte *Ooryzer* d. h. Ohreisen, das wie ein runder Helm oder ein breiter Bügel die hintere Kopfhälfte umschließt und sich vorn an die Schläfen oder gar an die Wangen klemmt und hier in eine Spirale oder derartige Figur ausläuft. Darüber wird eine Spitzenmütze getragen, darunter eine schwarzseidene Mütze und zu unterst eine weiße Mütze auf dem kurzgeschorenen Haar. Das Museum zu Leeuwarden bewahrt nun nicht nur prachtvolle ältere Exemplare, deren Schläfenplatten durch ein quer über die Stirn laufendes Diamantband verbunden sind, sondern auch noch ältere schmale, einfache Eisenreifen aus der Mitte des Mittelalters, die, vorn offen, nur die Haarlocken bändigen sollten. Später wurden sie an den Schläfen umgebogen, um die Stirne nicht zu drücken, und aus kostbarerem Metall gefertigt. Dies Ohreisen reicht bis nach Ostfriesland und dem Saterlande, andererseits bis nach Geldern und Flandern. Aber auch in der

Eifel trugen die Frauen früher Mützchen, die von „Ohreisen“ umfaßt waren. Hier scheint ein alter nationaler Kopfschmuck sich erhalten zu haben, kleidsam, aber ein Verderben des noch schöneren Kopfschmuckes, des Haares.

Wie nachweisbar der Strohhut, haben auch gewiß andere Stücke eine längere Vergangenheit hinter sich, so z. B. die Pelzmütze und die bayerische offene Kniehose und insbesondere auch der gegürtete oder völlig lose Kittel, der als blaue Bluse noch heute einen großen Teil der rheinischen Männerwelt bekleidet.

In einem schroffen Gegensatz stehen oft noch heute die Trachten der Leute vom Land oder der Ebene und ihrer Nachbarn vom Walde oder Gebirge, wie man sie in Thüringen und Baden unterscheidet. Der Gegensatz wird noch merkwürdiger, wenn er die Trachten verschiedener benachbarter Thalschaften oder gar verschiedener Dörfer eines und desselben Thales trennt.

Die verschiedenen Gruppen der deutschen Dorf- und Fluranlagen und der deutschen Hausformen schließen sich zu einem gewissen wohlgegliederten Organismus zusammen, der nur hier und da einige Lücken und Störungen zeigt; die deutsche Volkstracht ist dem buntesten zeitlichen und örtlichen Wechsel unterworfen, wurzelt in einigen Gegenden gewiß in der Volksart und in der Natur des Landes, ist in anderen der Laune und Willkür der Mode der höheren Stände gefolgt, ist hier ganz flatterhaft, um dort eigensinnig an der Tracht einer bestimmten Periode durch Jahrhunderte hin festzuhalten. Eine möglichst lückenlose Gallerie der deutschen Trachten und die Schilderung und Untersuchung der Ortstrachten können allein Licht über dies Chaos verbreiten. Auch bei diesen Arbeiten ist die Volkskunde die wichtigste Helferin.

Viertes Kapitel.

Sitte und Brauch.

Noch viel deutlicher und unmittelbarer als Dorf und Flur und selbst als das Haus und vollends als die Tracht enthüllen die Sitten und Bräuche das Wesen unseres Volkes. Aus den Sitten ist ja doch, was wir Sittlichkeit nennen, nach und nach zusammengewachsen. In den Sitten, mögen sie oft noch so seltsam, willkürlich und zufällig erscheinen, drängt sich das innere Leben nach gewissem Gesetz ans Tageslicht, sie sind die Sinnbilder der Volksgefühle und =gedanken. Wir müssen daher bei ihnen, die fast das ganze Leben umspinnen, fast möchte man sagen, das Leben erst zusammensetzen, erst lebensfähig und lebenswürdig machen, viel länger verweilen als bei den bisher besprochenen Erscheinungen. Die Sitten und Bräuche bilden den Angelpunkt der ganzen in unserem Sinne gefaßten Volkskunde.

Der Entwickelungsgang der deutschen Volkssitte ist ein außerordentlich langer. Die verschiedenen deutschen Hausformen scheinen zur Zeit der Ausbildung der Stammverbände entstanden zu sein und noch früher die ältesten Dorf- und Fluranlagen; die Sitten und Bräuche aber greifen einerseits noch über all diese fernen Zeiten bis in das indogermanische Altertum zurück und sind andererseits dem Einfluß der Erfindungen, Entdeckungen, Kulturwechsel und sogar Modestimmungen von gestern und heute ausgesetzt. Prüft man zunächst im allgemeinen die Hauptelemente der deutschen Sitte, so wird man bald als solche ein altgermanisches, oft noch stark heidnisches und ein verhältnismäßig jüngeres, oft entschieden christliches oder kirchliches Element erkennen. Es verbinden sich aber damit zwei andere: ein späteres mehr nationales, speciell deutsches, und endlich ein noch später eingedrungenes fremdes. Alle diese Bestandteile werden aber mehr oder weniger beherrscht von zwei scheinbar entgegengesetzten Strömungen, die altgermanisch sein müssen und so auch den alten Mythus und Glauben und unsere Litteratur durchdrungen und bestimmt haben. Die eine Hälfte der deutschen Doppelseele besteht in einem starken Hang zur Mystik. Genauer gesagt: unser Volk behauptet energisch nicht eine bloße Analogie von Naturvorgang und Lebensgang des Menschen, sondern glaubt fest an einen wirklichen, wenn auch noch so wunderbaren Zusammenhang beider, was wir gewöhnlich Aberglauben nennen. Was in der Volkspoesie nur Gleichnis, wird in der Sitte Ereignis. Der andere Teil dieser Seele ist ein scharf rechnender und berechnender Sinn, ein derb realistischer Rationalismus. Die deutsche Volksseele ist ein eigenartiges Geflecht dieser beiden so ungleichen Haupttriebe.

Die Volkskunde, zumal aber die Sittenkunde, geht von dem Stande der Gegenwart oder doch der zweiten Hälfte unseres Jahrhunderts aus. Manches, was hier als noch bestehend dargestellt wird, ist daher schon im Vergehen oder schon vergangen; noch viel mehr ist hier schon längst verschollen, während es dort noch in Übung ist oder wenigstens noch im Gedächtnis haftet. So viel steht wohl fest, daß keine Zeit gründlicher mit der alten Sitte aufräumt als unsere *„fin de siècle“*. Doch auch sie ist keineswegs Herr geworden jenes Doppeltriebes, der denn doch manches Alte zäh festhält oder auch manches Neue im alten Sinne wiederschafft. Und so wird noch manches Jahrhundert deutsche Bauernsitte fortleben, wenn auch in veränderten Formen.

Die am meisten in die Augen springenden Bräuche hängen an den allerdings drei wichtigsten Ereignissen des Lebens, an der Geburt und Taufe, an der Hochzeit und am Tode: am Beginn, am Höhepunkt und am Erlöschen des Lebens. Man wird aber in Zukunft ebenso genau die dazwischen liegenden Lebenszeiten untersuchen und darstellen müssen, überhaupt sich nicht mit Einzelheiten oder gar nur Kuriositäten begnügen, sondern den Zusammenhang des vollen bäuerlichen Daseins zu erfassen suchen. Darum sind darzustellen:

1) Geburt und Taufe, Hebammen- und Patenwesen. Die erste Kindheit mit ihrer Poesie, ihrem Spiel und ihren Krankheiten.

2) Die Jugend über die Konfirmation oder die erste Kommunion hinaus bis zum Beginn des mannbaren Alters. Sie umschließt nicht nur die Welt der Spiele und gar mancher Reime, sondern auch das Schul- und das Hirtenleben und die erste wirtschaftliche Hausarbeit der Knaben und Mädchen.

3) Unter Liebe und Hochzeit wird begriffen der Verkehr der ledigen Erwachsenen beiderlei Geschlechter: der Tanz, der Abendbesuch, die Spinnstube, der Liebeszauber, bis es zur Verlobung und zur Hochzeit kommt, deren Feier ein altes kunstvolles Gefüge ist.

4) Das häusliche Leben umfaßt die Ehe, Stellung von Mann und Frau und Kind, von Herr und Knecht, von Hausgenossen und Gästen oder Fremden, von Nachbar zu Nachbar. Die Hausaufrichtung und -einrichtung, die Hausschutzmittel, die Feuersbrunst, die Hausunterhaltung.

5) Zur Hausarbeit gehört außer dem Dreschen namentlich die Viehzucht, die Pflege der Tiere vom Pferd bis zum Huhn und zur Biene.

6) Die Feldarbeit: Pflügen, Säen, Ernten mit dem Erntefest.

7) Andere Arbeiten: Fischerei, Flößerei, Waldarbeit, Bergbau und die alten Bauerngewerbe des Schmiedens, der Müllerei und Bäckerei.

8) Ruhezeiten: besondere Hausfeste und allgemeine Kirchenfeste: das festliche Jahr, Verhältnis zu der Kirche, ihrer Lehre und zur Geistlichkeit.

9) Krankheit mit ihrer Volksmedizin und Tod.

1) Geburt, Taufe, Kindheit.

Um die Geburt spielt ein kleines Märchen. Nicht aus der Mutter Schoß, sondern aus dem des Wassers kommt das Kind. Droben aus dem Bergsee, z. B. dem dunklen Titisee d. h. Kleinkindersee am Feldberg, oder auch aus dem Schilfweiher der

Ebene tauchen die Kleinen auf, oder der Waldbach flößt sie rauschend aus dem Gebirge zu Thal, oder sie perlen geheimnisvoll aus einem stillen Quell beim Dorf, dem Kindlesbrunn, empor, in den daher wohl die kleinen Mädchen, die gern ein Brüderlein hätten, neugierig hineinschauen. Andere halten eine einsame hohle Tanne, die auch Tititanne heißt, einen grauen Felsklotz auf der grünen Halde oder eine dunkle Höhle für die verborgenen Urnester. In Belgien werden die Kinder aus einem Rosmarinstrauch geholt; etwa weil das junge Paar bei der Hochzeit mit Rosmarin geschmückt ist? Aus all diesen Wassern und Löchern hebt die Hebamme, die früher *Hevanna,* die Heberin, hieß, sie hervor und trägt sie ins Haus. Diese Mähr ist vorzugsweise mittel- und oberdeutsch, doch kennt man auch im Braunschweigischen Kinderbäume und Kinderbrunnen. In Norddeutschland hat aber mehr Ansehen der Storch, der mit seinem Schnabel das Kindlein irgendwoher oder auch aus einem Teich bringt, gleichwie er auf der Wiese die zappelnden Fröschlein aus dem Wasser zieht und davonträgt. Die Mutter aber beißt er ins Bein, darum muß sie das Bett hüten. In Rügen und dem mecklenburgischen Fischlande ist der Schwan der Kinderbringer.

Das Neugeborene legt im württembergischen Oberamt Öhringen die Hebamme nach alter Sitte auf den Boden, und der Vater hebt es auf; so nimmt er es in die Familie. Hier und da sind noch besondere Begrüßungen des Kindes seitens des Vaters üblich, die eine Sammlung verdienen. Selten arten sie in rohe Scherze aus. Die Mutter macht am Brenner ein Kreuzeszeichen über ihren Sprößling: Mutterkreuz geht über neun Jöcher, Muttersegen reicht über die höchsten Berge. Die Hebamme giebt dem Kinde das erste Bad, mancherorts leider oft für viele Jahre das einzige, und heißt daher an der Nordsee und in Schlesien auch Badmutter und früher braunschweigisch *Bademoime.* In katholischen Gegenden thut sie geweihtes Salz und Weihwasser hinein und auch noch dazu einen Rosenkranz, daß das Kind fromm werde, ein Geldstück, den Badkreuzer der Gotti (Patin) an anderen Orten, daß es sparsam oder glücklich werde. Gleich nach der Geburt späht sie, die auch die kluge oder weise Frau, in

Holland *Vroedvrouw* d. i. kluge Frau heißt, nach einem bedeutsamen Sternbild am Himmel, um des Kindes Zukunft zu bestimmen. Das Badwasser des Knaben wird dann an die Bäume geschüttet, damit er bald stehen, gehen und klettern lerne. Man legt das Kind auch gleich nach der Geburt unter den Tisch, um es arbeitsam, gescheit, folgsam und bescheiden zu machen, oder unter die Stubenbank zum Schutz gegen böse Geister. Die Nachgeburt wird unbeschrieen vergraben, wo weder Sonne, noch Mond hinscheint. Haftet dem Kopf des Kindes ein Stück der feinen Eihaut an, so trägt es eine Glücks-, Wester-, Goldhaube, ein Glückskäppeli, -häutle, -kleid, ein Kinderbälglein, das alle Germanen als eine das zarte Köpfchen d. h. sein Leben, seine Seele schützende Hülle betrachten und das im alten Norden geradezu *hamingja*, Schutzgeist, hieß. Die Glückshaube macht das Kind glücklich wie ein Sonntagskind, in der Schule, der Lotterie und der Schlacht. Daher wird das Häublein bei der Taufe mitgenommen und später dem Kind ins Kleid genäht oder sorgfältig aufbewahrt, sowie auch die Nabelschnur. In England zahlen noch Schiffskapitäne und Advokaten gute Preise für eine Glückshaube, um auf See und vor Gericht glücklich zu sein. Fröben von Hutten legte im sechzehnten Jahrhundert zum Westerhäublein eines jungen Grafen von Zimmern Kohlen und Würfel, daß er tüchtiger Spieler und Reitersmann (auf einem Rappen, auch Kohle genannt?) würde. Die Gräfin aber mehrte das Glücksfelllein mit Gold und Perlen. Nehmen wir hinzu, daß dem Knaben möglichst bald eine Peitsche, dem Mädchen Strickzeug und Kochlöffel ins Händchen gesteckt werden, so erinnern alle diese zum Teil vorchristlichen Beigaben an den altindischen Brauch, neben den Neugeborenen einen Stein, eine Axt und Gold zu legen, um ihm Festigkeit, Schneidigkeit und Reichtum zu sichern. Zur Förderung des Zahnens oder überhaupt des Gedeihens berührt man des Kindes Mund mit einem Ei, oder die Patin, wenn ihr die Mutter zum erstenmal das Kind ins Haus trägt, streicht es ihm in den Mund. Honig träufte man im achten Jahrhundert dem Neugeborenen auf die Lippen.

Zum Teil sind diese Gaben auch Schutzmittel, mit denen die bösen Geister und Hexen vom Kinde namentlich vor der Taufe, solange es noch ein Heide ist, in der Wiege und auf dem Taufgang abgewehrt werden. Denn hier bricht nun wieder eine unausrottbare Grundanschauung hervor, die nämlich, daß bei Ereignissen, die einen merklichen Wechsel hervorbringen, wie Geburt und Taufe, Schwangerschaft und Wochenbett, Verlobung und Hochzeit, Einzug in ein neues Haus, Kauf und Verkauf von Vieh und schließlich das Sterben, die bösen Geister ganz besonders wach und aufmerksam auf der Lauer liegen, um zu stören, zu schaden, zu verderben, und daß übelberufene zauberkundige Weiber, Hexen, es ihnen darin gleichthun. Wie ängstlich ist man deshalb, z. B. in Iglau! Dort bespritzt die Hebamme den kleinen *Heiden* mit Weihwasser, begießt seinen ganzen Leib kalt, und die Mutter schlägt mit der Handfläche seinen Rücken, damit er fest werde. Um seinen Hals hängt man einen Rosenkranz, daß die weiße Frau ihn nicht raube und einen Wechselbalg an seine Stelle lege, und hängt ihm auch einen herzförmigen Schreckstein gegen das Erschrecken und das *Fraisen* d. h. Krämpfe um. Auf der Wiege und an der Tischplatte bringt man einen *Trudenfuß* (Pentagramm) an, legt neun Besenruten und neun verrostete Eisen, auch wohl eine Axt mit nach oben gekehrter, geschliffener Schneide neben das Kind in die Wiege, alles, damit die *Trud*, die anderswo *Schrätle* oder *Alp* heißt, sein Brustwärzchen nicht aussauge. Den Schreckstein (Serpentin) verwendet der Vogtländer, den Trudenfuß unter dem Namen *Zwiefelstrich* der Alemanne im Schwarzwälder Bernauthal zu gleichem Zwecke. Der alte Heidenglaube und die Kirche haben ein ganzes Arsenal derartiger Schutzmittel geliefert: *geweihene* Sachen, z. B. außer dem Weihwasser geweihte Wachslichter und Amulette, *Mamlette*, Marien-, Benediktus- und Gnadenpfennige; auch Kalender mit den Namen aller Heiligen und Kräuter, die wie Dosten und Dorant starken Geruch ausströmen, werden ins Bettchen gelegt. Vor allem vertraut man dem Kreuze. Kreuzweis gelegte Messer und *Gichterkreuze*, kleine kreuzförmige Behälter, die gegen die Gichter d. i. Krämpfe beim Zahnen wirken. Vielleicht ist der Kreuzschnabel ein so beliebter Hausvogel in Tirol wegen der Form seines Schnabels geworden, denn dem Wasser wohnt nach weit verbreitetem Glauben besondere Heilkraft inne, aus dem ein solcher mit rechts gebogenem Schnabel getrunken hat. Gähnt das Kind zum erstenmale, so fährt der Teufel heraus, und sofort schlägt die braunschweigische Hebamme ein Kreuz vor den Mund des Kindes, daß er nicht wieder einfahren könne. Vor allem muß man alte Weiber von ihm fernhalten, sie könnten Hexengelüste verspüren und das Kleine beschreien. Statt aber den leider noch heute so lebendigen Hexenwahn hier schon zu kennzeichnen, erwähne ich lieber noch ein paar altertümliche Züge aus jenem Kreise von Schutzmaßregeln. In Mittelschlesien legt man einem Kinde in der ersten Nacht seines Lebens ein Gesang- oder Gebetbuch zu Häupten unters Kissen, und ist es unruhig, so wickelt man aus allen vier Ecken der Stube zusammengekehrten Staub ein und steckt das Päckchen täglich an einer anderen Stelle unter das Bettchen. Hat in der Eifel ein Kind das oben erwähnte Fraisen, so trägt man es zu dem Fraisenbilde der Kapelle von Allscheid und opfert so viel Korn, als das Kinderhäublein faßt. In der Kapelle von Finten spendet man so viel Korn, als ein Kind wiegt, wenn es nicht zunehmen will, und ebensoviel an die Armen.

Von der Kirche kaum zurückgedrängt, droht noch über diesen Lebensanfängen gleich einer schweren Wolke die heidnische Geisterwelt. Die Mutter in ihrem schmerzlichen Abscheu vor einem dickköpfigen, kielkröpfigen, aufgedunsenen oder verschrumpften Kinde weist dieses noch immer tückischen Dämonen, den Unterirdischen, Zwergen, Truden, Elben zu. Es ist nicht ihr eigenes, sondern ein von diesen untergeschobener Wechselbalg, fränkisch Butt, holsteinisch Kielkropf, in Nordfriesland ein Amskaftang (altnord. *umskiptingr)* und wird in Westpreußen mißhandelt, dagegen in einigen Gegenden Oberfrankens als Glücksbringer gut gepflegt. Peitscht man ihn tüchtig, so kommt das rechte Kind, aber ebenfalls zerbläut, wieder.

Dieser Glaube weicht sichtlich zurück, aber daß dieselben Dämonen oder Hexenweiber an der Kraft des Kleinen zehren, wird weithin festgehalten. Die Schutzwehren gegen sie sind teils heidnisch, teils christlich. Die altheidnische Wassertauche oder -begießung mag sich nicht nur in der Taufe, sondern auch schon im Besprengen mit Weihwasser fortsetzen. Hohem deutschen Altertum gehört jener beruhigende, schlesische Vierwinkelstaub an. Die *Chrenecruda* d. i. der Hausstaub, den nach dem salischen Gesetz der Landflüchtige aus den vier Ecken seiner Hütte zusammenrafft und auf seine Verwandten wirft, um sie zu Hausbesitzern zu machen, sichert heute noch in Schlesien dem neuen Hausgenossen den Hausfrieden, die Seelenruhe. Zieht er aufgewachsen in die weite Welt, so thut man ihm im badischen Mittellande etwas Stubenkehricht in die letzte Suppe oder näht es ihm ins Kleid. So führt er den Hausfrieden bei sich und bekommt kein Heimweh. In den Kornopfern, die den kranken Kindskopf oder das ganze kranke Kind aufwägen, erkennt man die alten Getreidebußen, die z. B. für die Tötung eines Hundes gezahlt werden mußte. Ein solcher wurde am Schwanz aufgehängt, daß seine Schnauze die Erde berührte, und mußte dann mit Weizen umgossen werden, bis er ganz bedeckt war. Des Kindes Schaden wird in mehr kirchlichem Sinne als ein zu büßendes Vergehen aufgefaßt, das ähnlich zu sühnen ist, zum Vorteil der Kirche.

Nun darf man aber nicht meinen, die Geburt eines Kindes sei nur von Sorgen umlagert. Sie gilt, wo nicht etwa Schmalhans Küchenmeister ist, für ein fröhliches Fest und das Ansagen, das Gevatterbitten, der Taufgang, der Schmuck des Hauses, die Geschenke, das Auftragen von Speis und Trank bezeugen genugsam die Freude der Eltern und die Mitfreude der Verwandten und Nachbarn, oft bis zum Übermaß. Ein neugeborener Knabe wird dabei stets höher geschätzt als ein Mädchen. Potz hundert Sappermost, ruft der Schwarzwälder Hotze freudig bei der Geburt eines Maidle, aber Potz tusend Sappermost bei der eines Buebli, und es klingt ganz fürstlich, wenn im Tiroler Etschthal der Hirte durch die größere oder kleinere Anzahl seinen Kameraden in den Sennhütten zu wissen thut, ob sie die Ankunft eines Knaben oder eines Mädchens mitfeiern sollen. Bei der Geburt einer Tochter spendet der wurstsinnige Braunschweiger eine Blasenwurst, bei der eines Jungen die edlere Schlackwurst. Im Hennebergischen hört man sogar einen Vater sagen: Ich hô zwä Kinner unn drei Mädla, als ob nur die Knaben Kinder wären. Man verlangt aber auch vom Neugeborenen, daß es möglichst bald ein Geschrei erhebe. Schon nach dem altdeutschen Volksrechte gilt das Kind erst dann wirklich lebendig und lebensfähig, wenn es die vier Wände beschrieen hat. Daher giebt ihm noch die Hebamme wohl gleich nach der Geburt einen Klaps auf den Hintern, damit es sich ins Leben schreie. Das noch nicht ganz abgekommene Zungenlösen, das die Hebamme mit einer Schere oder gar mit ihrem Fingernagel vornimmt, sollte vor allem bewirken, daß das Kind Laut von sich gäbe, bald zum Sprechen käme und vor Stammeln bewahrt würde.

Die Hauptfeier ist die Taufe, an deren kirchlichen Akt sich manche alte Bräuche der heidnischen Wassertauche geklammert haben. Die Taufhandlung wird mehr noch von der Geistlichkeit, als von den Eltern beschleunigt, und zwar von der katholischen eifriger als von der protestantischen. Doch wird in den meisten Gegenden nicht mehr streng darauf gehalten, daß sie am nächsten Sonntag oder gar am Geburtstage selber vorgenommen wird. Ja man wartet in Weingegenden wohl damit bis zum Neuen, denn der gilt als der würdigste Trunk bei der Einführung des kleinen Menschenkindes ins neue christliche Leben. Aber am Brenner in Tirol werden auch Zwillinge noch ein paar Stunden nach ihrer Geburt mitten im Winter wohl eine Meile weit zum Widum (Pfarrhaus) gebracht, und eine oldenburgische Hebamme tröstet einen Vater, der seine Zwillinge dem Taufgang durch den Schnee nicht aussetzen will, mit den Worten: *Se häbbt jo eent fort Bräken* (Sie haben ja eins zum Caputgehen). Das Kind darf nicht trocken werden bis zur Taufe, sagt man in Hornberg. Nach Franken- und Bayernglauben bekommen Kinder, denen man lange die Taufe vorenthält, große, schöne Augen, und zwar, wie man in Böhmen sagt, aus Sehnsucht nach der Taufe. Sterben sie ungetauft, so müssen sie mit der wilden Jagd oder im Heere der Frau Holde, in Tirol mit der Berchtl ziehen. Jedenfalls kommen sie nicht in den Himmel, während man umgekehrt getaufte Kinder, die früh sterben, glücklich preist, weil sie, ohne die Strafen des Fegefeuers erleiden zu müssen, sofort Engelein werden.

In den meisten Gegenden geht die Mutter nicht mit zur Taufe, auch wenn sie das Wochenbett nicht mehr fesselt, in vielen auch der Vater nicht. Um so wichtiger treten die Hebamme, die nun ihre höchsten Ehren empfängt, und die Paten hervor, die nun ihren Beruf beginnen. In vielen Dörfern zieht noch heute die kleine Gesellschaft oft auf dem altüblichen Tauf-, Hochzeits- und Leichenweg, nicht auf einem Nebenweg, unter den Freudenschüssen der Nachbarn und Verwandten zur Kirche. Die Schüsse galten ursprünglich den gefürchteten bösen Geistern; in Westfalen bedroht man sie mit einer Axt, die in Ostpreußen noch dazu mit drei glühenden Kohlen bedeckt ist. Man legt sie auf die Schwelle, über die der Taufzug hinwegschreitet. Bei Iglau wird sie durch ein Gesangbuch ersetzt. Häufiger steckt man irgend ein Amulett in das mit einem weißlich-roten Tauftuch, auch wohl dem Hochzeitshalstuch bedeckte Tragkissen, in dem die Hebamme oder auch die Patin das Kleine voranträgt. Die nordfriesische Hebamme legt ihm eine zur altfriesischen Nationaltracht gehörige kostbare Schärpe, *Apsköras* Aufschürzung, an. In Schleiz hält die Hebamme es unmittelbar vor der Taufe in die Sonne, dann wird es schön weiß; in Franken taucht sie heimlich ihren Finger ins Taufwasser und reibt des Kindes Zahnfleisch, damit es leicht zahne. Am Taufbecken überreicht sie es mit einem Knix den Paten, die Patin behält es in ihren Armen. Nach der kirchlichen Handlung zieht man ins Geburtshaus und dann wohl noch in eine Wirtschaft, häufiger aber umgekehrt. Mit Speise und Trank wird das Täufemahl, der Taufimmes, die Kindszehr oder Zech, das Kindelbier, das siebenbürgische Kaimes (Kindsmus), die saterländische *Selme* gefeiert, auf Kosten des Vaters oder der Paten, während das Kind auf der Kunst oder Ofenbank oder dem Tisch der Wirtsstube liegt. Seltsam war es, daß früher der Vater beim Taufessen abgesondert auf einem Holzklotz in der Stubenecke saß. Die siebenbürgische Hebamme (Amtfrau) giebt während und nach Tisch allerlei Spaß zum besten, und man wirft ihr in Franken ein Gift d. h. ein Geldgeschenk ins Glas, das sie jedesmal leeren muß, um das Geld zu erhalten. Wohnt eine junge Frau zum erstenmale einem Taufschmaus bei, so bekommt sie in der Eifel mit sinniger Anspielung wohl ein Sträußchen, in der Neckar- und Maingegend auch wohl eine Ähre dazu, und wird verhänselt. Man nimmt ihr dort die Haube vom Kopf, und die muß sie mit Geld oder einem Kaffee wiedereinlösen. Die alemannische Gotte (Patin) aber giebt dem Säugling einen Löffel Wein ab, damit er späterhin keinen Rausch bekomme. In der Eifel nehmen die Gäste eine Weinsuppe mit Rosinen und Zucker ein und fangen bei der Heimkehr ausgelassen an zu krähen. So beginnt mancher Täufling sein Christenleben unter Tabaksqualm und lautem Lärm der Wirtsstube und lief auch früher Gefahr, von der trunkenen Taufgesellschaft oft unterwegs im Schnee verloren zu werden. Das ist nicht nur eine noch heute beliebte Anekdote, sondern war nicht seltene Wirklichkeit, und im Hinblick auf solche Vorfälle verbot schon die kursächsische Polizeiordnung von 1661 diese Zechereien. Eine hübsche Sitte knüpft sich im Amte Gifhorn an den Kinderbaum zwischen Boitzenhagen und Knesebeck. Die Hochzeitsgesellschaft schmückt ihn mit bunten Bändern, und je eher diese in Wind und Wetter vergehen, desto mehr Glück hat die Ehe. Und nun sind sie verweht und die Ehe war glücklich: denn die Taufgesellschaft lagert sich unter ihm und genießt Kuchen und Branntwein und gießt 3 Schluck davon auf Stamm und Wurzeln. Wie aber freut sich die Mutter, wenn sie erst den Täufling wieder hat, den sie ihr bringen mit der weitverbreiteten Formel: Wir haben 'nen Heiden weggenommen und bringen 'nen Christen wieder. Mit diesem Text oder auch erst, nachdem sie die genesene Mutter auf ihrem ersten Kirchgang begleitet hat, scheidet die Hebamme aus dem Hause, aber da sie dem ganzen Dorfe so wichtige Dienste leistet, wird sie hier und da dauernd geehrt durch den Namen das Dorfbäsele. Dieser familiären Figur giebt aber die neuere Hebammenordnung einen amtlichen, man möchte sagen, gelehrteren Anstrich, befreit sie aber auch mehr und mehr von der Last des medizinischen Aberglaubens, dessen Hauptträgerin die Hebamme jahrhundertelang war.

Viel nachhaltiger ist der Einfluß der Paten auf die ganze Jugend des Landbewohners. Wir in der Stadt ahnen nicht die Innigkeit und weite Verzweigtheit, die das ländliche Patentum, namentlich in Süddeutschland und in Thüringen, noch an vielen Orten bewahrt hat, weniger, wie es scheint, in Norddeutschland, zumal nicht in Ostfriesland. Von der Kirche, die erst im neunten Jahrhundert allgemein das Patenwesen einführte, sind die meisten deutschen Benennungen, sowie die Grundrichtungen dieser geistigen Elternschaft angeregt. Der hochdeutsche Name Pate stammt vom lateinischen *pater*. Das niederdeutsche Vadder, das auch für die Gevatterin gebraucht wird, ist, auch wo es von Vaar, Vader = Vater unterschieden wird, doch auch nur Übersetzung von *pater*, wie wahrscheinlich auch das süddeutsche Dode, Dote, Dete, Tott, das doch mit dem bayerischen Tatte = Vater zusammenhängt, und das Iglauer Totthherr und Tottfrau. Das gemeindeutsche Gevatter bedeutet den Mitvater, französisch *compère*, aber es fehlt die *commère*. Eigenartiger ist der fränkische Peterich, Pfetter, Pfetterich vom lateinischen *patrinus* und noch mehr das süd- und theilweise mitteldeutsche Götte, Götti *masc.* und Gotte, Gote, Gode, Getel *fem.*, eine kurze Koseform für Gottvater und Gottmutter d. h. Vater und Mutter vor Gott, wie das englische *godfather* und *godmother*. Die Kirche bestellte dem Christenkinde in dem Taufzeugen einen *pater spiritualis*. Aber mit ihrer Einrichtung vereinigte sich nun aufs schönste uralte germanische Sippschaftsübung. Die Paten wurden in der Regel aus der nächsten Verwandtschaft gewählt, an der schon Tacitus als einen auffälligen Familienzug hervorhob, daß ein Schwesterkind seinem Oheim ebensoviel gelte als seinem Vater. Nach altdeutschem Recht war beim Tode des Vaters der Oheim der nächstgeborene Vormund der Hinterbliebenen, und wer bei den Nordgermanen das Kind nach der Geburt mit Wasser begoß, der Vater selber oder ein Freund des Hauses, bestimmte in der Regel den Namen des Neugeborenen und ließ diesem Akt eine Gabe, dem hervorbrechenden ersten Zahn ein Zahngeschenk folgen. Gern übergab man den Sohn solchem Freunde als Pflegevater und gebrauchte schon von diesem ein Sprichwort: Ein Viertel artet ein Kind seinem Pflegevater nach, wie es ähnlich vom deutschen Paten noch heute umläuft. Denn in Thüringen erbt das Kind ein Siebentel der Pateneigenschaften, im Braunschweigischen *sleit de dritte Âdere n'an Pâen* (schlägt die dritte Ader nach dem Paten). Schon der übermütige junge Meier Helmbrecht, der uns im 13. Jahrhundert geschildert wird, prahlt damit, daß er von seinem Tote, der ein Ritter war, die Tugend des Stolzes geerbt habe.

Die kirchliche Satzung forderte einen Paten, bez. eine Patin, aber schon Berthold von Regensburg, der redegewaltige Minorit des 13. Jahrhunderts, eiferte gegen die Unsitte, bis zu zwölf Paten zur Taufe aufzubieten. Noch begnügt man sich in Obersteiermark, der Schweiz und vielen süddeutschen Landschaften meistens mit einem Patenpaar, doch die Furcht, jemand zurückzusetzen, oder Prunksucht oder Gier nach Geschenken hat z. B. im Wiesenthal und bei Pforzheim hin und wieder acht Patenpaare bestellt und in Norddeutschland sind drei Männer und drei Frauen häufig. Die Auswahl der Paten richtet sich bald streng nach dem Verwandtschaftsgrade, bald nach der Bekannt- oder Nachbarschaft. Gern nimmt man den Ehrengesellen und die Brautjungfer, die vor einiger Zeit das nun mit dem ersten Kind beglückte Paar zur Trauung führten, und leistet ihnen dann, wenn ihnen ein Kind geboren wird, als Paten den Gegendienst. Da nun in vielen Gegenden die Gevattern bei weiteren Taufen nicht gewechselt werden, sondern für alle Kinder einer Familie dieselben bleiben, so bewirkt oft die gegenseitige und immer wieder erweiterte Patenschaft zwischen zwei Familien ein außerordentlich festes und inniges Verhältnis. Nach katholischer Vorschrift dürfen Gevattern nicht heiraten, deshalb müssen im deutschen Südwesten zwei Paten an manchen Orten einander fremd sein, wogegen in Siebenbürgen gern ein Bursche und ein Mädchen, die ein Verhältnis miteinander haben, zu Gevatter geladen werden. Überall wird auf guten Ruf der Paten gesehen und z. B. ledige Mütter nicht dazu erwählt, übrigens auch Schwangere nicht. Gegen jene erhebt ja auch schon die erwähnte Theorie der Vererbung der Pateneigenschaften Einspruch. Die außer den zwei Hauptpaten bestellten Nebenpaten gelten nicht für voll und heißen wohl alemannisch Suf- oder Schlottergötten, westfälisch Stertpaten und anderswo Geldpaten, die nur zum Zechen oder Zahlen gut sind und den Stert oder Schwanz bilden d. h. hinterdrein laufen. Zu Gevatter ladet meistens der Vater oder die Hebamme, an einigen Orten schon vor der Geburt des Kindes, um Iglau thut es die Mutter selber, sie begrüßt. Gewöhnlich aber ergeht die Einladung gleich nach der Geburt und häufig in einem feierlichen Gevatterbrief. Ein Buttervogel (Schmetterling) heißt er im Braunschweigischen und wird in den Drömlingsdörfern bis zum Tauftag ans Fenster gesteckt, daß ihn jeder Vorübergehende sehen kann. Denn Vadder weern is 'ne Ere vor'n Lü'en, awer 'ne Schanne vor'n Geldbü'el. Wie hoch die Patenehre geschätzt wird, lehrt auch in Oberösterreich die Meinung der Schwanenstädter, daß, wer beim Kornschneiden auf einen frisch ausgetriebenen Palmbuschen, wie sie zu Ostern ins Feld zur Abwehr des Unwetters gesteckt werden, stoße, binnen Jahresfrist heiraten oder einen Götten (ein Patenkind) bekommen werde. Darum heißt auch im deutschen Südwesten, den wir überhaupt bei der folgenden Patenschilderung vorzugsweise im Auge behalten, Pate sein Großsein und als Pate zur Kirche gehen Großlaufen, und wenn Götte und Gotte nach der Taufe sich am Wein laben, so vertrinken sie ihre Hoffert (Hochfahrt)! Zu Ehren des hübschen Götti oder der hübschen Gotti kehren die Nachbarn oder Freunde im Kanton Zug unmittelbar vor ihnen her die Straße bis zur Kirchthür rein. In Siebenbürgen hebt die jüngere Gode das Kind aus der vom Urgroßvater angestorbenen Wiege mit den Worten: An Hîden nia mer (einen Heiden nehmen wir) mät, an Kräste wolle mer brongen en am Gesangd (in Gesundheit) leasse mer ich (wir euch). Ledige Paten gehen im Sonntagsschmuck zur Taufe, sie mit einem Kranze oder Schapel, er mit einem Maien, den sie ihm angeheftet hat. Sie schreiten noch in manchen Orten unter dem Glockengeläut nicht auf Nebenwegen dahin, sondern auf der altherkömmlichen Fahrstraße, dem Hochzeits- und Leichenwege. Über einen Zaun dürfen sie nicht steigen, Stuhlgang müssen sie meiden, denn alles Unschickliche und Unreine übernimmt leicht der zarte Täufling. Sie tragen die ganze Verantwortung für sein Gedeihen. Denn das ist nun doch höchst merkwürdig, daß in vielen Kirchen die Paten allein und die Hebamme mit dem Kinde vor dem Taufstein stehen, während beide Eltern fern sind. Abwechselnd halten sie es, die Patin aber beim Taufakt selber, und dann gingen sie früher mit ihm um den Altar, jetzt knien sie mit ihm an dessen Stufen nieder und beten ein Vaterunser. Verließen sie die Kirche, so spielte ihnen früher der Küster auf der Orgel einen kräftigen Marsch oder gar einen lustigen Walzer hinterdrein, wofür er ein Extrageschenk bekam, ebenso wenn das Kleine zu seinem Glück mit dem zu Ostern oder Pfingsten geschöpften Wasser getauft war, den Oster- oder Pfingsttauf empfangen hatte. Das Kind erhält im katholischen Deutschland häufig den Namen des Kalenderheiligen, an dessen Tage es geboren ist, oder den eines der Eltern oder Paten. Den unehelichen Kindern bereitet die Kirche einen anderen Empfang. Während die ehelich geborenen je nach dem Geschlecht mit zweimaligem oder einmaligem Geläute begrüßt werden, bleibt dieses stumm, wenn ein uneheliches in die Kirche getragen wird. Und nicht die Eltern oder Paten bestimmen seinen Namen, sondern früher wenigstens suchte der Pfarrer ihm einen besonders altmodischen und kuriosen aus, den es als ein Merkmal durch sein Leben tragen mußte. Eva und Genovefa waren bis in die vierziger Jahre die Namen unehelicher Mädchen in Walldürn. Aber solchen Kindern zu Gevatter zu stehen, gilt für ein besonderes Verdienst und giebt Glück zum Heiraten. Früher mußte die ledige Mutter eines Täuflings mit ihrem Geleite vor der Kirchthür warten, bis alle aus dem Gottesdienst heimkehrenden Kirchgänger an ihr vorbei waren, an einigen Orten war sie sogar dabei mit Strohzöpfen übel verziert. Seit der Zeit hat sie ihre eigene, von Frauen und Mädchen gemiedene Bank in der Kirche, und manche stille Thräne der Reue rinnt während des Gottesdienstes ihre Wange hinab. Deutsche Namen überwiegen im protestantischen, fremde im katholischen Deutschland. Unter 25 Knabennamen im bayerischen Mittelschwaben sind etwa 5, unter 21 weiblichen nur 3 deutsch. Die Taufgesellschaft, alemannisch Táufe, wandert dann ins Wirtshaus, auch wohl von einem zum anderen, und wer ihr begegnet, wünscht Glück zu'er Jugend. Kinder spannen auch eine Schnur über den Weg und geben ihn erst frei, wenn der Pate ein Trinkgeld gezahlt hat. Selbst die Thür des Geburtshauses verschließen sie oder die Dienstboten und lassen erst gegen ein Geschenk ein. Hier oder auch schon bei der Taufe selber steckt der Pate das Eingebinde, Einstrickete, die Täufe dem Kinde ins Taufkissen, blanke Silberstücke von schöner Prägung, in Tirol der Hort oder Hoscht genannt, oder Löffel und Nüster (Rosenkranz) oder, wenn's um Iglau hoch hergeht, eine Urkunde über einen Wald oder eine Wiese. Um Guben stecken die Paten Knaben zur Taufe neunerlei Getreide, Mädchen Leinsamen und eine eingefädelte Nähnadel in den Patenbrief. Altertümlicher fäschet d. h. bindet bei Gotthelf Anna Bäbi Jowäger dem Mädchen zur Taufe ein Scheibchen Brot und ein Scheibchen Käse ein mit den Worten: So wirst öppe so Gottel (etwa so Gott will) nie Mangel leiden, sondern geng (immer) öppe gnue z'esse ha; bi Buebe ist das nit sörli nötig, die kommen eher durch die Welt. In Siebenbürgen, wo man überhaupt Formen und Formeln treu bewahrt hat, legen die zurückgekehrten Paten das Kind zuerst auf den Tisch „Du sollst wachsen wie ein Fisch“, dann auf den Herd, „Du sollst wachsen deinem Vater und der Mutter wert“, endlich aufs Bett „Du sollst schweigen, bis deine Mutter backt und wäscht.“ Hierauf segnen es beide.

Damit beginnt nun der jahrelange, freundliche, gabenreiche Verkehr der Paten und ihres Patenkindes, der weniger christlichen, als altgermanischen Charakter trägt, und der oft so innige Verkehr der Eltern mit den Gevattern. Das Beschenken des Kindes hebt schon nach uralter Sitte beim Zahnen wieder an, oder wenigstens die Wärterin bekommt dann ein Geschenk. Beim ersten Besuch seiner Paten streichen sie ihm das Druei d. i. Gedeihei, das Plauderei oder den Schwatzgockel, ein Ei, das es bald zum Sprechen bringen soll, in den Mund. Bei der Impfung bekommt es ein Kleidchen. Zum ersten Schulweg rüstet die Patin ihr Kind mit dem Gottehäs d. h. einem vollständigen Patenanzug aus und steckt ihm ein Geldstück in die Tasche, daß es immer Geld habe. Die arme Magd spart wohl die Hemden, die sie zum Dienstlohn empfangen, Zeit ihres Lebens für ein Patenkind auf. Alle wichtigeren Festtage verschönen die Paten dem Kinde durch ihre Gaben und laden es zur Schlachtschüssel, zu jeder Hausfeier ein. Am Allerseelentage schenken sie Seelenbretzel, in Tirol zu Allerheiligen den Knaben ein Roß, den Mädchen eine Henne aus Teig. Am Nikolausabend stellen sie den Gabenteller unter, zu Weihnacht bringen sie etwa ein Lebkuchenherz oder ein ringförmiges Gebäck und Geld, zu Neujahr die Neujahrsbretzel oder die Helsete in Weißbrot, oder sie helsen es mit Rock und Hemd. Der Bube bringt dafür an einigen Orten am Palmsonntag den geweihten Palmen von der Kirche triumphierend zur Gotti und steckt ihn bei ihr aus. Zu Ostern erfreuen die Paten mit der Hasjagete, der Hasenjagd, dem Suchen der Ostereier, und mit Wecken, die auch wohl noch zu Pfingsten gespendet werden. Am Geburts- oder Namenstag stellen sich auch Patengeschenke ein. Bei der Schulentlassung oder ersten Kommunion oder Konfirmation findet dieser lange Zug von Geschenken sein Ende, mag es sein mit einem Strauß oder Kranz oder wertvolleren Sachen, wie einer Taschenuhr u. s. w. An diesem Tage spricht ihnen aber auch das Patenkind feierlich seinen Dank aus, oft auf einem buntgeränderten Patenbrief: Da ich der Schule ward entnommen u. s. w. Aber doch auch noch der junge Krieger stellt sich den Gevattern oft eher, als dem Schatz in seiner Uniform vor. Endlich treten die Paten noch einmal bei der Hochzeit als Brautführer und Ehrenmutter schützend hervor, insbesondere die Patin, welche die leibliche Mutter, die vielerorts an der Hochzeit nicht teilnimmt, sorgfältig vertritt und der Braut den Übergang in ein anderes Leben möglichst erleichtert (s. unten). Die Paten tanzen mit dem Brautpaar den Ehrentanz, sitzen an der Tafel neben ihm und eröffnen das Gaben, d. h. das Übergeben von Geschenken, in Thüringen z. B. mit einem Kissen oder Kessel, und schließlich schneidet die Patin der Braut das Kränzle vom Kopf: nun ist diese eine junge Frau.

„Die kindliche Freude an solchen Ehrenhäuptern,“ sagt Gotthelf irgendwo, „ist eine gar mächtige Kraft in kindlichen Gemütern. Bei ihnen fremdet das Kind nicht und verlernt die Leutscheu.“ Sie ist aber auch ein Segen für die Paten selber. Über den engen Kreis ihres eigenen Hauses, ihrer eigenen Kinderschar hinaus lernen sie Pflichten gegen andere, Liebe zu anderen empfinden, ohne dadurch den Ihrigen etwas abzubrechen. Am schönsten zeigt sich das in Krankheit und Tod. Hat ein kleines Mädchen heftige Gichter, so zieht in der Pfalz der Pate rasch sein Hemde aus und wickelt es hinein, dann wird es gesund oder stirbt rasch, und so macht's die Patin mit dem Knaben. Auch die bei der Taufe getragene Gotteschürze wird ihm anderswo um den Kopf geschlagen. Wenn nun das gestorbene Kind zur Abbüßung der Erbsünde durch das Fegfeuer fliegt, so fühlt es die Hitze nicht, soweit das Gottehemd den Körper deckt. In Schwaben wird beim Sterben eines Kindes der Pate oder die Patin gerufen, daß es leichter scheide. Zu gleichem Zwecke drückt der nordfriesische Gevatter seinem Patenkinde die *Vadarjüv*, die Gevattergabe in die Hand, einen kleinen Apfel, in den eine Silbermünze hineingesteckt ist. Den Göttelbrief, die vom Paten ausgestellte, mit gereimtem Mahnspruch und auch wohl mit Bildern versehene Taufurkunde, legt man wohl in seinen Sarg. Den hebt die Patin aufs Haupt, betrübt, wie wenn das eigene Kind drin läge, und trägt ihn oft stundenweit vom armen Gebirgsdorf ins Thal zum Friedhof, wo schon der Pate wartet und ihn vergräbt. Die Patin verziert das Kreuz auf dem Grabe oder hängt die Blumen, mit denen sie den Sarg bekränzt hat, in der Kapelle auf und schaut noch Jahre hernach zu den welken Erinnerungen ihres Patenglücks hinüber.

Die schwerste Sorge aber fällt der Mutter zu, die sie meistens gern trägt, auch wenn die Arbeit sie oft in die Küche oder gar aufs Feld ruft. Hat sie für das Kind keine Geschwister oder Großeltern zur Hut, so nimmt sie es gern mit hinaus in einem Wägelchen. Dann sieht man es wohl im Schatten eines nahen Baumes schlafen und spielen, von Käfern umsummt und von Vögeln umsungen. Vor wieviel Fehlern und Gefahren ist es zu behüten! Hat es ein Muttermal, so blickt die Mutter, das Kind im Arm, auf einem Kreuzweg in den zunehmenden Mond und spricht, indem sie das Mal mit der Hand bestreicht: Alles, was ich sehe, nimmt zu, alles, was ich streiche, nimmt ab. Von Krankheiten fürchtet sie besonders das Anwachsen, die Atemnot, die Mundfäule, den Ausschlag im Munde, und vor allem das Fraisen, Gefraisch, die Fraiß oder schwäbisch

Gichter d. h. Krämpfe, die man den bösen Leuten, den Hexen, schuld giebt. Man kennt eine Unzahl Arten: noch ist um Bonndorf im Schwarzwald das Sprichwort lebendig: 's gît 77erlei G'sichter und 77erlei Gichter, und der sogen. Gichtersegen verwünscht bereits 77 Gichter in den tiefen Wald und die hohen Eichen, in das stehende und das liegende Holz oder auch in den Granit, gerade wie der Indier vor mehreren tausend Jahren die Krämpfe in die hohen Bäume und den Wald verfluchte. Die Angst der Mutter nimmt nicht gern zum Arzt ihre Zuflucht, hat aber für all diese 77 Krampfarten hundert und tausend Mittel ersonnen, darunter so abenteuerliche, wie man sie in solcher Fülle auf keinem anderen Krankheitsgebiete wiederfindet. Es giebt Gichterbäume mit heilenden Blättern und Zweigen, Gichterkreuze, kreuzförmige, kleine Schublädchen mit Kräutern und Amuletten, Gichterkappen, schwarzseidene mit frommen Zeichen und Sprüchen bestickte Seidenhäublein, Krampfringe, die aus Sargnägeln oder auch aus der Schere gefertigt sind, die man einer im Wochenbett gestorbenen Frau ins Grab gelegt hat. Auch die seidene Brautschürze, mit einem Schwalbenneft vom Hause oder Hufeisen unter den Kopf gelegt, thut gut. Muttermilch in einem Regenbogenschüsselchen; Wasser, aus dem ein Kreuzschnabel getrunken; ein Täubchen, ans Herz oder den After des Kindes gehalten; die an einen Faden gereihten Rückenwirbel einer Ringelnatter, das aus dem Ohr des Schweines genommene Kehrbein zu Mehl gemahlen und eingegeben und der ausgehängte, obere, rechte Fensterladen, aufs Kind gelegt, bringt Genesung. Auch in Pommern und Westfalen heißt es in einer Fieberbeschwörung: Die Taube ohne Gall hilft für das 77erlei Fieber all. Aber wir verstehen doch nur teilweise die Ideengänge dieser romanhaften Medizin, von der hier vornehmlich aus dem Südwesten Proben mitgeteilt sind. Sterben in Ettenheim in Baden die Kinder nacheinander in früher Jugend weg, so geloben die Eltern, ihr nächstes bis zum 14. Jahre blau zu kleiden, Maria zu Ehren.

Wo die Mutter das Kind noch nährt, mag sie wohl noch am Lechrain sein Trinken mit einem auf ihre Brust gelegten Trudenfuß gegen die bösen Geister schützen. Wird es entwöhnt, so schenkt man ihm ein langes, rotseidenes Band im Erzgebirge. Am besten wählt man den Johannis-, Gründonners- oder Karfreitag dazu, oder wenn die Zugvögel kommen oder das Feld voll Früchte steht. In den meisten Gegenden hat die Mutter nur kurze Zeit Nahrung und kann sich auch in der Stillezeit nicht schonen. Daher die Kindersterblichkeit groß. Sie giebt ihrem Kinde die Flasche oder streicht ihm ein Kindsmus mit dem Zeigefinger ins Mäulchen und legt es mit dem süddeutschen Schnuller, Schlozer, dem schlesischen Nätschel, Stoppel, zur Ruhe. In eine weite Leibbinde, süddeutsch Fätsche, auch die Arme und Füße eingebunden, liegt es da. Dann singt sie ihm ein Schlummerlied; hoch und stark setzt sie ein (am Brenner), zieht den Ton lang hin und läßt die Melodie sanft abfallen. Und mit ihren eintönigen Weisen von scheinbar oft so läppischem Inhalt kann sie dessen unbewußt noch ums Jahr 1900 in der niedrigen, dämmerigen Stube hehre Gestalten und Bilder von höchstem Alter und Ansehen aufleuchten lassen. Freilich das Grundmotiv der meisten Wiegenreime ist das nicht eben geistreiche von dem Schaf, das da draußen steht und die Ruhe der Menschen nicht ernstlicher beeinträchtigt. Und doch, wenn das Kind nicht einschläft, wird gedroht mit den schwarzen und den weißen, die woll'n mir's Kindchen beißen. Dann werden auch Vater und Mutter und andere Tiere in diesen Konflikt von Schaf und Kind einbezogen, und in manchen Liedern wird die ganze Tier- und Menschenwelt, der Garten, die Stube des Bauernhauses mit ihrem Engelsbild an der Wand um die Wiege hergezaubert. Ja in der Ferne zeigt die Mutter ihrem unruhigen Gaste die Herrlichkeit der nächsten Stadt. So singt sie im südlichen Schwarzwald, von wo aus man Rheinfelden und Basel in duftiger Ferne sieht:

Ritte, ritte solle, in Basel stoht 'n Chohle (ein Rappen),
In Rhîfelde (Rheinfelden) stoht 'ne golde Hûs, 's schaue drî Jungfere drûs.
Es hangt 'ne Engele an der Wand, 's hat 'ne Äpfle in der Hand.
Es kommt 'ne Mûs und pickt ihm drûs,

Es kommt 'ne Kue und luegt ihm zue,
Es komnt 'ne Gais und lasst 'ne Sch . . . u. s. w.

Derbes und Zartes wird ohne alle Zimperlichkeit zusammengefaßt. Aber es geht auch ohne Derbheit. So singt die Siebenbürgerin:

Schlôf, Hanzi, schlôf,
De Vigel (Vögel) sanjen em Hôf,
De Katze spennen af em Hiërt (Herd),
Te (Du) best mer tausend Gelde (Gulden) wert!

Ja über dem idyllischen Frieden des Bauernhauses wird auch der Himmel geöffnet mit seinem lieben Gott und seinen goldenen Sternen. Denn jener Liedesanfang Ritte, ritte solle, nimmt auch sofort einen anderen Fortgang mit den Worten:

Der lieb' Gott, Kindle, hol di
Uf einem goldene Schlitteli,
Das Väterle z' vorderst,
Das Müetterle z' hinderst,
Und's Kindl in die Mitte drî(n),
So fahren wir mittenand in den Himmel nî (hinein).

Aber das Merkwürdigste sind doch jene drei Jungfrauen oder Mareijeli, wie sie oft auch heißen, die aus dem goldenen Haus schauen. Denn in anderen durch einen großen Teil Deutschlands verbreiteten Schlummerliedern heißt's von ihnen weiter:

Ais (eine) windet Side,
's ander schnätzlet Chride (Kreide),
's dritt schnidet Haberstrau,
B'hüet mer Gott mîs Chindli au,

oder:

's dritt stot ann-der Wand,
Hett e Glöggli inn-der Hand;
Wenn das Glöggli schlot,
So si-mer (sind wir) alli dod,

Und wenn das Glöggli chlingled,
So si-mer alli im Himmel.

Diese Weise klingt ernsthafter, fast wie ein Gebet aus. Und es ist auch in der That von sehr ernsten Personen die Rede. Denn jene drei sind keine anderen als die altgermanischen Schicksalsjungfrauen, die sich auch mit Spinnen, Flechten, Schnitzeln, Schneiden und Zerreißen abgaben und in Bayern in vielen Sagen als die drei Schwestern oder Heilrätinnen Ainbet, Warbet und Wilbet noch bekannt sind. Nach dem Bischof Burkhard von Worms ums Jahr 1000 glaubte das Volk diese drei noch bei der Geburt eines Kindes anwesend und setzte ihnen Speis und Trank hin, gerade so wie die Griechen noch heute ihre Moiren oder Schicksalsfrauen bei der Geburt bewirten. Ahnungslos hat noch heute auch die deutsche Mutter an der Kinderwiege das Andenken an diese Gebieterinnen des Menschen-, insbesondere des Kinderlebens, bewahrt, aber auch noch daran, daß der liebe Gott des neuen Glaubens der ernsten Schicksalsfrauen des alten Glaubens Herr geworden ist, wie die eine Schlußzeile bezeugt.

Erweisen sich die obigen beißenden Schafe nicht bedrohlich genug, so wird im Kaiserstuhl bei Freiburg wohl die historisch berühmte Polizeiverordnung: Ruhe ist die erste Bürgerpflicht, in Reime gebracht, dem kleinen Erdenbürger vorgesungen und in einem schlesischen Schlummerlied sogar mit dem Tode gedroht, der in einem weißen Kittel an der Stange hänge. In oberpfälzischen Reimen scheint sich wieder noch etwas Altheidnisches zu regen:

Schweig stilla g'schwind, mâ loibes Kind!
Da (der) Wautzl (oder Waudl) kummt und nimmt de (dich) mit.
Schweig stilla g'schwind und halt dâ (dein) Maul,
Er is schon drâss'n mit sein Gaul!

Der wilde Sturmgott Wuotan, der am Nikolaustage und Weihnachtsabend mit seinem Schimmel vor so manches Haus kommt, die Kinder zu strafen oder zu belohnen, nähert sich auch der Wiege des unartigen Kindes, zumal wenn der Wind ums

Haus heult. Überhaupt schreckt man unartige Kinder mit den altheidnischen Gespenstern, dem Hakenmann, Frau Holle u. s. w.

Schön tröstet dagegen die nordfriesische Mutter am Winterabend:

Wol flaegen de Wûlken,
Wol saust de Wäjnt,
Wol staewen de Flôken (Flocken) *aemeraenk (durch einander),*
Schlôf nor, schlôf nor, me gûldig Käjnt!

Aus dem freundlichen Engelglauben gingen dann noch Lieder hervor, die mehr den Charakter von Abendgebeten tragen und auch von Erwachsenen zur eigenen Beruhigung verwendet werden, wie ein von den Franziskanern durch Deutschland, Holland und Dänemark verbreitetes Engelschutzlied. In den deutschen Sette communi der venezianischen Alpen hält es noch die alte Dreizahl der Engel fest, meist aber führt es 12—18 auf. Die älteste mir bekannte Form steht als Inschrift auf dem Grabstein Friedrichs mit der gebissenen Wange († 1319) in Meißen:

Ich will heint schlafen gehn,
Zwölf Engel sollen mit mir gehn,
Zween zu Häupten, zween zur Seiten, zween zu Füssen,
Zween, die mich decken, zween, die mich wecken,
Zween, die mich wîsen zu den himmlischen Paradîsen.

Diese nach Inhalt und Melodie in den verschiedenen Landschaften bald überraschend übereinstimmende, bald so verschiedene Poesie überträgt sich von der Wiege auf den Schoß der Mutter, die Kniee des Vaters, die Finger des Kinderhändchens. Unter diesen Reimen nehmen das „Backe, backe Kuchen“, das Reiterlied „Hopp, hopp, Reiterlein“ und „Dies ist der Daumen, der (der Zeigefinger) schüttelt Pflaumen“ u. s. w. mit seiner Neckerei und bethörendem Kitzel eine nationale Stellung ein. Immer und immer wieder hört das Kind dann auch so gern die rhythmische Nachbildung der Stimmen in der Natur, der Tier- und besonders der Vogelsprache. Der Buchfink z. B. singt zwischen Rhein und Ruhr: „Ci-ci-ci-cilia, sind die Kieschkes bau riip?“ (die Kirschlein bald reif?) So wird auch der Klang der

Glocken oder auch das Klappern des Mühlrads wieder erneuert. In die vielen kleinen Spiele mischen sich aber auch kleine Schmerzen, die durch Anblasen und besondere Heilsprüche beseitigt werden. Wenn das Zahnen namentlich die Paten erleichtern, so legt in der Altmark die Mutter ein Stück ihres Sonntagskleides über die Wiege und haucht ihrem Kinde dreimal in den Mund. Im Frankenland wird der endlich hervorbrechende Zahn dann wohl zur guten Vorbedeutung als Wölferl (Wolfszahn) begrüßt. Auch der Fingernägel des Kindes nimmt sich die Mutter an. Die zuerst gewachsenen schneidet sie nicht, sondern beißt sie ab, denn sonst wird das Kind diebisch, und wenn ihm früh ein Zahn wieder ausfällt, wirft sie ihn unter die Bettstatt oder in ein Mauseloch, mit dem Spruch z. B. in Schlesien: Mäusliich, geb dir e Beindl, gib mir e Steindl, oder schluckt ihn gar selber hinunter. Die Großmutter ist vielleicht noch die Einzige im Hause, die schöne Geschichten zu erzählen weiß, die „dem Kinde sind, was im Frühling den Blumen der Tau". Doch noch lieber horcht es nach der Straße hinaus und entwischt gern den Großeltern aus der Stube in den Garten, auf den Hof und die Dorfgasse. Aus der engen häuslichen Kindheit tritt es in die weitere Jugendgemeinschaft mit den Nachbarskindern, den Tieren, dem Leben auf der Dorfgasse und in Wiese, Feld und Wald. Und bei zunehmendem Wachstum in der größeren Freiheit zeigt sich auch sofort der Unterschied der Geschlechter.

2) Die Jugend.

Mit der Jugend hebt das selbständige, freie Spiel an. Dieses ist ihre Seele. Mit dem Kinde wird mehr gespielt, als daß es selber spielte, nun aber erwacht der sich selber lenkende und formgebende Spieltrieb der Knaben und Mädchen. Welch eine reiche Welt hat er sich auf dem Lande geschaffen für sich und die Stadt, die auf diesem Gebiet kaum eigenes hervorgebracht hat! Die Spiele, die Schelmenstreiche der Jugend auf Sandhaufen, dem Bauplatz, oder in der Entenpfütze, dem Bach machen das stille Dorf erst lebendig.

Die wichtigsten Spiele werden von einer Gemeinschaft ausgeführt, die schon ziemlich bald entweder die Knaben oder die Mädchen ausscheidet. Denn nicht nur in den Liebhabereien und Arbeiten, sondern in der ganzen Lebensführung und so auch im Spiel macht sich nun der Gegensatz der beiden Geschlechter mit jedem Jahre stärker geltend.

Die häufigsten sind Jahreszeitsspiele, sie kehren in gleicher Reihenfolge wieder und lösen sich wie nach stiller Verabredung ab. Bald nach Neujahr beginnt überall das Marmel-, Schusser-, Klickerspiel, dann folgt das Klappern mit Brettern, wohl nicht so allgemein, aber doch in Basel wie in Bremen, dann auf trockenerem Boden wird Ball geschlagen, am Bach die Weidenpfeife geschnitten. Der Sommer erheischt manche ernste Beschäftigung. Im Herbste steigen die Papierdrachen, der Winter bringt Schneeballkämpfe, Schlittenfahrten, Schlittschuhläufe oder wenigstens das „Glitschen, Schleifen, Glennern, Zuscheln“. Merkwürdig, wie nun die Jugend Rhythmus und Takt, Melodie und Poesie von der Wiege, aus der Kinderstube auch auf sein freieres Straßenleben überträgt! Eine der frühesten und beliebtesten Hauptgattungen des Spiels, an der namentlich die Mädchen besonders treu hangen, das Reigenspiel, zeigt die ausgelassene Bewegung durch Linie und Takt und Wort und Ton schön gemäßigt. Aus dem gebundenen Reigenspiel entwickelt sich aber das ungebundene Laufspiel, das vorzugsweise die Knaben an sich gebracht haben, und da sich nun auch deren Arme nach Thaten sehnen, so geht daraus das häufig mit dem Laufspiel verbundene Wurfspiel hervor. Die eigentlichen Kampfspiele wie das Ringen und Schwingen u. s. w. und die bewegteren kunstvolleren Tänze, fallen dann schon zum größten Teil den Erwachsenen zu.

Nicht bloß nach der Form, sondern auch nach Zweck und Inhalt unterscheiden sich diese Bewegungsspiele weit voneinander. Im Reigenspiel pflegt die Bewegung Selbstzweck zu sein, in den anderen sucht vor allem der Wetteifer, die Sportlust, Befriedigung, und bestimmt darnach den Gang des Spiels. Aber oft haben die Spieler außerdem noch etwas Absonderliches im Sinne. Man legt dem Spiel einen märchenhaften Vorgang oder einen aus dem wirklichen Leben, sei's der Tiere, sei's der Menschen, zu Grunde, oder man sucht durch das Spiel irgend einen Vorteil zu erzielen.

Viele Spiele haben ihre Ouverture, die mit großer Spannung von den Teilnehmern begleitet wird, das ist das Abzählen. Auch dieses wird in den Rhythmus eines Verses gebracht, der von höchst merkwürdigen Abenteuern zu erzählen pflegt, etwa von der fabelhaften Reise einer kleinen weißen Bohne nach dem zugeschlossenen Engelland oder von der Prügelei von sieben Katzen mit einem blanken Hammer in einer dunklen Kammer. Manche Knabenspiele, wie z. B. das Schlagballspiel, bei dem es sehr auf die gerechte Verteilung der Kräfte ankommt, wird durch eigentümliche strenge Weisen der Auslosung eingeleitet.

Voll von altmythischen Klängen sind namentlich die Reigenspiele. Unter den Ringelreigen mit Niederhocken oder Knien ruft z. B. der Reigen in Preßburg beim Regen:

Liabi Frau, machs Türl auf,
Lass die liabi Sunn herauf,
Lass in (= den) Regen drîna,
Lass in Schnee verbrîna.
D' Engarln sitzen hintern Brunn,
Wart'n auf die liabi Sunn'.

Kommt sie hervor, so fällt der tanzende Kinderkreis nieder und singt:

Sunn, Sunn kommt,
D' Engarln fall'n in'n Brunn.

Fast klingt es wie ein altes, unter feierlichen Bewegungen vorgetragenes Gebet zu einer himmlischen Frau um Sonnenschein. Der Sommergewinn wird noch gefeiert in der Pfalz mit dem Lied: So treiben wir den Winter aus, dessen Wort und Weise wir schon aus dem 16. Jahrhundert kennen, oder mit dem Odenwälder Lied:

Stab aus! Stab aus! Dem Winter geh'n die Augen aus!
Die Feilen und die Blumen,
Die bringen uns den Summer.
Horio, der Summer der is do!

Der Sommer wird ferner begrüßt durch einen Ringelreigen, „Ringel ringel Rosenkranz“, dessen Teilnehmerinnen sich nach und nach alle nach außen kehren, ein anderer Reigen wie der „Blaue, blaue Fingerhut“, umkreist die Allerschönste, die förmlich umworben wird, ein dritter ist ein Hochzeitsreigen, ein vierter löst seinen Kreis auf, wenn die in seiner Mitte vermauerte Königstochter plötzlich ausbricht und den Mitspielenden nachläuft. Alle diese Reigen gehen in einer Durmelodie, die meist im geraden Takt anfangs auf der Quint verweilt und zum Schluß in die Terz hinabsinkt, oder zur Quint aufsteigt, oder vom Grundton bis zur Unterquart hinabfällt, Typen der mittelalterlichen Volksreigen. Seiner mythischen Färbung nach gehört in diesen Kreis das durch ganz Deutschland verbreitete Brückenspiel. Zwei Kinder, die sich bei den Händen fassen, bilden mit ihren hochgehaltenen Armen eine Pforte, durch die die anderen, sich hintereinander festhaltend und gebückt, hindurchschlüpfen unter dem Liede:

Haal up de Brugg,
Haal dal (nieder) de Brugg,
Den lesten wöt wi (wollen wir) fangen,
De blift darin behangen

und so wird der letzte durch die beiden Pförtner festgehalten und befragt, zu welcher Partei er gehören wolle, zum Himmel oder zur Hölle, zu Engel oder Teufel, Sonne oder Mond u. s. w. Nach einer Antwort stellt er sich hinter den einen oder den anderen Pförtner, bis alle gefangen zwei Ketten bilden und die eine Kette die andere zu sich herüberzuziehen sucht. Der überwundene Pförtner muß schließlich unter den Tageln (mit einem Knoten versehenen Stricken oder Taschentüchern) der Sieger Spießruten laufen. Die Brücke ins Jenseits, die der Christenglaube nicht kennt, stammt hier wie auch im Volkslied aus dem germanischen Heidentum. Schöpft dieses Spiel aus altem Mythus, so ein anderes, bereits mehr laufspielartiges aus der Wirklichkeit. Umkreist in Siebenbürgen ein Hühnerhabicht des Nachbarn Hof, so stürmen ihm die Kinder durch das erschreckte Hühnervolk hindurch mit dem lauten Drohlied entgegen:

„Hienevogel drê dich erám (herum),
Drê dich iwer de Grôwen (über den Graben),
Dat dich de Hånjd (Hunde) zeknôgen“

u. s. w. Und schon fliegt er kreischend davon. Das ist die Wirklichkeit, aus der man aber z. B. in Mähren und in der Eifel ein kleines Kinderdrama mit Dialog und aufgeregter Handlung gemacht hat. Ein Kind stellt darin den gierig zufahrenden Hühnergeier, ein anderes den ritterlich verteidigenden Hahn und die übrigen, die sich hinter dem Hahn aneinanderreihen, die ängstlichen ungeschickten Hennen dar.

Im Laufspiel tritt naturgemäß der Gesang zurück. Einzeln jagt der Knabe hinter seinem Reifen her, im Ostereierlauf, im bayerischen Oarklauben, rennt er mit einem anderen um die Wette. Die Laufspiele entwickeln sich leicht zu Fang-, Hasche-, Jagd- und Räuberspielen. Die Verfolgten flüchten dabei oft unter seltsamen Freirufen zu Freistätten von seltsamen Namen. Eins der hübschesten ist das weit beliebte, das bei Bremen dritter Abschlag heißt und mit dem Rufe beginnt: Eins, zwei, drei, das letzte Paar herbei!, in Steiermark altertümlicher als Gansrennen zu Ostern auf dem Osteranger aufgeführt wird und mit dem Rufe beginnt: „Kikeriki, 's hintere Parl herfü!“ Es ist hier schon aus den Jahren 1640—1645 bezeugt. Abarten sind die Springspiele, z. B. das in der Eifel wie in Bremen beliebte Springen des letzten einer Reihe über die gebückt vor ihm stehenden Vorgänger, an deren Spitze er sich dann stellt, sich ebenfalls bückend, nachdem er über alle, und mögen sie noch so hoch sein, mit dem Ruf: „Buck, stå faste!“ (Bock, steh fest) kühn hinweggesprungen ist. Eine andere Abart ist das Hinkspiel, schleswig-holsteinisch „Hinkelpot, Hinkebahn“, bremisch „Hinkepink“, badisch „Glockespiel“, „Hopsiglock“, elsässisch „Kirchenfensterlis“, indem man in eins der einzelnen Felder der nachfolgenden, auf die Erde gezeichneten Figur nach dem anderen flache Steine wirft, die man mit hüpfendem Fuße wieder hinausstoßen muß, ohne auf die Striche der Zeichnung zu treten. In Baden heißen die einzelnen Felder Laterne, Herz, Ruhe und Himmel.

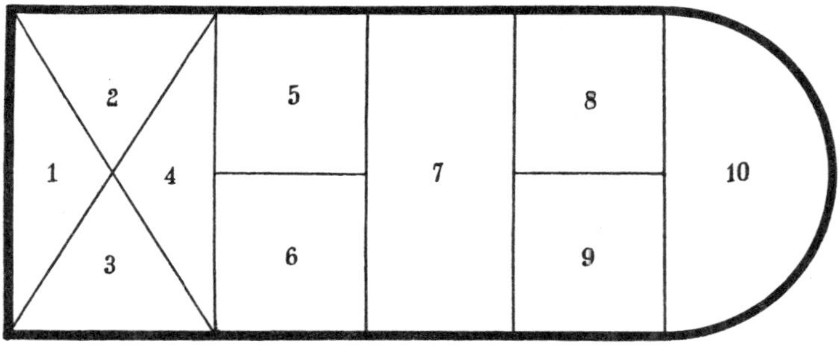

Fig. 17.

Mit dem Laufspiel sind die *Wurfspiele* eng verbunden. Sie beginnen mit einfacheren Übungen: Der Knabe schnellt in ganz Deutschland gern flache Steine über eine Wasserfläche, daß sie in großen Sprüngen darüber hinhüpfen. Das heißt niederländisch *titsen*, norderditmarsisch *püttjern*, bremisch *scheeren* oder *schirken*, aber der süddeutsche Ausdruck verrät noch den alten Nixenglauben: mit dem scharfen Steinchen *löst* oder *neckt man Wassermännchen* oder *Wasserjungfern* und *Bräutle*. Überall in Stadt und Land spielen die Buben im Vorfrühling mit *Marmeln*. Derber und ebenfalls weit verbreitet, vom Brenner bis zu den nordfriesischen Inseln, ist das Werfen von Steinen nach einem anderen Stein, der wiederum auf einem größeren Stein steht. Der Zielstein heißt im Süden *Bock*, im Norden *Kaak* d. i. Pranger, das ganze Spiel holsteinisch *Kaak up*, bremisch *Kaak af* (is). Gelingt's den *Hunden* (den Werfern) nicht, das Böckchen herabzuwerfen, so holen sie ihre Steine wieder zurück. Gelingt es aber, so muß der Aufsteller rasch den Bock wieder aufsetzen und danach, während dieser seinen geworfenen Stein wiederholt, zu greifen suchen. Wird dieser gegriffen, so muß er aufstellen. Den vornehmsten Platz unter den Wurfspielen nehmen aber die *Ballspiele* ein, namentlich der *Schlag-*, *Klopf-* oder *Klobball*, in Basel der „*zwaibarige Balle*“, der am liebsten an einem heiteren Frühlingstag, wenn die Wiesen abtrocknen, geschlagen wird. So der westfälische „*Osterball*“. Von der Altmark bis nach Thüringen schlagen Kinder am Ostertag oder vierzehn Tage früher, am Sonntag Judica, den von jungen Eheleuten aus ihrem Hause geworfenen Brautball so lange, bis er entzwei ist. Noch früher, am S. Peterstag, dem 22. Februar, warf die Schuljugend bis vor kurzem in der Drentheschen Gemeinde Oosterhesselen unter Gesang den Sint Pietersbal in die Wohnung junger Eheleute, die einige Centen zur Grabbel hinauswarfen und die darum sich Balgenden mit kaltem Wasser begossen.

Ein gemeingermanisches Wurfspiel scheint das alemannische Hurnausspiel, Hurnussen oder Wett-Hurnusset gewesen zu sein, das in der Baar, im Elsaß und im Kanton Bern mehr von Erwachsenen zweier Gemeinden unter Zulauf von alt und jung im Frühjahr und Herbst geübt wird oder wenigstens noch vor kurzem geübt wurde. Die eine Partei schlägt mit einem schlanken Stecken oft 50 — 70 Fuß hoch und zuweilen 600 bis 800 Fuß weit eine kleine Scheibe, von ihrem brummenden Ton Hornisse genannt, welche die andere Partei mit großen Holzschaufeln innerhalb einer gewissen Grenze aufzufangen und abzuthun hat. Das Spiel ist nahe verwandt dem jetzt so beliebten englischen Lawntennis mit seinem Racket und wahrscheinlich dem altnordischen *Sköfuleikr* oder Schaufelspiel. Die Ditmarschen haben noch mehrere dieser kraftvollen Spiele bewahrt, so das Wettbosseln ganzer Kirchspiele gegeneinander, mit einem $^3/_4$ Pfund schweren Ball über die gefrorene Erde hin. Doch auch die Bayern kennen das Eisschießen mit den beiden Parteiführern, dem Eng- und dem Weitmaier.

Auch im Wurfspiel ist oft in das Motiv der Wettübung ein anderes verwoben: das der Nachahmung des Thuns und Treibens der Erwachsenen. Wie mächtig dies auf das Spiel der Jugend einwirkt, liegt oft zu Tage, zuweilen ist es verborgener. So in der aussterbenden Heugeiß, einem fröhlichen Wiesenspiel des Südwestens. Die eine Partei stellt einen mit drei Beinen versehenen Holzklotz, die Geiß, auf und schützt ihn durch einen Zaun von Spitzstäben, Spiekern, die sie in die Erde geschleudert hat. Die andere Partei sucht den Zaun mit ihren Stäben umzuwerfen, und trifft einer von ihnen die Geiß, so läuft er möglichst weit fort, bis die besiegte Partei ihn einholt. Ihrer einer muß ihn dann auf dem Rücken zum Spielplatz zurücktragen. Das ist eine freie Nachahmung des Wettmähens der Schnitter, die sich bemühen, die Heugeiß im letzten Büschel Gras der Wiese zu treffen. Denn nach alter Anschauung läuft bei Wind eine dämonische Geiß durch das wogende Gras, die bei dessen Niedermähen immer lahmer wird, ja das eine Bein verliert, und schließlich im letzten Büschel getroffen und getötet wird. Ist das Zickwerfen der lüneburgischen Ochsenjungen damit verwandt?

Im Kanton Zug und in anderen bilden neben den Schützengesellschaften der Erwachsenen die Schulknaben organisierte Armbrustschützenvereine.

Noch fehlen die **Kampfspiele**, die übrigens durchweg von Erwachsenen betrieben werden, am eifrigsten in den Alpenländern, in der Schweiz und Tirol. Dort sind namentlich die Ring- und Schwingfeste bekannt in Appenzell und im Berner Oberland. Hier fahren z. B. die Burschen aus Wörgl, mit den weißen Birkhahnfedern auf dem breitschattigen Hut und dem silbernen Schlagring an der Faust, unter trutzigen Spottliedern auf einem Leiterwagen nach Zell zum Kirchtag. Denn da giebt's etwa zu raufen, wie auch auf dem Hainzenberg im Zillerthal oder auf der Hohen Salve. Die verschiedenen Arten: das Hangkeln, das Rangkeln, das Stieren, das Hufen oder Hüefen, die übrigens im Ringkampf ineinander übergehen, der Hosenlupf oder das Hosenrecken verschwinden. Aber zum Raufen wird noch der Stoß- oder Schlagring mit seinem Stahlknopf und eingeprägten Kreuz oder Bildnis des heiligen Anton und Benedikt, sogar mit eingefügten Sensensplittern gebraucht.

A Büchserl zum Schiessen,
An Schlagring zum Schlagen,
A Dierndl zum Gernhabn
Muss a frischer Bua habn.

Oft dauert der Wechselgesang beißender vierzeiliger Spottlieder halbe Stunden lang, bis die beiden Gegner warm sind und einander anfliegen.

Neben diesen öffentlichen Spielen im Freien leben auch manche stillere Hausspiele und manche unmittelbar mit der Natur beschäftigte Spiele fort. Wie zuversichtlich springen die Knaben und Mädchen in den Mairegen hinein, um zu wachsen, und wie fühlt sich namentlich der Knabe den Tieren gegenüber als Herr der Schöpfung! Aber mag er den Maikäfer, den Schmetterling, die Grille, die Schnecke noch so grausam behandeln, seine an sie gerichteten Wünsche und Befehle, Verheißungen und Drohungen drückt er in artigen Reimen aus. Am stolzesten benimmt er sich beim Weidenpfeifen-, Maipfeifen-, Hubenmachen, wenn er im Frühling, wo der Saft in den Weidenbusch steigt, am Bach- oder Waldrande maiet, wie man in Holstein und in Kärnten sagt d. h. mit dem Messerstiel taktmäßig den grünen Zweig klopft. Dazu singt der kärntner Bube im Lesachthal:

Pfeifel, Pfeifel, ich mai' dich,
Oder ich zerschneide dich,
Werfe dich aufs Scheunendach,
Dass du fällst in den blauen Bach,
Der trägt dich hin nach Rom,
Kommst nimmer wieder hom (heim)!

In schwerer Sorge über das Gelingen seines ersten höheren Kunstwerkes bedroht er es in zahllosen Bastlösereimen mit der alten Hexe, die ihm den Kopf abschneiden, oder dem fetten Schwein, das es holen wird; oder er selber wird es in Kot und Schnee und Wasser werfen oder köpfen.

Die Spielzeit wird vielen Kindern höchst unliebsam unterbrochen durch den **Schulunterricht**. Die meisten Kinder freuen sich auf den ersten Schulgang, zu dem die Paten sie mit Zuckertüten stärken. Aber bald kommen die Schulsorgen, und auch vielen Eltern dauert der Schulbesuch zu lange, weil sie die Hilfe des Sohnes und der Tochter bei der Arbeit ungern entbehren. Und in schwachbevölkerten Gebirgsgegenden ist der Schulgang nicht nur beschwerlich, sondern im Winter auch oft gefährlich. Vom Kandel, dem Schwarzwälder Blocksberg, nach St. Peter bei Freiburg mußten die vierzehn Kinder des alten Kandelhauses, wie sie nacheinander aufwuchsen, etwa zwei Stunden durch Schnee zum Unterricht wandern und dann in der Dämmerung bergan zurück. Zuweilen muß der Bauer mit seinen Knechten den Bahnschlitten bergab schleppen durch Schluchten und Thäler, und die kleinen Mädle und Buben zotteln in ihrem blauen Zwilchzeug hinterdrein. Aber die Schulranzen sind auch wohl im Kinzigthal vom Schreiner zu derben Kisten verarbeitet, auf denen man wie auf den besten Schlitten jauchzend heimfährt. Und so giebt's unterwegs manchen Zeitvertreib, aber eigentliche Schulfeste, abgesehen von Kaisers Geburtstag und der Schülerentlassung, selten. Aber um so stärker weiß sich die Jugend in den Dorffesten geltend zu machen, ja sie hat den Erwachsenen ein gut Teil derselben entrissen. Auch haben sich ein paar Erinnerungen ans fröhliche Hirtenleben noch im Ernst des Schullebens kümmerlich erhalten. Am ersten Mai, dem Tage des festlichen Viehaustriebs, schrieben noch vor kurzem die deutschen Schulkinder in Galizien auf die Tafel:

Heute ist der erste Mai,
Alle Schüler bitten frei,

löschten aber, bevor der Lehrer hineinkam, die Verse kleinmütig aus. Wie der zuerst auf die Pfingstweide kommende Pferdejunge, so hieß in Westfalen auch das am Thomastag (21. Dezember) zuerst die Schulstube betretende Kind Däwestrüch, Taustrauch, das letzte hieß Domesel, Thomasesel. Im Wiesenthal will jedes Kind am Sylvestertag zuerst aus dem Bett und keins das letzte in der Schulstube sein. Darum stürzen sie Hals über Kopf hinein, der erste Eindringling heißt Fallelupfer, Riegelheber, der nächste Türligiger, der die Thür wie eine Geige schreien macht, sie weiter aufwirft, der letzte Ankömmling wird als Sylvester ausgelacht. Aus dem Hirtenleben übernommen scheint auch das abgängige Gregorifest am 12. März, dem Tage Gregors des Großen, des Schutzpatrons der mittelalterlichen Schule. Mit einem Ausflug oder Bettelumgang, mit Maskerade und Tanz feiern es die Kinder wie ein frühes Frühlingsfest. Gregoribretzeln werden noch z. B. in Gengenbach ausgeteilt, aber erst nach der Osterprüfung, nach der in vielen badischen Orten große

Prüfungswecken oder **-bretzeln** auf Gemeindekosten gespendet werden. Übrigens fehlt es der Schule nicht an gemeinsamen Ausflügen mit Trommeln und Pfeifen.

Feierlich gestaltet sich **die erste Kommunion** und die **Konfirmation**, durch die die Schulentlassung erst ihre Weihe erhält. Aus dem nahen, aber auch wohl aus dem meilenweit entfernten Walde schleppen zuvor die Knaben über Berg und Thal Bäume herbei und die Mädchen winden Kränze, um die Kirche für ihr Fest zu schmücken. Am Morgen des Weißen Sonntags versammeln sich die Erstkommunikanten in der Schule, die Mädchen in blauen oder weißen Kleidern mit einem Kranz auf dem Kopf oder auch zum erstenmal in voller Volkstracht, die Knaben in schwarzer Kleidung mit Hüten und Sträußchen an der Brust, alle tragen in der Hand verzierte Kerzen oder Wachsstöcke. Der Geistliche holt sie mit Kreuz und Fahne ab, und so ziehen sie in das Gotteshaus und nehmen die erste Kommunion. Es ist ein Freudenfest der Kirche. Darum reiches Mittagessen mit Paten und Freunden, nach dem Nachmittagsgottesdienst Verteilung der Kommunionsbilder, Gang zum Grabe der Angehörigen, auch wohl gemeinsamer Ausflug mit Pfarrer und Lehrer nach einer benachbarten Kapelle und fröhliches Zusammensein, eine kleine Hochzeit, bis gen Abend in einer Wirtschaft oder im Eltern- oder Patenhaus. Gar mancher Bube kostet bei dieser Vesper zum erstenmale Wein und raucht seine erste offizielle Cigarre. Auch der in geschmückter Kirche gefeierten protestantischen Konfirmation folgt der Gräberschmuck der Nächsten in Thüringen und am Nachmittag vielerorts das gesellige Beisammensein mit den Eltern, Gevattern, Verwandten und Konfirmierten, auch wohl mit Pfarrer und Lehrer. Der bei der Feier vom Pfarrer empfangene Denkspruch wird meist eingerahmt und dient später in der Regel oft sehr wirkungsvoll als Hochzeits- und dann wohl noch als Begräbnistext. Die Frage: Was bringt die Schuljugend aus dem Schul- und Kirchenunterricht mit ins Leben? hat die Volkskunde bisher kaum aufgeworfen, nur einzelne Landgeistliche eingehender zu beantworten versucht. Schafft er eine wirkliche dauernde Grundlage des zukünftigen Lebens, oder bilden Schule und Kirche nur Episoden darin?

Schule und Kirche haben die Jugend bis dahin in der Regel lange nicht so sehr in Anspruch genommen als Haus und Hof, Straße und Feld und Wald, die Pflanzen- und die Tierwelt, überhaupt die Natur. Sie macht die Kinder stark und groß und giebt ihnen Nahrung und Freude, aber auch früh mannigfache Arbeit. Der Wald lockt zum Vogelfang und zum Blumen-, Kräuter- und Beerensammeln, zum Krûte hinaus. Bis vier Stunden weit wandern sie bei Tagesanbruch mit Töpfen und Ruckkörben, mit Milch, Kaffee, Brot und Most versehen, brechen Heidelbeeren bis zum Abend und verkaufen sie am anderen Tag für 60 Pfennige bis 2 Mark. Aber nicht immer ist das Suchen ergiebig, es wird auch über Tag zu viel davon in den eigenen Mund gesteckt, dann kommt die Müdigkeit und die Abenddämmerung, in der das Beerenmännlein sich regt. Und sie singen im Schwarzwald:

Holla, holla, reera:
Mer (wir) kumme us d' Beere,
's Beeremannli isch zue 'nis (uns) kumme,
Hätt' is (uns) Beerli alli g'numme,
's Schüssli leer und 's Blättli leer,
Wenn mer nu daheime wär'!

Dennoch sind sie unverzagt, ein dreimaliges Juchhei! schließt ihr Lied. Den vollsten Zauber dieser Kinderwaldpoesie hat Gotthelf über sein Erdbeer-Mareili ausgegossen. Wollen die Buben Obst stehlen, befragen sie erst ein Orakel. Sie pressen den Halm einer Schmiele oder eines Taumellolchs zwischen die Finger mit dem Spruch: „Schmäle, Schmäle, sei so guet" u. s. w. Auf welcher Seite oben der Tropfen ausbricht, da steht der „Bannwart" (Feldhüter), und die Buben springen der anderen Seite zu. Ehrenvoller und mühsamer ist das Reisig- und Holzlesen auf den abschüssigen Wegen, auch die Stallarbeit und das „Mennen", das Leiten der Ochsen beim Pflügen, das der „Mennebue" besorgen muß. Aber das wichtigste Amt der Jugend, namentlich der männlichen, ist doch das **Hirtenamt**, das jetzt freilich fast ganz auf die Gebirge und Heiden zurückgedrängt ist und auch hier zum Teil nur von Erwachsenen verwaltet wird. Karls des Großen berühmtes *Capitulare de villis* kennt weder die Alpensommerung der Rinder, noch die freie Weide der niedersächsischen Mark, und in der Frankfurter Gegend ist schon im dreizehnten Jahrhundert die Stallfütterung nachweisbar. Sie ist auch für die meisten Wirtschaften die bequemere und vorteilhaftere Art der Viehzucht. Die Aufteilung der Almenden und Marken und die Beseitigung des Flurzwanges und endlich die Einführung oder strengere Durchführung der Schulpflicht haben dann dem Hirtenleben empfindlichen Abbruch gethan. Es besteht nur noch in den Alpen und den höchsten Lagen der Vogesen, des Schwarzwaldes und des Riesengebirges, viel verkümmerter in den übrigen Mittelgebirgen und den norddeutschen Heiden. Die viehreiche Weide Norddeutschlands bedarf auch nachts keiner Aufsicht, Gräben oder Hecken schaffen ihr genügende Sicherheit. Welch ein Gegensatz zwischen dem Rinde Schleswig-Holsteins, das nach altem klugen und sparsamen Brauch getüdert d. h. an einen Pflock mit einem Strick so lange angebunden bleibt, bis es seinen Weidekreis abgefressen hat, um dann auf einem anderen Stück angepflöckt zu werden, und der Alpenherde, die im Frühjahr ihre Weide auf den 4000 Fuß hohen Voralpen, den Vor- oder Maiensäßen, beginnt und im Sommer auf den bis 6000 Fuß reichenden, in zwei bis drei Staffeln oder Lägern abgeteilten Kuhalpen fortsetzt, während das Schmal- und Jungvieh sogar bis 8000 Fuß hinauf die Hochalpen abgrast! Die Schafe gehen zum Schlafen auf die höchsten Spitzen und Schneiden der kühleren Luft wegen. Alle in voller Freiheit und ebenfalls nach alter Satzung, denn schon vom vierzehnten und fünfzehnten Jahrhundert an ist die Form der Alpenwirtschaft stabil geblieben! Und weit älter mögen ihre Alpenordnungen sein, denn das Hirtentum, das in der ältesten Zeit der erste Beruf unserer Vorfahren war, ist bis heute der sicherste Schrein ältester Volkssitte, aus dem an dieser Stelle einige Bräuche der Hirtenjugend vorgezeigt werden mögen.

Mancher Junge kennt, ehe er noch die Buchstaben des Alphabets gelernt hat, bereits die Namen aller Tiere seines Dorfes. Denn nicht nur die Pferde und Hunde, sondern auch die Rinder haben ihren Eigennamen, den in Bayern das Kalb erhält, wenn es von der Kuh abgenommen wird. Da werden die Ochsen nach ihrem Geburtstag: Montag u. s. w. oder nach ihrem Geburtsmonat, dem Hornung (Februar), dem März, dem Laubmonat (April) und dem Lustmonat (Mai), Horni, Merzi, Laubi und Lusti genannt. Drum sagt abends der müde Bauer bei Hebel:

Ich fahr jez heim mit Egg und Pflug,
Der Laubi meint scho lang, 's seig g'nug.

Dem Füllen legt man in der Schweiz den Namen des gleichzeitig geborenen Knaben bei: Fritze, Niggel, und es gehört nun dem Büblein zu späterer Aufsicht und Pflege, die Stute oder junge Kuh heißen nach einem neugetauften Töchterlein: Stini, Lisi. Andere bekommen ihren Namen von Farbe und Gestalt. Gemeindeutsch ist z. B. Blässe oder Blassl ein Tier mit weißem Maul oder Stirnflecken. *Hott umme, Schägg, de Blüem ist Heer!* rufen sie um Aarau d. h.: Weg du Schwarzundweißgefleckter, der Schwarze mit weißen Füßen und weißem Rückenstreifen ist Meister. Der gilt mehr als du! Dazu die Obershasler Kuhnamen: Brämi, Dunkelbraune, Rämi, Braune, Albe, Gelbliche, Rote und Falbe, Glîche, Einfarbige, dann das Kränzli, mit dem krausen Haarschopf zwischen den Hörnern, das Schnäpfli, das die Füße nachschleppt, und Schliffer, der Schlüpfer, und Häggi, die mit zurückgebogenen Hörnern. Schön sind auch die oberdeutschen: Ziara, Zieri, die Zierliche, Hirschal, das Hirschlein, Weithör'l, die Weithörnige. Ihre inneren Eigenschaften kommen in den Namen Stolzi, Lindi zum Vorschein. Auch die Ziege Buttermaula in Tirol darf hier nicht vergessen werden. In Westfalen begegnet man der Goldblume, der Bunte Lêve (Liebe), dem Buntkopp, der Kohlhenne, im Bremischen früher der Hüfke, dem Häubchen, was eine Kuh mit weißer Stirn und zugleich eine junge Frau bedeutet. Bis zu den Schweinen steigt diese persönliche trauliche Benennungsweise hinab. Überhaupt ist diese Tierumgangssprache reich entwickelt. In Kärnthen z. B. ruft man den Ziegen: *Tschâ, pschâ,* den Schafen: *Wudile, tschap, tschap,* den Kühen: *Pschô, tschô,* um anderer Tiere zu geschweigen. Aber die Ochsen werden ehrerbietiger mit ihrem Namen ohne solchen plebejischen Lockruf mit *mei Helm! mei Gört!* aufgefordert. Die Befehle zum Stillstehen oder Trinken, das ganze Thun und Treiben, insbesondere das Schreien, Gebären und Sterben der einzelnen Tierarten haben ihre eigenen Ausdrücke. Achten wir noch auf die eigenartigen Hirtenrufe bis zum Jodeln hinauf, so gleicht die Hirtensprache inmitten der Wörterwelt unserer Gesamtsprache einer taufrischen Wiesenlandschaft.

Über dem Leben der Hirten schwebt noch immer ein lichter Schein, aber es fallen auch tiefe Schlagschatten darüber. Die Hirtenbuben sind in vielen Gegenden meist arme und noch dazu fremde Kinder aus Nachbarörtern oder weither. Noch gegenwärtig wandern Hunderte von sogen. Schwabenlandskindern oder Oberländer Kindern aus dem armen Oberinnthal, dem Vintschgau und Vorarlberg, schulpflichtige Knaben und Mädchen, im März, ja um der besten Plätze willen schon im Februar nach Oberschwaben, um sich hier als Hirten oder Kindsmägde zu verdingen. Um einen Alten oder eine Alte geschart, mit Leinzeug, Ziegenkäs und Haferbrot auf dem Rücken, stellen sie sich am Josephitag (19. März) in Ravensburg oder auch in Kempten und Tettnang zur Schau aus, wo sie die Bauern um 20—30 Mark und einen doppelten Anzug für den Sommer bis Ende Oktober mieten. Einzelne Bauern schicken sie in Kirche und Sonntagsschule, die meisten nähren sie gut; aber gar manche Buben verkommen in der rauhen und rohen Behandlung der Knechte und Mägde leiblich und sittlich und gewöhnen sich ans Vagabundentum und an Schlimmeres. Im November kehren sie heim. Aber auch, wo Tagelöhnerkindern aus dem Orte das Hüten übertragen wird, ist ihre Lage nicht selten schwierig und bedenklich. Von den badischen Schulkreisen haben noch einige, die in den hohen Schwarzwald hinaufreichen, in den sog. Hirtenschulen zu Gunsten der Hirten einen eigenartigen Sommerunterricht, und doch entstehen gerade wegen dieser Knaben noch oft Streitigkeiten zwischen den Bauern und der Obrigkeit. Um vier Uhr morgens stehen diese Buben auf, helfen in Stall und Küche beim Wassertragen, Füttern, Anspannen und Auskehren bis fünf oder sechs, nehmen ihre Suppe und fahren aus mit ihrem Vieh. Während des Hütens müssen sie ihre Schulaufgaben machen und zwischen zehn und elf Uhr, wo es dem Vieh draußen zu heiß wird, wieder einfahren. Nach dem Mittagsessen besuchen sie zwei Stunden die Schule, während deren mancher beim Einmaleins einnickt. Dann fahren sie zum zweitenmale aus, um abends zum zweitenmale mit ihrer Herde heimzukehren. Ein mühseliges, sommerlanges Tagewerk, das durch Nebel, Sturm und Regen oder Hitze und die Unarten der Tiere, das Bisen, das tolle Rennen der Kühe mit emporgehobenem Schwanz, und das verwegene Verlaufen der Geißen oft sehr erschwert wird! Aber es giebt doch manche stille, schattige Ruhepause droben am Waldrand, übers mitgenommene Schulbuch hinweg erfreut sich das Auge am Gewächs und Getier, und erquicklich ist die Freiheit hoch über den Thalwohnungen der Menschen, zumal wenn ein Feuer mit Erdäpfeln auf der Weide emporlodert.

An die alte Hirtenherrlichkeit, als die Gemeinweide sich noch weit ausdehnte und noch die Brach- und Stoppelweide der Dorfflur hinzukam, Wonne und Weide d. h. Wald- und Feldweide reichlich vorhanden war, als viele Hirtenbuben, noch unbeengt vom Schulzwang, mit ihren Herden im Freien oder in Hütten nächtigten und den ganzen Sommer draußen blieben, erinnern noch manche Flur- und Mattennamen, wie Schweige, Schweigmatt, Schweighof d. i. Herdenhof, Kuh- und Gustläger d. i. Jungviehlager, Nachtweid und Bergstelli, Kuhruhe, Weilruhe, wo unter Bäumen das Vieh in der Mittagshitze eingestellt wurde, während die Hüter underten, ihren Mittagsschlaf hielten. Damals, noch etwa ums Jahr 1800, hatten z. B. in der schwäbischen Baar die Roßbuben einen förmlichen, ständischen Staat, der über die Übertreter seiner Satzungen Strafen verhängte, mit den benachbarten Hirtengenossenschaften Krieg führte und dessen Mitglieder oft auf ungesattelten Pferden nächtliche Raubzüge zu entfernten Bauerhöfen unternahmen, wie sie Lucian Reich in seinem Hieronymus trefflich geschildert hat. Weniger entwickelt war die Verfassung der Ochsenhirten im Lüneburgischen. Sie handhabte der erste Heerjunge (d. i Herrjunge), der stärkste, der einige Wochen vor Pfingsten in einem Wettringen alle anderen besiegt hatte. Man lagerte unter ein paar dicken Weidenbäumen, an denen die Ranzen hingen, um einen Spring (Quell), in dem ein hölzernes Trinkgefäß zu jedermanns Gebrauch lag. Wurfspiele mit ihren Hirtenkeulen und Messerspiele, genau dieselben, die noch die Hirten am Brenner treiben, füllten ihre Muße.

Die Weidezeit reicht in der Regel vom 23. April, dem Georgitag, oder vom 1. Mai bis zum Michaelis- oder Gallustage (15. Okt.) oder gar bis zu Allerheiligen (1. Nov.). Nahte sie, so fanden und finden noch allerlei Reinigungsbräuche mit Besen, Feuer und Wasser statt, mit denen andere Bräuche verbunden sind, die vor allem Fruchtbarkeit der Weide und der Tiere bezwecken. Beide richten sich gegen die bösen Geister, die Ungeziefer, Krankheit, Seuche, Dürre herbeiführen, und werden begleitet von gewissen Opfern oder doch dem Gebet um den Segen der gütigen Mächte. Aus diesem Hirtenbrauch brechen die ursprünglichsten Volksanschauungen hervor, deren hohes Alter überdies noch durch die überraschend nahe Verwandtschaft der indischen und römischen Hirtenbräuche bewiesen wird.

An den Palilien, dem 21. April, besprengten beim ersten Morgengrauen die Hirten der römischen Campagna den Schafstall mit Wasser, kehrten denselben mit frischem Besen aus, schmückten ihn in- und auswendig mit Laub und Kränzen und reinigten die Tiere mit Schwefeldämpfen. Dann zündeten sie auf dem Herde ein Feuer von Öl-, Lorbeer-, Fichten- und Rosmarinzweigen an und opferten Hirsekuchen und Körbchen mit Hirse und beteten viermal für das Vieh und seine Hirten und um Unglück aus dem Stall (effugiat stabulis noxa, wie Ovid sagt), um Schutz gegen Krankheit und Wölfe, um reiche Kräuter und Wasser, um Fruchtbarkeit der Schafe. Auch betete man, behütet zu werden vor dem Anblick des am Mittag die Felder heimsuchenden Faunus. Darauf wusch der Hirt seine Hände in fließendem Wasser, trank ein Gemisch von Milch und Most und that dreimal auf der Weide einen reinigenden Sprung durch ein loderndes Strohfeuer, das durch Feuersteinschlagen in Brand gesetzt war.

Die deutschen Hirten beobachteten am Oster-, Georgs- (23. April), ersten Mai- oder Pfingsttag noch neuerdings dieselben oder ähnliche Gebräuche. In Holstein stecken die Knechte und Jungen große, brennende Schoefe (Strohbündel) am Osterabend in die Weiden, d. h. das Ostermaanlüchten. Im Harz entreißt jeder Teilnehmer am ersten Osterabend dem brennenden Scheiterhaufen einen Brand und springt damit toll herum, um Ungeziefer zu vertreiben und das Vieh vor Seuchen zu schützen. Im Münsterlande umkreisen sie das Osterfeuer mit Osterpsalmen und springen hindurch. In Schwaben mußte früher dies Feuer durch bloßes Reiben erzeugt werden und wurde das Hexenverjagen am 23. April vorgenommen, wie es in vielen anderen Landschaften durch das Feuer am 1. Mai oder zu Pfingsten geschah. So zündeten die Hirten des Riesengebirges am zweiten und dritten Pfingsttag ein Wacholderfeuer an. Dann kamen ihre Herren mit Weib und Kind herauf, schmausten mit ihnen und sprangen durch den Rauch, der die Hexen von der Herde, wie von der Saat wegtrieb. In Trebnitz bei Breslau jagte man das Vieh beim ersten Austrieb zwischen zwei Zäunen durch ein Feuer, das durch Reiben einer Holzsäge auf einem Klotze hervorgebracht wurde und zwar vor Sonnenaufgang. Das half gegen Ungeziefer. Ebenso deutlich leuchtet hier die reinigende, die bösen Geister verscheuchende Kraft hervor, wie aus dem nicht an eine bestimmte Zeit gebundenen Not- oder wilden Feuer, das in einem braunschweigischen Dorfe noch im Frühjahr 1855 durch Reibung hervorgelockt wurde, um eine ausgebrochene Schweineseuche zu heilen. Mit Stahl schlug noch 1844 und vielleicht noch später ein Geistlicher vor dem Hauptportal der Kirche in Zoznegg, im badischen Seekreis, aus einem noch nicht benutzten Feuerstein Feuer, in das man einen eichenen Wetterpfahl, in Schwertform, schob. Bei Gewitter legte man dies leicht angebrannte Holz in ein kleines Feuer, um Blitz und Hagel von Haus und Feld abzuwenden. Ein Notfeuer hilft auch in Bayern gegen Fieber, wie der Sprung über das Johannisfeuer. Wie überhaupt sondern sich die Oster-, die Mai-, die Johannis-, die Michaelis- die Martinifeuer landschaftlich? In welchen hat sich noch der ältere Sinn erhalten, und wo ist der neuere des Freudenfeuers vollständig durchgedrungen?

Auch in feuerlosen Bräuchen lebt die alte Hirtensitte fort. In

Oberbayern dürfen vom Georgstag an die Wiesen nicht mehr betreten werden, stellt man die Ê-Zäune auf, und die Hirten sägen den Kühen die Hornspitzen ab. Der badische Hirt fahrtet vor dem ersten Austrieb mit seinem Vater oder Meister oder auch allein in ein Gotteshaus, am liebsten in eine Wendelinskapelle, betet bei Kerzenlicht ein paar Rosenkränze, besprengt sein Vieh mit Weihwasser oder giebt ihm Agathabrot oder Eichenlaub, mit geweihtem Salz bestreut, wie auch die Saterländer das Vieh bei seinem ersten Weidegang mit Salz bestreuen. In Pommern streut man den Kühen, wenn sie zum erstenmal ausgetrieben oder zum Bullen gebracht werden, Salz und Schwefel längs des Rückens vom Kopf bis zum Kreuz und an drei verschiedenen Stellen querüber in Kreuzform. Die am Abend vor Martini geschnittene Martinsgerte (Mirtesgerte) weiht der oberpfälzische Hirte am Dreikönigsabend, bringt sie am Walpurgisabend ins Haus, erhält dafür Eier zum Geschenk und treibt anderen Tags damit zum erstenmale das Vieh aus. Selbst über die Schweine wird beim ersten Weidegang eine geweihte Gerte geschwungen. Aber ein uralter Brauch, den selbst die altrömische Überlieferung uns nicht bewahrte, hat bis vor kurzem im südlichen Westfalen bestanden. Am Maitag (1. Mai) schneidet der Kuhjunge mit Kriek (Anbruch) des Tages an einer von den ersten Sonnenstrahlen beschienenen Berg- oder Waldstelle den Zweig eines Vogelbeerbaumes (einer Eberesche) mit einem Ratz ab und schlägt damit heimgekehrt die Stärke, die junge Kuh, die noch nicht gekalbt hat, während alle Hausleute und Nachbarn sie auf dem Düngerplatz umstehen, dreimal auf ihr Kreuz, ihre Hüfte und ihr Euter und spricht:

Quiek, quiek, quiek,
Miälk in dinen Striek (Zitze),
De Sap es in den Biärken,
Een Namen kritt (kriegt) de Stiärken.
Den Namen sast du (sollst du) genaiten (geniessen),
Bunte lêve sast du haiten.

Hat die Hausfrau sie besehen, so erhält der Junge Eier und bäckt sich einen Eierkuchen. Mit den Eierschalen, Butterblumen,

Bändern und Buntpapier wird das Quiekrîs geschmückt und über der Stallthür befestigt, wie man hier und da sagt, gegen den fliegenden Drachen. Obgleich schon in einer Verordnung des Großen Kurfürsten von 1669 verboten, mag die Quiekrute noch heute hier und da an der Thür hängen. Ähnlichen Brauch kennt der Niederrhein und Mecklenburg. Im badischen Wiesenthal macht man beim ersten Weidegang mit der Palmrute den Tieren ein Kreuz auf den Rücken. So nun schlug der altindische Hirt beim ersten Kälberaustrieb, nachdem er einen gegen Nord und Ost, also auch gegen die Frühsonne, gewachsenen, ebenfalls mit gefiederten Blättern versehenen Palâçazweig geschnitten hatte, mit diesem eine Kuh und stellte sie mit einem Spruch unter den Schutz der Götter, insbesondere Indras, gegen Krankheiten, Räuber und Böse. Darauf steckte er den Zweig an die heilige Feuerstätte. Jener Eschen- und dieser Palâçabaum waren beide dem Donnergott geweiht, und auch in Schweden schlägt der Hirte am *helig Thorsdag*, am heiligen Donnerstag (dem Himmelfahrtstag) das Jungvieh dreimal mit einer Ebereschenrute auf den Rücken und ruft dabei deren Namen aus. Im westfälischen Schmallenberg treibt man zum erstenmale gleichfalls am Donnerstag oder am Dienstag aus, dann zerbricht das Vieh weder Fuß, noch Horn. In Schweden werden bei diesem Fest zum erstenmal in diesem Jahr den Schellenkühen die Schellen angebunden, und auch das scheint ein altgermanischer Festbrauch, bei dem uns noch ein anderer alter Zug begegnet, daß, wie die Menschen, auch die Tiere in dieser Zeit ihrer Wiedergeburt ihre Kräfte im Wettkampf messen. In Dithmarschen, Meklenburg, im Braunschweigischen und in Andreasberg auf dem Harze findet oder fand das Bullenstoßen statt. In Bayern läßt man bei der Alpfahrt sogar die Kühe miteinander kämpfen wie in Vorarlberg, die Siegerin heißt hier die Heerkuh, und weil sie mit der größten, wohltönendsten Schelle oder Singeß an buntfarbigem Riemen geschmückt wird, auch Schellkuh, in Bayern Glockenkuh, Mair- oder Hagmairkuh. Ihr ziehen alle anderen Kühe nach, auf sie ist die ganze Alpenordnung gegründet. Der Bauer, der diese stärkste, ärgigste besitzt, muß am Brenner den Hirten am Kirchtag zum Essen laden. Beim Fahren ab der Alp ist sie besonders geputzt. Anderswo hat diese Schellenbehängung ein lustiges Markttreiben veranlaßt. Am Abend vor Pfingsten machen die Hirten im Schwarzwälder Elz- und auch Kinzigthal große Feuer an und knallen am folgenden Vormittag mit den Peitschen. Dann wird am Nachmittag unten in mehreren Thalörtern oder auch auf der württembergisch-badischen Grenze oben auf dem Föhrenbühl ein Schellenmärkt gehalten, auf dem sie die Glocken ihrer Kühe miteinander vergleichen und austauschen, damit jede kleine Herde ein schön klingendes Geläut bekomme. Aber die Glocken der Herden waren einst nicht zur musikalischen Unterhaltung, auch nicht so sehr dazu bestimmt, daß man ein verlaufenes Stück leichter auffinden könne, sondern sie dienten ursprünglich, wie ja auch die Kirchenglocken, zur Abwehr allerlei Unheils. Daher wurde auch ihr Anhängen mit der Weihe durch die Gerte oder auch mit heftigem Peitschenknallen verbunden. Alle drei Bräuche verfolgten dasselbe Ziel. So legt man im Böhmerwald in der Nacht zum Pfingstsonntag frischen Rasen vor Stall- und Hausthür, besprengt ihn mit Weihwasser und ruft unter Peitschenknall: Fliegt davon, Nachtgejage und Hexen, die Peitschen treiben (tuschent) aus! Das ist das Hexenaustuschen, -auspatschen, -ausblaschen der Oberpfalz und Oberfrankens und auch des Königreichs Sachsen. Etwas früher, schon am Jörgentage, dem 23. April, ziehen die Buben in einzelnen Orten des Unterinnthals vom Anger aus, Schellen, Kuh- und Dachglocken aus Leibeskräften läutend, der starke Melker voran, durch das Dorf auf die Felder und dann durch eine andere Gasse nach dem Anger zurück. Dieses Hirtenfest des Grasausläutens soll ebenfalls die bösen Geister durch schreckhaften Lärm von der Weide verjagen.

Dies Läuten wurde z. B. im badischen Mittellande über den ganzen Mai erstreckt. Mitternachts wurde mit allen Glocken gegen die Maifröste geläutet, bis das Straßburger Ordinariat es 1789 verbot. Und wiederum bezwecken die Hexenabwehr die drei Kreuze, die man in der Walpurgisnacht von Mecklenburg bis in Steiermark, hier und da auch in der Johannisnacht, an die Stallthür malt. In dieser Nacht nämlich suchen die Hexen den Tau zu rauben, das Gras zu verderben, und in der That tritt um den 1. Mai (den 12. Mai alten Datums) erfahrungsgemäß oft eine mehrere Tage währende scharfe Kälte ein, ohne befruchtenden Tau und der Weide höchst schädlich. Im Traunviertel streifen mit dem Beginn des Auswärts (des Frühlings) die Hexen in der Frühe den Tau von Gras und Getreide in ein Häferl (ein Töpfchen). Man giebt den Rindern zuerst etwas Grünes ins Futter, das man da, wo drei „Herrengründe“*) zusammengrenzen, mit drei Sensenschlägen abmäht. In Ostfriesland um Norden gehen die Hexen morgens vor Sonnenaufgang daustrieken und nehmen dadurch den weidenden Kühen den Süver, die Butter, aus der Milch. — Aber man ließ es nicht dabei bewenden, die Hexen am Taustreichen zu verhindern, man suchte ihnen zuvorzukommen und selber den Tau einzustreichen. Gerade im ostfriesischen Amte Norden streicht der Bauer oder seine Frau am Maimorgen vor Sonnenaufgang das Gras auf ein Betttuch und preßt aus diesem den Tau in eine Butterkarne, die inwendig ganz damit naß gemacht wird. Dann bekommt man Butter so viel Schepel vull als Bauern in der Nachbarschaft wohnen. Im steirischen Kreise Marburg wälzt sich der Hausälteste im Tau des Maimorgens, anderswo die jungen Mädchen, die dadurch schön zu werden meinen, sogar nackt. Die Kuh, die zuerst die Weide erreicht, heißt der Taustreicher, Dauslieper in Süd- wie Norddeutschland, in Westfalen wurde der Pferdejunge, der zuerst auf die Pfingstweide kam, der Däweströch, durch den Tau geschleift und im Vintschgau die Madlen gebadet. Noch kräftiger als der Tauzauber wird der Regenzauber in dieser Zeit geübt. Zu Wirschleben in Anhalt feierte man am Donnerstag nach Pfingsten den Saaltanz: zwei Mädchen wurden unter Musik in die Saale geschleppt, tüchtig durchnäßt und wohl auch untergetaucht, darnach der Saaltanz ge-

*) Soll dies dreifache Kraft verleihen, wie mit merkwürdiger Übereinstimmung ein bückeburgischer Bauer aus dreier Herren Länder am 1. Mai Holz zusammenstahl zu einem Pflugteil, weil die mit diesem Pfluge bestellten Äcker besonders gut gedeihen? So ließen österreichische Burschen am Ostermorgen ihre Pferde auf der Grenze dreier Pfarren die Saat abgrasen, dann war sie gegen den Rost geschützt.

halten. In Sachsen begießt man die Mägde, die zum erstenmale ins Grünfutter gehen oder die Kühe austreiben, um Gerstungen den erstmals ausziehenden Schäfer. Der ostpreußische Hirte bestreute sein Vieh beim ersten Austrieb am Dorfsheck mit Zwölftenasche und hieb seine Axt in den Pfahl des Hecks, die bis zu seiner Heimkehr darin stecken blieb, und betete um das Vieh herum unverständliche Worte. Diejenigen, die dem Hirten das Vieh nachtrieben, wurden mit Wasser begossen. Noch viel häufiger ist der Pfingstaufzug des Pfingstls, Pfingstlümmels, Pfingstpflütterigs, Pfingstdrecks, Wasservogels u. s. w., eines in Laub gehüllten Knaben, der durch das Dorf zieht und schließlich ins Wasser eines Baches oder Brunnens geworfen wird. Indem man dem Himmelswasser die Berührung von irdischem Wasser und Grün vormacht, will man es auf das Gras der Weide herablocken. So hüllt sich im steirischen Zillierkreis nach längerer Dürre jemand in Laub und wird vom ältesten Mädchen eines Hauses mit Wasser begossen. Bei Linz ist das der Dorfhirte. Zuweilen sind diese grünen Gestalten verkirchlicht. So schreiten in Rutten bei Tongern zwei Kirchendiener in Epheugrün, hinten mit einer Schelle behängt, am 1. Mai hinter der Statue des heiligen Evermar, dem jetzt das Fest gilt, einher, und üben in dieser Tracht sogar den Dienst am Altar aus. Trägt bei Lenzkirch im Schwarzwald oder in Tirol der Pfarrer am Sonntag ein grünes Meßgewand, so giebt es sicher Regen. Zarter als die Buben bringen die Mädchen bei Auggen im badischen Oberlande Pflanzen und Wasser zusammen: in der Nacht auf Pfingsten kränzen sie die Brunnen, damit das Wasser nicht ausbleibe. Weithin durch Deutschland begießt man am 1. Mai jeden Baum, damit er besser trage. Eine Hauptangelegenheit der Gemeinde war der Markumgang, die „Landleite", der Flurumritt, zu dem man Knaben beizog, die an den Grenzsteinen in der Pfalz mit einer Ohrfeige bedacht oder in Bayern an den Ohren gezupft wurden, um ihnen recht einzuprägen, was sie gesehen. Das scheint alter Hirtenbrauch. Denn in kurhessisch Treysa beging an dem Hirtenaustriebstag, dem St. Georgentag, der Bürgermeister mit zwei Vorstehern die Gemarkung, und dazu wurden insbesondere die Feldhüter und Hirten beigezogen.

Es kam vor allem darauf an, im Frühling die Weidegrenzen von neuem zu sichern.

Nun greifen aber noch zwei andere Triebe in dies Frühlingsfest ein, die Wettlust und die Liebe. Um das erste heilkräftigste und reichste Naß der Weide zu erhalten, kam es in der Frühe des Maimorgens zu einem eifrigen Wettaustrieb der Hirten, aus dem sich die **Wettläufe und -rennen nach dem Maibaum**, einem **Kranz** oder **Ringe**, durch ganz Deutschland entwickelten und weiterhin die **Vogelschießen**. Hier müßte das volkstümliche Schützenwesen geschildert werden. Die Maireigen, die sich wohl am längsten am Niederrhein erhalten haben, ziehen nun auch die Hirtin in den Frühlingsjubel hinein. Dazu gehörten auch der weit verbreitete Hammeltanz, der in dem Opfer eines Herdentiers gipfelte, der im achtzehnten Jahrhundert noch übliche Frankfurter Kuhtanz, der oberpfälzische und unterbayerische Hütetanz (Weidetanz) vom 1. Mai. Der Geliebten steckt man in der Mainacht den Maien am Hause auf, die Mädchen werden in der Eifel als Mailehen öffentlich an die Burschen versteigert, oder die anhaltischen Mädchen halten dann im Grün förmliche Brautfeste ab. Hirte und Hirtin drängten aus der winterlichen Haft in Stube und Stall auf die frische Lenzweide hinaus, und noch jetzt treibt es namentlich die Jugend nicht nur kleiner Ortschaften, sondern auch unserer gewaltigsten Städte wie z. B. Hamburgs zu weiten frühen Pfingstmorgenausflügen in die Umgegend, von denen sie heimkehrt beladen mit Blumen und dem ersten Laube. Im Mittelalter machten dann Burschen und Mädchen ihre Brunnenfahrten in Berg und Wald, wie noch heute im Schwarzwald ihre Maikuren. Als Maigraf und Maigräfin kam das schönste Paar in Norddeutschland zurück, oder die Hirtenlust der freien Marke wird mit dem geputzten Maibaum, dem höchsten Wahrzeichen der Lenzesfreude und Lenzeskraft, von der Gemeinde mitten ins Dorf verpflanzt. Die Aufrichtung war in Anhalt mit einem Pfingstgelage verbunden, zu dem die Gemeinde das Bier und der Bauer, der „an der Reihe“ war, zwei Schweine und einen Hammel lieferte. Wer zur „Morgensprache“, in der die ausführliche Pfingstordnung öffentlich vorgelesen wurde, nicht erschien, wurde auf einem umgelegten, strohbedeckten Wagenrad von einem Pferde herangeschleift.

Alle diese Reinigungen und Geisterabwehren durch Feuer und Wasser und Peitschen- und Glockenlärm, alle diese Beschwörungen und Segen und Tau- und Regenzauber, alle diese Kämpfe der Tiere und Menschen um das Beste des neuen Frühlings, um den Preis, all dies Wagen, Werben und Winnen um Herdenglück und um Liebe, alle diese Tänze und Ausflüge durch das schwellende Grün unter lautem Vogelgesang machten das *Ver sacrum* der deutschen Hirten, ihren heiligen Frühling, aus. Der steigerte sich in Latium in Zeiten der Bedrängnis zu einer Lenzauswanderung der Jugend in eine neue Heimat unter dem Schutze des Mars, und auch der weitverbreitete Name des deutschen Frühlings, der Auswärts, erinnert noch heute daran, daß das „Hinaus ins Freie" die Seele unserer Hirtenfreude im Lenze war. Auch mögen manche Ledige in Deutschland, die das Recht von der Erbschaft ausschloß, im dreizehnten und vierzehnten Jahrhundert im Frühling sich zusammengethan haben wie einst die latinische Jugend, um ostwärts ein neues Land zu gewinnen. Unter dem Schutze früher Donars und etwa auch Wuotans, später des Christengottes und seiner Heiligen: Wendelin, Fridolin, Martin, Antonius und Sebastian beziehen die Hirten ihre Sommerfrische, deren Namen wir aus der Almsprache in die unserige übernommen haben. Sind die Walser in Vorarlberg auf die Alp gefahren, so kommt der Pfarrer bald hinterdrein und segnet die Weiden und Hütten frisch ein, während die Bewohner um ein großes Kreuz beten. Mit Gebäck von Mehl und Schmalz bewirten sie ihn gern, aber die Milch tragen sie lieber sorgsam ins Senntum, um möglichst viel davon den Sommer über abgegeben zu haben. So geschah es dort und am Brenner in den siebziger Jahren, hier aber jetzt nimmer, denn sie glauben nicht mehr an das Segnen.

Das Geschäft des Hirten in den meisten Gegenden Deutschlands besteht in der täglichen zwei- oder einmaligen Aus- und Einfahrt und in der Hut über Tag. Er bläst beim Austreiben wohl ein Wecklied, z. B. in Gottschee das weit verbreitete: „Wer eine faule Gretel hat." Trieben die Schweizer Hirten ihr

Vieh aus oder riefen es zusammen, so bliesen sie und blasen selten noch auf dem Alphorn jene vom Takt wenig beeinflußten Kuhreigen, die in den Akkordtönen desselben Akkords auf- und niedersteigen, bald aufjauchzend, bald wehmütig gedämpft, und in Paris verboten waren, um nicht den im Heere dienenden Schweizern das Heimweh allzu mächtig aufzurühren. Unterwegs und auf der Weide hat der süddeutsche Hirte hauptsächlich zu wehren, daß das Vieh nicht auf die Äcker läuft oder anderen Schaden thut zum Ärger des Bauern. Darum schrie früher auf der Baar ein Wehrbub dem anderen den Warnruf zu:

Wehri, wehri Schade,
D'r Bauer goht ge jage (geht jagen gehn),
D'r hucket hinter de Hecke,
Wird dem Bua die Ohre scho emol strecke!

Solcher Reime giebt es auch schönere, die wie die einfachen Rufe noch ungesammelt sind. In Westfalen rufen sich die Hirten zu: He loe loe loe! während das Schweizer Lo lo hülobe hoolobe! zu einem Rufe an das Vieh herabgesunken ist. Unterhalten sich die Hirten auch noch über das tiefe Thal hinweg durch eine Zeichensprache miteinander, wie von denen des badischen Münsterthales berichtet wird? Auf den friesischen Halligen stecken in der Sommerhitze die Schafe ihre Köpfe stumpfsinnig zusammen oder ducken am Graben nieder, die Rinder aber galoppieren wild aufs nächste Watt nach Wasser und Kühlung und von da wieder zurück, oft auf fremden Besitz. Von eigenartigen Rufen oder gar Reimen ist aber nichts bekannt. Das Vieh allzu hart anfassen darf der von diesem Geschädigte nicht. Nach altdeutscher Satzung mag er es pfänden, darf aber frevelnde Zuchthengste, -stiere und -eber nicht schlagen, vielmehr nur mit einem auf einen Stecken erhobenen Hut oder mit einer Gerte oder gar nur mit einem Rockärmel verjagen. Ähnlich wurde die Muttersau geschont, wenn sie mit ihren neun schneeweißen Ferkeln gemächlich ins Korn ging. In der Schweiz blies am Abend der Senn den Abendsegen, und noch singt der Senn auf der Furggelen ein langes Alpengebet, das feierlich beginnt mit „Im Anfange war das Wort“

u. s. w. und Gott und die liebheilige Mutter Gottes samt verschiedenen Heiligen zur Behütung des Viehs anfleht. Am mächtigsten bricht noch in den Weideferien der Hirtenbuben, den vier Herbstwochen, die alte Hirtenfreude in hochlodernden Lagerfeuern, unbändigem Peitschengeknall, in Jauchzern und Liedern hervor. Für seinen Abschied von der Weide hat der westfälische Hirte vielleicht noch hier und da ein eigenes Lied.

Weit verbreitet ist der Spruch: Auf St. Gall (16. Oktober) muß die Kuh in'n Stall. Es ist gewiß kein Zufall, daß die meisten Kirchweihen um diese Zeit gefeiert werden, sind sie doch alte Feste der Freude nicht nur über den Acker-, sondern auch über den Weideertrag. Den Hirten sind sie besonders lieb. Sie bekommen nun ihren Lohn, früher ihr Hirtenschütt aus allerhand Getreide und Früchte in ihren Sack geschüttet, sie ruhen von den Weidestrapazen aus und werden reichlich mit Speis und Trank bewirtet. In Bayern und Österreich überreicht der Hirt am Martinsabend (11. November), wo die Kühe zum letztenmale ausgetrieben werden, als der heilig St. Märten seinem Bauer die Martinigérte unter einem Spruche, der der Herde, der Weide und dem Acker Fruchtbarkeit anwünscht. Treibt der schmalkaldische Hirt das Vieh bis zum Andreastag (30. November) an die Weide, so wird der Bulle mit Kranz und Bändern geschmückt, und der Hirt bekommt einen neuen Hut, sowie der bis zum Christfest treibende Schäfer eine Pelzmütze erhält. Und so beteiligen sich denn auch die deutschen Hirten am lieblichsten Hirtenfest der Erde. Noch kommen zu Weihnachten manche Buben von ihren Bergen zu den reichen Thalbauern herab, am Lechrain wie im Schwarzwald, und singen ihnen ein schönes Weihnachtslied auf, und in der Baar umschritten sie in der heiligen Nacht ihren Stall, steckten den Tieren das Futter auf und bliesen zum Andenken an jenen Tag der morgenländischen Hirten auf Rindshörnern den Kuhreigen. Jetzt ziehen noch in Villingen die Stadtbuben zu Weihnacht durch die Stadt, auf allerlei Instrumenten musizierend. Aus solchen Bräuchen sind die so derben und so sinnigen Weihnachtsspiele in Steiermark entstanden. In den Dörfern in Osthavelland tuten und singen die Hirten „heiligen Abend" neun Tage vor Weihnachten, und am heiligen Abend werden alle Stallthüren vor dem Abendläuten geschlossen und mit drei Kreuzen bemalt. Früher schossen die brandenburgischen Schäfer zu Weihnacht und zu Pfingsten eine ganze Stunde lang gegen die Wölfe.

Schon oft habe ich von den Hirtenknaben zu den erwachsenen Hirten und Sennen und Senninnen hinübergegriffen, beider Leben aber verlangt eine besondere Darstellung. Da hat man zu achten auf die Roß-, Ochsen-, Kuh-, Geiß-, Sau- und Gänsehirten, ihren Sang und ihre Wohnung in oder vor dem Dorfe. 1754 teilte im braunschweigischen Dibbesdorf die Wohnung im Hirtenhaus vor dem Ort der Schulmeister mit den Kuh-, Schweine-, Ochsen- und Gänsehirten. In Thüringen ist häufig das Gemeindearmenhaus daraus geworden. Das uralte Hirtenleben spielte nicht nur in den Dörfern, sondern auch in den Städten des Mittelalters eine Rolle. Die kleinen Schwarzwaldstädte hatten ihre verschiedenen Hirten, die jeden Morgen zu verschiedenen Zeiten aus den verschiedenen Thoren mit einem Horn verschiedener Art und Größe auszogen; die vornehmeren hatten ein eigenes Hirtenhäusle, und noch wissen in Bremen die Namen An der Weide, die ein gut bremischer Zwerg nach der Sage von der gütigen Gräfin Emma von Lesum erkroch, das Herdenthor, das gerade aus in die Sögestraße Saustraße und links ab in den Schüsselkorb, richtiger Schöttelkorf, eine Hürde, führt, in welche gepfändetes Vieh geschottet, eingeschlossen wurde, ferner der vor dem Herdenthor gelegene Schafskoben, und dem Schüsselkorbe gegenüber die Knochenhauer-, also Schlachterstraße, davon zu erzählen, wie sich in diesem Viertel der übers Meer hin handelnden Hansestadt noch lange ein Stück alten Hirtenlebens erhielt.

Von allen den Hirten, die ihren vollen Lebensberuf in der Hut der Herde fanden, ist der Schäfer dem alten Leben am treuesten geblieben, obgleich gerade die Schafweide am meisten durch die Zusammenlegung der Grundstücke eingeschränkt worden ist. Ziemlich gleichmäßig ist er in Nord- wie Süddeutschland ausgestattet mit einem Ranzen oder einer Tasche aus Leder und einer Schippe oder einem Haken d. h. einer an der Spitze mit Schaufel und Haken versehenen Lanze. Mit der Schaufel wirft er Erde nach den abirrenden Schafen und zieht sie mit dem Haken an ihren Beinen zu sich heran. Auch Hund und Schlafkarren sind seine regelmäßigen Begleiter. „To Bucht! to Bucht!“ ruft er in Norddeutschland seinem Hunde zu, wenn er die Schafe im Bogen zusammentreiben soll. Manche Schäfer führen noch eine Schöpfkelle, ein Trinkhorn und ein Salbenbüchschen bei sich. Es gab niederdeutsche Schäfergrüße, von denen in Mecklenburg noch etwa sechzig erhalten sind, Dialoge zweier unbekannten Weidegenossen, die sich halbversteckt in allerlei Rätseln von den Schafen und dem Wolfe unterhalten. Des Schäfers Faulheit und Kräuter-, Wetter-, auch Zukunftsweisheit sind noch immer berühmt, doch holt z. B. der mecklenburgische Schäfer manche geheimnisvollen Rezepte und Krankheitsbeschwörungen aus alten hochdeutschen Büchern, wie dem Geistlichen Schild hervor. Dem Schäfer, dem einsamen Hirten, erscheint am häufigsten die weiße in den Berg verwunschene Frau, und noch hört er den wilden Jäger durch den Wald brausen und belauscht die Zwerge und Nixen bei ihrem heimlichen Thun. Der Münsterländer Schäfer schaute noch vor kurzem in ungewöhnlichen Gluten, die die untergehende Sonne über den Himmel und seine braune Heide ausgoß, unermeßlich blutige zukünftige Schlachten voraus.

Wichtiger aber noch und reicher an eigenartigen poetischen wie derb praktischen Zügen ist das **Sennereiwesen**, die Übersommerung der Herden im Hochgebirge. Denn obgleich sich auch in den höchsten Mittelgebirgen, den Sommerbauden des Riesengebirgs, den Viehhütten des Feldbergs und früher des Kandels im Schwarzwald und der Vogesen einige Ansätze finden, so beginnt die eigentliche Sennerei doch erst in den Alpen und geht hier vielleicht auf romanische Vorbilder zurück. Wo aber hat der Schweizer Senn oder der bayrisch-österreichische Schwaiger, wo die Sennin oder Schwaigerin die Leitung, und wie steht der Hirtenbube zu beiden? Kaum ein anderes Sprachgebiet wird so tiefgehende Stammunterschiede zeigen als das der Hirten und Sennen, in den Namen der Milch und ihrer Erzeugnisse, der Geräte, der Stalleinrichtungen, der Ruheplätze und Wege des Viehs, der Weiden und Leiten oder Halden, der ganzen Bergwelt ringsum. Dazu sind mit diesem urgermanischen Wortschatz allerlei ebenso alte romanische Ausdrücke vermengt.

Aber auch in den Alpenländern geht während des Sommers die Viehzucht nicht ganz in der Bergwirtschaft auf. Unten auf der ans Gut stoßenden Heimweide bleibt in Bayern und in der Schweiz die Heimkuh mit der Heimdirne. Die meisten aber ziehen bergan von Staffel zu Staffel, in der Schweiz nach der Stuhlung oder Randung der Alp (S. 17). In Tirol melken die Eigentümer erst am Margaretentag (20. Juli) ihre Kühe auf der Alm; geben sie dann weniger Milch als eine alte Halbe Milch, so muß für sie dem Sennen bezahlt werden, geben sie mehr, so erhält der Eigentümer von ihm im Herbst den Mehrbetrag als Butter und Käse zugewogen. Ein anderer wichtiger Tag ist der Mittsommer der Hirten, der aber auf den hohen Bergen einen Monat später fällt als der der Bauern im Thal. Bevor er an die Ernte geht, will der Bauer gern nach seiner Alpenwirtschaft sehen. Schon brannten früher auf den Berner Alpen abends vorher die Feuer der Sennen, dann stieg er samt Weib und Kind mit Wein, Fleisch und Gebäck zu den Sennen hinauf, die ihre Gäste mit Milch und Zieger, Butter und Nidli bewirteten. Dann wird geschwungen, getanzt, gesungen, gejodelt. Das hieß dort Bergdorfet. In Oberbayern schaut der Bauer am Jakobstag (25. Juli) nach seinem Almnutzen, nimmt das Milchmessen oder Jakobsen vor, d. h. auf der Alm mißt er die Milch am Jakobstag und am folgenden Morgen, um den Ertrag an Milch und Butter zu berechnen, den er sich von jedem Stück versprechen dürfe. Ob sich Meister und Senne noch dabei des Kerbholzes oder Alpscheits wie in der Schweiz bedienen? In den Seitenthälern des Traungaues tanzt man an dieser Almenkirta (Alpenkirchweih) nach der Zither die ganze Nacht hindurch. Auf der Alm ist alles heilige Sach', jedes Bröserl Schmalz und jedes Tröpferl Milch. Wer Almgut verlottert, muß waizen d. h. nach seinem Tode umgehen und als Kasermandl den ganzen Winter im verlassenen Kaser, der Sennhütte, hausen, bis ihn der erste Föhn wieder auskehrt.

Die Mußestunden verkürzen sich diese einsamen Hirten mit Schnitzen von Lichtspänen und von Knospen d. h. Holzschuhen, und allerlei Geräten und erfinden dazu Liebes- und Spottschnadahüpfle, die sie mit der Maultrommel, Zither oder Schwegel begleiten.

Die letzten acht Tage des Almlebens halten die Tiroler Senner die Schoppwoche, die ganz auf eigene Pflege verwendet und mit der Garúhnacht, einer Jubelnacht, beschlossen wird bei Braten, Melkmus, Schnaps, Tanz und Sang. Dann findet die Abfahrt statt, die Glockenkuh schreitet festlich geschmückt voran, der Stier trägt in Steiermark wohl eine Tafel an der Stirn mit einer Aufschrift. Am Michaelitag muß der Münsterthäler Melker im Elsaß die Bergfreuden und Ziger und Bottmatt vergessen und Kraut und Rüben fressen. Nicht immer geht es sogleich in den Stall, sondern über Tag wenigstens läßt man das Vieh noch gern in der Nähe des Hauses im Freien auf den Stoppelweiden und gemähten Wiesen, um das letzte Grün abzuweiden, zum Blumbesuch. Eigentümlich ist der Glaube in Tirol, daß mit den Herden die armen Seelen, die sich im Sommer mit ihnen auf der Alm ergötzt haben, in die nun wirtlicheren Häuser herabkommen. Droben aber bezieht das Kasermandel, ein Alpgeist, die Hütten, die verlassenen Deihjen oder Kaser, und wirft im Wintersturm mit Steinen um sich; oft aber käst und brüht er still darin und fegt die Milchkübel.

3) Liebe und Hochzeit.

Entschiede die Sprache unseres Volkes, so würde das Urteil über die Innigkeit seiner Herzensneigungen und die Tiefe seiner Liebesgefühle nicht günstig ausfallen. Zwar verfügt sie über einen ziemlich reichen Vorrat an treffenden Ausdrücken für manche Züge des Liebeslebens, aber für viele andere hat sie entweder nur ein äußerliches, ja oft rohes oder aus der Fremde hergelaufenes oder auch überhaupt kein Wort gefunden. Vom Ostfriesischen, ja sogar von der holländischen Schriftsprache bis zu den Alpenmundarten hinauf kennt das Volk das uns so unentbehrliche, holde Wort lieben nicht, sondern gebraucht dafür das laue *lîden mägen,* gern oder lieb haben, oder das bloße haben, oder das häßliche fremde karessieren. Gegenseitige Liebe bezeichnet man durch miteinander oder zemme (zusammen) gehen oder hintereinander herlaufen. An Wörtern und Wendungen für die gröbere Art der Liebkosung sprudelt die Volkssprache über. Auch das Hauptwort Liebe ist gleich dem Hasse unbekannt und bedeutet höchstens christliche Barmherzigkeit oder alberne Verliebtheit. Doch gelten zwei Liebe für ein Pärchen, Liebchen, Liebel, Liebste und Herzliebste. Er heißt auch mein Schatz, Bube, Kerl, Hansel, in Tirol auch Mensch; Sie ebenfalls mein Schatz, Madel, Diarndl, Deern und in Oberdeutschland Mensch oder gar Menschin. Doch die letzten beiden Wörter gelten in manchen Gegenden für unedel und werden zwischen den Liebenden selbst nicht gebraucht, geschweige denn die derben Vintschgauer Zoch, Klotz und Pfott. Feinere Eigenart spricht aus dem Durlacher Holderstock und Stelldichein für Ihn und Holde für Sie und aus dem Nürnberger Herzblotla d. i. Herzblättchen.

Wie schaut das weibliche Schönheitsideal aus? Das Urteil über die Schönheit der Mädchen macht der Bauer oft ungemein abhängig von ihrer Kleidung, die geputzteste gilt oft für die schönste. Darnach pflegt eine stattliche Figur, dann erst ein hübsches, volles Gesicht in die Augen zu stechen. Von zarteren sagt man in Thüringen: Die kann us der Fahrglisse gesuff d. h. die kann aus dem Fahrgeleise trinken. Für schön hält man im Badischen Mittelgröße, lange Haare, volle Oberarme, die das Mädchen gern spienzlet d. h. zeigt, indem es die Ärmel aufstreift, und ebensolche Waden, ein Löchli im Kinnig (Kinn), in den Backen und im Ellenbogen und kleine Füße. Eine zu Schlanke nennt man Schwinggärt, eine zu Kleine zammeg'stucht wie 'ne Hotzewälder (aus dem Gebirg). Als häßlich gilt ein zu voller Hinterer, en Arsch wie 'ne Wanne, und das Wedeln oder Schwänzeln beim Gehen. Ein ähnlicher Geschmack spricht aus den bayerisch-österreichischen Schnadahüpfln und Almliedern. Brennrote oder rosenrote Wangerl werden gepriesen, Grübchen in den Wangen und im Kinn: I hons (habe sie) aber net mögen, weil's das Grüabrl net hot. Vom Mund ist weniger die Rede, als von den schneeweißen Zahnerln, die wie

Perlen sind und von Defregger und seinen Nachfolgern gern gemalt werden. Man schätzt vollen Busen: zwoa Herzl'n wiara (wie eine) Kug'l so rund, dazu sakrisch dicke Wadl, aber kleine Füße: Füaßerln hat's nett, lieb und kloan. Merkwürdig ist, daß das deutsche Volkslied durchweg nußbraune oder schwarzbraune Mädchen preist, mit braunen oder schwarzen Augen. Seltener kommen im Schnadahüpfl Äugerln blau wia's Firmament vor, häufiger vielleicht goldenes Haar. Aber in manchen norddeutschen Dörfern sind dunkelhaarige und dunkeläugige Leute überhaupt nicht beliebt, das Schwarze wird fast gefürchtet oder ist doch mit Häßlich gleichbedeutend. So wünschen auch süddeutsche Hochzeitssprüche dem jungen Paar übers Jahr ein Knäblein mit krausgelbem Haar. Dieser Widerspruch der Bauernästhetik ist noch aufzuklären.

Der vertrautere Verkehr der beiden Geschlechter beginnt oft schon früh, zuweilen schon im letzten Schuljahr oder beim Konfirmationsunterricht, also etwa mit dem 13., 14. Jahre. Auffällig ist namentlich das Gleichsteherwesen um Bretten in Baden. Da bilden je ein Schüler und je eine gleichaltrige Schülerin im geistlichen Unterricht ein Paar, und Schüler, die keine Gleichsteherin haben, heißen Witwer, Schülerinnen ohne Gleichsteher Witfrauen. Am Nachmittag des Konfirmationstages erscheinen die konfirmierten Knaben auf dem Bretzelmarkt, sechs bis fünfzehn Dutzend Bretzeln an einem farbigen Bande über den Schultern, und teilen davon an Kinder und Arme aus. Jeder beschenkt aber insbesondere seine Gleichsteherin mit zwei Dutzend und oft noch mit einem schönen Gunkelbande, wofür er von dem Mädchen zu Ostern als Gegengabe zwei Dutzend Eier erhält. Die geschmückten Bretzeln sind offenbar aus dem rheinpfälzischen Sommertagsempfang, an dem die Jugend mit bretzelbesteckten Gabeln umzieht, herübergenommen.

Häufiger weiß das eine das andere in der Muße, wie bei der Arbeit zu finden, in der Spinnstube, beim Tanz und nächtlicherweile in der Kammer, dann aber auch im Stalle, auf dem Felde, namentlich während der oft das Verhältnis entscheidenden Ernte. Verläuft die Liebschaft regelrecht, so pflegt sie im Winter einzusetzen, erstarkt im Sommer zu einem festen Bunde und führt Winters Anfang zur Hochzeit.

Wenn die Ernte eingeheimst ist, beginnt die Winterarbeit des Spinnens etwa bis Martini und dauert bis Lichtmeß oder Fastnacht. Nur in Schlesien legen die Aufraffemägde schon am Schluß der Hafererntе um Mitte September den ersten Strähn Garn auf die erste Garbe, zum Zeichen, daß sie schon in dieser Zeit abends fleißig waren. Spinnen und Weben besorgten die Weiber seit uralter Zeit wegen der Unterhaltung, der billigeren Erwärmung und Beleuchtung gern in Gesellschaft, in ihren Dungen, in besonderen Weibergemächern. Und so haben sie durch die Jahrhunderte erst mit der Spindel, dann mit dem Rade weiter gesponnen unter dem Wahlspruch: Selbst gesponnen, selbst gemacht, ist die beste Kleidertracht, nicht nur die Bauernmädchen, sondern auch die Frauen der Oberamtsmänner in der badischen Kleinstadt. Aus dem Garn, das ein siebenjähriges Kind gesponnen, wurde das Saattuch gefertigt zum Segen des Samens, und das wurde auch kranken Kindern zur Genesung im Bettlein untergelegt. Aber in diesem Jahrhundert haben die Spinnmaschinen, anderswo die Seidenbandweberei die Spinnräder verdrängt oder etwa die Tabakskultur den Hanf- und Flachsbau vernichtet und dadurch die Spinn- und Singstuben in vielen Gegenden verödet. Dennoch bestehen sie in manchen Dörfern noch heute, ja sie sind in anderen wieder aufgelebt oder in Strick- und Häkelstuben, in Gesellschaften, verwandelt worden. In den Voralpen und im Erzgebirge wird auch gemeinsam geklöppelt und gestickt, in dem letzten Gebirge werden die Zählreime der Klöpplerinnen benutzt, den Fleiß anzuspornen, indem nach den Taktverhältnissen der Verse die Nadeln gesteckt werden. Vor ein paar Menschenaltern trugen die nordschleswigschen Klöpplerinnen bei Ripen unter ihrer Thranlampe und drei mit Wasser gefüllten Glaskugeln den Lauf ums Dorf vor, d. h. sie gaben dem Mann und der Frau jedes Hauses im Dorf, deren Namen ausrufend, mit dem Klöppel eine Anzahl Schläge. Ähnlich in Wismar. Anderswo führen auch das Flachs- oder Hanfbrechen, das Bohnenschneiden, die Weibsleute zusammen. Aber die langdauernde Arbeit der Spinnstube übte doch immer die Hauptzugkraft. Im Traunviertel machen die Mädchen zu ihr oft eine stundenweite Rockaroas (Rockenreise). Alle diese weiblichen Gesellschaften, von denen der feinen Spitzenmacherinnen etwa abgesehen, haben von jeher die männliche Jugend an ihren wichtigsten Versammlungstagen, Dienstag und Donnerstag, den zwei Speck- oder Fleischtagen, unwiderstehlich angelockt.

Die Spinn-, Kunkel-, Licht-, Hostuben, Ho- oder Hagarten (Heimgarten), Vorsitze, die früher und noch hier und da in der Lüneburger Heide Kienspäne, die von einer eisernen Klammer, im Schwarzwald von langen Zündstöcken festgehalten werden, jetzt Lichter oder Lampen erleuchten, entwickeln ein verschiedenartiges Leben. In vielen Dörfern gehen jung und alt z' Stubete, z' Doarf, z' Chunkle, in anderen nur die Jugend. Dort sind sie Bauernkasinos, in denen Ärmere Holz und Licht sparen, die Weiber mit Spinnen und Klatsch, die Männer mit Karten, die sie hinter den geneigt an der Wand hängenden Heiligenbildern hervorholen, den Abend verbringen. Zu Anfang des Jahrhunderts spannen an einzelnen Orten auch die Burschen mit der Spindel, so daß wohl noch jetzt einige Greise im Amte Tauberbischofsheim das Spinnen verstehen. Bei Muskau in der wendischen Lausitz, um Tübingen und im Remsthal wird noch mit der Spindel gesponnen. Zur Spinnstube gehen die Mädchen abends zu einem Nachbarn, oft von ihren Burschen, die ihnen die Spinnräder tragen, begleitet, aber nur bis zur Thür. Die Mädchen gehen hinein, und jedes muß dort erst eine volle Spule oder Aberi an einem Abend abspinnen, dann darf es aufhören. Diese Arbeit erleidet eine wesentliche Unterbrechung um 8 oder 9 Uhr durch das Schnurren oder Schmecken. Sie schwärmen dann aus, sie gehen auf den Achtesprung, sich zu verkühlen, sie horchen (schmecken) an den Fenstern anderer Häuser und boßlen (werfen) Erbsen und Sand hinan, sowie es die Burschen draußen schon vorher mit ihren Fenstern gethan haben, um sich bemerklich zu machen. Denn das ist der Hauptzweck, die Burschen hereinzuholen. Das Spinnen geht weiter, nun aber unter allerlei Neckereien. Da schüttelt der Bursch seinem Mädchen die Aglen, Angeln (die

Flachsschäben) schäkernd vom Schurz, und wenn ihr das Trumm (der Faden) eingeht, nimmt er ihr die Kunkel, und sie muß sie mit einem Kuß einlösen. Früher wurden Märchen und Sagen dabei erzählt, jetzt noch Volkslieder oder Gassenhauer, aber auch religiöse Lieder, ja sogar das Vaterunser gesungen. Rätsel, auch unsittlichen Inhalts, werden aufgegeben, im kärntnischen Lesachthal auch Bauernpredigten in der Weise des Paters Abraham a S. Clara gehalten, mit derber Verspottung namentlich der Mädchen und dem Versprechen von neun Pfund Ablaß. Blindekuh, Schühleinsuchen und allerlei Pfänderspiele steigern die Lust. In Grubenhagen trieb man die sonderbare Posse, daß man die Arme eines Mädchens so dicht als möglich an die Kniee band und dann aus ihr mit Kissen und Stroh ein sogenanntes Niphaun (Nickhuhn) oder eine Stoppegâs (Stopfgans) formte. Der Tanz artet auch in ein zuchtloses Durcheinander, den in Thüringen sog. Fleischhaufen, aus. Um Mitternacht gehen alle in bunter Reihe Arm in Arm durch die dunklen Straßen, die Burschen wieder mit dem Rade. Wird der Bursche beim Abschied vor dem Hause des Mädchens wieder auf das nächste Mal eingeladen, so gilt das für eine Art Liebeserklärung zwischen beiden. Das höchste Fest der Spinnstube ist die Durchspinnnacht (Durschpe), der Durchsitz, die lange Nacht, die Sperr-, Zehr-, oder Zerrnacht, der Blei ûf (Bleibauf), ein Rest der altheiligen Zwölfnächte um Neujahr, in denen die ganze Arbeit festlich ruhte, bis in die deutschen Gemeinden bei Pergine hinein. So ruht auch das Spinnrad und wird am Domestag (Thomastag, 21. Dezember) oder am letzten Donnerstag vor Weihnachten oder auch in der Neujahrsnacht gesperrt. Da geht's hoch her. Die Burschen traktieren die Mädchen mit Bier und Hering oder mit Würsten und Schwartenmagen oder im reichen badischen Hanauerland sogar mit Gänsen, die Mädchen aber spenden Kuchen (die dünnen Bletze) mit Kaffee. Bis in den Morgen hinein wird gesungen und gesprungen. Hat eine ostfriesische Magd um Norden ihre zwölf Stück Flachs in einer Woche nicht gesponnen, so fährt sie der Großknecht auf einem Mistkarren auf den Misthaufen und wirft sie dort um. In Braunschweig mußte die faule Magd den Bullen rien, um Soest wurde sie auf einen Esel festgebunden und also durch den tiefsten Dorfteich gejagt. Eine tüchtige friesische Spinnerin fordert in Norden wohl zum Wettspinnen heraus, indem sie über der Küchenthür des Nachbarn einen Bund reinen Flachses und eine Spindel mit einem Zettel aufhängt: De Flaspiep is uphangen. Die Siegerin wird bekränzt und das eingelegte Geld verjubelt. In Braunschweig spann man in der *Rûmwôke,* der ersten Woche nach Neujahr, um die Wette. In Oberösterreich stehen bis zum h. Dreikönigstag die Rocken mit Tüchern sorglich verhüllt in der Dachkammer. Spinnt ein Mädchen dennoch in den Zwölfnächten, so schaut ihr Frau Holle, Frau Fasten plötzlich ins Fenster herein und dreht ihr den Hals um. Die spinnenden Hände ruhen, aber nicht die Liebesgedanken. Am Thomastage oder in der Christnacht sucht das Mädchen den Liebsten zu erkunden (s. unten). Danach aber hebt das Spinnen wieder an, bis Lichtmeß (2. Februar); denn Lichtmeß 's Spinne vergeß, d' Supp beim Tag eß, oder bis Fastnacht. Wenn die Mädchen dann noch Flachs auf dem Wocken haben, so zünden die Knechte ihn im Westfälischen an. Zu Fastnacht giebt's noch eine kleine Schlußfeier, den *Schmûz*, mit Küchlein und Speck. Dann beginnt die Frühlingsarbeit und die Frühlingsfreude im Freien.

Das sommerliche **Tanzvergnügen** läßt sich nicht in die Stube bannen, es tobt sich in Scheunen, auf größeren Tanzböden und hier und da auch noch unter der Dorflinde, auf einer Wiese, am Waldesrande aus. Die Tanzlust der Bauern hat wohl eher ab- als zugenommen; hier ist die katholische Geistlichkeit streng dagegen eingeschritten, so daß z. B. in mehreren Orten des badischen Amtes Bühl seit vielen Jahren kein Tanz mehr gehalten wird, und dort hat der Calvinismus in manchen holländischen Dörfern diese Lustbarkeit, die uns aus den Bildern des jüngeren Teniers und Ostades so übermütig entgegensprudelt, vollständig unterdrückt. Auch in der schönen Ramsau mitten im tanzfreudigsten deutschen Stamme, dem bayerischen, haben an den drei einzigen Tanztagen des Jahres oft alle Buben zusammen nur drei oder vier Tänzerinnen, weil die meisten Mädchen dort nicht tanzen können. Auch anderswo ist das Tanzen auf möglichst wenige Tage beschränkt.

Früher tanzte in Siebenbürgen die Bruderschaft alle Sonntag nach der Vesper, jetzt nur viermal im Jahre. Noch öfter als der Tanz selber ist der früher stets mit ihm verbundene Gesang weggefallen und außerdem manche feinere Anstandsform. In der Baar, wie vielleicht noch im Isarwinkel, schickte der Bursche vor dem Tanz einen Fürsprech ins Haus seiner Auserwählten, der die Eltern um Erlaubnis zum Tanz mit ihr bitten mußte, worauf sie ihm dann ihre Tochter mit ernsten Worten anvertrauten. Auch um St. Blasien holt wohl noch ein Kamerad, nicht der Bursch selber, das Mädchen vom Elternhause ab. In der Baar überließ zuweilen die Tänzerin willig ihren Burschen einer jungen Frau, die mit ihrem Kind auf dem Arm sehnsüchtig dem Tanze zuschaute, und hütete derweil das Kleine. Am Lechrain schickt der Bursche der Mutter seiner Tänzerin einen Krug Bier und ein Paar Bretzeln zu tröstlicher Labung. In Niederbayern gehen die Burschen ohne ihre Mädchen zum Tanz, bescheiden warten diese unfern der Thür des Tanzbodens auf die Ladung. Im bayerischen Gebirge wird jede Ledige, die ein Kind gehabt, vom Tanze weggewiesen. Mit dem alten Hochzeitsbrauch der dreimaligen Umführung der jungen Frau um den Herd mag die Dreizahl der Vor- oder Ehrentänze, mit denen das eigentliche Fest nach der Trauung anhebt, zusammenhängen. Nach diesem Vorbild tanzen dann auch auf der Kirchweih (Kilbe) die Kilbeknechte mit ihren Kilbejungfern drei Tänze allein und die siebenbürgische Bruderschaft ihre drei Reihen selbst in der drückendsten Hitze in ihren Kirchenpelzen, die sie erst danach ablegen.

Die ältesten Tänze waren Reihentänze, Reigen, in deren Mitte oder denen voran ein Tänzer oder ein Paar tanzte. Der Biparendans, wie Neocorus ihn nannte, der allgemeine Rundtanz von zwei sich Umfassenden, kam nach ihm z. B. in Ditmarschen erst um 1550 auf. Der Vortänzer des Reigens war auch der Vorsänger. In den Kehrreim seines Liedes fiel der Chor ein. Noch heute beutet ein prahlerischer Bursch in Bayern gern das Recht des Vortanzes aus; unter einem übermütigen Schnadahüpfl wirft er den Spielleuten immer wieder das Tanzgeld zu, um mit seinem Dierndl allein weiter herumtanzen zu können. Wenn in

Tirol ein Erzrobler (raufer) einen Tanz anfrümt, so müssen die anderen warten, bis es ihm beliebt aufzuhören. Sie aber antworten ihm mit Trutzliedern, und bald ist die Rauferei im schönsten Gange. Im Norden sang man gern Balladen zum Tanz, so die Fischer der Färöer das Siegfriedslied, die Ditmarschen das Lied von ihrem Sieg bei Hemmingstedt. Solche großartige Begleitung scheint weiter südlich nicht bekannt. Doch hatten auch die Maireigen am Vorgebirge zwischen Köln und Bonn noch vor kurzem balladenartige Liedbegleitung. Von der Schweiz bis nach Thüringen ist die schöne Liebesstrophe bekannt:

's isch no nit lang, dass g'regnet hett,
Die Studele (Büsche) tropfe no.
I han emol 'n Schatz gehett,
I welt, i hett ihn no.

Sie wird zum Tanz gesungen nach einer uralten Reigenmelodie, die zugleich eine Probe von der Weitherzigkeit einer solchen giebt. Denn sie kehrt auch in der sogenannten Jubelmelodie der Echternacher Springprozession und in unserem Kinderreigenlied Fuchs, du hast die Gans gestohlen wieder. Aber die Tanzlieder begannen seit der Mitte des siebzehnten Jahrhunderts zu verstummen, weil in den Schrecken des dreißigjährigen Krieges die Reigen im Freien nicht mehr gewagt wurden, das fremde Kriegsvolk viele ausländische Tänze eingeführt hatte und die Instrumentalmusik immer mehr die menschliche Stimme übertönte. Wo sich der Sang noch heute erhalten hat, besteht er jetzt gewöhnlich in drolligen Scherzliedern z. B. von Adam und Eva. Bei Basel und Freiburg i. B. hört man:

Hopsa Lisele, lupf d'r Fuess,
Wenn i mit d'r tanze muess,
Mit d'r tanze kan i nit,
Wenn d'r Fuess nit lupfe witt (willst).

In Schlesien singt man zu dem alten Deutschen, einem Erntetanz, Der Gugug uf dam Zaune saaß, Gugug! und andere, in Norddeutschland:

Wenn hier en Pott mit Bohnen steit
Un dår en Pott mit Bri,
Denn låt ik Bri un Bohnen stån
Un dans mit mîn Marie

oder auch Wenn de Pott en Lok hett u. s. w.

Nicht nur die menschliche Stimme, sondern auch der tiefere Sinn des alten Reigens machte die Tanzbewegungen viel mannigfaltiger, bedeutsamer und teilweise auch schöner. Die höchsten Natur- und Familienfeste gipfelten im Tanz. Schon in der Hirtenzeit verschmolz mit dem jungen Grün, dem Vogelsang, dem fröhlichen Ausschwärmen der Herden die Liebes- und Tanzlust der Menschen, wenn der lustige Mai, wie es in einem Borner Maireigen heißt, dahergeruschen kummt. So toll tanzte man um den Maibaum bei Aurich, daß man dort beim Reigen rief: Maiboom! Maiboom! holl di faste! Schon nach Wittenweilers „Ring“, einer Anstandslehre des fünfzehnten Jahrhunderts, wurde in einem Reigen im Mai ein Mädchen nach dem anderen einem Burschen nach dem anderen als Verlobte zugesprochen und in der Eifel noch in diesem Jahrhundert, vielleicht noch jetzt hier und da, dem Meistbietenden versteigert, zum **Mailehen.** Der Bursche hat das Recht, mit dem ersteigerten Mädchen während des Sommers zu tanzen bis zur großen Bohnenblüte und steckt seiner Maifrau einen schönen Maien auf das Dach, während sie seinen Hut für den Tanz mit Bändern und Blumen schmückt. Jenes alte Reigenlied haben die Rheinländer bei Bonn und die Deutschen in Litauen noch in unserem Jahrhundert festgehalten, die Sitte der öffentlichen Versteigerung oder Zuteilung aber ist am ganzen Mittelrhein von Jülich bis in die Rheinpfalz und in die Wetterau und Hessen hinein nachweisbar; im Amte Gifhorn kabeln d. h. losen die Burschen die Mädchen aus einem Hute aus. Neben den Maireigen fällt besonders der einst in ganz Deutschland bekannte, jetzt fast vergessene **Siebensprung** auf, den man aber z. B. noch in Baale, Amt Rendsburg, tanzt. Bei den zwei ersten Sprüngen berührte man mit den Knieen, bei den nächsten zweien mit den Ellenbogen, bei den zwei folgenden mit den Händen die Erde, die man beim siebenten mit der Nase oder dem Munde berührte. So oder ähnlich wurde er nach einer alten in der Mark, in Thüringen und am Niederrhein bekannten Liedweise zu Ostern oder zur Kirchweih, beim Erntefest oder bei Hochzeiten aufgeführt, und vielleicht verdient Beachtung, daß nach einer älteren Notiz ein Munderkinger auf der Hochzeit nach jenen drei erwähnten „ehrbaren Tänzen" der Sprünge sieben macht. Denn auch die alten Inder verknüpften bei ihrer Hochzeitsfeier mit der dreimaligen Umführung der jungen Frau sieben Schritte. Es wären weiter zu verfolgen, beziehungsweise landschaftlich abzugrenzen, der bewegungsreiche, packende bayerische **Schuhplattltanz**, der mit seinem Klopfen und Kreisen und Radschlagen die Werbung eines Auerhahns um eine Henne darstellen soll, und der vornehmste und vielleicht älteste, der **Schwerttanz**, der noch in unserer Zeit oder vor kurzem aufgeführt ist in Hermannstadt in Siebenbürgen, in Lambach in Oberösterreich, in Steiermark, Hallein, Ried im Innviertel, in Überlingen am Bodensee und bei Brilon im Paderbornischen, zum Teil noch mit einem langen gereimten Gespräch zwischen dem Vortänzer, der einen Tänzer nach dem anderen aufruft, und dem Aufgerufenen, der unter Absingung eines Spruches die taktmäßigen Sprünge ausführen muß. Außer dem Schwert scheinen weiße Bekleidung und Schellen an den Hosen die wichtigsten Ausstattungsstücke der Tänzer zu sein. Seinen Höhepunkt erreicht der sehr figurenreiche und schwierige Tanz, wenn auf den durch Kreuzung der Klingen gebildeten Stern oder die Rose der letzte Tänzer springt und von dort herab eine Rede hält, der König. Aus den Personen des Spiels, von denen eine getötet, eine andere als siegreicher König verherrlicht wird, und aus der Zeit der Aufführung darf man schließen, daß auch in diesem uralten Kampfspiel der Sieg des Sommers über den Winter dargestellt wurde. Die **Hut-** oder **Holzäpfle-** und die **Hammeltänze**, die auf den Gewinn eines Preises hinauslaufen, scheinen weiter verbreitet; aber ist der **Hahnentanz**, bei dem das Mädchen seinen Tänzer auf den Knieen bis zur Berührung mit einem aufgehängten Glase emporhebt, auch außerhalb der Baar und Schwabens bekannt? Wie sind die Figurentänze der Gutacher im Schwarzwald beschaffen? Schön nähern sich wieder die beiden

Geschlechter in den **Johannistänzen**, wenn sie, wie am Lech, Hand in Hand durch das Sunnwendfeuer springen:

Unterm Kopf und oberm Kopf
Thu ich mei Hütl schwinge,
Madl, wenn du mi gern hast:
Durchs Feuer musst mit mir springe.

Ließen sie sich im Sprunge nicht los, so gab's eine Hochzeit im elsässischen Wilwisheim. In Bayern führt der Bursch darauf sein Mädchen zum Met; das giebt Schönheit und Stärke. Und nun geht's zu den **Ernte-** und **Kirmeßtänzen**, die die Platzmeister einst oder noch (?) unter der Linde feierlichst leiteten drei Tage hindurch, zu den **Flachsbrech-** und **-schwingetänzen** im Herbst und den einzelnen Hochzeits- (oder auch Kirmeß-) tänzen z. B. dem von Österreich bis nach England verbreiteten **Kisseletanz** oder **Küssetanz**. Diese älteren mehr oder minder reigenartigen Tänze sind in den meisten Gegenden seit dem dreißigjährigen Kriege nach und nach durch fremde Tänze verdrängt worden.

Der Sommer bietet noch viele andere Gelegenheiten zur Bekanntschaft dar. Wo man **Gesang** liebt, haben Sonntags abends die Burschen und Mädchen ihre Abendmärkte, an denen sie am Mittel- und Oberrhein in zwei Reihen hintereinander auf der Landstraße ihre Stimme erheben, daß die Weisen, oft choralartig, weithin durch die laue Nacht klingen. Ähnlich in Schwaben und gewiß noch in vielen anderen deutschen Landschaften. Eine alte Form der Liebeswerbung ist das noch hier und da erhaltene **Kranzsingen**: die Jünglinge singen in der Neujahrsnacht ein Lied vor der Thür ihrer Liebsten und erhalten von ihnen einen Kranz, werden auch wohl ins Haus gelassen und dort bewirtet. Dem entspricht im oldenburgischen Heideland das Werfen der Wäpelrod, eines Weidenstabes mit Herz und Krone, ins Haus einer Freundin, wobei ein Reim gesprochen, aber nicht gesungen wird. In den meisten Gegenden ist das **Maienstecken** für die jungen Mädchen üblich, oft als Zeichen der Achtung sämtlicher Burschen des Dorfes, so daß etwa jede Tochter eines Hauses einen besonderen Maien von verschiedener Größe erhält, oder als Ausdruck der Liebe, ja als ein Heiratsantrag des Liebhabers allein. Am Namenstag, auf der Kirchweih, bei der Ernte fehlt es nicht an gegenseitigen Geschenken. Auch die noch feinere Blumensprache kennt der Bursche im Salzburger Pongau wohl, wenn er für den Buschn (Strauß), den das Dierndl haben soll, Veilchen, Steinnelken, Klee, Schmalzblümlein, eine Klette, Hagebuttenstaude und Weidenkätzchen zusammenliest!

Den innigsten Bund pflegt in der Kommnacht das Fensterln, Gassln, Gasselgehn, Fugen, der Kiltgang, die Frei, das z'Liecht gehn oder sitzen, Menschern, Korteln, ûf Kareß gehn u. s. w. u. s. w. zu begründen. Diese Sitte ist fast durch das ganze Deutschland verbreitet, vom steirischen Ennsthal herab, wo der Gasselbub erst vor dem Fenster auf der Maultrommel musiziert und dann seine oft unglaublich derben Gasselsprüche hineinflüstert, bis nach Fehmarn, wo der Freier bis vor etwa zwanzig Jahren stets einen Halfter in der Tasche trug, um ihn einem der frei weidenden Pferde anlegen und dann zu seiner Auserwählten jagen zu können. Der Besuch pflegt an den drei Speck- oder Fleischtagen, Dienstag, Donnerstag und Samstag oder Sonntag, stattzufinden, in Siebenbürgen nur zwischen der Korn- und der Halerernte. Und wie das Tiroler Mädchen in seinem Schrank ein Fläschchen Branntwein für seinen Gaßler hat, so ist auch die Schlafkammer der Fehmarnerin mit Speise und Trank ausgestattet. Es gilt für keine Schande, sich dem Freier hinzugeben, ja die Eltern begünstigen das, indem sie z. B. in Fehmarn, sowie in Overyssel und gewiß an vielen anderen Orten ihren heiratsfähigen Töchtern eine abgelegene Kammer zuweisen, in der sie ungestört mit ihren Liebhabern verkehren können. Und dieser Brauch verschuldet es vorzugsweise, daß die deutschen Mädchen an Sittsamkeit von den französischen und italienischen übertroffen werden, während jene als Frauen die eheliche Treue besser zu bewahren wissen als ihre romanischen Nachbarinnen und auch als ihre eigenen Ehemänner.

Übrigens läuft das Gasselgehen gewöhnlich in eine Ehe aus. In Gottschee waren bis vor fünfzig Jahren uneheliche Kinder unerhört; heute heiratet in der Regel der Bursch hier, wie wohl in den meisten Gegenden, das Mädchen, wenn es ihm ein Kind geboren hat. In Mittelschlesien um Breslau beträgt die Zahl wirklich jungfräulicher Bräute kaum noch ein Drittel der Gesamtzahl. Anderswo mag es noch schlimmer stehen. Der Prozentsatz der unehelichen Geburten ist in den Gebieten mit Einzelhöfen höher als in den Dörfern. Hat ein reiches Mädchen sich mit einem armen Burschen eingelassen, so bedauert man es; doch bald pflegt ein reicher Freier es gern heimzuführen, die Kuh mit dem Kalb. Ehelicher Unfriede oder gar Ehebruch seitens der Frau ist Ausnahme, bei jenem sterben die Bienen in ihren Körben ab, und diesen straft Gott an dem sündigen Bauern in Tirol mit Reif und Frost. Gründliche Kenner behaupten, daß das eheliche Verhältnis der Bauern z. B. in Thüringen in den letzten Jahrzehnten ein innigeres geworden sei.

Ihren Entschluß, einen Burschen als ihren Schatz anzuerkennen, drücken die Mädchen bei der Heimkehr von der Spinnstube oder beim Tanz, wie wir gesehen haben, oft durch eine bestimmte symbolische Handlung aus, am schönsten die junge Siebenbürgerin. Verspricht nämlich diese dem Burschen eines anderen Hofes, sie wolle ihm Hafer führen helfen, und sitzt sie dann am Erntemorgen hinten in seinem langen Erntewagen auf dem glatten Wiesenbaum, so ist das die erste Kundgebung vor Gott und der Welt, daß sie ein Paar werden wollen. Überall in Deutschland gilt das Sitzenlassen eines zu Fall gebrachten Mädchens für eine Schlechtigkeit. In Tirol wird einem Burschen, der ein Mädchen mißbraucht hat, der Hosenlatz weggeschnitten und an die Brunnensäule genagelt; dem Mädchen, das mit Auswärtigen oder Soldaten zu thun hat, schneidet man die Zöpfe ab und nagelt auch diese an die Brunnensäule. Auf den nordfriesischen Inseln verbanden Vermummte einen bösen Umgangs Verdächtigen die Augen, zerrten ihn über Stock und Stein bis an den Rand eines Abhangs oder eines offenen Grabes und überließen ihn dann seinem Schicksal. Das hieß Trakkin d. i. Ziehen. Einem untreuen Mädchen, zumal wenn es mehrere Liebhaber hat, stecken die Burschen statt des Maien in vielen Gegenden einen Besenstiel, einen Strohbutz(mann) und dergleichen auf oder vor das Haus und streuen Häcksel und Sägemehl von ihrer Thür bis zu der ihres gegenwärtigen Liebhabers oder gar bis zum Bullenstall. Hatte in der Eifel ein Mädchen schon beim Maifest ihre Ehre verloren, so wurde die Dorflinde „gescheuert“ d. h. der Rasen um dieselbe aufgebrochen und erneuert. So zaudert das Volksgericht nicht, das kirchliche, das wir schon bei der Taufe des unehelichen Kindes kennen lernten, zu verschärfen. Auch dürfen Bräute, die schon ein Kind tragen, bei ihrer Hochzeit nicht im Brautkranz vor den Altar treten und werden nicht bei brennenden Kerzen getraut.

Neben den aus flüchtiger oder ernster Neigung hervorgerufenen ehelichen Verbindungen nehmen auf dem Lande, namentlich im eigentlichen Bauerntum, die Vernunftehen, oder besser gesagt, die Konvenienz- und Geldheiraten den breitesten Raum ein. Zumal der wohlhabende Bauer, dem das Heim mit dem Gut zu Feld, Wiese und Holz über dem Geschlecht steht, sieht auch bei der Eheschließung seines Kindes weniger auf die Herzensneigung als auf einen rechten Hof. Nicht der Bursch heiratet das Mädchen, sondern der Acker den Acker, der Weinberg den Weinberg, das Vieh das liebe Vieh. Die Eheschließung mit ihrem alten Brautkauf, ihrer Mitgift und Gegengabe war und ist noch heute im wesentlichen ein Geschäft. Darum ist auch in manchen Gegenden, wenn der Vater des umworbenen Mädchens den Hof des Freiers nicht kennt, die notwendigste Maßregel die sog. Beschau. Er fährt mit Frau und Tochter hinüber und besichtigt genau das Haus vom Keller bis zum First, klopft auch hin und wieder an einen Balken, zu horchen, ob er nicht morsch sei, und prüft darauf jedes Stück Vieh und Feld, Weide und Wald. Man heiratet also gewöhnlich nicht nach Gernhaben, und meist folgt die Tochter dem Willen der Eltern ohne Herzweh und hält die Ehe treu. Das wird erleichtert dadurch, daß auch ein Bursche oder ein Mädchen bei der Wahl der oder des Geliebten selten die durch die Besitzverhältnisse gezogenen socialen Schranken durchbricht. Leidenschaftliche Kämpfe Liebender sind seltene Ausnahmen, aber Liebschaften werden oft viele Jahre, zehn und mehr, bis zum endlich erreichten Eheschluß ohne Wanken auch in der Trennung unterhalten. Auch Liebeszauber wird angewandt. Liebe zu erwerben und zu bewahren, trägt das fränkische Mädchen wohl die Wurzel oder die Blüte des Liebstöckels bei sich, der oldenburgische Bursche seine Glückshaube (S. 103). In innigem Gruße an den lieben Abendstern bittet das Mädchen, wenn der Geliebte lau wird, auf sein Bett zu scheinen, bis er an mich denken thut. Schneidende, stechende Dinge, wie Scheren und Nadeln, dürfen sich Liebende nicht schenken, aber heimlich steckt er ihr in Schwaben drei Hahnenfedern in die Hand, oder näht ihr neun Stengel der Zaunrübe heimlich ins Kleid, oder sie legt ihm in Böhmen heimlich einen Rosenapfel oder Schlafkunz ins Bett. Liebesspeisen und Liebestränke entzünden noch lebhafter, denn ihnen ist vom eigenen Leibe Blut, Schweiß, Haar und Nägelschabsel beigemischt. Man bringt in Brandenburg zwei Liebende auseinander, wenn man eine Handvoll Erde, wo sich zwei Hähne gebissen, zwischen beide wirft. In der Hofkirche zu Innsbruck werden die Betstühle vor dem heiligen Antonius von Padua nie leer von Weibern, die um Kinder, und von Mädchen, die um einen Mann bitten.

Die Hochzeit mit ihrem Vorspiel und Nachspiel ist auch jetzt noch trotz der Zersetzung mancher ihrer Teile in vielen Gegenden ein festliches Kunstwerk, das aus drei verschiedenartigen Elementen zusammengefügt ist. Das Gerüste ist noch immer altgermanisch und zeigt an einzelnen Stellen sogar noch indogermanische Eigenheit. Aber seit der Bekehrung hat sich immer tiefer und fester die kirchliche Trauung mitten hineingeschoben, und endlich die Neuzeit manche Zuthaten und Änderungen eingeschmuggelt. Das so zusammengesetzte Ganze trägt, abgesehen von dem mancherlei geschäftlichen Wesen, das eben berührt wurde, und der kirchlichen Weihe der Centralhandlung, zwei besonders stark ausgeprägte Hauptzüge: 1) Die Hochzeit ist das wichtigste Familienfest und stellt als solches den Höhepunkt des Lebens zweier Menschen dar und 2) sie ist nicht nur Familien-, sondern auch Gemeindefest. Mit Recht ist daher der Name Hochzeit, der früher allen hohen kirchlichen und weltlichen Festen zukam, wie er noch jetzt z. B. in Tirol vom Weihnachtsfest gebraucht wird, der Vermählungsfeier belassen worden. Wolfram von Eschenbach gebraucht unseres Wissens zuerst das Wort in diesem Sinne, aber noch mit einem Zusatze: *der brûtloufte hôchgezît.* Der Ausdruck Brautlauf, der noch im 16. Jahrhundert hochdeutsch war, bezeichnet nur einen Teil des Festes und haftet jetzt nur noch in einigen Gegenden Westfalens, in Friesland, Angeln und Siebenbürgen, dann aber in Holland, Norwegen und Schweden. Daneben besteht noch das alte *Hîleich* Vermählungslied in der Form Hillig, Hilch auf der Eifel für Verlobung.

Wie auf einem Gipfel des Lebens berühren sich in dieser hohen Zeit Anstieg und Abstieg, Rückblick und Vorblick, Ernst und Freude, weshalb auch mitten in den tollsten Jubel sich feierliche Klänge einmischen, wie z. B. das Gebet für die Verstorbenen auf ihrem Grabe. Das Hemd, das die Braut ihrem Bräutigam schenkt, ist für die Hochzeitsnacht, aber auch für das Begräbnis bestimmt. Auf das Wetter, den Kerzenglanz am Altar, die Handreichung des Paares vor dem Altar wird peinlich geachtet, um daraus ein Bild der Zukunft zu gewinnen. Und wenn der Braut der Kranz abgenommen und sie auf alle Zeit dem Manne zugewiesen wird, so ist's ein Joch, eine „harte Buß". Und mächtig regt sich nicht nur in der allgemeinen Teilnahme an diesem Feste der Familiensinn, sondern auch der alte weitere Genossenschaftsgeist der ganzen Gemeinde. Es giebt noch Dörfer, wo zur Hochzeit nicht nur alle Verwandte (Freunde), sondern auch die ärmsten und fernsten Gemeindemitglieder von den höchsten Höfen und Zinken geladen werden, Freund wie Feind, freilich oft mit dem Hintergedanken, daß sie zahlen und gaben mögen. Im Lüneburgischen werden bis an 1000 zum Fest gebeten. An vielen Orten bekommt außerdem die ganze Schuljugend ihr reiches Teil von der hochzeitlichen Morgensuppe, und von dem Hauptschmaus trägt man die leckersten Bissen den Bekannten, Kranken und Schwachen hinüber, süddeutsch das Bescheidessen, den Armen ein Brot mit einem hineingesteckten Thaler. Wer sich vom Feste am ersten Tage wegstiehlt oder am zweiten Tage ausbleibt, wird mit Gewalt auf einem Karren triumphierend herbeigeholt, wie es ja auch zum Pfingstgelage geschah. Hier und da ist auch noch der Brautgürtel ein Eigentum der Gemeinde, der nach der Hochzeit wieder in ihre Lade gelegt wird. Auch läßt die Gemeinde ein Mädchen nicht ohne weiteres von sich ziehen, noch gewährt sie einer fremden Braut ohne weiteres Zulaß: Burschen und Mädchen spannen im oder vor dem Dorfe eine Schnur über die Straße, wenn sie auf ihrem Brautwagen hinaus- oder hineinwill, und ihr Auserkorener muß sie loskaufen.

Die Werbung, die in Tirol früher in Reimen vorgebracht werden mußte, hat meist schon alle Festigkeit verloren, wo die Sache von den beiderseitigen Eltern abgemacht oder durch eine direkte wortkarge Anfrage erledigt wird. Hier und da haben sich einige ältere Reste erhalten. Wenn der Werber den Eltern des Mädchens etwa noch nicht näher bekannt oder wenn er unsicher ist, so geht er nicht geradewegs auf sein Ziel los, sondern fragt zunächst mit beliebter Bauerndiplomatie durch die Blume beim Vater an, ob er Ochsen, ein Roß oder ein junges Fohlen feil habe, oder schon poetischer und deutlicher eine junge Kuh, eine Stärke. So in Franken, Schlesien und Westfalen. Darum heißt das Freien auch Kuhkaufen, auf den Stärkehandel oder ins Heu gehen oder auch auf die Jagd. Der Werber findet dann die Ware, wie man z. B. in der Baar das Vieh nennt, zu teuer und fragt dann: „Wie steht's mit der Tochter?“ Das scheint alte indogermanische Sitte. In einem ostindischen Liede redet der auf Freiersfüßen gehende Held den Vater des begehrten Mädchens an, „Nun, Herr Vater, wie ich höre, sind in euerm Hause hier Ochsen, die ihr wollt verkaufen?“ Der slavische oder romanische Bräutigam, z. B. in Istrien oder auf Sardinien, oder sein Vertreter fragt im Hause der Braut vor der Hochzeit oder auch schon vor der Verlobung an, ob nicht eine Taube, ein Rebhuhn ins Haus geflogen, ein Schäflein, eine weiße Kalbe hereingelaufen sei. Als ob sich Werbeformeln der Jäger- und Hirtenzeit noch in unsere Zeit verirrt hätten! Die Siebenbürger zeigen auch hier wieder ihre Redelust: ein vom Burschen bestellter Wortmann muß in vielen frommen Worten das Gesuch vortragen. Anderswo besorgt das der Göte (Pate) oder der Vater oder auch ein bezahlter Kuppler oder Schmüser, der sich dadurch ein Paar Schuh der Hölle zu verdient oder ein Hemd oder ein Paar lange Stiefel. In einzelnen Gegenden, wie im Harmersbacher

Thal, im Schwarzwald, muß das Mädele, auch wenn es den Werber gern hat, stolz sein und ihn zweimal abweisen, erst zum drittenmal annehmen. Im Fall der Absage holt er sich einen Korb und darf für den Spott nicht sorgen: ein Stallbesen oder sonst ein schimpfliches Abzeichen wird ihm auf den Dunghaufen gepflanzt. Bei den alten Ditmarschen setzte man eine Schaufel vor die Thür als Zeichen der Abweisung: he heft de Schuffel bekamen. Meist weiß sich der Abgewiesene bald zu trösten und feiert nicht selten als heiterster Hochzeitsgast die Vermählung seines glücklicheren Mitbewerbers mit. Im Fall der Zusage erscheint das Mädchen vor dem Burschen in der Stube, und es giebt eine Pfanne voll Eier mit Speck und Kirschwasser, oder er bekommt Käs oder den Sack im Südwesten.

Nach der Beschau (S. 166) folgt dann die Verlobung, die volkstümlich Verspruch, Hîret (Heirat) oder Hîriß, Heiratstag, Hillig, Stuhlfeste, Brautkauf, Festenen, Festmaken heißt. Der Vater oder Vormund des Mädchens verbürgt sich, die Braut dem Bräutigam zu übergeben, und der Bräutigam, sie zur Gattin anzunehmen. Darüber hinaus wird jetzt aber auch vertragsmäßig die Erbschaft und das Lîbding oder Altenteil, die Abfindung der Alten nach Abgabe des Hofes, festgestellt. Sinnbildliche Pfänder (Wetten) und ein Eid oder ein Handschlag bekräftigen das Verlöbnis. Danach heißt dieses auch kurzweg der Handstreich, Handschlag, die Handfest', nordfriesisch Handfestung. Die alte Auffassung der Ehe als eines Kaufes tritt noch deutlich hervor. Wie schon die altfränkische Braut einen Solidus (Schilling) und einen Denar (Pfenning), so erhält die Braut vom Bräutigam am Brenner Harre d. i. Arrha, in der Eifel das Handgeld, um Iserlohn um 1850 die Trügge, Treue. Um dieselbe Zeit wurden noch in der Gegend südlich von Leipzig Thaler statt der Ringe gewechselt, und in Iglau tauschen noch die Brautleute Silbergeld. In Mittelfranken giebt der Bräutigam die Ehethaler, lauter blank geputzte Thaler. In Donaueschingen schenkte der Bräutigam eine absonderliche Münze, in Kirchhofen bei Freiburg eine goldene oder vergoldete Medaille mit einem Blumenkorb auf der einen, dem Dreieinigkeitsauge auf der anderen Seite. Der Ring kam wohl von den Römern zu den Deutschen und wurde vom Bräutigam der Braut überreicht mit dem Handgelde oder an dessen Stelle. Ein Ringwechsel ist noch an vielen Orten ungebräuchlich. Häufiger scheint jener Ring von Silber als von Gold. Die Braut erhält aber auch schon in der Zeit Gregors von Tours, im 6. Jahrhundert, wohl Schuhe von ihm und auf Helgoland eine Kette mit einem silbernen oder goldenen Herzen. Zu den Fingerringen kauft der Bräutigam im tiroler Orte Proveis unter anderem rote Strümpfe. Sie schenkt ihm dort und in Schwaben und in Südwestfalen ein von ihr selbst gesponnenes oder doch genähtes oder auch nur gekauftes Hemd. Trägt er es am Hochzeitstag, so bleibt er ihr sein Lebelang treu. Mit seinem Hochzeitshemd wird er an manchen Orten in den Sarg gelegt. Die Brautleute spenden aber auch wohl den Mitgliedern der anderen Familie Geschenke, die Braut namentlich Hals- oder Schnupftücher, die Brutstücke, wie sie schon in einer Landauer Verordnung von 1513 heißen, die altbayerischen Ehrungen. Auch Kränze und künstliche Blumen. Am Verlobungsfest nehmen die Freunde und Verwandten teil, und Speise und namentlich Wein, der schwäbische Festwein d. h. Befestigungswein, oder Branntwein wird dazu aufgetragen. Die Ditmarschen tranken aus einer neuen Eschenholzschale, dem Lövedebeker. Ist es altes oder jüngeres Recht, daß nach dem Handschlag der Bräutigam bereits bei der Braut schlafen darf? Jedenfalls beginnt danach vielerorts gewöhnlich die eheliche Gemeinschaft. Dennoch pflegt sich nicht gern die gegenseitige Liebe vor anderen weder durch Wort, noch durch Benehmen zu verraten. Das heißt albern. Als Norm gilt in Thüringen Gleichalterigkeit der Gatten.

Weit verbreitet ist die Sitte in Baden, daß das Brautpaar der Verkündigung von der Kanzel herab, von der es heruntergeworfen, abekeit wird, nicht beiwohnt, sondern an dem betreffenden Sonntag lieber ins nächste Dorf zur Kirche geht. Im Braunschweigischen dürfen Verwandte der Aufzubietenden nicht zugegen sein. Am Kaiserstuhl dagegen sitzt die jungfräuliche Braut an den zwei oder drei Sonntagen vor der Hochzeit mit ihren Gespielinnen zum letztenmal mit dem Kranz vorn im Stuhl, unter der Flügelhaube die Zöpfe mit schwarzem Band durchflochten. Auch im tiroler Orte Proveis müssen beide Brautleute beim zweiten und dritten Aufgebot gegenwärtig sein, nicht aber beim ersten. Und bemerkenswert ist, daß überhaupt die Brautleute mancherorts schon 14 Tage vorher schwarze Kleidung tragen. Wer in Hessen feierliche Einsprache gegen ein gerichtliches Urteil erhob, warf seinen Hut in die Gerichtsbänke hinein und ebenso eine Hanauerin als Protest einer Eheverkündigung ihre Mütze in die Kirche. Noch geschieht's in Söll in Tirol, daß, wer einen Neid gegen eine Heirat hat, bei der ersten Verkündung seinen Hut in der Kirche auf den Boden wirft. Dann ist die Hochzeit verboten.

Der letzten Verkündigung folgt die Einladung. Entweder ladet das Brautpaar selber ein oder der Bräutigam mit dem Ehrengesell und die Braut mit dem Gespiel oder der Ehrenjungfer oder nur der Brautführer oder Brüder der Brautleute, oder bestimmte Personen sind Hochzeitslader oder -bitter, niederdeutsch Ummebidders. Den Hut oder den Stab bunt bebändert oder bekränzt, hier und da auch wohl noch mit einem Säbel bewaffnet, kündet er sich im Gebirgslande wohl durch einen Schuß an oder klopft mit einem Stab an die Thüre und ladet nach einem Jauchzer mit einem kurzen oder langen Spruch ein. Es giebt deren unzählige. Der schließt im Badischen z. B. mit dem treuherzigen Versprechen: Wenn mer Eu gegendiene könne, so wen mers (wollen wir es) due in Freud und Leid, lieber in Freud als in Leid. Und der saterländische Bitter empfiehlt: *Hûs op e Balken, Ladere in e Sood,* d. h. den Hausrat auf den Boden zu schaffen und die Bodenleiter im Brunnen zu verstecken, daß die Geladenen ohne Sorge für ihr Heim sich ganz der Hochzeitslust hingeben können. Ausführlich sind diese Sprüche namentlich in Lüneburg und Mecklenburg. Der Lader wird bewirtet und beschenkt und erfreut sich gewöhnlich großer Heiterkeit. Er zeichnet in Mittelfranken beim Abschied einen Houzatstraußn an die Stubenthür. Der ladenden alemannisch-schwäbischen Braut wird in jedem Hause ein Stück Brot, Glücksbrot, abgeschnitten und aus all diesen Stückchen wird dann die

Hochzeitsmorgensuppe bereitet. Das Paar wird dadurch in die Brot- und Hausgenossenschaft der Gemeinde aufgenommen. Die Franken nehmen es mit der Ladung am genauesten, wie einst ihre freien Vorfahren, denn die salischen Franken mußten dreimal, die ripuarischen sogar siebenmal zu Gericht entboten werden. So wurde in der Eifel der Nachbar doppelt zur Hochzeit geladen. Im badischen Unterlande, das noch fränkisch ist, wird an manchen Orten sogar dreimal geladen, und nun gar in Siebenbürgen, das von Eifelfranken besiedelt ist, wird Tags vorher die Verwandtschaft bis ins sechste Glied, dann am Hochzeitsmorgen und auch wohl noch zu jedem neuen Essen von neuem geladen. Wer nur zweimal geladen ist, fühlt sich beleidigt und bleibt lieber aus.

Die Vorfeier naht: Der Polterabend, westfälisch Vorzech, Vorbier, im Grabfeld die Hünnerhachzich (Hühnerhochzeit), an der badischen Kinzig die Schäppelhirsche (d. i. Brautkronenhirse), kärntisch Kranzelbindabend, vorarlbergisch Maineta, weil die Braut an die Gäste des morgigen Festtags Maien verteilt, oder auch Gunkel-, Nacht- oder Vorhochzeit, siebenbürgisch Balenowend nach dem üblichen Balekächen (Kuchen) u. s. w., alle mit teilweise sinnigen, überwiegend aber laut lärmenden Gebräuchen. Bald wird in den Häusern beider Brautleute, bald in ihrer einem gefeiert, bald um der Braut den höchsten jungfräulichen Schmuck anzulegen, bald, um den ledigen Burschen eins aufzuwichsen, ihnen Abstand zu zahlen. Auch pflanzen an diesem Abend wohl die Burschen zwei Tannen vor die Thür, die die Mädchen mit Bändern schmücken, und zwischen beiden Bäumen wird ein mit einem Reimspruch versehenes Schild aufgehängt. Die anderweitigen Vorbereitungen, namentlich die auf Speise und Trank gerichteten, werden hier übergangen, nur nicht der Brautwagen, das Brautfuder, der Käste-, Kisten-, Kammerwagen u. s. w., der, vom Bräutigam geschickt, die Aussteuer der Braut herüberholt. Er besteht in streng auf alte Sitte haltenden Landschaften aus aufgeschlagenen Betten, möglichst bunt bemalten Kästen (Schränken), einem Spinnrad mit rotbebändertem Wocken, auch wohl noch einer Wiege, dazu Leinen und Frucht und sogar Schinken. Hinterdrein wandelt noch in wenigen Orten die schönste Kuh aus dem Stall des Vaters, die Brautkuh, die die alten Inder auch kannten, die auch Tacitus gekannt zu haben scheint. Lebhaft tritt noch die rote Farbe bei diesem Aufzuge hervor. Ein rotes Band trägt diese Kuh und ist in die Peitsche des Fuhrmanns geflochten u. s. w., wie denn auch rote Strümpfe, Röcke, Hüte, Banner oft hervorgehoben werden und rot der Stein im Brautring ist. Bald nach seiner Abfahrt vom Hause oder vom Dorfe oder auch in der Nähe des zukünftigen Wohnsitzes wird durch einen großen Teil Deutschlands dem Brautwagen ein Seil, auch dies um Iglau mit flatterndem roten Tuch, vorgespannt, in altertümlichster Form im südlichen Baden und in Tirol, wo man es gegen ein Lösegeld des Bräutigams nicht einfach fallen läßt, sondern mit einem Säbel durchhaut, nachdem eine längere Rede und zuweilen auch Gegenrede gehalten worden ist. Solche Verhandlung kennt man auch auf der Eifel. So wird die Braut ihrer Gemeinde abgekauft und in die neue hineingekauft. Auch streut der Bräutigam unterwegs vom Wagen herab Geld, Kuchen, Äpfel und Nüsse unter die Kinder in die Grabbel. Der Empfang des Brautwagens im zukünftigen Heim hat einen ernsteren, im oldenburgischen Saterland und um Iglau, wo verheiratete Weiber auf dem Wagen sitzen, einen ausgelassenen Polterabendcharakter. Der Fuhrmann, der Schreiner, die Nähterin spielen hin und wieder eine bedeutendere Rolle bei der Fahrt, und die Musikanten.

Die Hochzeit fällt gewöhnlich in die Ruhezeit nach dem völligen Abschluß der Ernte, in Siebenbürgen auf den Katharinentag, den 25. November, an dem dann oft mehrere Hochzeiten in einem Dorfe gefeiert werden. Anderswo wird um Neujahr Hochzeit gemacht. Der Mai ist durchweg verpönt.

Die beliebtesten Tage sind seit alters der Dienstag (alemannisch Zistig) und der Donnerstag, wahrscheinlich weil sie den alten Hochzeitsgöttern Tiu oder Ziu und Donar geweiht waren. Der nordische Donnergott heiligte den Ehebund, indem er der Braut seinen Hammer auf die Kniee legte, und im Böhmerwald sucht die junge Frau, wenn es über dem Brautzug donnert, rasch einen schweren Gegenstand zu heben, dann wird ihr Gesundheit und Stärke zu teil. Gerade des Donnerns halber wird der

Donnerstag im Lüneburgischen gemieden. Den Dienstag hat an manchen Orten der Montag verdrängt, wohl aus praktischen Gründen, aus denen in städtischen und Fabrikbezirken auch der Samstag und anderswo der Sonntag vorgezogen wird. Mittwoch und Freitag werden in den verschiedenen Gegenden sehr verschieden angesehen, in Süddeutschland gelten sie überhaupt für Unglückstage, an denen nur die Ungeschickten oder Lausigen heiraten oder gar die gefallenen Mädchen, und Zeit seines Lebens behält ein solcher Hochzeiter den Spottnamen: Fritigsmichel. Am Freitag starb der Heiland. Dagegen ist z. B. im Oldenburgischen, in Holstein, der Altmark und Henneberg gerade der Freitag ein beliebter Hochzeitstag, vielleicht als Tag der Fria, der nordischen Göttin Frigg, die den Ehen vorstand. Regen in den Brautkranz gilt hier als eine Verheißung glücklicher, dort unglücklicher Ehe. Die Hochzeit ist entweder eine große, oder eine kleine, stille. Am Hochzeitsmorgen darf noch in einigen Gegenden keines der Brautleute vor dem Beginn der Feier über die Dachtraufe hinaus, denn auch ihnen stellen böse Geister nach. Schönster Schmuck der freien unbescholtenen Braut war das lang herabwallende Haar, z. B. unter den Freien vor dem Walde (S. 19), auch noch in unserem Jahrhundert zu Kyllburgweiler in der Eifel, wo es gepudert wurde. Altertümlich scheint auch der früher in Bayern getragene Brautkranz aus Getreideähren. Aber der römische und kirchliche Brautkranz aus Blumen wird schon im zehnten Jahrhundert in Deutschland erwähnt und ein Kranz aus natürlichen, mit Goldflittern durchflochtenen Blumen, jetzt auch häufig ein Myrtenkranz mit Schleier oder einer aus künstlichen Blumen, oder ein diademartiger Reif, die in Sankt Georgen bei Freiburg umhergeliehene Stirne, oder eine von Draht, Zeug, Flittern und Perlen hergestellte Brautkrone, diese, sowie der künstliche Kranz, das oder die Schappel (französisch *chapelet*) in Süddeutschland genannt, der Klitsch in Thüringen, Stick in der Grafschaft Mark, Krone u. s. w. sind in weiten Teilen Deutschlands noch üblich. Das Schappel wird aber auch an anderen hohen Festtagen getragen und auf Hochzeiten auch von den Brautjungfern. Vom Kopfputz der Braut hängen auch wohl breite Seidenbänder, bunt bestickt auf dunklem Grunde, herab, die noch gegenwärtig Lyoner Händler um Rothenburg zwischen Bremen und Hamburg verkaufen. In einigen Gegenden wird auch dem Bräutigam ein Kränzchen am Kopf befestigt. Dem Brautgürtel, der im kärntischen Lesachthal von der Braut vom Aufgebot bis zum Entgürten am Hochzeitsabend getragen wurde und in Süddeutschland häufig noch als Gemeindekleinod nachweisbar ist, wird man auch im übrigen Deutschland schärfer nachzuspüren haben, und überhaupt der ganzen Tracht des Brautpaares, die noch manchmal mehr echt Volkstümliches bewahrt hat, als selbst die Sonntagstracht, bis zu den Schuhen hinab sein Augenmerk zuwenden. Die rote Farbe wird auch in Einzelheiten der Kleidung der Braut noch eigentümlich zur Geltung gebracht, da diese doch überwiegend dunkel, violett oder schwarz und helle Farbe anstößig ist. In den Händen tragen Braut und Bräutigam ein weißes zusammengefaltetes Taschentuch, in dem der Lieblingsstrauch des Bauern, ein Rosmarinzweig, steckt. In den Schuh legt die Braut gern geweihtes Salz und starkriechende Kräuter, wie Dill, Wermut, Raute, um die bösen Geister fernzuhalten, oder Körner, Erbsen, einige Fäden Flachs und einige Pfennige, um fruchtbar und reich zu werden. Auch der oft verschiedene Schmuck der Ehrenjungfern und Ehrengesellen, der verheirateten und ledigen Gäste, ist zu beachten, und wer ihn diesen anlegt, und für welchen Lohn, ob die Nähterin oder die Zücht-, Braut-, hochalemannisch Gälefrau. Wo diese als die Brauthüterin bis zur Einführung in die Hochzeitkammer die Ceremonienmeisterin des ganzen Festes ist, aber auch sonst, nimmt die Mutter der Braut an dem Feste gar nicht teil und schaut in Werktagskleidern allem zu oder schafft oder trauert. In Mittelfranken werden die Gäste von Musikanten vom Hause des Bräutigams abgeholt, zusammengeblasen. Vor dem Kirchgang fand früher ein letztes feierliches Werben des Bräutigams um die Braut statt durch ihn selbst oder den Hochzeitsbitter, was in Schlesien Züchten, im Braunschweigischen Bruteeschen heißt. Dann wird die Morgensuppe, das Frühstück, eingenommen, ursprünglich eine wirkliche Suppe, namentlich eine Gagelhahn- oder Hühnersuppe, in die das der Braut zugeschnittene Brot gebrockt war.

Die Brautleute essen sie wohl noch von einem Teller und mit einem Löffel, und wer diesen zuerst verwischt, hat das Vorrecht. Gewöhnlich giebt's aber jetzt statt der Suppe Kuchen und Kaffee, ein sûrs Leberle, Schinken, Bier oder Wein, und die Kinder und der Pfarrer bekommen davon. Rührend ist oft noch der Abschied von den Eltern: Braut und Bräutigam knieen in der Eifel, jedes in seinem Haus, auf einem weißen Tuch vor der Stubenthür nieder und bitten die Eltern um Verzeihung und empfangen von ihnen den Segen, werden auch wohl mit Weihwasser besprengt. Ähnlich in Mittelfranken. In Iglauer Dörfern küßt der Sohn dem Vater Hände und Füße, der Mutter den Schoß. Auch dieser Abschied heißt schlesisch Zúchten. Nach fünf Vaterunsern, auch wohl nach einem Gebet für die Verstorbenen, setzt sich das nun oder erst vor der Kirche vereinigte Gefolge des Bräutigams und der Braut in Bewegung, Kinder, die Kränzlemädle oder Vorbräutchen, und Musikanten voran, zuweilen auf blumenbestreuter Straße. Die Zugordnung ist sehr verschieden, auch die Auswahl der Brautführer oder Ehrengesellen und Brautjungfern. Meistens sind es die liebsten Freunde des Hochzeiters oder die Paten der Braut (S. 115). Zu einer rechten Hochzeit kommen oft 20—30 Schäpelträgerinnen. Freudenschüsse, einst zur Abwehr der bösen Geister bestimmt, knallen, auch die Peitschen, wenn man fährt, und in Schwaben, Mittelfranken und der Oberpfalz schützen noch hier und da dazu der oder die Brautführer die Braut mit gezogenem Säbel. Auf dem Zuge zum Standesamt oder zur oder von der Kirche versperren auch wohl wieder Erwachsene oder Kinder oder Ministranten den Weg mit einer Schnur. Unterwegs zieht der Bräutigam an einzelnen mittelbadischen Orten dreimal den Hut. Warum? Leichter erklärt sich, daß die Brautleute sich nicht umschauen dürfen. An anderen Orten wird auf dem ganzen Wege gebetet. Bei der Trauung in der Kirche achten manche trotz der vorherrschenden Andacht darauf, wessen Kerze am unruhigsten flackert, die des Bräutigams oder der Braut, und ob beide auch dicht nebeneinander stehen, so daß niemand zwischen ihnen hindurchsehen kann, weil es sonst Zwietracht giebt. Aber mehr achtet man jetzt wohl auf den modischen Staat und den Anstand. Die Braut bringt beim Zusammenlegen der Hände ihre Hand nach oben oder setzt ihren linken Fuß auf den rechten des Mannes, um das Vorrecht, das Regiment, zu bekommen, auch steht sie gern zuerst vom Knieen vor dem Altar aus demselben Grunde auf, während sie es anderswo vermeidet, da sie dann überhaupt morgens zuerst aufstehen muß. Den von der Braut verlassenen Sitz muß sogleich die Brautjungfer einnehmen, daß er nicht auskühle. In Schwaben und in Mittelfranken führte der Brautführer bis vor kurzem mit blankem Säbel die Braut aus dem Kirchstuhl vor den Altar, und beim Zurückführen stößt er sie im mittelfränkischen Schamhaupten mit dem Degenknopf in die Seite.

In einem Teil des katholischen Südens giebt der Pfarrer in einem am Fest des Evangelisten Johannes geweihten Kelch den Johannessegen oder die Johanneslieb zu trinken, am Lechrain mit dem Spruch Gsengs dir Gott, zwei Schluck dem Brautpaar, den übrigen einen. Der Pfarrer erhält von den Brautleuten ein Sacktuch, auch wohl Rosmarin oder Citrone dazu, und ähnliche Gaben der Brautführer, die Kränzleinjungfer, die Lader z. B. nach dem Vortanz. Hier und im Südwesten bis nach Saarlouis lebt hier und da noch der andere schöne Brauch, daß dann alles an die erbliche Grabstätte zieht, um der Verstorbenen in einem Vaterunser zu gedenken. In Thüringen schmückt das Paar die Gräber der Verwandten und Paten eigenhändig. Ein zarter Zug ist es auch, daß im Fall einer zweiten Ehe, die man, nebenbei bemerkt, in vielen Strichen ungern sieht, das Grab der ersten Frau sofort aufgesucht wird. Von da geht's oft mit gewechselten Brautführern und in anderer Zugordnung ins Braut- oder Bräutigamshaus oder ins Wirtshaus; in diesem Fall trägt an einzelnen Orten das junge Paar allein zuerst den Segen ins künftige Heim. Nicht bloß in Westfalen, wie Immermann in seinem Münchhausen weithin bekannt gemacht hat, sondern auch in anderen deutschen Gegenden bis nach Frankreich hinein wird der Bräutigam nach der Trauung vor der Kirchthür mit Prügeln bedacht, wenn er nicht spornstreichs davonläuft, um am Hochzeitshaus Braut und Brautführer vor der Thür zu empfangen.

Anderswo, in Schwaben und Steiermark, flieht die Braut davon oder unternimmt in der Mark mit ihrem Bräutigam einen Wettlauf. Es ist wie ein letztes Sträuben! Je nachdem empfängt das Brautpaar oder der Wirt die Gäste an der Thür und schenkt vor dem Hause den Ehrentrunk in Rotwein. In Mitteldeutschland und in Oldenburg trinkt das Brautpaar aus einem Glas, und die Braut oder auch einer der Hochzeitsgäste wirft es dann, auch wohl samt einem Wecken, rückwärts über den Kopf. Zerbricht es, so bedeutet das Glück: mit der Vergangenheit hat die für ein neues Leben bestimmte Frau nun gebrochen. In der Vorderschweiz warf sie den Brautwecken über ihren Kopf unter das Geleite. Im Fränkischen bis nach Iglau und Mittelschlesien hin und hier und da in Niederbayern kleiden sich die Gäste, zumal die weiblichen, vor dem Essen um, in Mittelschlesien auch die Braut. Meistens wird nun vor dem Essen der aus drei Touren bestehende Ehren-, Vor- oder Brauttanz, der deswegen in Mittelfranken der Hungerreigen heißt, im Hause oder in der Scheune oder auch um den Stuhl des Geigers auf dem Hofe oder, wie im Lüneburgischen, vor den beiden Festsesseln des jungen Paares aufgeführt und zwar von den beiderseitigen nächsten Verwandten oder Paten und den Brautleuten. In einigen Orten bildet dieser Tanz nach dem Essen den Schluß des Hochzeitstages. Nachdem der Herd aus dem Hausflur in die enge Küche versetzt war, scheint der uralte dreimalige Umgang des jungen Paares um den Herd in einen dreimaligen Tanz verwandelt worden zu sein (S. 68). Noch immer hat er die Bedeutung, die junge Frau in die Familie und das Heim des Gatten einzuführen. Zuweilen wird der Großvater noch mit in den Tanz hineingezogen. In der Oberpfalz tanzt die Braut vor dem Mahl zwei Reigen mit den Brautführern, den dritten mit dem Bräutigam, nach dem Mahl wiederum drei mit dem Bräutigam, der sie dann heim oder in die Kammer führt.

An der Tafel sitzt das fränkische und das schwäbisch-alemannische Paar im Brut- oder Herrgottswinkel, bei den Ditmarschen früher in de Hörne (Winkel) des Festsaals (Pesels), im Lüneburgischen in meist geschenkten Sesseln. In Schwaben und Franken trieben die Brautführer ihre Degen mit den Spitzen kreuzweise oder wenigstens einen in die Zimmerdecke über dem Tisch der Brautleute. Oft sitzt der Bräutigam getrennt von der Braut und spielt sogar den Aufwärter. Vor dem Lüneburgischen Paar stehen zwei Lebenslichter und die schön geformte und bekränzte Brautbutter; im alemannischen Südwesten hat die Braut das Brutkrüsle mit Rotwein vor sich, .in den die besorgte Gälefrau (S. 176) wohl Muskat oder Zimmet schabt. Auf dem Boden des Glases, der mit einem Muttergottesbild verziert ist, liegt ein Rutenknopfle, ein die bösen Geister verscheuchendes Stück Raute. In dem Hochzeitskelch bringt auch die Braut jedem eintretenden Gast einen Trunk, zum mindesten den Ehrengesellen und Ehrenjungfern. Das friesische Paar geht mit einer Schale Branntwein umher und reicht den Anwesenden davon mit einem Löffel. Dieses auch mit gezuckerten Rosinen versetzte Getränk ist als Hochzeitsgetränk in Westfalen, Oldenburg und in der Eifel, auch in Holland als Bruidstranen bekannt und wird älteren Datums sein. Die Gäste sitzen in vielen Gegenden nicht in bunter Reihe, sondern nach den Geschlechtern getrennt. Auch scheidet man vielerwärts zwischen dem Doutetisch d. i. dem Ehrentisch der Paten und nächsten Verwandten oder allgemeiner der Ürte, Ürde, Irden d. h. der Zeche der näheren Bekanntschaft, für die die Brautleute die Zeche zahlen, und den Abendgästen, die sich erst zum zweiten Teil des Festes am Abend einstellen.

So verschiedenartig sich nun auch der Speisezettel der Hochzeitstafel in den verschiedenen Gegenden gestaltet hat, so läßt sich doch nicht verkennen, daß er im Ganzen eine Erweiterung des Kirchweihmahles darstellt. Fallen doch auch beide Feste in der Regel in die Zeit nach der Einheimsung der Ernte. Und so bringen denn auch beide die aus dem Ackerbau und der Viehzucht gewonnenen Hauptergebnisse auf den Festtisch. Zu dem Schweinernen, das immer die Hauptspeise bildet, dem Schweinebraten mit dem Sauschwanzl, dem Schinken und den Würsten, gesellt sich dann das sonst seltenere Rindfleisch und die Fleischsuppe und selbst der Hahn, zum Sauerkraut Nudeln und Kuchenwerk; an Saurem und Gewürztem darf es nicht fehlen. Als vielleicht altertümlichste Hochzeitsspeise, einst auch fürstlicher Häuser, und als Hauptgericht im Kindermärchen hebt sich der auch noch hier und da bei der Vorfeier übliche Hirsebrei heraus, z. B. in der Eifel und im Isarwinkel, der in Holland und Norddeutschland, bis nach Hessen, Thüringen und Mittelschlesien hin unter dem Einfluß unserer Hafenstädte vom Reisbrei verdrängt ist. In vielen Gegenden, wo das Fest nicht im Wirtshaus gefeiert wird, tragen auch die Geladenen schon tags vorher Vorräte aller Art zu würdiger Herstellung des Schmauses zusammen. Die zahlreichen Gänge desselben werden durch Tänze, die oben berührt worden sind, Ansprachen, Scherze und sogar, wie in Siebenbürgen, durch dramatische Aufführungen unterbrochen. Über Tisch werden in Mecklenburg, wenigstens vordem, viel Leberreime fabriziert:

De Läwer is von'n Haekt un nich von'n Hôhn,
Hüt drögt mîn Jungfer Swester de Irenkrôn,

mit tausend Variationen. Beliebt in Mittelfranken ist das Brautstehlen, im ganzen Westen und in Pommern das Stehlen ihres Kranzes, Schuhes oder Strumpfbands, was dann versteigert wird oder eingelöst werden muß. Die Franken in Baden setzen dabei ein Glas Wein in den Schuh, das dann zu leeren ist. Auch dem Brautbecher wird hier und da nachgestellt. Ein mit Kinderkleidern und dergleichen behängter Maibaum, ein Tännchen, wird hereingetragen und umwandelt mit dem Liede: Wir winden dir den Jungfernkranz. Eine Puppentaufe wird vorgenommen, und die Köchin tritt mit der Klage über ihre verbrannte Hand auf, um ein Trinkgeld zu bekommen. An diesem oder auch dem vorhergehenden oder dem nachfolgenden Tage geschieht das Gaben, Ehren, Schenken, Weisen, Opfern, die mehr oder minder feierliche Beschenkung des Paares mit allerlei Hausrat oder Geld seitens der Verwandten und anderer Gäste. Der Wert der Geschenke pflegt die Zeche weit zu übersteigen. In einzelnen Gottscheer Ortschaften unterbricht man die lauten Hochzeitsfreuden plötzlich mit wehmütigen Liedern von den armen verlassenen Seelen. Wo hier das Mahl im Hause der Brauteltern stattfindet, nimmt die Braut in einem ergreifenden Liede Abschied, der Johannissegen wird getrunken und, sobald die Braut im Wagen sitzt, singen alle:

Sie ist aufgesessen, sie hat geweint (geschnupfazet),
Sie ist dahingefahren, sie hat gejauchzt (gejuchazet).

Vielerwärts in Deutschland begeht man im Festhause oder nach der Heimführung im Hause des Bräutigams die feierliche oder lärmende Kranzabnahme, das Abschneiden des Haarzopfes und die Aufsetzung der Frauenhaube, oft unter Jammern und Klagen. Abends wird das junge Paar von der Musik fortgespielt und nach Haus begleitet. In dieser Musik und dem meist höchst anzüglichen Niedersingen oder Ansingen vieler Landschaften ist wohl der letzte Rest des altdeutschen Hîleich, des Hochzeitsliedes, erhalten. In Bayern griff die Braut beim Eintritt an das Überthür: Ich greif über das Überthür, mein Krieg geh alweg für!, aber der Mann erwiderte derb: Ich greif an die Wend, ich schlag dir den Ruck und die Lend. Im Vogtland stemmt sie beide Füße gegen die Pfosten und spricht: Ich stehe oben und unten an, ich bin der Herr und nicht der Mann! An manchen Orten finden sie die Thür verschlossen, und erst nach einem Spruch und Glückwunsch wird sie geöffnet. Die Kranzabnahme wird auch wohl durch einen Empfang des Paares mit Brot, Salz und Geld ersetzt. Das Ehebett ist vorher in katholischen Gegenden noch hier und da vom Geistlichen eingesegnet, häufiger haben schelmische Freunde die Haken daran ausgehoben und Steine unter die Kissen geschoben. In der Oberpfalz wie in der Eifel hoben sie sogar ganze Wagen auf den Dachfirst. Aber ein frommes Paar läßt sich nicht irren, sondern zündet z. B. im Gebiet von Sankt Blasien die aus der Kirche mitgebrachten Kerzenreste an, betet, bis sie ausgebrannt sind, und geht dann erst zu Bett. Vom mittelalterlichen Beschreiten desselben vor Zeugen, nach dem in Ditmarschen das feierliche Beschirmen mit dem Schwert, das Schwertbewritten, stattfand, scheint noch in Neustadt in der Oberpfalz ein Rest zu bestehen. Das Leintuch der Brautnacht, die Wittel, wurde in besseren Drentheschen Häusern nie wieder gebraucht und sorgsam aufbewahrt. Selten übt jetzt wohl noch das junge Paar in den ersten drei Nächten, den Tobiasnächten, Enthaltung, um den

Teufel abzuwehren, häufiger bleibt die junge Frau noch etwa acht bis vierzehn Tage nach dem Hochzeitstag bei ihren Eltern und siedelt erst dann zu ihrem Gatten über. Diese Übersiedelung hieß in Ditmarschen Echthusen.

Am anderen Morgen wurde früher der jungen Frau die jetzt wohl abgekommene Morgengabe von ihrem Manne gereicht und von beiden vor dem Bette das Bräutelhuhn verspeist. Sind davon noch Spuren vorhanden? In der Raftatter Gegend bedeutet Morgengabe die Geschenke, die allerdings die Gäste hier erst am Tage nach dem Trauungstage darbringen. In vielen Gegenden ist es mit einem Hochzeitstage nicht gethan, es werden ein oder zwei angehängt, von denen der erste wenigstens noch mehrfach deutlich ältere Festformen zeigt, die zum Theil an die ausgelassenen altgriechischen Anakalypterien erinnern. Bei dieser Nachhochzeit oder Schenke oder an dem guldenen Tag, wie ihn die Bayern nannten, bilden namentlich die jungen Leute einen Maskenzug, der schlangenwandelnd allerlei tolle Streiche wie ein Faschingszug auf der Straße aufführt, das Hexenspiel oder der Geisitanz. In der Mark erscheinen die Feien mit geschwärzten Gesichtern, an anderen Orten wird Hahnschlagen gespielt. Wer sich nicht einstellt, wird auf einer Bahre herbeigeschafft. Am Oberrhein besteht das Mahl an diesem Tage aus einer Eierschmalzspeise, wie schon im 16. Jahrhundert in Tirol.

Am ersten Sonntag nach der Hochzeit besucht das Paar die Kirche. Ist es noch in vielen Gegenden üblich, daß die junge Frau ihre Eltern vor vier Wochen nach der Hochzeit nicht besucht? Früheres Kommen gilt für ein schlechtes Zeichen, späteres wird von der Mutter mit einem Leintuch und dergl. belohnt. In der Baar wurde dieser erste Besuch von dem jungen Paar zu Roß gemacht, die Heirîte, der Heimritt. Nun hat die Hochzeit ihren letzten Abschluß erreicht.

4) Das häusliche Leben.

Mit dem Einzug des jungen Paares ins alte Haus bricht ein neues Leben darin an; die Eltern des Mannes oder auch der Frau verlassen es nicht, auch wenn der Alte, wie gewöhnlich, dem Jungen den Hof übergeben hat. Aber nun sitzen die Alten im Hinterstüble oder im Spicher und, wie sie sich auch durch das Leibgeding gesichert haben mögen, der Sohn ist jetzt Meister, Herr, Bauer, Wirt und Baas. Bei dieser Teilung des Hofes, der Habe und der Gewalt und bei dem wachsenden Gegensatz der Interessen der ausgelebten Eltern und der aufstrebenden Kinder kommt oft auf beiden Seiten eine häßliche Härte des Gemüts zum Vorschein. Die Heruler und die Thüringer früherer Zeit töteten ihre Greise und Siechen, und wenn das Christentum solche Grausamkeit nicht mehr duldete, so zeigen Ausdrücke, wie das schweizerische Stinkähni, Pfuchähni und gar Pfuipfuchähni d. h. Pfuistinkurgroßvater die Verachtung der Hochbejahrten an. Französische Bauern nennen den lästigen alten Vater *Monsieur vit toujours.* Die Alten finden oft selber darin etwas Natürliches, wie denn ein solcher halb scherzweise von sich sagte: So'n ollen Minschen, de nüscht mer döcht (taugt), mütten (muß man) dot schlån. Aber der drenthesche Bauer giebt seinen Hof nicht leicht vor seinem Tode her: Men moet sik niet uitkleeden, voor men to bedde gaat. Dasselbe sagt man in Thüringen. Die Klage der Eltern über schlechte Behandlung seitens der Kinder ist in Deutschland uralt, so daß das Alter nicht bloß wegen seiner körperlichen Gebrechen für eine wenig lebenswerte Zeit gilt. Fast möchte man diesem Umstand die Mitschuld zuschieben an den verhältnismäßig vielen Selbstmorden, die noch im hohen Alter vorkommen. Aber auch die Jungen beschweren sich nicht immer ganz mit Unrecht über die Alten, die sie durch einen überschweren Pfründvertrag ausbeuten. Leibgeding ist ein böses Ding lautet im Südwesten ein Sprichwort, zumal dann böse, wenn die Alten und die Jungen keinen getrennten Haushalt führen. „Schiedlich, friedlich!“ In neuerer Zeit werden die Schwierigkeiten immer häufiger dadurch gelöst, daß die Eltern in das nächste Städtchen ziehen, und manche für diese bestimmte Stube ist z. B. im Holsteinischen dem ersten Arbeitsmann überlassen. Eine nicht recht befriedigende Lösung! Der meiste Unfriede entsteht im Holzwinkel d. h. in der Küche. Da ist der Leibgedinger in der Regel unwert d. h. lästig, muß von allem

Besten haben. Darum betet zuweilen der Sohn, wie Hansjakob meint, um ein baldiges, seliges Ende für den Vater, den Leibgedinger, und selbst Beispiele der Gewaltthat fehlen nicht. Eine ähnliche Empfindung gesteht die niederdeutsche Grabschrift mit höchster Aufrichtigkeit:

Hier ligget use Olen,
Wi hebt se di, God, bevolen.
Du hest se in diner Rast.
Hold du se jo vast!
Wente scholen se wedder upstaan,
So mosten wi van Huse un Have gaan!

Doch kommt aus dem Herzensgrunde des Bauern auch das Wort: Eine Mutter hat man nur einmal! und das Heben und Tragen, Reinigen und Speisen wird den Eltern meist in Treue gewährt bis zum letzten Augenblick. Wie gern gedenke ich der würdigen Schwarzwälder Bäuerin in Weilheim, die ich an einem Sonntag morgen allein zu Hause traf, wie sie während des Kirchbesuchs der Anderen gaumte, das Haus hütete! Mit Stolz führte sie mich durch ihr behagliches Leibgeding und zeigte mir als teure Erinnerung den Wachsstock, der vor ihr in der Kirche bei der Trauung gebrannt, als Teuerstes aber ein tief rührendes Lied, das ihr heldenhaft leidender Mann auf seinem fernen Sterbelager für sie gedichtet hatte. Mit Stolz zeigte sie mir auch ihre beiden heimgekehrten erwachsenen Kinder. Als ich nachmittags schied, saß sie sinnend froh in der Sonne in ihrem Gärtlein mitten unter tausend Blumen.

Doch nun zum jungen Paar! So lange die Frau noch kein Kind geboren hat, wird sie gern verhänselt, z. B. beim Taufschmaus einer anderen Familie; sie muß auch der Jugend den Osterball hinauswerfen (S. 128). Aber naht ihre schwere Stunde, wird sie eine Große, ist sie Hops, wie es süddeutsch heißt, oder um den hübschen Kärntner Ausdruck zu gebrauchen, ist sie nicht alleine, so muß sie sich vor Leidenschaften und Fehlern mehr als sonst und namentlich vor dem Versehen, Verlugen, Ablugen, hüten, dem Erschrecken beim plötzlichen Anblick eines mehr oder minder unangenehmen oder gefürchteten Gegenstandes oder einer derartigen Erscheinung. Durch ganz Deutschland herrscht der Glaube, daß, wenn sie über eine Maus, einen Hasen, oder eine Tasse, aus der ein Stück herausgebrochen ist, erschrickt, oder wenn sie sich verbrennt, ihr Kind ein entsprechendes Muttermal, niederrheinisch Linkzeeche, Liinteeke d. h. einen dunklen Hautflecken, eine Hasenscharte, eine Narbe, ein Feuermal, -mase, ein Brandmal, ein Amal und dergl. bekommt und zwar an der Körperstelle, an die die Mutter in ihrer Bestürzung gegriffen hat. Daher ist es gut, wenn sie sich an den Hintern greift, der ja nicht zum Vorschein kommt, oder die Arme nach hinten bewegt und spricht: Weggesagt! Am wirksamsten ist es, wenn sie den gefährlichen Gegenstand so lange fest anschaut, bis das Zittern wieder aus den Knochen ist. Hier und da erstreckt sich die Wirkung des Versehens bis ins siebente Glied. Die Schwangere darf keinen Branntwein trinken, sonst brennt's dem Kinde das Herzl aus. Ungewöhnlicher Bewegungen, schlechter Handlungen muß sie sich enthalten: sie darf nicht unter einer Waschleine hindurchgehen, sonst schlingt sich die Nabelschnur um den Hals ihrer Leibesfrucht. Ihr etwaiger Hang zum Stehlen überträgt sich auf diese, auch die Begierde nach einer bestimmten Speise, wie z. B. nach Sauerampfer. Aber ihrem oft so heftigen Gelüste nach besonderen Speisen und Getränken kommt und kam die Volkssitte freundlich entgegen. Wird es nicht befriedigt, so kann ihr Kind später nie die betreffende Speise essen, es wächst auch eine Geschwulst z. B. in der Form des verweigerten Rettichs aus des Kindes Leib, oder das Kind bekommt keine Nase. Nach den altfränkischen und altthüringischen Volksrechten wurde für die Tötung einer Schwangeren das höchste, das dreifache, Wergeld bezahlt, und nach den Weistümern durfte sie ungestraft in jedem Garten oder Wald ihr Verlangen nach Obst, Gemüse und Wildbret befriedigen. Einen in fremdem Weinberg während der Reife Betroffenen soll der Bannwart pfänden, dagegen einer tragenden Frau drei Trauben, dem Kinde eine und ihr zwei, vergönnen. In einem Weistum aus der Trierer Gegend darf sich eine solche Frau Fische, wenn es sie danach gelüstet, aus jedem Wasser fangen, und fast rührend ist es, zu lesen, wie im

Anfang des sechzehnten Jahrhunderts die aufständischen Schwarzwälder Bauern, denen im Lauf der Zeit ihre Jagd- und Fischereirechte genommen oder arg verkürzt waren, wenigstens darauf hartnäckig bestanden, ihren schwangeren Frauen ein paar Fische aus dem Bach holen zu dürfen. Und es freut einen, zu hören, daß sich dieses billige Recht noch heute im oberen Kinzigthal auf der Alpirsbacher Strecke erhalten hat. Der Bauer um Iglau läßt sein Weib nicht gern zu Wagen steigen. Muß es aber sein, so giebt sie den Pferden Brot, daß sie ihren Zustand berücksichtigen und sanft dahinlaufen. Im Harz heißt es altertümlicher: Eine Schwangere, die übergeht, muß einen Schimmel Hafer aus ihrer Schürze fressen lassen und ihn bitten, für baldige Entbindung zu sorgen. Thut man einen Trunk in ihrer Gegenwart, so läßt man von Bayern bis nach Jülich hin Hansel oder Hänschen im Keller! leben.

Frauen gesegneten Leibes beichten gern vor der Niederkunft und nehmen das Abendmahl. Katholische wallfahrten und, wenn ihr das nicht mehr möglich ist, wallfahrtet der Mann für sie, und sie verspricht nach der Genesung zu fahrten. Auch im protestantischen Ostfriesland leistet sie wohl Abendmahlsgelübde. Während der Geburtswehen knieen im hauensteinschen Schwarzwald Mann und Mutter der Kreisenden zum Gebet vor der Thür des Stalles nieder, vielleicht weil dieser die Hauptstätte neuen Lebens ist. Alle Schlösser im Hause an Thüren und Kisten werden geöffnet, um das Aufschließen des Leibes zu erleichtern. Die Schwiegermutter steckt einer schwer Gebärenden ihren Ring an den Finger, die Hebamme schiebt ihr ein von einem Kreis eingefaßtes Kreuz unter. Ring und Kreis scheinen das Kreisen befördern zu sollen. Die sieben Himmelsriegel, sieben Gebete, die den frommen Seelen die Riegel des Himmels öffnen, werden auf ihr Bett gelegt und gelten weithin für das beste Heilmittel. Sind sie aus den sieben Bußpsalmen der Litanei hervorgegangen, die im elften Jahrhundert vor dem Gottesgericht gesprochen wurden? Wenn bei Schwangeren und Gebärenden die Rücksicht auf mancherlei wirkliche Zustände vorwaltet, so überwiegt bei den **Kindbetterinnen** nach der Niederkunft die Furcht vor dämonischem Einfluß. Vor ihrem ersten Kirchgang, der Aussegnung, die nach 30 oder 40 Tagen vorgenommen zu werden pflegt, darf sie nicht vor Sonnenaufgang und nach Sonnenuntergang außer dem Hause sein, überhaupt nicht über die Dachtraufe d. h. den Tropfenfall des vorspringenden Daches hinaus und ihr Gehöft verlassen. In Siebenbürgen muß sie vier Wochen einsitzen, anderswo in den ersten neun Tagen nicht allein in der Stube bleiben und diese nicht verlassen. Denn außerhalb der Dachtraufe hat der Teufel Gewalt zu ihr und zu ihrem Kinde, sie wird von Kobolden geschädigt und von Hexen verhext oder, wie man wohl im badischen Oberlande hört, veruntreut. Ja, wenn sie schon in den ersten neun Tagen nach der Niederkunft in den Keller geht, so bricht ihr der Teufel das Genick. Auch verunreinigt ihre Nähe den Wein im Keller, wie den Brunnen auf dem Hofe. Beim ersten Gang dorthin oder auf den Boden muß sie neunerlei Band oder Dosten und Dorant bei sich tragen oder ein Tischtuch um den Kopf binden. Vor Nachwehen schützt sie in Braunschweig die auf den Leib gelegte Hose des Mannes, und wenn sie einmal das schöne Wetter vor der Zeit in den Garten lockt, setzt sie am Lechrain und auch anderswo den Hut ihres Mannes auf, um die bösen Geister oder Hexen zu schrecken oder zu täuschen. Hier drängt sich, wie schon bei der Geburt des Kindes erwähnt wurde, besonders verderblich der unausrottbare Hexenglaube vor. Nicht nur böse Geister, sondern auch Weiber, alte Nachbarinnen, vielleicht solche, die etwa rote Augen oder irgend eine andere häßliche Eigenheit haben, stellen mit ihrer zauberischen Kunst und Kraft besonders eifrig wie dem Neugeborenen, so auch der Gebärerin nach. Daher ist namentlich vor dem neunten Tag der Besuch alter und berufener Weiber verboten; man leiht auch nichts aus dem Hause, hängt kein Stück von des Kindes Wäsche draußen aus, damit nicht jene Bösen darüber Macht gewinnen. Ja, die Wöchnerin darf einem Ruf von der Straße her nicht antworten, um nicht etwa den bösen Geist hereinzurufen, der ihr Kind mit einem Wechselbalg vertauschen könnte. In ihre erste Suppe wird geweihtes Salz gestreut. Bessere Einsicht und noch mehr die Not des Daseins haben tiefe Breschen in diesen Aberglauben gelegt. Wie Weiber aus dem

Volk, die guter Hoffnung sind, fast in ganz Deutschland fortzuarbeiten pflegen bis zur letzten Stunde vor der Niederkunft, oft zum Schaden ihrer Gesundheit und Schönheit, so schädigen sie diese noch häufiger dadurch, daß sie oft schon nach wenigen Tagen wieder zur Arbeit greifen. Die Siebenbürger Sächsin verläßt meist am zweiten Tage das Kindbett, und die Tiroler Dörcherin, Landstreicherin, gebiert heute und marschiert morgen mit ihrem Hasl, Kind, wieder weiter über Berg und Thal.

Der Kindbetterin suchte man früher ihren Zustand von Gemeinde wegen zu erleichtern, wie der Schwangeren. Nach einem Wetterauer Weistum aus Büdingen durfte ein Mann, ob Gemeindemitglied oder bloßer Hintersasse, seiner im Wochenbett liegenden Frau aus dem Wald frei Holz anfahren, um Wein und Brot dafür zu kaufen, nach einem anderen Weistum zwei Karren Holz bei der Geburt eines Sohnes, einen bei der einer Tochter herausholen. In Todtmoos am Feldberg darf oder durfte wenigstens noch vor kurzem ein Mann für seine Kindbetterin eine Tanne im dortigen Frauenwald fällen. Nach neun oder nach vierzehn Tagen sieht die Wöchnerin meist gern Besuch der Verwandten, der Nachbarn und der Gevatterin. Dann bringen diese das Ibind, das Eingebinde, das Weiset; sie weisen der Kindbetterin Backwerk, Butter, namentlich auch Eier, in Thüringen die Drueier, Gedeiheier, ferner Kaffee und Zucker, auch Bier und Wein. Die Wochenstuben werden zu Kindbetthöfen, in denen lustige Straubettkilben, Strohbettkirchweihen gehalten werden. Männern wird beim Eintritt der Hut genommen. Stirbt aber die Mutter im Wochenbett, so wird sie in Mittelschlesien schwarz gekleidet eingesargt, weil sie um ihr Kind trauern muß. Man legt ihr in vielen Gegenden Pantoffeln mit in den Sarg, daß sie aufstehen und nach dem Kinde lugen und es mit ihrer Brust stillen könne. Schmatzt dieses behaglich im Schlafe, so glaubt man die stillende Mutter bei ihm. Will man solche Wiederkehr nicht, so legt man ihr die Windeln aufs Grab oder umgiebt es mit einem Garngewinde, damit sie dort zu thun habe. Die genesene Wöchnerin aber macht allein oder mit der Hebamme oder mit der Patin den ersten Kirchgang zur Aussegnung, die in katholischen Landen der Priester ausführt. Draußen begrüßt man sie in Schwaben mit dem schönen Wunsch: I weinsch dir Glück an d' Sonna! In Holstein ging sie durch ein kleines Gebäude, das Kinderhaus, in die Kirche und mußte hier warten, bis die geleitende Nachbarin den Priester gerufen hatte, der sie mit Weihwasser besprengte und in die Kirche führte, wo sie nach dem Gottesdienst auf dem Altar opferte. Dieser Brauch, dem die katholische Kirche noch teilweis folgt, wurde dort durch die Kirchenordnung von 1543 abgeschafft, war aber noch vor kurzem (oder noch?) um und in Preetz üblich.

Das Erstgeborene wird bei der Geburt und Taufe besonders geehrt und heißt in einigen Eifelgegenden der Haussohn oder die Haustochter. Jener ist doch auch in vielen Landschaften der alleinige Hoferbe (S. 36). Auch größeren Kinderreichtum pflegt der Bauer hoch zu schätzen, schon als erwünschten Zuwachs der Arbeitskräfte. Doch soll gerade unter wohlhabenden Bauern einzelner Striche, wie z. B. in Franken und Thüringen, das Zweikindersystem schon im vorigen Jahrhundert Anklang gefunden haben, und der dazu behilfliche Sadeboom hat in manchem thüringischen Dorfe umgehauen werden müssen. Die ganz kleinen Kinder verhätschelt mancher Bauer mit Affenliebe. Wie die Kinder dann aufwachsen, davon haben wir oben einiges gehört, und das Verhältnis der Eltern zu ihnen, die sie noch in manchen Gegenden ihrzen, wie es im Mittelalter und nach der Straßburger Rhetorik von 1511 angemessen war, wiewohl nach Gemütsart und Lebenslage sehr verschiedenartig, wird doch meistens beherrscht durch den eben angedeuteten Gesichtspunkt, daß Sohn wie Tochter möglichst bald und möglichst energisch zur Haus-, Stall- und Feldarbeit herangezogen werden, worunter oft die geistige, zuweilen auch die leibliche Ausbildung leidet. Doch zeigt der steigende Besuch z. B. der landwirtschaftlichen Winterschulen, daß einsichtigere Bauern den Wert wenigstens unmittelbar für die Praxis verwendbaren Wissens wohl schätzen. Der Prüfung ihrer Söhne an solchen Anstalten hören die Eltern aufmerksam zu und nehmen zum Schluß gern an dem Festessen der Lehrer und Schüler teil. Mehr städtische Familienfeste, wie die Feier des Geburtstags und der silbernen Hochzeit, dringen mehr und mehr ins Bauernhaus ein.

Mit der Familie sind auf dem Lande in der Regel die Dienstboten, Diensten, Ehehalten, das Volk oder die Völker viel enger verknüpft als in der Stadt, bei der Arbeit, bei dem Essen, bei der Andacht. Der Herr heißt Bauer, mein Bauer, Meister, niederdeutsch Baas, Wirt, die Herrin Bäurin, Baas in Saarwerden, Bäsel im Württembergischen, ons Fru bei Bonn, Wirtin. Sie verpflichten die Dienstboten beim Mieten durch ein Haft- oder Dinggeld, und diese Haft bindet in einzelnen Gegenden noch so stark, daß die Gedungenen bereits zu Weihnachten oder Neujahr ein Geschenk erhalten, auch wenn sie noch nicht eingetreten sind. Der Dienstwechsel, das Wandern, findet in vielen Örtern am Stephanstag (26. Dezember), an anderen zu Lichtmeß, zu Martini und Petri Stuhlfeier statt, der Tag heißt alemannisch Bündelis- oder Bechtelis-, fränkisch Wandertag, in Tirol und Bayern Schlangltag, Schlenklweil. Zum Abschied wird angestimmt:

Heut is me Bündlistag,
Morn isch me Zît,
Wann i schon wandre muess,
Hân i nit wît.

Aber man singt auch derbere Weisen. Am Bündelistag wird oft die Nacht durchgetanzt, auch von den Dienstboten, die nicht wechseln. Der Herr giebt zum Abschied wohl noch einen Laib Brot mit, der in Bayern der Schlenkllaib heißt. Um Waiblingen ist der Kleiderkorb der wandernden Magd mit den ihr von ihrem Burschen geschenkten Kirbe- (Kirchweih-)bändern so reich geschmückt, daß man oft vor lauter Bändern das Mädchen nicht sieht. Den ziehenden Knecht knallen dort alle seine Kameraden mit Peitschen hinaus oder begleiten ihn mit Schüssen, am Scheide- oder Wandertag in Nassau werden die Scheidenden eine Strecke weit mit Gesang begleitet. Der Dienstbote wird auch wohl von seinem neuen Dienstherrn, vom Oberrhein bis nach Brabant hinab, mit einem Wägelchen abgeholt, früher Pferde und Peitsche mit farbigen Bändern verziert, und muß, wo man unterwegs in einer Wirtschaft hält, die Zeche zahlen, wohl zum Lohn für die Fahrt. Daraus erklärt sich, daß die Magd in der holländischen Provinz

Overyssel beim Dienstantritt mit einer Flasche Met in die Wohnstube kommt und jedem Familienmitglied davon ein Gläschen einschenkt. In Thüringen ließ der Bursche beim Abzug aus dem alten Dorf und beim Einzug in das neue jeden Bewohner, der aus dem Fenster sah, aus einer Schnapsflasche trinken. In Westfalen empfingen ihn die neuen Kameraden mit Schüssen, anderswo der Herr auch mit einem Essen im Wirtshaus oder auch mit einem Laib Brot. Allerlei Vorzeichen spuken auch hier. Verschüttet eine Magd bei Tübingen vom ersten Eimer Wasser, den sie holt, so bleibt sie nicht lange. Außer dem Lohn und Haftgeld wird häufig Trinkgeld beim Viehverkauf und Ernteschluß ausbedungen und eine einfache oder doppelte Zubehör d. h. vollständiger oder fast vollständiger Anzug bis aufs Hemde und Schuhzeug oder doch die Wolle und das Tuch (Leinwand), früher der Flachs dazu, so daß der Herr im Braunschweigischen auch wohl mîn Lînhere hieß. Auf einem braunschweigischen Hofe folgen auf den Großknecht, der die Pferde, das Befurchen und das Vormähen zu besorgen hat, der erste Hofknecht, der Schäfer, der Sechstenknecht, der das fünfte und sechste Pferd führt, der Junge oder Enke, dazu dat grôte Mäken, das das Rindvieh besorgt, hinter dem Vormäher das Getreide râpt und die Speisen aufträgt, und dat lütje Mäken, das die Schweine besorgt und bei der Ernte hinter dem Großknecht hergeht. In Südwestdeutschland besteht das Gesinde aus dem Knecht, dem Rosser, dem Futterer, der Magd und der Untermagd, oder aus Ober-, Unter-, Drittknecht, Hirtenbub, Ober-, Untermagd und Hirtenmädle. Jeder hat seine bestimmte Arbeit und bei gemeinsamer Arbeit, z. B. beim Mähen, seinen bestimmten Platz und Anteil. Auch beim Essen greift der Oberknecht nach dem Gebet zuerst zu; legt er seinen Löffel nieder, so hören auch die anderen auf. Frei haben die Dienstboten an den Jahrmarkts- oder Kirchweihtagen, an Hochzeiten und von Weihnachten bis Neujahr zwischen den Jahren wo sie auch für sich arbeiten dürfen, in katholischen Gegenden auch zu Fastnacht, einschließlich Aschermittwoch. Die Kirchweih ist ihr größter Freudentag. Fragt man sie nicht schon im Sommer, im August etwa, ob sie bleiben wollen, so gilt das für eine stille Kündigung.

Um Köln sagt man: Et Weder kennt man am Wind un de Herrschaf am Gesind. Durchweg müssen die Dienstboten schwer arbeiten, aber kaum anders als ihre Herrschaft, und diese nährt sich von derselben eintönigen, schweren Kost, bei der weniger auf Schmackhaftigkeit, als auf die Masse gesehen wird. Fünfmal am Tage zu essen, hat unser Herrgott eingesetzt, dreimal warm, zweimal kalt, sagte ein altes Weib bei Pforzheim, das über einen Geizhals räsonnierte. Es ist in der That in Süddeutschland die Regel frühmorgens eine Suppe, z'Nüne (um neun) ein Frühstück, mittags Kartoffeln, Gemüse oder einen Mehlbrei, z'Obed (Abends um 4 Uhr) einen Kaffee und z'Nacht ein Kartoffelgericht oder dergleichen zu nehmen. Ist man nicht in Norddeutschland sparsamer und giebt alle fünf Mahlzeiten nur bei den schweren Arbeiten des Mähens und Dreschens? Hier hört das Abendbrot, die Vesper, dort das zweite Frühstück (lütte Meddag) im Winter auf. In Schlesien heißt's: Jörgetâg (23. April) brengt a Vespersâk, Borthelmê (24. August) traet a (trägt ihn) wieder hêm. Und in Ostfriesland um Norden beginnt das Anbiet (der Imbiß) um 3—4 Uhr morgens mit dem 12. Mai (dem ollen Mai), wenn die Kühe ausgetrieben werden, und hört mit Ende September auf, wie der Mittagsschlaf. Die Speisekarte ist landschaftlich verschieden, aber durchweg eintönig und auf die eigenen Erzeugnisse möglichst beschränkt. In Süddeutschland sind die häufigsten Mehlspeisen: Nudeln und Knödeln, in Norddeutschland Klöße, auch von Suppe umgeben; von Gemüsen sind Kohl, (Kraut), Bohnen, Rüben und Salat die wichtigsten, auch die ersten drei gern sauer. Wenn jemand im Haus gestorben ist, wird auch die Krautstande gerüttelt, daß das Kraut nicht verderbe. Das Hauptgericht sind Kartoffeln:

Morgens Kartoffeln in aller Früh,
Mittags kommen sie mitsamt der Brüh,
Zu Nacht Kartoffeln mit samtenem Kleid,
Kartoffeln in alle Ewigkeit!

hört man im badischen Unterland. Von Fleisch kommt eigentlich nur Schweinefleisch und Speck, je fetter, desto besser auf den Tisch,

Rind- und Kalbfleisch nur an Kirchweih- und Hochzeitsfesten und den vier Hauptfeiertagen. Speck- oder Fleischtage giebt's nur in wohlhabenden Gegenden und auf Bauernhöfen drei: Sonntag, Dienstag und Donnerstag vom Bodensee bis zur Ostsee. Sauerkraut und Speck ist weithin Sonntagsessen, und im Kölnischen sagt man: Sore Kapes und halve Köpp (Sauerkraut und halben Schweinskopf) essen de Engeln em Hemel ge(r)n. Kaffee wird leidenschaftlich geliebt, Milch oft verschmäht. Im hinteren Odenwald spottet der Bube:

Wenn ma Vader inn Wirtshaus sitzt,
Macht ma Modder a Mäule,
Wenn sie aber Kaffi trinkt,
Hüpft sie wie e Dischelfink.

Das Mittagsmahl findet meist um 11 Uhr statt, in den Alpen und wahrscheinlich auch anderswo am Sonntag unmittelbar nach dem Gottesdienst etwa schon um 10 Uhr. Meist liegt kein Tischtuch auf, oder wo es doch geschieht, werden nach dem Essen die Löffel daran gereinigt und dann auch wohl noch nebst Gabel und Messer, dem Taschenmesser des Einzelnen, hinter einen Lederriemen an die Wand oder hinter den Querbalken gesteckt. Häufig noch essen Herrschaft und Dienstleute gemeinsam an einem Tisch — im nördlichen Westfalen in der Küche, im Unterschlag oder Mannsedel — und löffeln nach gesprochenem Gebet die Speise unmittelbar aus der Schüssel oder Pfanne heraus. Doch mehr und mehr bürgern sich die Teller ein. Das Essen ist wie eine Art heilige Handlung, vor der auch der Bauer, der den ganzen Tag den Kopf bedeckt hält, die Mütze ablegt.

Es verdient hier auch die Rolle hervorgehoben zu werden, die die Hauptgenußmittel wie Tabak und alkoholische Getränke spielen. Das Rauchen scheint doch sehr verschieden gehandhabt zu werden; in einigen wenigen Gegenden greift der Mann selten zur Pfeife, im vorarlbergischen Walserthal rauchen auch die Weiber stark, selbst beim Kochen. Wie weit ist noch das häßliche Tabakkauen und -schnupfen, das von Norden nach Süden gezogen ist, verbreitet? Vom holländischen Pruimpje, eigentlich Pfläumchen, stammt das pfälzische Preeml, eine Mundvoll Tabak, so wie die

Tuus, die Schnupftabaksdose, vom holländischen Doos. Wo der Wein, das Bier, der Branntwein vorherrscht, hat man festzustellen und die eigentümlichen Einrichtungen und Bräuche, die sich an die Bereitung und an den Genuß derselben knüpfen. Dabei wird ein Seitenblick auf das Wirtshaus fallen, das wiederum in den verschiedenen Landschaften sehr verschieden auf die Bevölkerung einwirkt. Es kann ein bloßes Sauflokal sein, aber auch ein Verkehrspunkt, ein Schauplatz der wichtigsten, bäuerlichen Geschäfte, Freuden und politischer Akte. Welch eine einflußreiche Stellung nimmt oft im Südwesten ein kluger Wirt unter seinen Dorfgenossen ein! Man mag auch die Wirtshausnamen und -schilder beachten! Aber zurück zum Bauernhause!

Ein wunder Punkt, den Gotthelf in „Uli dem Knecht" beleuchtet, ist die mangelhafte Unterkunft namentlich des männlichen Gesindes in der Mußezeit. Wo etwa eine eigene Gesindestube ist, jagen oder ärgern die Mägde die Knechte gern heraus oder treiben mit ihnen schlimmeren Unfug. Sehr häufig fehlt diese aber, und wenn dann auch die Mägde in der Wohnstube geduldet werden, so müssen sich die Knechte während des langen Winters im Stall herumtreiben oder sich in der oberen, kalten und meist finsteren Kammer, die selten einen Stuhl, noch seltener einen Tisch hat, vor der Zeit schlafen legen. Wie es dem Hirtenbuben dabei ergehen kann, ist oben angedeutet.

Diesem wenig durchforschten Kapitel hat sich ein anderes noch viel weiteres über diejenigen anzuschließen, die weder vollberechtigte Bauern, noch Knechte sind, über die nicht vollberechtigten **Lütjen Lüde** oder **Köter** in Niedersachsen, die fuldaischen **Hüttner**, die süddeutschen **Seldner** oder **Häusler** (Leherer, Köbler), die **Brinksitter** oder die **Hintersassen**, oder die ohne eigen Grund als **Tagelöhner**, **Tauner**, den Bauern Lohndienste leisten. Seitdem in vielen Gegenden der Tagelöhner mit Geld, nicht mehr mit Essen und einem Ernteteil abgelöhnt wird, hat sich sein Verhältnis zum Bauern gelockert und dem der städtischen Lohnarbeiter sehr genähert. Doch nimmt er noch vielerorts an den großen Hausfesten, den Hochzeiten und Begräbnissen, den Kirchweihen und Schlachtfesten, kräftigen Anteil. Traurig ist die Lage vieler ostelbischer

Gutsleute, von deren Schlafstellen man kürzlich z. B. aus dem Oderbruch Unglaubliches durch Paul Göhre erfahren hat.

Mit den steigenden Lebensansprüchen und der zunehmenden Teilung der Arbeit verlor der Hof seit Jahrhunderten einen Betrieb nach dem anderen und rief die **Handwerker** in die Wohnstube, um für Mann, Weib und Kind, Knecht und Magd auf der Stör zu arbeiten, die Nähterin am und der Schneider auf dem Tisch, der Schuster unter seiner Glaskugel und der Sattler. Einst wurden sie in der gemeinen Mark nicht geduldet, und nur auf der Kirchweih hatten sie Marktfrieden. Später aber stoßen sie in engem Raum mit dem Bauern und seinem Gesinde aufeinander, und vielleicht liegt das schon im Worte „Stör", wenn es wirklich, wie Schmeller meinte, eine Störung des gewöhnlichen Stubenfriedens und nicht eine der Handwerksordnung bedeutet. Aus diesem vorübergehenden Zusammenleben haben doch die beiden Parteien voneinander gar manches gelernt, sich wenigstens scharf beobachtet und sich noch mehr geneckt und verspottet. Viele köstliche Schwänke laufen noch vom Schneider, dem Geißbock, um, den die Magd mit dem Besen unversehens vom Stuhl fegt und der sich deshalb seitdem auf dem sichereren Tisch niederläßt, und vom Schuster, dem Pechknipper oder Pechvogel, der sich einen gestohlenen Flicken Leder auf den Rücken näht. Diese Schwänke liegen schon keimartig eingeschlossen in manchem Namen, wenn z. B. im Schwäbisch-Alemannischen der Wagner Krummholz, im Hohenlohischen der Schmied oder Schlosser Rußwurm, im Badischen der Schreiner Leimsieder heißt. Alle Müller sind Schelme, aber nicht alle Schelme sind Müller, sagt man, und der Bäcker stiehlt's nicht, man bringt's ihm. Auf manchen Höfen des Schwarzwälder Kinzigthales fordert der Bauer noch heute, daß seine Handwerker zu seinen Hochzeiten, jedoch erst zum Schluß, kommen, um ihm ihre Aufwartung zu machen und den Überschuß an Speise und Trank in Empfang zu nehmen.

Wer beschreibt einmal die **Nachbarnschaften**, welche zwar nur noch selten jene festere Form und weitere Tragkraft haben, die S. 27 erwähnt wurde, aber noch manchen eigenartigen Brauch in sich schließen? Im Traunviertel hat ein Bauer, der das Wasser zum Kochen und Waschen von seinem Nachbar holt, diesem einen, zwei oder drei Brunnschnitttage zu richten d. h. für einen Tag einen, zwei oder drei Arbeiter zum Korn= oder Weizenschnitt zu überlassen, die von ihm wohl Kost, aber keinen Lohn bekommen. Aus diesem inneren Dorfleben nur einige beliebig herausgegriffene Züge! Noch immer läuft der sogen. Nachbarreim durch das Dorf von Haus zu Haus und hängt jedem Nachbar ein Spott=wort an von Schleswig=Holstein bis an die Alpen. Das Haberer=treiben, jetzt nur bayerisch, war früher allgemeiner. In der Eifel wurde dem Manne, der mit seiner Frau in Zank lebte, das Tier gejagt d. h. von den Burschen, nachdem sie sich unter der Dorflinde versammelt hatten, mit Peitschen, Pfannen, Hörnern, Ketten u. s. w. eine Katzenmusik gebracht. In Niederdeutschland verbot eine Gemeinde (Wendhagen) einem ungehorsamen Bauer den Gebrauch des Feuers und Wassers, der Weide und der Hirten, pfählte ihm das Thor zu, warf einen Graben davor auf, hieb den Eimer über dem Brunnen ab und machte den Backofen dicht, bis er nachgab. Neidischer Klatsch nistet fest in den Dörfern. Aber im ganzen wird auf gute Nachbarschaft viel gehalten, und in der Not, beim Wochenbett und der Kinderpflege werden viel freundliche Liebesdienste geleistet.

Den **Bettler** behandelt man im ganzen milde und gönnt ihm als Reisenden sein Teil. Almosen geben gilt noch vielen für einen Gottesdienst. Nach den alten Weistümern darf ein Vorüber=gehender ungestraft drei Stücke Obst von fremdem Baume brechen, drei Rüben auf fremdem Acker graben. Er ist auch kein Böse=wicht, wenn er drei oder vier Trauben in seine Hand geschnitten hat. Aber in seinen Busen darf er sie nicht schneiden. Wie steht das jetzt? Mancher scheut den Bettler, zumal wenn er einsam seitab wohnt, wohin jener freilich seltener kommt. Aber die Bettler haben in Tirol ihren Strich, und man giebt gern Almosen und über Nacht die Lagerstatt in der Stube oder im Futterhause. Met em gode Woot (Wort) ka mer (kann man) en arm Minsch drei Winterdach wärme sagt man um Köln. Sind's Zigeuner, fürchtet man ihren an Mensch und Tier haftenden Fluch. Drum besprengt man auch die Schwelle hinter ihnen her. Doch bewahren auch eine stets verschlossene Thür und ein bissiger Hund vor dem Anlauf, seitdem das Landstreicherwesen wieder zugenommen hat. Das alles geht in dem Bauernhause aus und ein und findet dort Arbeit und Speise und Rast.

Sein ganzes Haus stellt der Bauer gern unter den Schutz höherer Mächte. Solchen bezweckten zunächst die **Haussprüche** über der Thür, die immer mehr aus der Mode kommen und z. B. in Steiermark von den Handwerkern fester gehalten werden als von den Bauern. Wenigstens in Niederdeutschland überwiegen Bibelsprüche, Gebete oder Choralverse und andere mehr religiösen Charakters, in Oberdeutschland spottet dazwischen mancher Spruch der Spötter seines Hauses. Der älteste und verbreitetste ist wohl der tiefernste Spruch:

Wir bauen also feste
Und sind doch fremde Gäste.
Da wir sollen ewig sein,
Da bauen wir gar wenig drein.

In Angeln ziehen solche Sprüche hier und da rings um das Haus und noch dazu um den Herdrahmen. Die armen Weber im Erzgebirge, die im geselligen Kreis ihre Sorgen rasch vergessen, setzen wohl die Inschrift an ihr Haus: Nur immer heiter, Gott hilft schon weiter. Über die Anwendung vieler anderer Schutzmittel entscheidet die Konfession, die auf diesem Gebiete große Unterschiede geschaffen hat. Der Dachtrauf des Hauses gilt noch in vielen Gegenden für eine Schutzwehr gegen alles Böse. In katholischen Gegenden werden der göttliche Haussegen, der Jakobssegen, der Johannissegen, dann der Agathazettel an Haus-, Stuben- und Stallthür geheftet, der letzte, ein großes Folioblatt, namentlich gegen Feuers- und Blitzgefahr. Noch schreibt man mit der Kreide, die in das am heiligen Dreikönigstag geweihte Salz gesteckt wird, die Anfangsbuchstaben der Namen der h. drei Könige: Caspar, Melchior und Balthasar *C+ M+ B+* an die Stallthür, um das Vieh gegen die Hexen zu schützen. Am Pfosten der Thüre der Wohnstube hängt ein kleiner Weihwassernapf, aus dem sich die Hinausgehenden besprengen, wiederum zum Schutze gegen böse Geister, etwa mit dem Spruch: Jetzt tret ich über d'Schwell', Gott der Herr ist mein Gesell. Das Wetterläuten mit der Haus- oder Hauskapellenglocke wird noch geübt. Noch in diesem Jahre waren die Bauern am Titisee entrüstet, daß ein Bauer von seinem Hofe den Hagel weggeläutet hatte, der nun um so heftiger auf die anderen herabschlug. Kloster und katholische Kirche schaffen eine Fülle dieser und anderer geweihter Dinge das Jahr hindurch ins Haus; der protestantische Friese würde staunen, wenn er hörte, daß in Tirol der Pfarrer das Bauernhaus benediziert, das Bett, den Stall, die Almhütte, das Butterfaß. In der Kirche weiht er den St. Johannissegen am 27. Dezember zum Hochzeits- und Abschiedswein, Toten- und Gewitterkerzen zu Lichtmeß, Scheiterholz am Gründonnerstag oder Karsamstag, Schinken, Eier und Brot am Ostertag, die Palmreiser am Palmsonntag, den Kräuterbüschel an Mariä Himmelfahrt. Diese Segnungen ergänzen die Mönche durch Paternkreuze und Benediktuspfennige, Kräuter für das kranke Vieh, Lukaszettel unter den Strohsack, Amulete in die Wiege zu legen oder dem Füllen anzuhängen, Ignaziwasser, um den Kopfkohl (Kabis) zu sprengen, wenn die Würmer darauf sind u. s. w. Vor katholischen Häusern erheben sich hier und da mächtige Kruzifixe, in der Nische der Giebelseite steht ein Marienbild oder ein anderes Heiligenbild, je nach der Landschaft, wie der heilige Florian oder, wenn das Haus an einem Fluß oder Bach steht, der heilige Nepomuk, jener gegen Feuers-, dieser gegen Wassersnot. Der obenerwähnte Altar im Herrgottswinkel der Wohnstube ist von einem Kruzifix überragt, neben dem die Bilder Marias und Josephs hängen oder unter dem Maria und Johannes oder andere Lieblingsheilige, die Patrone des Ackers und Viehes, stehen. Ein ganzer Kreis von Heiligen waltet im katholischen Bauernhause über Pferde, Rinder und Schweine, und es wäre eine schöne Aufgabe, diese Schützervereine nach ihren Landschaften und Hauptberufen darzustellen. Bemerkenswert ist nun, daß an den ältesten Schutzmitteln des Hauses auch die Protestanten wieder teilnehmen und sich darin nicht von den Katholiken unterscheiden. Es ist gemeindeutsch, daß ein Donnerstein (Belemnit) im First gegen Gewitter schützt, eine Donner- oder Hauswurz auf dem Dache, im Salzburgischen namentlich auf dem Backofen, ebenfalls. Sie wird aber auch gegen die Klauenseuche oder Ohrenweh verwendet. Sie empfahl schon Karl der Große den Gärtnern auf ihr Dach zu setzen. Ebenso allgemein wehrt das Hufeisen auf der Schwelle des Hauses, der Stube, des Stalles Hexen und Kobolde ab. Alte Sensen, mit der Schneide nach oben, an einen Pfahl oder Baum gebunden, dienen zur Verscheuchung böser Geister. Im Hurt, dem obersten Dachraum alter Schwarzwaldhäuser, der Heidenhäuser, und anderer schwäbischer und fränkischer Häuser hängen zur Bannung von Gewittern, Flüchen, bösen Geistern noch Stierschädel oder Roßköpfe, welche, wie oben bemerkt, gleich den Hufeisen und den schützenden Besen, die Niedersachsen in Ornamente verwandelt haben. Raubvögel, wie Hühnerweihen, Habichte, Eulen, Krähen, nagelt man an die Stall- oder Scheunenthür, ursprünglich um die bösen Geister abzuschrecken. Noch steht zu gleichem Zweck in manchem deutschen und russischen Rinder- und Pferdestall bis nach Berlin und Moskau hin ein meistens schwarzer Geißbock, der hier und da auch die Kühe auf die Weide begleitet. Als Ersatz dient auch wohl ein Bocksgeweih am First. Auf oder im Hause oder Stalle nistende Störche, Schwalben, der Mutter Gottes geweihte Rotschwänzchen (Röthele, Brandele) bringen Glück und schützen vor Feuersgefahr. In den deutschen Gebirgsdörfern klettert der Kreuzschnabel in seinem Drahtkäfig oben an der Zimmerdecke und bewahrt vor Unglück und Hexerei. Er hängt sogar am Karren des Tiroler „Dörchers" und wird im Oberinnthal bei Begräbnissen unten an den Sarg gehängt. In Mittelschlesien spricht man noch von einer glückbringenden Hausotter, die, von niemand gesehen, im tiefsten Grund des Hauses wohnt und sich durch einen unangenehmen Geruch verrät. Sie galt früher in der That für ein unverletzbares Haus- oder vielmehr Ahnentier.

Aber mit all diesen teils kirchlichen, teils heidnischen Schutzmitteln ist dem Bauern noch nicht genug gethan; er wendet auch fromme Gebete, kräftige Segen und eigentümliche Handlungen gegen Wetter- und Feuersgefahren an. Bedroht ein Sturm das Dach, so füttern alte Leute ihn und seine Familie nach gemeindeutscher Sitte wohl noch mit Mehl oder dem dreifachen Almosen:

Mehl, Brot und Salz, das sie aus dem Fenster hinauswerfen mit den Worten: Wind, du hast Salz, Aschn, „Kim“, Nimm's hoam zu dein Weib und Kind. Denn tief im Gebirge sitzt eine „Windin“ ärger als der Wind. Beim Hageln wirft man drei Hagelkörner ins Weihwasser, bei Gewitter darf man nicht essen, denn der Donner ruft im Hildesheimischen und Braunschweigischen: Den Beter laß beten, den Schläfer laß schlafen, den Fresser schlag tot! Um Rheine in Westfalen schützt der geweihte Palmstock hinter dem Spiegel, von dem etwas ins Herdfeuer geworfen wird, vor Gewitter. Dazu stellt man ein Bild des heiligen „Franz Xaverius inmitten eines Gewitters in China“ ans Fenster, alle Hausgenossen knieen vor den Stühlen der Küche, während die Hausfrau oder der Baumeister (der erste Knecht) das Evangelium: Im Anfang war das Wort vorliest. Setzt der Blitz oder irgend eine Unvorsichtigkeit das Haus dennoch in Flammen, so zeigt sich, freilich nicht immer gleich deutlich, das bemerkenswerte Bestreben, das Feuer symbolisch auf einen möglichst kleinen Kreis zu beschränken. Man wirft einen Teller hinein oder umrennt oder umreitet dreimal das brennende Haus oder stellt einen Tisch des Nachbarhauses, auf dem einmal das Hochwürdigste gestanden hat, auf die Straße. Auch andere Mittel, wie das Agathabrod, das Feuerversprechen, die mannigfaltigen Feuersegen sind zu beachten.

Auch andere kirchliche, wie weltliche Personen helfen dem Bauern beim Schutz des Hauses. Früher hielt man mit Weihrauch, Käse, Strick und Schlegel Umzüge durch das Haus und jagte die Katzen und Hunde hinaus. Noch wird es in vielen katholischen Gegenden am heiligen Dreikönigstag ausgeräuchert vom Dach bis in den Keller, vom Schlafgemach bis in den Viehstall. Zu Petri Stuhlfeier läuten in der Ortenau oder hämmern in der Grafschaft Mark Buben das Ungeziefer aus dem Hause. Gegen Mäuse und Ratten schreibt man den Namen „Nicolaus“ oder „Medardus“ oder „Nicasius“ an ihrem Kalendertag an die Thüren.

Eine freundlichere, reichere Ausstattung pflegt der Durchschnittsbauer nur der Wohnstube (S. 82) zu geben, früher war die Schlafstube durch ein oft kunstvolleres Himmelbett ausgezeichnet.

Auch die älteren schön geschnitzten Schränke und Truhen sind meistens weggekauft. Doch haben die Geräte und Möbel meistens ihren bestimmten Platz: der Tisch, der Ofen und die Sitze. Ob an den Wänden feste Bänke oder versetzbare Truhen oder Stühle stehen, ob darin gar Alkoven, schrankartige Bettstellen, angebracht sind, scheint von der Stammesart abzuhängen. Der Bilderschmuck der Wände richtet sich nach dem Bekenntnis: hier herrschen Heiligenbilder und das Bildnis des Papstes vor, das auch wohl umgeben ist von einen Kranz von Köpfen der vielen hundert früheren Päpste, dort sieht man die Bilder der Reformatoren und dann noch hier, wie dort das Porträt des Landesfürsten und jetzt weithin durch Deutschland die Bildnisse unserer ersten Kaiser und besonders häufig z. B. in Thüringen das Kaiser Wilhelms II. und seiner Familie. Schul- oder Dienstentlassungszeugnisse, Preisdiplome, die von Schützenfesten oder landwirtschaftlichen Ausstellungen geholt sind, hängen dazwischen. Alles, was mit dem Herd und Ofen zusammenhängt, der Kesselhaken im Norden, der Feuerbock- oder -hund in Tirol, das Kochgeschirr u. s. w. ist oft noch altherkömmlich und ebenso die bei Ackerbau und Viehzucht, Jagd und Fischfang nötigen Geräte. Man denke nur an den leichten schwanken Nachen an der Unterweser, den „snellen Dood“, an den „Einbaum“ auf den oberbayerischen Seen.

Für die **Hauslektüre** geschieht in den letzten Jahrzehnten viel mehr als früher. Die Bibel mag noch immer das Hauptbuch der protestantischen Bauern sein, hier und da in Thüringen noch eine Nürnberger Bilderbibel oder sonst eine Erbbibel, deren weiße Blätter eine kurze Familienchronik enthalten. In Friesland wie in Baden wird jedem jungen Paar bei oder nach der Trauung eine Traubibel geschenkt. In einigen thüringischen Dörfern waren die Bibel, ein Tisch und zwei Stühle so fest mit dem Hause verknüpft, daß diese Sachen beim Verkauf desselben als Inventar darin blieben. Gegenwärtig sind die Thüringer eigentliche Bibelleser nicht mehr, jedenfalls nicht in dem Maße, wie noch vielfach die reformierten Bauern oder die im schleswigschen Sundewitt, die nach dem Gottesdienst daheim forschend in der Heiligen Schrift lesen und ihren Nachbarn und Freunden schwierige Stellen auslegen. Katholische Überbleibsel mitten im strengsten Kalvinismus sind die stets vergoldeten, nicht farbigen Apostelbilder, die der Overysseler Bauer bei Zwolle gern hier und da zwischen die Blätter seiner Bibel legt. Die biblischen Geschichten sind trotz der Schule der jetzigen Jugend in Thüringen nicht mehr so vertraut wie früher, die biblischen Redensarten gebraucht der Volksmund nur noch selten und dann meist spottweise, zu Grabinschriften wählt man lieber einen schön gereimten farblosen Vers als ein passendes Bibelwort. Aus der Bibel wird wohl am meisten der großartige geheimnisvolle Anfang des Johannesevangeliums in allerlei Gefahren gebraucht. Die Katholiken lesen gern Heiligenlegenden, die oft mit buntfarbigen Bildern geschmückt sind. Beiden Konfessionen sind Erbauungsbücher, zum Teil sehr süßliche neuere, zum Teil sehr alte, noch immer wert, den Protestanten z. B. das Predigtbuch von Striegenitz 1591 und den Katholiken Martins von Cochem Leben Jesu 1689 und Goffines Andachtsbuch. In Thüringen finden solche Bücher südlich vom Rennsteig mehr Beifall als nördlich. Wertvoller ist noch namentlich protestantischen Frauen das Gesangbuch bei Gewitter, am Krankenbett und in sonstiger Trübsal. Im Lesen eines Gesanges besteht vielfach des Bauern Gebet. Mit den Missionsblätern ringt um die Herrschaft die Zeitung, in der er zunächst die Anzeigen, Ernte- und Wetternachrichten aufsucht, sich dann mit Naturereignissen, Mordthaten, Kriegen unterhält und etwa noch mit bekannten Personen. Die eigentliche Politik liegt ihm ferner. Begierig liest er dagegen die Romane unter dem Strich, die er auch am liebsten aus der Volksbibliothek holt. Noch immer fesseln Christoph von Schmids warme Erzählungen, die Ostereier, Rosa von Tannenburg u. a., aber die alten löschpapierenen Volksbücher vom Hürnen Seifried, Genoveva und der schönen Magelone sind meist verschwunden. Dazu kommt etwa noch ein landwirtschaftliches Buch über Hufbeschlag oder Obstbaumzucht, ein Buch vom Kriege 1870, eine Reisebeschreibung und vor allem ein Kalender. Dieser hängt an sichtbarer Stelle an einem Nagel der Wand, und seine alten Geschichten, Scherze und Bilder werden an Winterabenden und Sonntagsnachmittagen immer von neuem genossen. Obgleich es am Brennerpaß heißt, daß die alten Looser (die Bauernregeln) umfallen wie die alten Zäune, so ist der Bauer doch noch immer nicht zufrieden, wenn er diese aus guter Naturbeobachtung und aus altem Aberglauben zusammengesetzten Wetter- und Lebenssprüche nicht in seinem hundertjährigen Kalender findet. Noch immer ist die Astrologie eine Macht im Leben des Bauern; er unterwirft sich den Gestirnen, die das Jahr regieren, und horcht auf das, was der neue Komet zu bedeuten hat. Nur der Schiffer traut mehr seinen eigenen spähenden Augen und den Wetteranzeigen der Seewarte. Die Kalenderlitteratur hat aber in den letzten Jahrzehnten eine weit über harmlose Unterhaltung und ländliche Wetterweisheit hinausreichende Bedeutung erlangt, die Kalender sind zu kirchlichen oder politischen Parteiherolden geworden, namentlich die zahlreichen Marienkalender und andererseits die auf den Bauernfang ausgehenden socialdemokratischen. Manche Kalender verfolgen bestimmtere Ziele, wie der „Tierschutzkalender“ oder der „Notburgakalender“ für Dienstboten. Wenn gar manche Kalender von Donauwörth in die Welt hinausgehen, so tragen die Kolporteure, namentlich von Reutlingen aus, noch immer viele „Zauberbücher“, von denen im Krankheitskapitel noch die Rede sein wird, und „Traumbücher“ weithin zu den Bauern. Diese scheinen meistens selten zu träumen. Wenn aber, so erzählen sie es am Morgen bei der Suppe als eine große Neuigkeit und suchen Aufschluß darüber im „Traumbüchle“. Man erkennt aus all diesen Lesebedürfnissen, daß Phantasie und Gemüt des Bauern bei der Lektüre mehr dürsten als sein Verstand.

Die deutschen Bauern mögen reinlicher sein als ihre meisten Nachbarn, werden aber von den Holländern an *Zindelykheid* übertroffen. So reinlich scheint den Magyaren der siebenbürgische Sachse, daß sie spotten: „Wenn er nichts anderes zu thun hat, reißt er sein Haus ein und baut ein neues.“ Aber es giebt in Deutschland neben den reinlichen sehr unreinliche Bauerschaften, die oft mit jenen dicht aneinander stoßen; leider überwiegen die letzteren, und nicht einmal immer bestimmt die Wohlhabenheit das Maß der Sauberkeit. Der Mangel derselben pflegt sich über alle Räume des Hauses und Hofes und auch des Leibes zu erstrecken, worunter Gesundheit und Wirtschaftlichkeit schwer leiden. Die

Wohnstube ist dazu gewöhnlich schlecht gelüftet und überheiß; wo die Volkstracht es erheischt, hat der Bauer trotzdem seine Pelzmütze darin auf dem Kopf. Es ist viel wichtiger, auf Beseitigung dieser Übelstände als auf Rückführung der Volkstracht zu dringen.

Auch das Äußere der Häuser schaut sehr verschieden drein, auch wenn sie demselben Stil angehören. Niederdeutschland scheint im ganzen auf besseren Farbenanstrich des Holzwerks zu halten, wozu schon die feuchtere Luft drängt, wogegen die Schnitzkunst sich an der Giebelseite namentlich in Oberbayern und in der Schweiz zeigt. Die Lust an Blumen- und Baumzucht ist ebenfalls sehr verschieden. Die Egerländer Dörfer mit ihren weißgetünchten Häusern und roten Ziegeldächern stehen ohne Laub- und Blumenschmuck da, und ihre Bewohner wissen die wenigsten Pflanzen mit eigenem Namen zu benennen. Wie herrlich nicken die dunkelroten, schmeckenden Nelken von der Laube oder dem Fensterbrett des holzbraunen Tiroler Hauses herab, wie freundlich grüßen die Geranien und Pantoffelblumen aus so mancher schwäbischen und niederdeutschen Stube! Im Gebirge steckt sich selbst der ältere Bauer noch eine Wiesenblume an den Hut oder hinters Ohr. Der Hausgarten bringt noch im wesentlichen die mittelalterliche Gartenflora der Klöster hervor, die dann durch die großen Entdeckungsfahrten der Neuzeit bereichert wurden: Nutz- und Heilpflanzen, die in der Küche, in der Volksmedizin und im Aberglauben eine so große Rolle spielen, und Zierpflanzen. Zu jenen gehören Zwiebeln, Salat, Meerrettich, Rüben, Kohl, Dill, Thymian, Stachel- und Johannisbeeren, Kerbel, Spinat, Petersilie, zu diesen Nelken, Goldlack, Balsaminen, Ringelblumen, Stockrosen, Päonien, Aurikeln, Nachtviolen, weiße Lilien, Syringen. Als Mutter aller Kräuter gilt die Raute, worunter das Volk aber verschiedene würzige und heilkräftige Artemisia-, Ruta- und Valerianaarten zusammenfaßt. Frauen gebrauchen sie gegen ihre Leiden, Hirten gegen Milchmangel. Sie wird zum Johannisgürtel gewunden und ins Sonnwendfeuer geworfen und in der Kammer gegen die Hexen aufgehängt, gegen den Kunter im Stalle, beim Kirchgang, namentlich beim hochzeitlichen, getragen, sie war die Beiwürze, daher Bîbôz, Beistoß oder Beifuß, zur täglichen Speise.

Mit der Raute wetteifert der Rosmarin. Als Zeichen erwiderter Liebe trägt ihn am Festtag der Zillerthaler Bursche stolz auf dem Hut, Hochzeiter schmücken sich und ihre Gäste damit und Neuvermählte pflanzen ihn gemeinsam in die Erde. Mit einem Zweiglein dieser Staude geht dann später ihr Kind zur ersten Kommunion und werden sie selber nach ihrem Tode im Sarge geziert. Meistens gerade, mit Buchsbaum eingefaßte Wege durchschneiden die bunt besetzten Blumenbeete. Manches dieser Gärtchen spendet noch seinen Inhabern zugleich Nahrung, Würze und Duft, Heilkraft, Schmuck und Trost und hat ebensogut seine Geschichte wie der nobelste Park, und es kommt vor, daß in seinem bunten Kräuterwerk mehr Weisheit und Poesie wohnt als in den herrlichsten Baumgruppen der höheren Gartenkunst. Neben dem Garten, oft über dem Brunnen oder einem Nebenhäuschen, wölbt sich häufig der Hollunder- oder Fliederbusch, eine freundliche Hausapotheke, deren Blüten und Beeren den gesundesten Thee, Kräuterkissen und leckeres Mus liefern. Die gute Holdermutter wird wohl noch mit feierlichem Spruche um Hilfe angerufen. Hollunderzweige steckt man in das Flachsfeld gegen die Kröten, in den Krautacker gegen den Hasenfraß, ganz besonders häufig aber in die Maulwurfsgänge. So wird er überall geehrt. Vorm Höllerkenstruk maut man'n Haut (Hut) afniämen sagt man in Westfalen. Selbst auf den friesischen Inseln, wo der Wind die Bäume nicht aufkommen läßt, umschlingt er mit seinem Grün und seinen gelblichen Dolden hausfreundlich die grauen Wohnungen der Wurth.

Mit dem Blumen- und Gemüsegarten ist der **Obstgarten** bald vereint, bald ist er von ihm getrennt, und die Bäume erheben sich statt über Rabatten auf einfachem Rasen. Wie viele aber sind leider schlecht gepflegt und verwildert! Und doch hat der Bauer auch zu seinen Bäumen ein inniges Verhältnis. Am Christabend, oder auch in der Neujahrsnacht, seltener zu Fastnacht oder am Karsamstagabend, springen die Bauern wohl noch beim Abendgeläut, elsässisch Heilewogläuten um halb zwölf Uhr, sofort mit bereit gehaltenem Strohseil aus dem Hause und umwickeln damit ihre Obstbäume. Das ist schon um 1400 nachweisbar. Sie wünschen ihm ein neues Jahr in der Wetterau, wie in Hannover und

Brandenburg. Auf diese Weise macht man sie fruchtbar oder bringt sie, nach nordhannöverschem Ausdruck, bi'n Bock oder bi'n Bullen. Besonders wirksam ist Stroh, das auf Wurst gelegen hat. Auf Usedom legt man Sylvester einen Kuchen in die Bäume für den heiligen Petrus, in Oberösterreich füllte man am Abend des heiligen Dreikönigstags den Mund mit Krapfen und küßte die Äpfelbäume mit dem Spruch: Baum, Baum, ich buß dich, wird so voll als mein Mäul. In Hannover (Salzdetfurth) umgeht man dreimal in der Neujahrsnacht den Baum und schüttelt ihn und schlägt ihm ein Stück Geld in den Stamm. Auch Klopfen, Peitschen, Prügeln kommt vor; man schießt in ihre Kronen. In Pommern bindet das Strohseil um die Stämme ein großer dicker Bauer, den ein anderer auf den Schultern trägt; in Preußen thut das ein von einer Magd getragener Knecht, wie im Egerland das Kühmädel und der Ochsenbub am heiligen Abend eine Hand voll Tischreste unter jeden Baum legen. Packt man im Brandenburgischen schwere Steine zwischen die Zweige, so werden sie schwer tragen. Die Obstbäume versprechen in Baden wie in Holstein eine reiche Ernte, wenn sie um Weihnachten duften d. h. Rauhreif tragen. Was nicht mit St. Gallus abgeleert ist, hat im Württembergischen an einzelnen Orten jeder das Recht zu gallen d. h. zu behalten. Man läßt gern den Tegen d. h. den Zehnten sitzen, den Tragapfel, Samen, die Saat oder Art, wie man auch das letzte Häuflein Mehl nicht aus dem Kasten nimmt. Man überläßt die letzte Frucht dem Armen oder in Oberfranken dem Wetterfräulein. Die Bäume sind leicht beleidigt. Stirbt in Pommern (Bartikow) der Wirt, so müssen die Bäume wie das Vieh berührt werden. Stirbt jemand in Nassau, der Bäume veredelt hat, so müssen diese absterben. Weit geglaubt wird, daß ein erstmals tragender Baum, der bestohlen wird, verdorrt. Die ersten Früchte eines solchen Baumes soll man den Armen oder auch einer Schwangeren zu essen geben, ein kleines unschuldiges Kindlein muß sie pflücken, oder die Bäuerin selber muß sie ins „Fürtuch“ nehmen, oder der Hausvater selber muß sie, wenn's auch noch so wenig wären, auf den Boden tragen in einem recht großen Sack.

Aber der Bauer hat noch andere Lieblinge unter den Bäumen als die Obstbäume, vor allen die Linde, die als Brunnen-, Dorf-, Gerichts-, Friedhofs- und Friedenslinde geehrt, neuerdings leider vielfach durch die schneller wachsende Kastanie ersetzt wird. Auch steht noch neben manchem Haus eine ehrwürdige Linde oder ein Lindenpaar. Eine Lindenreihe dagegen, die noch dazu zu einem Wandschirm zurechtgestutzt wird, um die Sonne mehr als vernünftig von den Fenstern abzuhalten, zieht sich wohl nur vor norddeutschen und holländischen Bauerhäusern hin als Nachbildung französischer Gartenkünstelei. Den malerischesten Schmuck bilden die Eichen niedersächsischer und die Nußbäume oberdeutscher Bauernhöfe; ihnen können es die langstämmigen Eschen der Marschhöfe an Schönheit nicht gleich thun. Bäume im Felde duldet der Bauer nicht, es seien denn Obstbäume.

Aber was wird aus all der Herrlichkeit, wenn eine **Feuersbrunst** dazwischenfährt? In manchen Dörfern wird noch das unversicherte niedergebrannte Haus mit Hilfe der Nachbarn, die auch das gerettete Vieh in ihren Stall nehmen, wieder aufgebaut. Namentlich die Gespannbesitzer fahren unentgeltlich, frondsweise, als ob sie Frondienst leisten müßten, Holz und Steine herbei. Ihre Kinder, für die die Baustätte der anziehendste Spielplatz ist, helfen die neue Tenne festtreten, wofür ihnen der Bauer eine Schaukel, Hosse, Hutsche, an den Querbalken hängt. Wer unbefugt die Baustätte betritt, wird gebunden, gesenkelt, geschnürt und muß sich mit einem Trinkgeld lösen. Ist das Fundament herausgemauert, so bekommen die Maurer einen Trunk Ebewî(n), und ist das Haus aufgeschlagen, die Maurer den Werksatz im Kinzigthal. Durch ganz Deutschland wird noch nach bestimmter Zimmermannssitte gerichtet d. h. der fertige Dachstuhl mit einem bebänderten Bäumchen oder Kranz geschmückt, ein längerer Spruch gethan, der auf manche Dorfsprüche anderer Art, wie z. B. die beim hochzeitlichen Vorspannen (S. 177) gebrauchten Sprüche, eingewirkt hat, und ein Glas hinabgeworfen. Zerspringt es, so ist das ein günstiges Vorzeichen. An einzelnen Orten achtet man darauf, ob nach dem Hammerschlag auf den ersten in die Sparren eingetriebenen Nagel Funken fliegen oder nicht, je nachdem das neue Haus durch Feuer oder Wasser zu Grunde gehen wird. Der fröhlichen Feier geht auch wohl ein Gottesdienst voran und folgt das Nun danket alle Gott. Auch wird wohl das völlig fertige Haus bald vor, bald nach dem Einzug vom Geistlichen gesegnet. Beim Einzug spricht man: Glück ins Haus, Unglück 'naus! Ein neues Haus fordert einen Toten, daher jagt man gern voraus eine Katze durch alle Räume, was an die ältere Sitte erinnert, einen Hund oder eine Katze im Fundament einzugraben, um dem Bau Festigkeit zu verleihen. Alle ins Haus Eintretenden, besonders Kinder, bekommen ein Stück vom ersten Kuchen, den die Hausfrau darin gebacken, oder gar ein Mahl, hochalemannisch *Hûsräuki* d. h. Hausräucherung genannt, das Fest des ersten Herdfeuers im Hause. Die Gäste bringen Geldgeschenke, die Verwandten auch wohl ein Kalb, ein Schaf, eine Ziege mit. Im Ravensbergischen hatte man außer der Husbörige, Hausaufrichtung, noch die Fensterbörige, einen Schmaus zur Feier der Einsetzung neuer Fenster, wozu die Gäste ebenfalls ein Geschenk machten, wie im alten Ditmarschen (S. 22). Die Seele des Hauses sitzt aber im grauen oder schwarzen Haus- oder Heimbrot, neben dem das Weißbrot noch in den meisten Gegenden als seltene Leckerei betrachtet wird, die der Vater wohl vom Markt aus der Stadt als Geschenk für die Kinder heimbringt. Wer aber in die Fremde zieht, unter die Soldaten oder in einen Dienst, der nimmt ein Stück des kernigen Hausbrots im Sack mit. Dann ist er unterwegs sicher vor bösen Geistern und bleibt in der Ferne frei von Heimweh. Sogar verkauftem Vieh giebt man es zu demselben Zwecke mit, daß ihm nicht ahnd werde d. h. bang vor Heimweh. Keine Speise wird ehrerbietiger behandelt als das Brot: ehe man es anschneidet, ritzt man mit der Spitze des Messers drei Kreuze darauf.

5) Die Viehzucht.

Ein großes Bauernhaus gleicht einer Arche Noäh. Außer den Menschen fristen gar vielartige Tiere und Tierlein darin ihr Dasein, von den Asseln im Keller bis hinauf zum Storchenpaar auf dem Dache. Manches Ungeziefer, wie Wanzen und Läuse, und die Mäuse sind gehaßt und werden noch mit jedem Frühjahr, die letzten auch bei der Ernte, unter feierlichen Gebräuchen aus dem Hause getrieben oder gebannt. Kaum zwei Stunden von Freiburg im Breisgau führt man noch am Lichtmeßtage ein hochaltertümliches Schlangenbannen aus, um die zahlreichen Schlangen des Attenthals vom Hofe fern zu halten. Aber andere Tiere, namentlich die Vögel, genießen den Frieden des Hauses. Früher wurde in der Grafschaft Mark die wiederkehrende Schwalbe von der ganzen Hausgenossenschaft am Hofthor begrüßt. Auch des Rotkehlchens, des Storches ist schon gedacht. Die Eule oben im Ulenlok und der ebenfalls oben im Giebel angesiedelte Wannenwäher, Wannewichel, des Kinzigthals haben noch ihre eigene heimliche Privatgeschichte. Als Zimmervögel sind hier Kanarienvögel, dort Kreuzschnäbel, dort wieder andere beliebt, in manchen Gegenden hält man sie überhaupt nicht.

Wichtiger sind die wirtschaftlichen Haustiere. Ein gut Teil der Viehzucht ist schon beim Hirtenleben (S. 134 ff.) besprochen, und wenn hier noch einige Hauptzüge aus der Stallwirtschaft angeführt werden, so sind sie nicht ihrer Technik entnommen und fassen nicht ihren praktischen Zweck ins Auge, sondern sollen den gemütlichen Anteil des Volkes in mannigfachen Bräuchen zeigen. Von der Einordnung des Stalles in die verschiedenen Hausformen und von mehreren Schutzmitteln desselben ist schon die Rede gewesen. Zu diesen gesellt sich noch der Besen, der mit umgekehrtem Stiel vor die Stallthür als Hexenabwehr aufgestellt wird, und früher des Vaters Löffel, der unter die Stallthür gelegt wurde. Noch werden allerhand Zauberzettel und dergleichen in ein in die Schwelle gebohrtes Loch gepreßt und wieder zugepfropft. In der Ritze eines mecklenburgischen Viehstalles fand man neulich eine Schutzformel gegen neunerley Elwen. Neunerlei an Mariä Himmelfahrt geweihte Kräuter und am Palmsonntag geweihte Palmen bringt man nicht nur im Stall an, sondern giebt davon auch dem Vieh zu fressen, sowie auch geweihtes Salz. Der Stall hat einen Himmel von Schutzheiligen über sich: die Pferde schützen namentlich Eulogius, Leonhard oder Lienhard und Stephan, das Vieh überhaupt Wendelin, Martin, Fridolin, Rochus, Michael, Sebastian, die Schweine Antonius.

Glück in Stall muß jemand sagen, der den elsässischen, wie den schlesischen Stall betritt; lobt (beraff'let) er aber ein schön Stück, so darf er nicht den Zusatz vergessen B'hüts Gott! oder muß statt der Worte schön und hübsch nur schmuck und gärtlich (d. i. gättlich, passend, nett) gebrauchen. Verläßt der Bauer abends seinen Stall, so spricht er wohl noch: Das walte Gott! und bekreuzt die Tränke, die er hineinträgt, dreimal. So schlägt er auch, wenn er mit seinem Pflug oder Wagen ausfährt, von Basel bis Königsberg noch hier und da mit seiner Peitsche vor dem Zugvieh drei Kreuze in die Luft und ruft ihm zu: „Kommt in Gottes Namen“ oder „Hin in Gottes Namen!“ Wieder mehr älterer heidnischer Art ist ein anderer Brauch, der nur die Pferde angeht. Wo die Sielen, das Riemenzeug, oder das leichtere Kummet noch nicht als Pferdegeschirr eingebürgert sind, da ist das Gespann schwerer Fuhrwerke vom Berner Oberland und dem Brenner bis in die oberrheinische Tiefebene, nach Schwaben, ja sogar nach Thüringen hinein, mit blanken Messingscheiben, dem alemannischen Meß, den fränkischen Rosen, und dazu das Kummet des Sattelpferdes mit einem Messingkamm, Strähle oder Haarrichtere, und einer Schmierbüchse, das des Handpferdes mit einem Badeschwamm und mit einem Dachsfell, seltener einem Iltis- oder Fuchspelz geschmückt. Auch steckt der Fuhrmann rote Bänder oder rote Wischfetzen oder gar ein großes, hochrotes Tuch oder Latz seinem Sattelpferde an. Wie noch jetzt von einigen Fuhrleuten eingeräumt wird, ist jenes Fell kein bloßer Schmuck, sondern ein Amulett: der Anblick des bissigen Tieres soll vom rechts gehenden Pferd, das die Peitsche des links schreitenden Fuhrmanns nicht zu schützen vermag, die Angriffe der bösen Geister abwehren. Im Stalle aber, wo es vom Kummet befreit wird, lauert ein anderer Feind, das Schrättele, Tockele, der Neck, die Trude, Mare, Walriderske, Hexe, der auch die Menschen mit Alpdruck quält. Er verfilzt dem Pferde die Mähne, macht unentwirrbare Zöpfe hinein und treibt es in Schweiß, so daß es morgens matt und abgeschlagen dasteht, als ob es die ganze Nacht abgehetzt worden wäre. Dagegen hilft eine ausführliche Beschwörung, der sogen. Trottenkopfsegen, oder auch ein Kreuz, das man in ein Loch neben dem Stallthürfenster brennt und mit einem Spunten verstopft. Am meisten fürchtet das Schrättele aber im Stalle einen Geißbock mit seinen Hörnern und seinem Gestank, in der Schweiz auch einen schwarzen Muni oder Zuchtstier. Am Osterheiligabend werden um Gotha die Pferde ins Wasser geritten, damit sie sich in Farbe nicht verschlagen und die Füße nicht vertreten. Gewöhnlicher ist der Tränkeritt in der Stephansnacht, und am Stephanstag macht der Tiroler Fuhrmann mit der Kellnerin und dem Hausknecht seiner Herberge eine lustige Schlittenfahrt in ein Nachbardorf, wo gegessen und getrunken wird, was Platz hat. Bezahlen muß der Hausknecht. Auch in Württemberg fällt ein Ritt und eine Dienstbotenbewirtung auf den Stephanstag.

Das Pferd ist zwar der höchste Stolz des Bauern: Weibersterbe isch ka Verderbe! Aber Gäulverrecke, des isch e Schrecke! sagt man bei Heidelberg. Aber in manchen Gebirgsdörfern giebt es überhaupt keine Rosse, und der Schwerpunkt der Viehzucht liegt durchweg im Rinde. Im Schwarzwald faßt man wohl unter Gfiegel sämtliche Haustiere zusammen, unter Vieh versteht man allgemein das Rindvieh. Die Begriffe Vieh und Vermögen deckten sich früher, und noch heißt das Vieh auch kurzweg in einigen schwäbisch-alemannischen Landschaften die Ware, die Habe. Eine gute Kuh deckt viel Armut zu. Seit alters war das Rind hochgeachtet: bei Grenzstreitigkeiten vertraute man seinem gemessenen, freien Gange die Entscheidung an; wo es still stand, war man an die Grenze gelangt. Durch die Redensart he is dumm as een Veeh glaubt der Eiderstädter Friese mehr sein schönes Vieh mit den klugen Augen, als den betreffenden Menschen beleidigt. In Nordschleswig muß jeder Besuch sofort hin, um de Ossen zu sehen. Mancher deutsche Bauer verschmerzt den Verlust eines Kindes leichter als den einer Kuh, und in Holland hat man wohl einen Bauer, der Krankheit oder gar Tod im Hause hatte, sagen hören: Het is goed, as het man niet achter de Banderdeur (d. h. im Stall) is.

Auf das Wohlbefinden des Viehs wird genau geachtet, selbst auf ihr gemütliches. In Thüringen klagt sich die Kuh, und wird in Süddeutschland der Kuh ahnd d. h. hat sie Heimweh nach ihrem früheren Stalle, so breitet man in Baden einen Schurz auf den Boden, führt sie hinüber und giebt ihr Abschabsel von den vier Tischecken, als ob sie dadurch noch vollständiger in den Familienschoß und die Tischgemeinschaft aufgenommen werden sollte. Nach dem ersten Kalben wird die Kuh bei Kreuznach übers Kreuz gemolken oder bekommt geweihtes Salz. Ihre erste Milch wird in Süd- und Mitteldeutschland vielfach den Armen gegeben, damit die Kuh gesund bleibe. In der Oberpfalz vermischt man sie mit Mehl zu einem Pfannkuchen für die Dienstboten, dem Kaipeta d. i. Kuhpeter. Verkauft man ein Kalb, so zieht man es verkehrt aus dem Stall und wickelt dessen Strick der Mutter zur Tröstung um die Hörner. Dem Jungvieh wird im Südwesten gern am Fridolinstag (6. März) das erste Joch, oft noch das quälende Doppeljoch, am besten eins aus Nußbaumholz, aufgelegt und wohl noch mit dem Spruch: Wie Jesus sein Kreuz getragen, so trage auch dein Joch. Vereinzelt führt man noch die Kuh während des Glockengeläutes zum Stier. Am Michaels- und am Wendelinstag (29. September und 20. Oktober), den alten Schlußtagen des Weideganges (S. 138), beten viele um Gesundheit des Viehes, füttern es zu Weihnachten und Ostern mit Heu, das über Nacht der Tau draußen genetzt hat, und tränken es mit dem aus dem Bach geholten Osterwasser. So verschiedener Stärkungen bedürfen sie gar sehr, denn noch mehr als den Pferden stellen insbesondere den kalbenden und milchenden Kühen die Hexen nach und heißen darum auch niederdeutsch Molkentöwersche, Molkenzauberinnen. Man bete daher beim Melken den englischen Gruß und plage nicht das am Stall nistende Rotkehlchen, sonst färben die Hexen die Milch rot oder nehmen sie ganz fort. Man scheut sich sogar in vielen Gegenden abends nach dem Betzeitläuten Milch in einem ungedeckten Geschirr über die Straße zu tragen, da sie leicht verhext wird. Verendet eine Lieblingskuh unter vielen Schmerzen, so wird sie, auch wenn der Geldverlust ganz unerheblich ist, in Thüringen zuweilen von der Familie beweint.

Den Bäuerinnen und Mägden sind außer den Kühen auch

die **Schweine** anvertraut, deren Schutzpatron der Winter- oder Sauantoni ist. An seinem Tage, dem 17. Januar, tragen sie Schinken zu einem Waldbruder oder Meßner auf den Giersberg bei Kirchzarten, der dann in der Antoniuskapelle Gottes Segen und der Heiligen Schutz für die Mutterschweine herabfleht. Man wallfahrtet auch dahin, daß der Speck beim Schlachten nicht auslaufe. In Thüringen wie im Schwarzwald führt die jüngste Tochter oder Magd die Sau zum Eber, wie auch die Kuh zum Stier und die Ziege zum Bock; das fördert die Fruchtbarkeit, und oft schaut die ganze Familie andächtig dem Begattungsakte zu. Das Hauptschlachttier ist das Schwein; Rindfleisch wird nur bei „Notschlachtungen", wie es im Schwarzwald heißt, oder an hohen Festtagen genossen. Bei zunehmendem oder Vollmond, nicht bei leerem Mond, gern am Dienstag oder Donnerstag, schlachtet man und kocht den Speck aus. Die Maifelder in der Eifel pflegen noch (?) ihre Mastschweine im Christmonat, dem altdeutschen Schlachtmonat, zu schlachten. Abends treten maskierte Burschen ins Zimmer mit dem Spruch:

Würstle heraus, W. h.
's isch e brave Fra im Haus.

und bekommen nach einigen Späßen Würste und Most, oder sie strecken ein Säckle durch das Fenster, damit es gefüllt werde. Dies Säckle-, Häfelestrecken wird von Wurschtliedli begleitet. Zur Metzelsuppe lädt man die ganze Sippe und Freundschaft ein und schickt den Abwesenden kleine Würste, in Österreich einen Sautanz, eine Schüssel mit Blut-, Leber- und Bratwürsten. Manch Metzelsuppenlied lebt noch fort. **Schafe und Ziegen** kommen mehr strichweise oder nur vereinzelt vor und liefern manche volkskundliche Ausbeute, **Hunde und Katzen** sind tief mit dem Hausleben verwachsen. Schlesische Bauern setzen sich nicht zu Tisch, bevor sie ihnen ihr Futter gegeben haben. Der Hund hat immer einen Eigennamen, darunter die seltsamen: Strom, Wasser, sogar Donau, für die Katze kommt fast nur Mietze (Mariechen), für den Kater Hintz (Heinrich) vor. Der Hund ist allgemein beliebt, die mehr dem Haus als dessen Bewohnern anhängende Katze wird dagegen bald wie ein Kind verhätschelt, bald wie eine Hexe oder doch ein falsches Wesen gefürchtet. Seine verschiedenartigen Katzenvorstellungen hat der Deutsche nach Wanders Sprichwörterlexikon in etwa 1000 Sprichwörtern ausgedrückt.

Vom Geflügel ist das **Hühnervolk** das wichtigste. Die Eier geben den vielen Mehlspeisen, insbesondere den Festspeisen der ländlichen Küche, Kraft und Wohlgeschmack. Dem kleinen Kinde wird ein Ei zum Zahnen oder Singen oder Sprechen ins Mündchen gestrichen. Gefärbte Eier, vom Paten im Garten versteckt, sind die höchste Osterwonne. Ein Karfreitagsei, am Ostertag genossen, behütet vor Bruchschaden, und wer Flachs säet, bekommt eine Eierspeise, daß er hoch springe und danach der Flachs hoch wachse. Das erste Ei oder auch das Gründonnerstagsei wird übers Dach geworfen, um Feuer und anderes Unheil davon abzuhalten. So ist dem Bauer viel daran gelegen, daß die Hühner sich nicht verlaufen oder auswärts legen. Um frisch zugekaufte Hühner ans Haus zu fesseln, läßt man sie in den Spiegel sehen oder, wie oben die Kuh, über einen ausgebreiteten Schurz laufen. Oder man spricht zu ihnen beim ersten Austreiben aus dem Stall:

Ich lass euch 'naus in Abrahams grossen Garten
Heut abend um 8 Uhr will ich euch erwarten.
In den drei höchsten Namen u. s. w.

Auch lockt man um Fastnacht wohl alle Hühner in einen im Hof gezogenen oder aus Kette oder Strick gebildeten Kreis und giebt ihnen darin von allem an diesem Tag gekochten Speisen, damit sie nicht weglegen und vom Habicht geholt werden. Das bannende, fast hypnotisierende Symbol der Kreisform, das wir schon bei der Feuersbrunst trafen, vereinigt sich mit dem Symbol der Essens-, der Hausgemeinschaft. Um junge **Gänse** vor Krähe und Habicht unsichtbar zu machen, werden sie im Sommer zwischen ausgestochenen Rasenstücken mit nach innen gekehrter Grasseite hindurchgeschoben. Bruteier legt man am besten in ungerader Zahl bei einer Hochzeit oder während des Zusammenläutens am Sonntag ins Nest und sagt dabei der Henne ins Ohr: Jetzt gehn lauter Weiber in die Kirche und nur ein Mann. Dann schlüpfen seiner Zeit nur die willkommeneren kleinen Hennen heraus, höchstens ein Hahn.

Unter allen Haustieren nimmt, man möchte fast sagen, die geachtetste Stellung bei den Menschen die **Biene** ein, trotz ihrer Kleinheit, ihres Fürsichlebens und wieder weiten Umherschweifens. Sie ist aber auch das kunstreichste Haustier und fertigt so köstliche Dinge, wie das auch von der römischen Kirche so hoch geschätzte Wachs und den Honig, und ehe sie noch im Bienenstand in der Nähe des Hauses angesiedelt worden, stellte man ihren Waben begierigst in den Baumlöchern der freien Mark nach. Warf jemand über einen gefundenen Bienenschwarm seinen Hut, so durfte ihm diesen kein anderer nehmen. Beim Einfangen des Schwarms hat der Imker noch heute seine eigentümlichen Bräuche. Je nach der Jahreszeit bringt er die Bienen bald in eine Raps-, bald in eine Buchweizengegend, bald in die blühende Heide zur Weide. So hoch steht der Nutzen ihrer Zucht im Unterinnthal, daß man dort sagt:

Halt Imb'n und Schåf —
Leg de' (dich) nieder und schlåf.

Ihr eigener Stich verursacht der Biene den Tod. Ebenso empfindlich ist sie gegen derbe Worte des Menschen. Man darf nicht von ihr sagen, sie habe nichts zu fressen oder sei verreckt, sonst geht sie ein und ihr Beleidiger hat Unglück; die Biene ißt und stirbt ab. Im preußischen Kreise Braunsberg werden den Bienen alle Feiertage angesagt. So innig ist ihr Geschick mit dem des Hauses verwachsen, daß sie absterben, wenn die Eheleute in Zwietracht leben. Ist aber der Meister eines Hauses gestorben, so hat dessen Nachfolger die Bienenkörbe zu rütteln und ihnen den Tod anzuzeigen, am schönsten in Westfalen, mit den Worten:

Imme, Imme, din Heer is dood,
Nu blif bi mi in mine Nood!

Geschieht's nicht, so sterben sie mit ihm. Wer im Sauerland einen „Immen" kaufen will, darf nicht feilschen, sonst ist aller Segen weg! Gestohlene Bienen gedeihen nicht, der Bienendieb muß nach dem Tode spuken.

6) Der Ackerbau.

Obgleich die wichtigste Arbeit unseres Volkes, der Ackerbau, jünger als die Weidewirtschaft ist, hält er doch wesentliche Grundzüge derselben in seinem Betriebe fest. In der Alltagsarbeit, wie in dem Festjubel des Hirtentums nahmen wir trotz seiner gegenwärtigen Verkümmerung noch einzelne Stimmungen und Bräuche ältester Art wahr, die namentlich bei seinem höchsten Aufschwunge im Maimond noch hier und da kräftig durchschlagen. Sie atmen noch heute etwas von der ursprünglichsten Auffassung der Natur und bezeugen eine durchgreifende Natursymbolik. Die Natur ist nicht nur ein Gleichnis, eine nur poetisch empfundene Analogie des menschlichen Lebens, sondern ihr Thun und Leiden ruft auch wirklich ein ähnliches Thun und Leiden im menschlichen Leben hervor: wer im Elsaß eine Eidechse sich über die Hand laufen läßt, lernt geschickt nähen oder schön schreiben, und ein auffällig weißfarbiges Kraut unter lauter grünen Genossen kündet den Tod dessen an, der es zuerst in seinem Garten sah. Und umgekehrt erzwingen die Menschen durch bestimmte Handlungen bestimmte entsprechende Vorgänge in der Natur: wenn ein grasverhüllter Bube ins Wasser geworfen wird, so wird befruchtender Regen auf das Gras der Weide herabgelockt. So steht die ganze Welt: Natur und Mensch, in einem persönlichen Doppelverbande miteinander: der Regen, der Tau und das Bachwasser, das Gras und das Laub, das Rind auf der Weide und der singende Vogel im Baum, das Mädchen und der Bursch mit ihrer Arbeit und ihrer Liebe, sie bedingen, sie beeinflussen sich gegenseitig auf die mannigfaltigste unmittelbarste Weise. Namentlich das eine alles durchströmende Lenzgefühl verschmilzt alles in eine große Sympathie. In diesem Doppelverhältnis des Menschen und der Natur zu einander wurzelt unsere älteste Poesie und wurzelt nun auch die Sitte unseres Ackerbaues. Ja der Landmann faßt es beinahe noch inniger auf als der Hirte. Denn er versenkt namentlich beim Pflügen und Säen viel tiefer gleichsam sich selber in Grund und Boden. Dieser ist als sein Eigen viel enger mit seinem ganzen Geschick verwachsen, als die freie Gemeinweide mit dem Dasein des Hirten. Und wie die meisten deutschen Rechtssymbole aus der Auflassung und Einweisung liegenden Eigentums hervorgegangen sind, so knüpfen sich die meisten deutschen Sittensymbole an die Bodenbestellung, von denen wir schon einen Teil bei der Obstbaumzucht kennen gelernt haben. Übrigens wirkt neben diesem uralten Gefühl des menschlichen Zusammenlebens mit der Natur mächtig ein anderes, das mehr christliche Gefühl der Abhängigkeit vom Walten des lieben Gottes in der Natur, seiner Herrschaft über Wetter und Wind. Darum betrübt den Bauer oft irgend ein Fortschritt in der Bewältigung der Naturkräfte nur zum Teil deshalb, weil er sich in seiner Gewohnheit und Sicherheit durch das Neue bedroht fühlt, sondern weil er fürchtet, seinen Gott zu verlieren. Die Erntepredigt ist für ihn seines Gottesdienstes bedeutsamster Teil.

Eine andere Eigenheit unseres Ackerbaues hat eine Reihe anderer Ackerbräuche hervorgebracht, seine Teilung unter die beiden Geschlechter. Der bis über die Mitte unseres Jahrhunderts hinaus in Deutschland überwiegende Körnerbau, in dem wieder der Roggen den weitesten Raum einnahm, war immer den Männern überwiesen, und nur ausnahmsweise z. B. im Pforzheimer und in anderen Fabrikbezirken übernehmen auch Frauen das Pflügen und Mähen. Häufiger besorgen sie das Säen hier und da im Erzgebirge, in der Oberpfalz und in Oberfranken; junge Bräute und Schwangere — und hier setzt schon jene Symbolik ein — gelten für besonders geeignet dazu. In vielen Bezirken haben die Frauen einen hervorragenden Anteil am leider immer mehr zurückgedrängten Hanf- und Flachsbau. Am Oberrhein sind schon nach dem dreißigjährigen Kriege Handelsgewächse aufgekommen, und heutzutage nehmen die Kartoffel und die Runkelrübe, Hopfen, Tabak und Wein weite Striche in Anspruch.

Wo Waldboden urbar gemacht werden soll, hebt man im Schwarzwald mit dem Schwenden d. i. dem Abholzen an, unternimmt darauf das Reuten, das Auswurzeln und Umbrechen, und schließt mit dem Branden, dem Verbrennen der Wurzeln und Strünke. Dann erst kommt der Pflug. Aber in manchen Gebirgsgegenden ist weder Egge, noch Pflug, sondern nur die Hacke bekannt, und allen Dung und alle Brühe verbringen die Leute auf Kopf und Rücken. Im Hochgebirge müssen sie sogar die Erde, die von den Güssen herabgespült ist, wieder mühselig hinauftragen! Das erste **Pflügen**, Ackern, z'Ackerfahren wird noch vielfach sehr ernst genommen. Mancher geht vorher in die Kirche oder spricht mit seiner Familie im Zimmer oder vor der Thür am Pfluge ein Gebet oder fünf Vaterunser und den Glauben. Im Südwesten helfen Arme und Kinder beim Beten und erhalten dafür das „Mennebrot" oder „Glücksbrot". Die Zugtiere bekommen vor der Abfahrt ein Stück geweihten Brots (Agathebrots), mit geweihtem Salz darauf, auch werden sie mit Weihwasser besprengt und bekreuzt. In der Eifel steckt man eine rote Wachskerze zwischen den Rädern auf den Pflug, wie man hier auch zu Lichtmeß, wo das Wachs geweiht wird, Wachskreuze an Haus- und Stallbalken und den Pflügen befestigt und im Frühjahr seine Geißel segnen läßt und Wachs aufs Vieh tröpfelt. Auch im Thurgauischen Fischingen zündet man vor der ersten Ackerfahrt geweihte Kerzen an. Im Eichsfeld schlägt man Pflöcke vom Holz des Karsamstagsfeuers in den Pflug, in Westfalen und anderswo darf man ihn nicht im Freien lassen, sonst steckt sich Hackelberg mit seinen Hunden darunter. In Steiermark beschmiert der Hausälteste alles Eisen am ersten ins Feld fahrenden Pflug mit dem Speck, der am Ostersonntag geweiht war. Dreimal umwandelte man ihn in Groß-Steinheim (Kreis Offenbach) mit einer Rauchpfanne. Aber noch altertümlicher wird der Pflugmann, oft samt Pflug und Zugtier, von der Frau oder der Magd bei der Abfahrt mit Wasser begossen, daß er nicht faul oder nicht von den Mücken geplagt werde, oder richtiger, daß bald Regen komme. Der Pflug wird gebadet. Mit Hutlupfen und Hü in Gottes Namen fährt der Bauer ab. Und nicht nur das Bauen, sondern auch alle andern Feldarbeiten, ja in Gottschee das Kochen der Mahlzeiten wird mit einem in Gottes Namen noch vielfach eingeleitet. In der Oberpfalz, im Egerland und in Franken stellt man eine Schüssel mit Mehl oder Brot und Ei zwischen den Rädern auf die Erde und fährt darüber hinweg, damit der Acker gute Frucht trage. Brot und Ei, das Pflugbrot, bekommen die Armen. In Westfalen schneidet die Hausmutter ein Brot auf der Mitte des

Pflugs mitten durch und giebt eine Hälfte dem Knecht, die andere den Zugtieren. Dem thüringischen Bauern werden beim ersten Ackergang die Taschen mit Krapfen voll gestopft, und heimgekehrt wird er samt seinem Pflug von der Bäuerin begossen. Da ähnliche Bräuche bei den Angelsachsen schon ums Jahr 1000 und in mehreren deutschen Weistümern des Mittelalters nachweisbar sind, so darf man in jenen Broten und Kuchen alte Opferlaibe vermuten. In Holstein sieht der Pflüger gern viele Krähen hinterdrein spazieren, den Pferden reibt man in Hessen mit der frischen Erde die Brust, dann reibt sie sich nicht wund. Eigenartig ist bei Bonndorf am östlichen Schwarzwald, daß der Pflüger beim ersten Ackern eine Jungfer küssen muß. Dienstag und Donnerstag gelten für die besten Pflugtage.

Weit reicher sind die **Saatbräuche** und verschieden je nach der Samenart; der Weizen und namentlich der Hanf und Flachs haben ihre besonderen Gebräuche. Sorgsam ist schon die Vorbereitung. Wie man die Fruchtbarkeit der vorigen Ernte gern möglichst wirksam in die neue Aussaat überleitet und damit eine Reihe anderer Vorsichtsmaßregeln verbindet, veranschaulicht folgender Brauch aus ostpreußisch Schwalgendorf. Will der Bauer säen, so nimmt er vom Balken seiner Stube einen Ährenbüschel, den er am Schluß der vorigen Ernte dort aufgehängt hat, reibt die Ähren aus, vermischt die Körner, ohne eins zu verlieren, mit Krümchen frischen Brotes und bindet das Gemisch in einen Zipfel des Säelakens. Ein mit Gott! begleitet den ausziehenden Säemann, der nun auf allen Ecken des Ackers diese mit Brot vermischten Körner im Namen der heiligen Dreieinigkeit ausstreut und das Vaterunser und ein eigenes Gebet spricht. Dann füllt er das Laken aus dem Getreidesack, knüpft Geld und Sämereien ein, bindet es um, daß der Knoten im Genick liegt, und wirft den Samen mit voller Hand aus und ruft dabei: Hilf, liebe Gottche! Auch schließt er die Augen, daß Vögel und Mäuse die Körnchen nicht sehen. Ist er fertig, so schlägt er mit der Hand ein Kreuz über dem Samen in der Luft, und nach Sonnenuntergang fährt sein Sohn oder Knecht dreimal mit umgekehrter Egge ums Feld, um es gegen äußere Feinde zu schützen. Im bayerischen

Ries mengt der Bauer von drei verschiedenen Äckern Erde (S. 143) unter das Saatgetreide und zieht seinen Dreispitz vom Kopf, um für das Gedeihen zu beten. Im Rheinland mischt man es mit dem geweihten Krautbüschel oder der geweihten Karsamstagskohle. Früher mußte im würtembergischen Öhringen eine Schwangere die Saatfrucht untereinander mengen. Starb in Hessen einer, der den Samen zurecht gemacht hat, so mußte dieses frisch gemengt werden, um seine Keimkraft zu bewahren. Man feuchtet im Österreichischen auch den Samen mit Weihwasser, in Thüringen mit dem Osterbad an. Früher schüttete man in Holstein drei Hände voll Korn durch die drei Löcher des Handgriffs eines alten Erbschlüssels und steckte dann drei vorher in den Mund genommene Körner hindurch. Das Hemd des Säemanns soll rein sein, sowie der Same. Dieser darf nicht auf den Tisch gelegt werden, nicht einmal in die Stube kommen; im Fränkischen wird er wohl vom Priester gesegnet zur Abwehr des gespenstischen Bilwisschnitters. Das Säetuch muß neu sein, von der Bäuerin selber oder von einem siebenjährigen Kind gesponnen, und muß in Brandenburg und Pommern während der ganzen Säezeit gebraucht, sein Knoten darf nicht gelöst werden. Hausbrot, Kümmel, Dill, Salz und Geld bindet man in Preußen in die Lakenecke, das letzte, weil dann das Getreide gut preist d. h. teuer wird, und näht in böhmisch Falkenau einen Silberzehner oder =gulden ein, daß das Mehl hübsch weiß werde. In schlesisch Massel bei Trebnitz muß der Säemann einen Donnerkeil im Säetuch tragen, wie man außer Zweigen vom Ahorn oder dem geweihten Palmbusch auch Donnersteine, Eisenkeile, Äxte in den Acker steckt oder am Gründonnerstagsabend über die Saat wirft. Geht der Säemann in der Grafschaft Hoya zur Seitenthüre hinaus, so bekommt er nicht so viel Korn, als durch die große Thüre gefahren werden muß. Fährt er zur Hafersaat, so wird er im hinteren Odenwald unterwegs von manchen Häusern aus bespritzt, damit der Hafer nicht verlächle d. h. vertrockne. In Steiermark wie in Holstein zieht der Bauer vor, selber zu säen, auch wenn er geübte Knechte hat. Weit verbreitet ist noch die Sitte, die ersten drei Würfe kreuzweis in den drei höchsten Namen zu thun und zwar mit dem gemeindeutschen, jedoch vielfach umgeformten Spruch:

Ich säe den Samen (Weizen) auf das Land (auf Gottes Land),
Behüt' ihn Gott vor Tresp und Brand.

In Oberfranken sagt man:

Hier säe ich das Christi Blut,
Dass mir der Bilmetsschneider nichts thut,

in Holstein:

Wir hören auf und Gott muss anfangen.

Süd- und mitteldeutsch wirft man die erste Hand voll gegen Osten, und weiteres darf man nicht beim Säen sprechen, daß die Vögel nichts merken. Daher nimmt man auch wohl ein aus Erlen- oder Weidenzweiglein gefertigtes Kreuz, einen Speil, Stab, Stein, Ring in den Mund. Der feierlichsten Stille befleißigt man sich in Ostpreußen: Schweigend mißt der Landmann das Saatgetreide ein, trägt es schweigend auf den Wagen, fährt es schweigend aufs Feld und säet es schweigend aus. Das Stillschweigen begleitet die Handlung des Säens wie manche andere z. B. die des Heilens, um sie nicht zu stören; auf das für Mönche geltende Verbot, bei der Arbeit nicht zu reden, ist es schwerlich zurückzuführen. Am weitesten beliebt ist, drei oder fünf Körner während des Säens im Mund zu halten und sie am Schluß gekaut den Vögeln oder auch dem Holzfräulein hinzuspeien, oder der Säemann stellt sich z. B. in Ahrweiler am Schluß in die Mitte des Ackers, wirft eine Hand voll in alle vier Himmelsrichtungen mit den Worten: „Das ist für die Vögel des Himmels"; um Grevenbroich betet man „das Evangelium Johannes" gegen die Sperlinge. Mit geschlossenen Augen streut man nicht nur in Ostpreußen die drei ersten Hände voll aus, sondern wirft sie so auch in niederhessisch Casdorf über die Schulter gegen den Vogelfraß mit dem Spruch

Ich säe meinen Samen in Mariens Namen, in Mariens Kind,
Dass alle Dinger werden blind.

Aber gerade in Hessen liebt man bei der Aussaat des Sommerkorns den Vogelsang. Denn beim schauenburgischen Nenndorf macht er dem Korn 'ne gaue Läune, eine gute Laune, und bei Gießen wartet man mit dem ersten Wurf, bis in der Nähe eine Lerche singend in die Luft steigt. In der Schweiz geht dem Säemann am besten die Bäuerin vor oder unter d. h. zeigt ihm die Grenze, bis zu welcher die Körner jeweilen gefallen sind. Namentlich Weizen säet man z. B. im Rheinland gern, wenn zwei Lichter zugleich sichtbar sind d. h. Sonne und Mond gleichzeitig am Himmel stehen, damit er schön weiß werde. Der Säemann darf auf der Insel Föhr, wie in Steiermark nicht alles in den Sack genommene Korn aussäen. Vergißt er ein Ackerbeet zu besäen, so muß er sterben, so hat er sich einen Sarg gesäet, und zwar in Thüringen bei einer Halmfrucht der Mann selber, bei Flachs die Frau. Und wenn einer nun wirklich sein Lebensende erreicht, so sagen die Mainfranken: Er hat sein Beet 'nausgeschnitten. Anderswo wird ein vergeßlicher Säer ein Schelm, eine vergeßliche Säerin eine Hure; in Bayern wird einem solchen Säemann ein Kind geboren. Das Gegenstück zu diesem steirischen Fehlacker, der oberfränkischen Untersaat ist der österreichische Zwiebaut. Wer dasselbe Beet zweimal anbaut, der bekommt von seinem Weib noch innerhalb des Jahres ein Kind.

Im Erzherzogtum Österreich ritten die Burschen Ostern vor Sonnenaufgang im schnellsten Laufe um die Felder und ließen die Pferde, wo drei Pfarren zusammengrenzten, die junge Saat abgrasen. Das schützte diese gegen den Rost (S. 143). Um Marksuhl in Thüringen reitet man die Pferde ins Osterwasser und dann in die grüne Saat, damit sie besser gedeihe. In pommersch Regenwalde besprengen viele ihre Felder mit Osterwasser, das am Ostermorgen vor Sonnenaufgang schweigend und nüchtern geholt wird, denn bis Sonnenaufgang ist der Herr Christus noch in dem Wasser. Schön ist der brandenburgische Brauch bei Motzen: am ersten Osternachmittag liest der Küster in der Kirche eine Predigt. Dann ziehen die Mädchen in langer Reihe nebeneinander Hand in Hand, Osterlieder singend, über die junge Saat jedes Feldes, während die Burschen mit den Kirchenglocken läuten. Und hier müßten einsetzen die **Umzüge** um das Saatfeld, den Esch, die Gemarkung, den Bann, die festlichen **Umgänge und Umritte**, die aus jenen alten Wettläufen und Wettritten der Hirten hervorgegangen und viel gründlicher als diese zu den Oster-, Himmelfahrts- und Fronleichnamsprozessionen verkirchlicht worden sind. Kaum hat auf irgend einem anderen Gebiete das Christentum mit der Heidensitte einen so innigen Bund geschlossen als bei diesen heiligen Trachten durch die Flur. Aber auch das Einzelleben hat seinen Einfluß auf die Saat. Stirbt der Säemann in Westfalen im Laufe des Jahres, so gedeiht die von ihm gesäete Frucht nicht mehr, oder das Saatbeet muß in Hannover wenigstens umgestochen und neu geformt werden.

Der zum Brand geneigte Weizen erfordert besondere Vorsichtsmaßregeln. Alles Erhitzende und an Hitze Erinnernde muß während seiner Saatzeit gemieden werden: Man darf in Hessen-Darmstadt kein Feuer aus dem Hause geben, sich im Kreis Schaumburg nicht aus einem Kessel waschen, in Sachsen nicht bei der Frau schlafen und nur am Mittwoch und Sonnabend, nicht an einem -tag säen. Auch darf der Weizenacker nicht mit einer neuen oder frisch geschärften Pflugschar gepflügt werden.

Eine Reihe anderer, unermüdlich auf Höhe, Stärke und Weiße abzielender Bräuche hat das Säen des Flachses und Hanfes hervorgerufen, die stattlichste wohl im kurhessischen Hergetsfeld, Kreis Homberg: mit reinem Hemd bekleidet und reinem Säetuch versehen hebt der Säemann den reinen nur zur Hälfte mit Lein gefüllten Sack, in dem ein eingewickeltes Stück Speck steckt und dessen leere Hälfte einen langen Zipfel bildet, auf den Kopf und trägt ihn in großen Schritten oder laufend aufs Land. Jetzt nimmt er den Speck heraus, ißt ihn und streut nun mit seinen fettigen Händen den Lein aus. Er muß dabei rasch gehen und darf sich nicht ruhen. Dann nimmt er ein Reis von einer Salweide, löst davon den Bast bis zur Spitze ab und steckt es aufs Land. So hoch der Lein getragen worden, so lang der Sackzipfel und die Schritte waren, so fettig die Hände, so lang der Bast und so weiß das Reis, so hoch und lang und fett und weiß wird auch der Flachs und dessen Bast. Dieses eine wohl ausgestattete hessische Beispiel läßt aber kaum noch den unerschöpflichen Reichtum der Symbolik der Flachs- und Hanfsaatgebräuche ahnen, in der oft die regere weibliche Phantasie sich bemerkbar macht. Schon beim Eggen des zur Flachssaat bestimmten Landes band man früher bei Flensburg die Schwänze der Pferde nicht auf, damit der Flachs nicht gekürzt würde. Schon zu Weihnacht in den langen Eiszapfen, die vom Dache hängen, zu Lichtmeß in den Tropfen des Zaunpfahls erkennt man Vorzeichen langen Flachses, und wenn nun zu Fastnacht der alte Flachs aufgesponnen ist, tanzt man bereits den neuen an. In Thüringen, wie in der Grafschaft Mark springt eine Dirne rückwärts vom Tisch, in Sachsen schon am Sylvester. In Schlesien tanzen Mann und Frau den Hochländer oder das Flachsstückel und singen dazu:

Wenn de Flox geseet is,
Do fängt a (er) on zu keima,
Do lôss wern keima, mei lieber Monn,
Ich ho mei Lost und Freide dron,
Om Floxe, om Floxe, om Floxe.
Wenn de Flox gekeimet is,
Do fängt a on ze blîn u. s. w.

Wie er knottet, reifet, grauft, gröstet wird, alles nimmt dieser Faschingssegen hoffnungsvoll auf. Rührend ist es, wenn in Pommern auch alte Weiber den Hüppeldepüppel mittanzen, müssen sie sich dabei auch am Ofengesims festhalten, um nicht umzufallen. In Ostpreußen wurde ein Mädchen beim Fastnachtstanz in einem mächtigen, mit Grün und Bändern geschmückten Reifen, Bügel, gefangen, dann von ihrem Tänzer mit möglichst hohem Schwung herausgehoben. Je höher, desto höher wuchs der Flachs. Die Knochen des zu Fastnacht gekochten Fleisches steckt man in Mitteldeutschland in die Leinsaat. — Man wählt zum Säen möglichst hohe Stunden, 11 und 12 Uhr, für den Frühflachs den ersten Tag im Jahr, dessen Ziffer dreistellig ist, den hundertsten, für den Spätflachs den längsten Tag. Auch sind nach Frauen, wie Sara, Petronella, Sophia, Helena und Esther benannte Tage tauglich; namentlich die letzte gilt für eine große Spinnerin, die aber viele Kluntern gemacht habe, so daß der an ihrem Tag gesäte Flachs viel Heede gebe. Der Größte im Hause muß den Lein säen oder er muß große Schritte und Luftsprünge machen, in Hessen, Thüringen und Mecklenburg muß man den Hanfsamen zu Pferde oder auf den Kopf hinaustragen, in einem Kopfkissenüberzug, aus einer blauen Schürze säen, daß er schön blau blühe, und den Stecken, der zum Hemmen eines Brautpaars diente (S. 177), auf den Acker pflanzen.

In Oberösterreich soll der Bauer das ihm aufs Feld gebrachte Eierinschmalz aus der Hand essen und mit schmieriger Hand anbauen, dabei mit frisch gewaschenem Hemd (mit 'ne fîne lînen Böxen im Westfälischen und Bremischen) und Säetuch große Schritte machen, so wird der Flachs fein und glatt „hail". Überhaupt ist es weit verbreitete Sitte, dem Säemann hartgesottene Eier mitzugeben, deren leicht abzuschälende Schalen er nach der Mahlzeit über den besäten Acker wirft, oder er bekommt eine Eierspeise, daß er tüchtig hopsen oder gumpen oder auch den leeren Saatbeutel hoch in die Luft schleudern kann. Auch eine lange Bratwurst thut gut. Hanf säet man so dicht an der Mosel, daß an dem auf den Boden gedrückten Daumen neun Körner hängen bleiben, und in Hohenzollern den Flachs, daß, wenn ein Hirsch den Boden mit einer Zunge berührt, ebenfalls neun Körner daran hängen. Früher sprangen im Meiningischen die Mädchen in der Johannisnacht nackt um den Flachs und sangen ihn an:

Flachs, du sollst nich eher blühn,
Bis de me giest an meine Knie,
Flachs, du sollst nich eher reife,
Bis de me kannst an Hals gegreife.

Ähnlich lautete der schlesische Flachsgruß. Am Tag der heiligen Magdalena, die so schönes Haar hatte, sagt man in Berolzheim zum aufgegangenen Flachs:

I grüss di, Flochsch,
Dass d' recht wochscht,
So lang wie 'n Weide,
So fein wie e Seide,
So heel und so klår,
Wie der Magdalena ihr Hår.

In Preußen machen die jungen Mädchen, wenn sie an einem Flachsfeld vorübergehen, immer einen Knix, damit sie einmal gutes Leinzeug zur Aussteuer bekommen. Um den Flachs in die Höhe zu bringen, steigen die Mädchen im Braunschweigischen und Hildesheimischen auf den Turm und läuten mit allen Glocken, dort am zweiten Ostertag, hier auf Himmelfahrt. Aber man wendet viel abenteuerlichere Reizmittel an. Vor dem Säen muß der Mann sich mit seiner Frau absichtlich ernstlich veruneinigen, bei Ruhla und im kurhessischen Amt Biebra. Im hannöverschen Eimbeck darf ein glücklich Verheirateter keinen Flachs säen. Darum die Kampfspiele, das Stoßen und Putschen, z. B. in Graubünden (S. 30), damit das Korn gerate. In Norderditmarschen pflanzt man sogar Grünkohl zwischen den Flachs, und wenn dann ein am Feld Vorübergehender sagt: „Wie schön steht der Flachs“, so sagen die Kohlpflanzen zu einander: „Ach, wir armen Kohlpflanzen“ und beginnen stärker zu werden. Der Flachs will nicht unterliegen und wächst darum hoch empor. Man muß auch den Flachs aus seinen Träumereien reißen. In Schlesien schrecken ihn die Frauen aus dem Schlaf durch lauten Aufschrei, und wie schießt er erst in Ostpreußen empor, wenn sie ihm am Johannisabend plötzlich ihren bloßen Hintern zeigen! Man scheut auch andere bedenkliche Stellungen nicht. Der Flachsgäter oder die Flachsgäterin muß in Niederdeutschland mehrmals kopfüber schlagen, oder sie greifen einen Fremden und suchen ihn auf den Kopf zu stellen. Die Höhe seiner Füße bezeichnet die künftige Höhe des Flachses. Bei Laubach in der Wetterau wälzen sich die Frauensleute im Flachs, daß er stark in Bast werde. Kommen die Gäterinnen bei Verden an einen Satel d. h. an eine zwischen zwei Leinsamenarten gesäete Handvoll Gerste, so legen sie sich auf den Rücken, raufen ein wenig von der Gerste aus, nehmen sie in den Mund und spucken sie in die Höhe. So hoch wächst der Flachs. Wir sind umgeben von einer Welt uns überraschender, bald derber, bald zarter, oft hochpoetischer Vorstellungen, die uns fremd geworden, doch die Heimat unseres alten Glaubens und unserer Volkspoesie ist! Mit edlem Ernst singen die gätenden Gottscheerinnen den Segen Gottes auf die Hirse herab, der Vorsänger unterbricht ihr Arbeitslied mit der Schilderung des

Gangs der Maria zum Rosengarten, wo sie für das heilige Kreuz ihres Sohnes lichte Kränzlein flicht.

Auch das Kraut-, Rüben-, Kürbis- und Gurkensäen und -setzen hat seinen Sagenkreis. Kürbis z. B. legt man in Mecklenburg und Pommern, wenn die große Glocke zur Kirche läutet, weiße Rüben hat ein großer Mann mit großem runden Hut zu säen. Das Kraut, das eingemacht ganze Fässer und Stauden füllt, spielt eine wichtigere Rolle. Noch 1876 zerschnitten die fahrenden Tiroler Krautschneider, etwa 9000 an der Zahl, mit ihrem sechsmesserigen Hobel die Kohlköpfe Deutschlands, Österreichs, Hollands und Belgiens. Wie steht es jetzt mit ihnen? Und hat der niederrheinische Kappesbauer um Köln, die typische Figur des Volkswitzes, noch immer seine eigenen Gedanken über seinen Kohl? Bei Marksuhl bei Eisenach werfen die Frauen sich beim Krautsetzen gegenseitig nieder oder sagen: Heiter (Häupter) wie mein Kopf, Blätter wie meine Schürze und jagen die Raupen in die Ruhl (nach Ruhla) zur Kirmeß. Im schlesischen Kreise Gleiwitz werfen die Frauen ebenfalls einander zu Boden, damit die Köpfe große, rollbare Kugeln werden, wie sie selber herumrollen, und sie stehen dann wieder auf, den Vorübergehenden anrufend, bis er stehen bleibt, auf daß die welken Pflanzen auch aufrecht stehen bleiben. Drei Freitage hintereinander muß man im Kreise Soldin vor Sonnenaufgang in bloßem Hemd mit einer Sense über das Kohlfeld hinmähen, um es vor Raupen zu bewahren, und bei Leipzig peitscht man mit drei Birkenruten, die in der Mittagsstunde im Namen der Dreieinigkeit schweigend geschnitten sind, den Krautacker an seinem einen Ende und ruft den Raupen zu: Zu Markt, ihr Jungfrauen. Auch hängt man einige Raupen in den Rauchfang, dann vertrocknen die anderen ihnen nach. Maulwürfe verscheucht man, indem man Hollunder- oder Ahornzweige oder übelriechende Sachen, wie faule Fische, in ihre Löcher steckt. Mäusen legt man drei Garben kreuzweis auf den Speicher und spricht: Hier leg' ich hin für die Mäuse den bittern Tod und meinen Kindern das liebe Brot im Namen †††.

Es ist ein schöner noch hier und da nachklingender Zug, daß

namentlich die **Getreideernte**, niederd. *Arn, Baut, Aust* u. s. w., die mühsamste und wichtigste Arbeit des Jahres, als ein Fest aufgefaßt wird. Namentlich vor der Mitte unseres Jahrhunderts als die Sichel noch nicht von der schneller arbeitenden Sense verdrängt war und weit mehr Schnitter erforderlich waren, kamen von den Gebirgen selbst reiche Bauernsöhne z. B. ins Neckar- oder Rheinthal zum Mähen herab. In ihren hübschen Erntekleidern zogen sie abends nach der Arbeit auf den Hof und sangen beim Mondenschein oft noch lange in die Nacht hinein. Liebschaften und Eifersüchteleien entstanden inmitten dieser arbeitsvollen Wochen, und nach der Sichelhenkete trennten die Fremden sich oft unter Thränen von den schnell gewonnenen Freunden. Noch gegenwärtig wird während der Erntezeit bessere Speise gegeben, in manchen Gegenden das geschätzte Weißbrot, im Rheinland, einem Teil Westfalens und in Sachsen in Form von Semmelmilch, die im Norden vielfach durch dicken Milchreis ersetzt ist. In Thüringen backt man für die Erntezeit die „Fruchtkuchen". Hier und da kommen die Mäher in weißen Ärmeln und die Bentheimer Binderinnen in weißen Schürzen und Miedern und Mützen aufs Feld, diese schmücken den Hut jener mit dem Auststrutz, Erntestrauß, und erhalten dafür eine blank benagelte Harke. Eine solche Binderin gilt in Mecklenburg und Siebenbürgen für eine Braut. Überhaupt wird nun — und das ist ein zweiter Grundzug — die höchste Reife und Fruchtbarkeit des Ackers vielfach im innigsten Zusammenhang mit dem Geschlechts- und Liebesleben betrachtet. Um Wiener Neustadt schneidet den Troodhan (Getreidehahn), einen aus dem letzten Häufle gefertigten Knoten, eine Braut aus der Familie oder in Ermangelung die schönste Braut der Gemeinde. Oder der Schnitter oder die Schnitterin, der oder die die letzten Halme schneidet, heißt wenigstens Bräutigam oder Braut und fährt, mit einem Kranz auf dem Kopf, auf dem letzten Juder in den Hof. Das beste Flachsstück in der Flur hieß früher in Thüringen die Braut im Felde. Die Roggenernte heißt wohl noch Roggenhochzeit und das Weizenerntefest in der Grafschaft Glatz die Weeshuchzig. Das von einer Arbeiterin übersehene Stroh nennt man Wiegenstroh, die beim Binden überschlagene Garbe Hurkind. Welche Wehmut über den Verlust des Geliebten beim niedersinkenden Korn aufsteigt, lehrt das schöne Lied: Ich hört ein Sichlein rauschen, das man noch vor einiger Zeit in Marienwerder bei der Heimkehr vom Erntefelde sang. Das Mädchen, das Essen aufs Feld bringt, wird vom Vormäher geküßt, und andererseits bestand im rheinländischen Kreise Simmern das Wandeln darin, daß die Mädchen einen aufs Feld Kommenden an Armen und Beinen emporhoben und eins von ihnen, das dann unter ihm durchgekrochen war, ihn küßte.

Ein dritter durchgehender Zug ist die Sorge, das Wachstum der heurigen Ernte für die des nächsten Jahres zu erhalten und das neue Wachstum aus dem alten zu bestimmen. Daher wird die letzte Garbe besonders dick gemacht und Moorschobb, Muttergarbe, Kornmoder u. s. w. genannt. Drei Ähren vom ersten Fuder Korn werden um Dresden ins Gartenland gelegt, nacheinander; je nachdem sie auswachsen, gerät die frühe, mittlere oder späte Herbstsaat. Früher verbrannte man in Holstein das letzte Stroh vor dem Beginn der Ernte, und in der Oberpfalz machte man am Fastnachtmontag um Mitternacht die Strohbänder für die künftige Ernte unter Wurstessen und Branntweintrinken.

Am Georgentag, dem 23. April, muß der Roggen so hoch sein, daß die Krähe sich darin verstecken kann. Und den Landmann verlangt es oft nach der Ernte gar sehr. Denn viele können es dem Schleswiger Bauer in Stapelholm nicht gleich thun, der am Lichtmeßabend, am 2. Februar, auf dem Felde einige brennende Strohbündel auf der Heugabel in die Höhe hält, um anzuzeigen, daß er von der Ernte noch die Hälfte besitze. Aus dem Gezwitscher der wiederkommenden Schwalbe hört der Bauer heraus, daß sie Kisten und Kasten leer gefunden hat. Aber je öfter die Wachtel hintereinander voll Grütte im Hannöverschen und Rîk bün ik im Kreise Geldern ruft, desto höher steigt der Roggenpreis, desto reicher wird die Ernte. Blüht der Roggen und streift man drei Ähren durch den Mund, dann bekommt man kein Fieber. Er gilt an vielen Orten am Jakobstag (25. Juli) für reif. War er im preußischen Rosenberg noch nicht so weit, so rieb der Bauer die Ähren aus, trocknete die Körner und buk daraus zum Jakobstag ein Brot aus frischem Getreide. Am ersten Tag der Ernte wird wohl noch ein Gebet in der Kirche gesprochen. In Niederbayern knieen sich alle Schnitter auf dem Felde nieder zu beten, daß sich keiner schneide; bei Dortmund begann die Ernte sogar mit einem übrigens modernen Wechselgesang zwischen dem Mäher: Falle, falle, goldne Ähre und dem Mädchen: Einmal fall ich, Schnittermädchen. Den ersten Hieb oder Sensenstrich führt der Vormäher, der Gutsherr selber, ein siebenjähriges Kind, eine Jungfrau, mit einem Helf's Gott oder Walt's Gott, kreuzweise, dann fallen die „Glückshalme" im Mühlkreis bei Linz. Die ersten drei Ähren bindet der Mäher sich gern um den Leib, um vor Kreuzweh bewahrt zu sein, eine Doppelähre auf den Hut gegen den Blitz. In bestimmter Reihenfolge schreiten die Knechte gegen das Korn vor, schräg wie die drei Sterne des Orionsgürtels am sommerlichen Morgenhimmel, die deswegen auch die drei Mäher heißen, hinter ihnen dreien in ebenso fester Ordnung die Binderinnen. Die zurückbleibenden bekommen allerhand Schimpfnamen und Strafen. Im Zürichgau arbeitete das Geschnitt wohl nach der Musik eines Geigers und dem nicht Schritt Haltenden wurde zum Spott ein Fulacher (Faulacker), ein kleiner Getreidezipfel, zurückgelassen. Auch im Elsaß. Die Essen bringende Magd wird in Holstein nach dem Feldrecht oder Arnrecht von den Arbeitern geküßt, der Gutsherr oder Fremdling, der aufs Feld kommt, unter einem Liede gebunden. In Kelbra bei Sangerhausen, im Saterland, auf Helgoland und in Nordfriesland wälzten sich Mäher und Binderinnen, paarweise sich packend, im Korne. Um Mittag muß der Schnitter ruhen. Am Niederrhein geht dann die Enongermoor d. h. die Mittagsmutter oder Futtika über das Feld und verwirrt die Leute, oft als plötzlicher Wirbelwind bei völliger Windstille. In Gottschee verrichtet während der Mittagsruhe die weiße Frau die Feldarbeit, sie holt sich aber auch mit zwei Gespielen unter Gesang ein paar Garben und verschwindet damit im Gebirge. Ist in Kärnten der Acker abgeschnitten und das Korn getöckelt, in Docken gesetzt, so lassen sich die Schnitterinnen alle auf dem Acker nieder, um ihm Ruhe zu geben, ähnlich in Ober- oder Mittelfranken. Die letzte Garbe, die häufig besonders schwer gemacht, auch mit einer Flasche versehen und zuletzt auf den Wagen gehoben wird, hat unzählige Namen: Kornmutter, Muttergarbe, Glücksgarbe. Früher und hier und da noch mancherlei Geistern: Zwergen, Heinzelmännchen, weißen Frauen, der Kornmutter überlassen, heißt sie auch selber Wald=, Wichtels=, Kornmann, auch Wauld (Wodan?), Vergodendeel und Oswald, der oder die Alte. Wer sie geschnitten, hat den oder die Alte bekommen. Peter, Peterbült, Pieterscheune scheint, wie das westfälische Vor den Mönk (Für den Mönch), auf den kirchlichen Zehnten zurückzuweisen. In Sachsen springt man über die aus den letzten Garben gebildete Scheune. Weil man im wogenden Korn ein dämonisches Tier springen zu sehen glaubte, das in der letzten Garbe gefangen wurde, nannte man sie auch Bock, Ziege, Habergeiß, Wolf, Sau und Erntehahn oder Güggele. So muß denn auch mancher arme Hahn für diese Vorstellung büßen: nach der Ernte spielt man in vielen Gegenden das Hahnschlagen, das sich allerdings jetzt oft gegen einen bloßen leeren Topf richtet. Am Schluß des Mähens wetzt der Schnitter noch einmal seine Sense in Schlesien und Mecklenburg, das sichert das Feld vor dem Bösen und ihn vor dem Marderreiten d. h. Alpdruck. Auf dem abendlichen Heimweg ertönte wenigstens vor 50 Jahren um Marienwerder noch manches alte Volkslied, oft eins in das andere verflochten, wie jenes: Da hört ich mein Sichlein rauschen mit dem Dort oben auf jenem Berge und dem anderen Dort unten im tiefen Thale. In Westfalen pfählt man den Harkelmai, einen mit Ähren und einer Garbe umbundenen Baum, auf dem Felde ein, den die Mägde herausziehen müssen. Er wird dann auf das letzte Fuder gelegt, auf dessen Pferde oft auch Mägde sitzen, wie anderswo eine Magd auf dem Wagen die letzte Garbe aufrecht hält. Der Knecht, der den Wagen umwirft, muß um Malchin auf dem Erntebier den Bärentanz aufführen, bis ihn ein Mädchen an der Wagenkette niederzieht. Der Wagen fährt vielerorts unter reichlichen Sturzbädern ein, und vor der Scheune wird der Fuhrmann gefragt, was er bringe, worauf er dreimal antwortet: Den guten Leuten Brot und den Mäusen den Tod. In Preußen werden auch wohl die im Wagengeleis liegenden Steine auf den Wagen gelegt, als ob sie die Erntelast schwerer machen sollten, und dieser stillschweigend bis zur Scheune geführt. In Pommern laden der Bauer und seine Frau selber das Fuder stillschweigend ab, mit wollenen Handschuhen. Nur in den Küstenländern von Friesland bis Pommern waschen die Mäher und Binderinnen vor der Hausthür die Hände im bunten Wasser, in der Austbalge einer Wanne, in deren Wasser Bauerrosen, Nesseln, Kirschen und Stachelbeeren gelegt sind, auch ein Klettenbusch, weshalb es auch Kliebenbusch heißt. Ein hitziges Bespritzen und Schlagen mit den Büschen zwischen den beiden Geschlechtern entsteht daraus. Von Österreich bis Schleswig drohen die müden Schnitter unter Sensenstreichen dem Hauswirt, der sie nicht alsbald bewirtet, seinen Kohl abzuschneiden, und wirklich fallen dann zuweilen die dicksten Köpfe. In Steiermark setzen sie dem Knauser eine Ziege aufs Dach. Eine bunt gemachte Harke hängen westfälische Mägde nach der Ernte unter den Bausen, die Herdkappe, und noch altertümlicher betet zu Dörverden bei Verden am Abend vor dem Erntebier der älteste Sohn die Erntekrone an den Füürrähmen des Herdes hinan d. h. er nagelt sie daran fest. Der Troodhan bleibt über dem Tisch aufgehängt, bis er zerfällt, wie das alemannische Glückshampfli (Handvoll) im Herrgottswinkel. Wer beim Aufladen des Erntesegens auf den Boden eine Garbe aus der Luke fallen läßt, muß in den Kreisen Soest und Hamm einen Becher Nüsse schenken.

Und nun verzichte ich darauf, das **Erntefest**, den Bauafwasch bei Grevenbroich, den Stoppelhahn in Westfalen, den Arnhahn in Ditmarschen, die Ernganſch in Franken, die Austköst, die Erntekirmeß, die Sichelhenke- oder lege u. s. w. zu schildern und die Überreichung und Unterbringung des Hahns, des Rechens, der Krone, und den Kern: das Mahl, bei dem wohl das Gesinde von der Herrschaft bedient wird, die Spiele und Tänze, insbesondere die Siebensprünge und die Lieder. Neben der weltlichen Feier hat aber auch die kirchliche manche bemerkenswerte Bräuche bewahrt: in Nassau werden einige Ähren auf dem Altar verbrannt, in Thüringen hängt man einen aus allen Getreidearten gewundenen Erntekranz über dem Altar auf. Dazu ertönt ein Nun danket alle Gott! In den bergischen Gemeinden Dönberg und Neviges wird nach der Ernte das erste Brot in die Kirche getragen, nach dem Gottesdienst von den Ältesten zerschnitten und unter die Armen verteilt. Namentlich im deutschen Osten kommt ein neuer Unterschied hinzu: der des rein bäuerlichen und des gutsherrlichen Erntefestes.

Neben der Getreideernte ist die **Heuernte** in vielen Gegenden die wichtigste und übertrifft in den Alpen- und Marschländern jene an Bedeutung. Sie zerfällt gewöhnlich in eine Haupternte: das Heuet, die Mahd und in ein Grummet oder Öhmet, Öhmd, eine Grün- oder Nachmahd. Das Heu wird in die Scheune gethan oder auch im Norden häufig in Hooibargen oder Mieten hoch aufgestapelt oder auch in den Alpen und im badischen Murgthal bei Forbach und Hilperhau in Stadeln und Heuscheuren, die zerstreut auf den Bergwiesen stehen, verwahrt, und von da je nach Bedarf herabgetragen. Die Bräuche der Heuernte sind bei weitem nicht so reich entwickelt, wie die der Getreideernte, aber sie sind in manchen hochaltertümlichen Zügen der Hirtenzeit vorbildlich für die Getreidernte gewesen. Ganz nach Hirtenart werden die Mägde, die zum erstenmale vom Grasholen kommen, von den Knechten mit Wasser begossen (S. 143). Vor der Heuernte sieht der hannöversche Bauer nach, ob der große Stein am Brnnnen schwitzt und die Kuh die Nase stützt, was Regen bedeutet, oder achtet darauf, ob die Frösche quaken und der Fuchs braut, worauf schön Wetter folgt. In der Wetterau, im badischen Unterland, in Oberfranken ziehen Burschen und Mädchen in festlicher Kleidung, wohl noch die ganze Gemeinde an demselben Tag, ins Heu, die Mädchen wohl mit eigenen Heuleibchen. In Preußen ging man unter Gebet ans Mähen. Um Mülheim a. d. Ruhr legt die Mutter gern ihr Kind ins Heu, weil eine Stunde im Heu ihm besser ist als ein gutes Mahl, und der Mann hält das Käuen der ersten Heuhalme für besser gegen das kalte Fieber, als das Abstreifen der Ährenblüten durch den Mund. Pferden giebt man auf der Wiese satt Heu, sonst werden sie tückisch. Ist um Norden in Ostfriesland abends alles Heu zu

Oppern Schobern zusammengebracht, so werden alle Mädchen gewaalt d. h. einen Augenblick auf den Boden um- und umgerollt, die Arbeiter der Reihe nach gehöögd, wie es scheint, um dem abgeschnittenen Gras die weibliche Fruchtbarkeit wieder mitzuteilen und es zum Emporwachsen zu ermuntern. Die Harken und Gabeln mit Tüchern geschmückt, fährt man unter Liedern nach Hause, dreimal um den Hof und zwingt die Heimgebliebenen, sich ebenfalls „waalen" zu lassen. Dann wäscht man sich in dem mit Blumen und Grün durchmischten Wasser, eine andere Form der befruchtenden Wasserbegießung vgl. S. 233. Im Kreise Vilbel wird an dem Heubaume des letzten Wagens ein möglichst großer hölzerner Wiesenschlüssel befestigt. Dieser Wagen heißt auch Heugeiß, -gans, -katze, sowie auch das früher darauffolgende Festessen, offenbar nach jenem gespenstischen Tiere, das sich in den letzten Heuhaufen bei der Mahd flüchten mußte. Ein Häufchen läßt man im Fränkischen dem Holz- oder Moosfräule liegen. Das erste Heu legt man im meiningischen Schmiedefeld in der Scheune auf drei Kreuze, die aus sechs Stengeln Beifuß gebildet sind; dann nimmt's weniger ab. Um Mülheim a. d. Ruhr bestand der Lohn der umwohnenden Leute für ihre Hilfe beim Heuen darin, daß sie nach dem zweiten Schnitt auf der Wiese treiben durften, aber nur bis zum Totenfest (dem 1. November), weil dann die Wiese für tot erklärt wurde. Seit der Verkoppelung hat in hannöverschen Orten, wie Arbergen, das Hahnverzehren beim Heuerntemahl aufgehört. Am schlesischen Zobtenberg verlost man nach der Ernte auf einer Gemeindewiese das Heu, zündet ein Feuer an, schmaust und tanzt, zieht paarweise heim, voran ein Hanswurst, der von vier Mann auf dem Vorderteil eines Pflugs gezogen und in den Dorfteich getaucht wird.

Die **Rappsernte** in Butjadingen und Holstein ist dadurch eigentümlich, daß mit ihr das Dreschen im Freien auf weit ausgebreitetem Segeltuchlaken unmittelbar verbunden wird. Man drischt den Rapps sofort im Freien auf weit ausgebreiteten Segeltuchlaken mit dem Flegel oder einer Holzwalze oder reitet ihn auch nur mit Pferden aus. Daneben ragt eine Stange, die zum Schluß mit 7—10 Flaggen geschmückt wird. Alle Vorübergehenden, die nicht grüßen, werden mit den derbsten Schimpfwörten überschüttet. Eine neue aufs Erntefeld kommende Magd wird von den Mähern auf den Sägden d. h. Sensen gehöögt oder auch abends auf einem Stuhl, der eigens dazu auf den Acker genommen wird, das ganze Hauspersonal vom Herrn bis zum Pferdejungen gehöögt. All dies aber ist jetzt wohl abgekommen, wie der früher dabei aufgeführte Siebensprung, denn, sagte ein alter Bauer: Wi Olen (Wir Alten) sünd to stief un de Jungen to dumm.

Das **Getreidedreschen** dauert länger; die Hauptzeit fällt zwischen Allerheiligen und Lichtmeß. Setzen sich die Flegel in Bewegung, so sagt der Bauer um Gerstungen: Der hölzerne Hund bauft (bellt), und ihr Geklapper unterbricht trotz der Dreschmaschine noch immer die Winterruhe vieler Dörfer. Zu zweien klingt es dem schlesischen Bauer wie: 's fällt Eis, 's fällt Eis, zu dreien: Koch Graup zu, koch Graup zu, zu vieren: Kucha backa, Kucha backa, zu fünfen: 's wackelt der Kleppel, 's wackelt der Kleppel, zu sechsen: Flaumakucha backa, Flaumakucha backa. Und in der Tenne des steirischen Großbauern schlagen ihrer acht: Hiwer, Hawer, Hawerhaggl, Hiwer, Hawer, Hawerhaggl. Fegt man das beim Dreschen über die Diele zerstreute Korn an die Lage mitten auf der Diele, gegen die Sonne, so können bei Verden die Zwerge die Hälfte wegkriegen. Beim kurhessischen Eschwege macht man beim Dreschen jeden Morgen auf dem gereinigten Fruchthaufen in der Scheuer vor dem Einsacken drei Kreuze, damit nicht der Teufel davon hole und es anderen zutrage. Wird dabei die letzte Metze ganz voll, so muß bald jemand im Haus sterben. Auch das Lebensmaß ist voll! Wenn der erste Weizen gedroschen und gemahlen ist um Mülheim a. d. Ruhr, so beginnt die Stutenwoche, in der die Dienstboten alle Tage Weißbrot essen. Das Dreschen schließt mit dem Zusammenläuten am Niederrhein, dem Drillen bei Soest, dem Puffschlag im Bentheimischen. D. h. alle Drescher schlagen möglichst kräftig zusammen, wohl noch dazu auf ein loses Dielenbrett oder an das Scheunenthor, in der letztgenannten Gegend klatschen sie noch dazu mit den Händen und krähen, um den Bauern zu erinnern, daß sie nun fertig sind und eine Bewirtung erwarten, den Speckkuchen, das Staubbier in Hessen, die Flegelhenke oder =löse, wie das Mahl weit herum heißt. Dann werfen sie auch wohl hier und da im Jülichschen und Württembergischen die Flegel so lange nach einem hohen Balken der Tenne, bis diese hangen bleiben. Das höchste Vergnügen aber machen die Neckereien, welche die Drescher bald gegen den Unerfahrenen, bald gegen den, der den letzten Drischelschlag thut, bald gegen den in der Arbeit zurückgebliebenen Nachbar, bald gegen Bauer oder Bäuerin richten. Wie bei Schiffern, Handwerkern, Studenten muß auch bei den Bauern der Neuling allerlei Schabernack leiden: um Ellwangen schickt man ihn beim Schlachten fort, um den Saumagenleisten, beim Ausnehmen der Bienenkörbe, um den Immenstriegel, beim Ausdreschen, um vom Nachbar den Balkenstäuber zu holen; anderswo nach dem Balkenräumer, dem Mäusegarn, der Mausglocke. Die Nachbardrescher schwärzen ihm dann unvermerkt das Gesicht und stopfen seinen Sack mit Steinen und Kehricht voll. So kommt er unter unauslöschlichem Gelächter heim. Am weitesten verbreitet ist wohl die Sendung nach dem Windsack und nach dem Trappenfang. Er soll allerhand Fabelwesen, wie den Hülpetrütsch oder Dilldapp, im Sack fangen. Wer beim letzten Drischelschlag nachklappt, heißt der Alte, Korn- oder Scheunesel, Kornsau, Betze, Maushirt u. s. w., wird in eine Strohschütte gebunden, schwarz gemacht und durch das Dorf gekarrt. Den säumigen Nachbarn stellt man den Korn- oder Dreschmutz, in Österreich den Labemann (lauen, lässigen Mann?), einen Strohmann, vor das Thor der Scheune oder wirft den Schlüssel, eine Strohpuppe oder einen Topf voll Kot, hinein. In Zusammenhang mit dem altertümlichen hannöverschen Brauch des Aufhängens der Erntekrone am Herd scheint der folgende, um Mülheim a. d. Ruhr früher übliche, daß der schlaueste Drescher die letzte Garbe, die Mooder, unbeschädigt und trocken trotz der mit Wassergüssen auflauernden Dienstboten hinter den Ofen der Wohnstube zu bringen sucht. Gelingt's ihm, so muß ihn der Bauer bewirten. Wenn die österreichische Bäuerin solche Bewirtung den Dreschern abgewinnen will, so schüttet sie ihnen unvermerkt Äpfel und Nüsse aus ihrem Fürtuch in die Tenne, läuft davon und sucht die Tischecke in der Stube zu erreichen. Wird sie vorher nicht eingeholt, braucht sie kein Mahl zu geben.

Des Mannes Sache ist der Getreidebau, des spinnenden Weibes der **Flachs-** oder **Haar-** und der **Hanfbau.** Schon die Aussaat dieser Pflanzen übernimmt die Frau hier und da, das Gäten überall (S. 227). Aber auch die anderen mannigfachen Behandlungen derselben fallen ihr zu. Der Haar geht neunmal durch des Menschen Hand, bis er ihn als „Leinwáat“ am Leibe trägt: sagt man in Österreich, nämlich 1) beim Haarbauen, 2) Reißen oder Fahen, 3) Riffeln, 4) Zödlen oder Streuen, 5) Höben d. i. Heben, 6) Brecheln, 7) Schwingen, 8) Spinnen und 9) Weben. Alle diese nützlichen und teilweise schwierigen Arbeiten sind mit dem Anbau selber in den meisten Gegenden verschwunden oder dem Volke durch Maschinen aus der Hand genommen. Wenn die Bräuche, die um den blühenden Getreidebau sich schlingen, von Jahr zu Jahr zurückweichen, so ist die Flachs- und Hanfkultur selber in vollster Auflösung begriffen. Wo mag noch eine Magd ihr Stück Flachsland mit in den Lohn bekommen?

Das **Reißen, Rupfen, Fangen, Ausziehen, Reupen** des Flachses besorgen meistens Frauensleute oder gehen wenigstens den Männern dabei voran. Das letzte Gebund hieß wie die letzte Garbe das Hurenkind, in Steiermark überließ man es den Schauerjungfrauen (Wetterfrauen). Man band auch wohl ein Butterbrot oder eine lebende Kröte hinein. Auf das Ausziehen am Tage folgt in der Nacht sofort das **Riffeln** oder **Reppen** auf dem Felde oder in der Scheune. Bei Solingen streiften die Männer die „Bollen“, die grünen Samenknoten, von den durch die Frauen ausgezogenen Stengeln.

Hier wie anderwärts putzen beim Flachsziehen die Mägde gern den Vorübergehenden mit frisch gezogenem Flachs die Schuhe. Im Rheinland und Westfalen bestand das Mahl bei der Flachsernte in einer aus Mehl oder Weck und Milch steifgekochten Suppe, einem Wettmos im Kreise Kempen, Weggebrei im Kreise Hamm, Stutenbrei im Kreise Soest. Auch im kurhessischen

Josbach wurden Wecken, namentlich der große Brautbrocken, in süße Milch gebrockt, und mit dieser wurde auch der Hausherr, die Hausfrau und jeder Tischgenosse bespritzt, damit der Flachs recht weiß werde. Im westfälischen Kreise Hamm bringen die Mägde bei der Heimkehr der Hausfrau einen bebänderten Flachskranz. Nach dem Weckbrei suchten einige einen Kranz von abgerauftem Flachs unter den Breikessel zu stecken, daß er überkochte, wurden sie aber dabei ertappt, so übergoß sie die Hausfrau mit Wasser. Die Mägde ziehen in der Scheune den Flachs durch die neun oder zehn Eisenzinken der in den Reppbalken eingelassenen Reppkämme, Verwandte und Nachbarn stehen treulich bei. Während die Zinken erklingen und die reifen Knotten zur Erde fallen, folgt ein Scherz auf den anderen, ein Lied auf das andere. Denn unbesungen taugt der Flachs nichts. Im Kreise Soest lärmt und singt die ganze liebe Jugend beim Raufen, der allgemeinen Hochzeit, unablässig und zwar, weil sonst die Knotten und mit ihnen der Leinsamen im künftigen Jahre taub und für die Aussaat untauglich würden. Während die Hausfrau ein Gemenge von Branntwein, Honig und Weißbrot bereitet, wird der, der das Binden besorgt und am oberen Ende der Tenne sitzt, aufgefordert, einen gerauften Flachsbündel ins Hühnernest, das oben angebracht ist, zu werfen. Wirft er ihn nicht hinein, so muß er singen; anderenfalls die Frauensleute. So singen sie sich einen Bräutigam oder eine Braut zu, zum taktmäßigen Surren des Kammes:

Låtet us mål dröver rummeln,
Heu juchheu!
Un user Möme (Frau) den Mann
verkungeln (verhandeln),
Rummeldummdumm u. s. w.

Hier und um Dortmund singen sie außerdem:

Boven an de Kökendör, rem sen jo jo!
Do kümmt de leckere Schlückes dör,
Do seih ek no.
Midden unner de Luken, rem sen jo jo!
Do sitt de fule Puke!

Und so geht das Lästergericht weiter. Von Paderborn bis ins Rheinland hinein hat sich diese nach dem Tempo der Arbeit bemessene Spottpoesie entwickelt. Zum Schluß drehen die Mägde aus dem Abfall den Knottenkranz für die Hausfrau, die ihn vor dem Scheunenthor aufhängt; oder im westfälischen Kreise Borken überreichen sie ihr das letzte Bündel mit den Worten:

Flass, waat jonk es, es ät moj on schoon
On drägg än blaue Kroon,
On want old wörd, wörd ät gestoten on geslagen
On von Heeren on Gråven gedragen.

Am anderen Morgen wird der Flachs eingeteicht. Bei preußisch Wormditt laufen die jungen Leute in den schlechtesten Kleidern zum Teich. Läßt sich dabei ein Mädchen von einem Burschen einholen, so wird sie als Brautjungfer weidlich geneckt. Das **Ausbreiten** des aus dem Wasser genommenen Flachses heißt Hochzeit. Diesen zum Rösten oder, wie man in Böhmen sagt, zur Witter ausgebreiteten Flachs schützt man durch drei an den Enden des Feldes ins Kreuz gelegte Strohbänder, oder man bindet in Süderditmarschen aus dem letzten Flachsgebund zwei Kreise, Sonne und Mond, weil er dann gleichmäßiger trockne und nicht verderbe. Das Rösten, Dörren wird aber auch über Gruben mit Feuer, Darren oder auf hölzernen Gestellen, „Herschten", unter denen Feuer angebracht ist, bewirkt, bei Solingen in Hohlwegen oder Gebüschen. Dann beginnt alsbald das **Brechen** oder **Braken** oder an anderen Orten erst nach zwei bis drei Wochen, sei's in der Scheune, sei's im Freien. Und nun, wenn die Frauensleute den Hebel der Breche in die mit gedörrtem Flachs belegten Spalten der Lade drücken, um denselben von allem Holzigen zu befreien, wird nicht nur den Fremden mit einem Spruch Werg, Rîster, auf den Weg gezettet, daß sie sich mit einem Geldstück lösen, und werden nicht nur Neckereien und Schimpfreden über die Vorübergehenden, die nicht die Mütze ziehen, losgelassen, sondern, z. B. im mährischen Kuhländchen, hebt nun von neuem jene satirische Flachsreffpoesie Rheinland-Westfalens wieder an, während in diesem Gebiete beim Braken, wenn ich recht berichtet bin, mehr Volkslieder allgemeinerer Art überwiegen.

So ist der Lein fertig für die Spinnstube, deren Treiben wir S. 156 schilderten, und noch bis in die **Leinwandbleiche** erstreckt sich der Glaube an den übernatürlichen Einfluß der Natur auf das menschliche Thun. In Grimmelshausens Ewigwährendem Kalender bleicht die Meuder ihr Tuch, wann die Bäume die erste Blüte tragen, weil es dann am weißesten wird.

Die Bräuche, die mit dem **Wein-, Hopfen- und Kartoffelbau** verknüpft sind, kommen spärlich vor und tragen kein originelles Gepräge, weil diese Kulturen entweder fremd oder verhältnismäßig neu sind, ein indirektes Zeugnis für das Alter und die Ursprünglichkeit der soeben besprochenen Saat- und Erntebräuche. Der Hahn der Getreideernte wird nun von den Winzern, Hopfenpflückern und Kartoffelgräbern in ihr Fest eingeführt, sowie auch die Persönlichkeit nachgebildet, die sich bei jener Ernte etwas hatte zu schulden kommen lassen. Zu Beginn der **Weinernte** schnitt in der Moselgegend in den sechziger Jahren ein Kind aus der Besitzerfamilie oder Nachbarschaft, an der unteren Nahe der Hausvater mit einem Gott walt's! die ersten Trauben. Wer von den Arbeitern die meisten Trauben hatte hangen lassen, wurde abends ergriffen und für jede Traube mit einem Schlag bestraft: Da steht der Traubendieb, ein jeder geb' ihm einen Hieb! Er mußte auch einen Topf, unter dem ein lebender Hahn saß, zerschlagen, bis dieser entflohen war, und mit Weinlaub bekränzt beim Mahl mitten auf dem Tisch sitzen und den Wein einschenken. In Bingen schmückten Mädchen das letzte heimgefahrene Faß und die Pferde mit Tannenzweigen. Ein Jüngling mit bunter, schellenversehener Mütze, Bacchus genannt, saß vorn auf dem Fasse, ein weißgekleidetes und verschleiertes Mädchen, mit Weinreben im Haar, Herbstmuck genannt, auf dem anderen Ende, es reichte den umgebenden Lesern von Zeit zu Zeit in einem Pokale Wein. Am Haus richtete Herbstmuck einen Spruch über den Wein an die Menge, darauf Gesang und Essen. Volkstümlicher schauen die Winzer am Dreikönigsabend nach den Sternen hinaus; sehen sie viele, giebt's ein gutes Weinjahr. In der Zeit der Weinblüte wurde bei schönem Wetter der heilige Urban mit Kränzen und Speisen geehrt, dagegen bei Regen unter Schmähworten in den Brunnen oder sogar in den Kot geworfen. Senkt man bei Karlstadt am Main den letzten Fechser (Ableger) in einen neuangelegten Weinberg ein, so trägt der älteste Wender einen Wendespruch nach Art des Hausrichtspruches vor und weiht den letzten Fechser durch ein Glas Wein, das er in den Wendgraben gießt.

Der **Hopfen** ist ein halbes Jahrtausend später als der Wein eingeführt, etwa im neunten Jahrhundert. Im fränkischen Hopfenland geht das Stängen, Anbinden, Umarbeiten und Hacken ohne weitere Förmlichkeiten vor sich, aber zum **Hopfenblatten** zu Anfang oder Mitte September kommen die armen Oberpfälzer mit Frau und Kind, schaffen die Hopfenpflanzen in Büscheln heim und pflücken bis in die tiefe Nacht hinein die Frucht in Körbe, Jodler und Volkslieder dazu singend und auch manche Erzählung einstreuend. Auch in den badischen Hopfenstrichen ist diese nächtliche Gesangeslust beim Zopfen oder Pflücken noch sehr lebendig, wie auch beim Tabakfassen oder -einfädeln und beim Welschkornschleißen. Nach dem Hopfenpflücken giebt's in Franken einen Niederfôl, einen Niederfall d. h. ein Festessen, wie nach der Getreideernte. In der Eifel läßt man wie bei dieser einen Hahn auf dem Felde laufen und führt ihn dann gefangen im Hopfenkorbe heim. Der Fänger, Hahnenkönig, wird besonders gut beschenkt, aber auch seine Kameraden bekommen ein Messer oder ein Tuch und ein gutes Mahl, bei dem der Weizenpfannenkuchen nicht fehlen darf.

Auch die **Kartoffelernte** hat ihren Hahn. Die zuletzt ausgezogene oder die dickste Kartoffel wird zum Stoppelhahn geformt und der Hausfrau überreicht, im westfälischen Kreise Borken mit den Worten:

Hier komen wej an mätt den Erappelmann,
De sek int Feld net meer ernähren kann.
Et es so kold on es so natt,
He woll gärn häbben Koffy on Fusel on Speckpannekuk.

Wer die letzte Kartoffel ausgräbt, heißt dat olde Wiff, das alte Weib.

7) Andere Volksarbeiten.

Mit der Schilderung der ältesten und wichtigsten Arbeiten, der Viehzucht und des Ackerbaus, ist es nicht gethan; die lange sich daran schließende Reihe anderer Volksberufe verlangt gleichfalls ihr Recht. Aber hier klafft eine weite Lücke, das vorhandene oder mir verfügbare Material reicht noch nicht auch nur zu einer Skizze aus.

An Pflugland und Weide stößt der Wald, der einst in weitem Umfange gerodet wurde, jetzt aber meist geschont und gepflegt wird. Dennoch beansprucht das **Holzhauen** noch immer viele Kräfte, während die neuen Straßen und Bahnen den Bächen und Flüssen immer mehr die **Holzflößerei** entrissen haben und die **Köhlerei** ausstirbt. An der **Jagd** haben die Leute aus dem Volk fast nur als Treiber und Wilddiebe Anteil, von denen die letzten in dem schwer überwachbaren Alpengebiet noch eine vornehmere Rolle spielen. Aus dem Schoß des Waldes ist aber auch die ganze **Holzschnitzerei** hervorgegangen; von der Löfflerei und Küblerei stieg man in den Bergwäldern des Südens zu feiner Holzbildhauerei auf; nicht nur die Hauszimmer- und -baukunst, sondern auch die Uhr-, Orgel- und Geigenmacherei haben sich daraus entwickelt. Die **Glasbrennerei** ist auch vom Walde abhängig. Die **Töpferei, Ziegelei** und der **Torfstich** dagegen hängen von der Bodenart ab. Echt volkstümlich bleibt an den Küsten und Flußläufen die **Fischerei.** In manchen Örtern halten die Fischer noch streng auf ihre Rechte, auf Zunft und Meisterstück, Zunfttafeln und Zunfttage. An diesen wird abgerechnet und Streit geschlichtet, oft zwar so, daß eine fröhliche Prügelei daraus entsteht. Dann aber sitzt man — ich denke dabei an ein oberrheinisches Fischerdorf — brüderlich zum Mahl nieder und schwingt sich mit den Frauen im Tanz bis zum Morgen und geht schließlich andächtig zur Kirche ins Seelenamt. Das **Schifferwesen** gipfelt im Seemann. Keine Standessprache, etwa von der Soldatensprache abgesehen, ist aus den fremdartigsten Bestandteilen so bunt gemischt und zugleich so derbsinnlich und so mythologisch geprägt, wie die Seemannssprache, und alte Bräuche, wie z. B. das abgekommene Kielholen d. h. das Durchziehen eines Verbrechers oder auch eines Schiffsjungen unter dem Kiel weg, die Lieder beim Ankeraufziehen, Lotwerfen u. s. w. und die noch bestehende Neptunsfeier unter der Linie (dem Äquator) bedürfen der Untersuchung. Auch der Schiffsbau fällt wenigstens teilweise in das Gebiet der Volkskunde. Woher stammt die Schiffstaufe, wann kommen die Schiffseigennamen, die im Norden schon vor 1000 Jahren üblich waren, in Deutschland auf? Beliebt sind in Niederdeutschland Tiernamen für gewisse Schiffsgattungen, wozu zwar nicht die Ewer auf der Elbe, wohl aber die Böcke und Bullen auf der Weser, die Mutten und Kuffen auf der Ems gehören. Berühmt war die „Bunte Kuh" der Hamburger, die dem Schiff des Seeräubers Störtebeker mit ihren Hörnern das Vorderkastell einrannte. Merkwürdig, wie auf den Schiffsbau alte Erntebräuche von dem zuletzt fertig gewordenen Schnitter und der letzten Garbe, der Alten, übertragen werden. In Danzig trug man, bevor der letzte Balken des ersten oder des zweiten Decks eingeschoben wurde, einen phantastisch aufgeputzten Gesellen auf diesem Balken um die Werft, und wer die letzte Planke einsetzte, wurde von allen anderen Arbeitern verhöhnt: Du hast die Babbe (die Alte) bekommen vgl. S. 232. Ehe ein Schiff von Stapel lief, wurden die immer zahlreich anwesenden Jungens hinaufgelassen und trampelten und sangen ein paar Verse während des Ablaufens. Außer Wald und Wasser zieht dann der Berg die Arbeit des Volkes in seine Tiefe: der **Bergbau** zeigt es wieder von einer anderen, ernsteren Seite. Aber starke Unterschiede sind durch die Verschiedenheit der Mineralien bedingt. So hat der Kohlenbergbau kaum noch Sagen hervorgebracht, an denen der Erzbau so reich ist. In der Spinnstube hat sich vor alters die **Webekunst** der Weiber entwickelt, die dann zum größten Teil die Männer an sich gerissen haben. Die Stickerei und Klöppelei und mancherlei Fertigkeiten dürfen nicht übersehen werden.

Noch mehr erweitert sich die Volkskunde, wenn sie dann das gewaltige bürgerliche **Handwerk** in ihren Kreis zieht, ja auch vor der **Fabrik** nicht stehen bleibt, die der neuen Maschinenmechanik zum Trotz manche neue Volksbräuche zum Teil aus altem Grunde emporgetrieben hat. Endlich darf eine große, schwere Arbeit unserer männlichen Jugend nicht unberührt bleiben, die die allgemeine Wehrpflicht auf ein paar Jahre unter die Waffen ruft, der **Militärdienst**. Gerade die Durchführung der allgemeinen Wehrpflicht hat mit vielen Bräuchen aufgeräumt, die früher das Losen beeinflussen sollten. Der süddeutsche Bursch löste auf dem Kirchhof zwischen 11 und 12 Uhr ein Stück von einem Kreuz ab und steckte es zu sich oder ließ sich eine Hand oder einen Fuß von einem Kruzifix in den Ärmel nähen, oder er ging mit einem von einem siebenjährigen Mädchen gesponnenen Hemd oder Rick Garn um den Leib, zur Aushebung, um militärfrei zu werden. Noch aber stecken die Mütter den Rekruten ein Stück Hausbrot ein und nähen den Dragonern sogar eine Medaille in die Unterhose, damit sie nicht vom Pferde stürzen. Von Neujahr bis zur Musterung ziehen die jungen Leute oft mit einer Fahne im Dorf umher, Liebes- und andere Volks- und Soldatenlieder singend. Die meisten haben schon Bekanntschaft, und so hört man öfter einen mehr wehmütigen als kriegerischen Ton von den trunkenen Kehlen, z. B.:

Warum ist die Falscheit so gross in der Welt,
Dass alle jungen Bürschlein müssen ziehen ins Feld?

Aus den Dörfern fahren die spielenden Burschen in festlich geschmückten Leiterwagen in die Stadt zur Aushebung und durchziehen diese dann bis zur Heimkehr mit ihrem Gejohl. Hier wird sich das Kasernen-, Exerzier-, Marsch- und Manöverleben einschieben, und die eigentümliche Mischlitteratur der Soldaten von den an die Dreschersprüche erinnernden Trommelsprüchen des Zapfenstreichs u. s. w. an: Jez hämmer scho wider kei Wi (Jetzt haben wir schon wieder keinen Wein) u. s. w. bis zur „Wacht am Rhein“ hinauf. Kehren sie als Urlauber ins Dorf zurück, so spielen sie z. B. bei Hochzeiten die Ehrenrolle des Brautführers. Hat der Bräutigam beim Militär gedient, so geht der Kriegerverein in manchen Orten im Hochzeitszuge voran. In die letzten Kriege zogen noch Tausende mit gedruckten Schutzbriefen, die kugelfest machen und Himmelsbriefe heißen, weil sie vom Himmel herabgefallen zu sein vorgeben. In den Drömlingsdörfern hängen diese noch hier und da eingerahmt in den Stuben.

8) Ruhe- und Festzeit.

Die Arbeitszeit ist durchwirkt von den Ruhestunden des Feierabends, der sonntäglichen Andacht und Erholung und von den weltlichen und kirchlichen Festtagen. Das Feiern hat eine ernste und eine heitere Seite, die eine zeigt sich in der Kirche, die andere im Wirtshause, die ja so häufig im Dorf dicht nebeneinander stehen. Die eine Landschaft giebt der einen, die andere der anderen Stimmung den Vorzug, gewöhnlich wiegt die zweite vor. Das mag damit zusammenhängen, daß die Grundlagen des deutschen Festlebens im wesentlichen heidnisch sind, wie wir schon in den mit der Geburt bez. der Taufe verknüpften Bräuchen, in der kunstvoll aufgebauten Hochzeit, in den frischen reichen Hirtensitten bei der Aus- und Einfahrt und in den vielen Erntefestlichkeiten kennen gelernt haben. Nun aber sind schon fast alle diese mit einer ganz anderen, der kirchlichen Festart verschmolzen, und so stellen auch fast alle anderen deutschen Feste ein wundersames Gemisch altgermanisch-heidnischer und christlicher Elemente dar. Die Kirche verkündigt in der Regel in ihren Festen die Ereignisse der heiligen Geschichte, in denen die evangelischen Heilswahrheiten ihren Ausdruck gefunden haben. Diese Verkündigungen gestalten sich zu eindrucksvollen Gedächtnisfeiern von großartig religiösem und historischem Charakter. Im Volke aber lebt bis heute unausrottbar die Freude an seinen alten heidnischen Naturfesten fort, die ihre höchste Bedeutung und Kraft an den Jahreszeitwenden und den Wendepunkten der ländlichen Arbeit erreichen. Diese bergen gleichfalls mitten in all ihrem Jubel einen religiösen Kern, sie sind ursprünglich Dank-, Sühn- und Bittfeiern. Aber dahinter steht kein historischer Hintergrund, sondern die Natur mit ihren mehr sinnlichen Segnungen und Gefahren. Nun hat im Verlauf der Zeit je ein christliches Fest ein heidnisches oder umgekehrt angezogen oder aufgesucht und mit sich verbunden. Je zwei haben sich zu ergänzen, zu durchdringen, zu einem neuen Fest zu verschmelzen gewußt, so daß der Ring des deutschen Festjahres aus lauter solchen Mischfesten zusammengesetzt ist. Mag diese Mischung hin und wieder die Feierlichkeit des christlichen Festgedankens beeinträchtigen, mag dabei manche alte

Derbheit einschlüpfen und eine Disharmonie entstehen, unleugbar verleiht der altgermanische Zusatz dem Tage eine gewisse freudige Naturfrische. Die Natur drängt sich förmlich in die Kirche hinein, wenn diese am Johannis Evangelistentag Wein, zu Lichtmeß Wachs, am Agathentag Brot, am Palmsonntag Palmen, am Tage Philippi und Jakobi Maien, am Tage Johannis des Täufers Blumenkränze, zu Mariä Himmelfahrt den Kraut- oder Würzwisch weiht. Und hinwiederum wandert die innerste Kirchenherrlichkeit auf ihren Flurumzügen weit hinaus in die freie deutsche Natur.

Die Protestanten sind an solchen Festen weit ärmer als die Katholiken; sie begehen eigentlich nur Weihnachten, Neujahr, Karfreitag, Ostern, Himmelfahrt, Pfingsten, und etwa noch die Kirchweih und einen Dank-, Buß- und Bettag. Fastnacht und St. Nikolaus sind bei ihnen kaum noch als Festtage zu erkennen. Die katholische Kirche flicht das Fronleichnamsfest, Allerheiligen und Allerseelen und eine Reihe von Marien- und anderen Tagen besonders angesehener Heiligen, die Vieh und Acker und die Handwerke schützen, hinein, die jedoch in viel geringerer Anzahl jetzt als früher gefeiert werden. Der **Karfreitag** tritt bei ihnen als Festtag auffällig hinter dem protestantischen zurück, er ist ein Trauertag und hat sogar als ein für die Aussaat mancher Samen bevorzugter Tag einen speciellen Werkeltagscharakter, wenn auch von symbolischem Anstrich. Wie der an diesem Tag in die Erde gesenkte Heiland soll auch der Karfreitagssame alsbald eine fröhliche Auferstehung feiern. Auch wird sich den Himmel erwerben, wer immer in Süddeutschland das alte Lied von Jesus und Maria und den Wunden des Heilands täglich singt, das im Badischen auch in der Form eines Gebets alle Freitage noch gesprochen wird.

Die Verkirchlichung der alten Weide- und Ackerfeste erreicht ihren Gipfel im **Fronleichnamsfest** und in der **Kirchweih.** Unter dem Jauchzen unserer heidnischen Vorfahren zogen Götterbilder auf heiligen Wagen im Frühlinge segnend durch die Gaue; Gemeindevorsteher, Feldhüter und Hirten werden schon damals am Lenztage (St. Georgentag) die Allmende, den Bann des Dorfes, umgangen haben. Überall im Mittelalter ging oder ritt man im Mai mit dem Kreuz oder Heiltum um die Flur. Das wurde später um Fulda, in Westfalen und in Schleswig-Holstein vielerorts aufgegeben. In Tirol macht man noch am Markustag, am 25. April, Kreuzgänge für das Gedeihen der Feldfrüchte. Von all den noch üblichen oberschwäbischen Grenz-, Flur- oder Eschgängen und -prozessionen am Himmelfahrtstage oder am Tage danach, bei denen der Zug an vier Stellen Halt macht, damit dort ein Stück aus allen vier Evangelien gelesen und der Wettersegen dazu gesprochen werden könne, ist der Blutritt von Weingarten bei Ravensburg wohl der berühmteste. Ein Tropfen vom heiligen Blute Christi wird dabei der bewaffneten und berittenen Bevölkerung durch die Felder und die Scheune eines Bauern vorangetragen, früher von dem weißgekleideten, auf einem Schimmel reitenden Pater Kustos. Auch den Pferden bringt dieser Ritt Gedeihen. All diese Umzüge überstrahlt aber das im elften Jahrhundert gestiftete Fronleichnamsfest, in dem sich die am Karfreitag verhaltene Freude über den alles überströmenden Segen des Todes Christi triumphierend Luft macht. Wiederum wird aus je einem Evangelium an den vier Ecken der Flur oder des Weichbildes die Einsetzung des heiligen Abendmahles verlesen, und nun ergießt sich segnend sein Blut über die Menschen, Tiere und Felder. Nach der Feier bricht man Zweige von den die vier Altäre umgebenden Birken und Buchen und nimmt sie heim zum Segen des Hauses, des Stalls und des Ackers. Wenn hier noch die Bitte um das zukünftige Gedeihen vorherrscht, so kommt der Dank für deren Erfüllung an der Kirchweih in lautem Jubel und Genuß zum Vorschein. Sie heißt den Rhein hinunter Chilbi, Kilbe, Kirwe, Kirmeß, in Thüringen Kirmse, in Bayern und Österreich Kirte, Kirta und ist vom kleinen Kirchtag, dem Patrocinium, der Gedächtnisfeier des Schutzpatrons, verschieden. Das Gedächtnis der Einweihung der Gemeindekirche hat sich mit der Gemeindeerntefeier verbunden. Wo es seinen ältesten Charakter als Krönung aller Erntearbeit bewahrt hat, fällt es in der Regel in den Spätsommer und den Herbst bis zu Winters Anfang und soll während seiner zwei-, drei- oder viertägigen Dauer den Bauern und seinen Ehehalten den Vollgenuß aller Erzeugnisse der Viehzucht und des Ackerbaues gewähren. Daher wird noch mancherorts dreierlei Fleisch aufgesetzt, was sonst nie vorkommt, und auf der Baar werden namentlich auch ein paar Böcke dafür aufgespart.

Wenn Kirmse wird, wenn Kirmse wird,
Da schlacht't mein Vater ein Bock,
Da tanzt meine Mutter,
Und schwänzelt mit dem Rock!

singt man im badischen Unterlande und in Thüringen, oder es wird ein Hammel ausgetanzt oder wenigstens ein Hahn, eine Gans geköpft. Die ebenso reichen Pflanzenspeisen gipfeln in unendlichen Massen von Kuchen, die selbst das ärmste Haus in der Pfalz backt, und wenn auch der ganze Mehlvorrat daraufgeht und acht Tage später der Gerichtsvollzieher die Pfändung vornehmen muß. Dazu kommt allein an diesen Tagen Wein, wenigstens in Süddeutschland. Viele Verse verraten, daß die Kirchweih, in welcher Spielart sie auch schillere, das volkstümlichste aller Feste ist, das das Jahr in zwei Hälften, eine vor, eine nach der Kirmeß, teilt, namentlich die höchste Freude der Dienstboten.

Am Sunntig isch Kilbe
Do versûf i mei Geld,
Steig ufi in Himmel
Un guck abi in d' Welt

hört man auf dem Schwarzwald. Das macht nicht bloß der ungewohnte Überfluß besserer Speisen und Getränke, der mit bewundernswerter Kraft bemeistert wird. Das Gesinde wird auch auf großen süddeutschen Bauerhöfen von seiner Herrschaft an diesen Tagen bedient, sowie auch die umwohnenden Tagelöhner. Auch die Armen gehen reich beschenkt mit den Küchle davon, die die Bäuerin die ganze Nacht hindurch gebacken und in der Küche zu Türmen aufgestapelt hat. Sie stehen von Sonntag bis Dienstag auf dem Tische jedem Eßlustigen zur Verfügung. Da kommt die Freundschaft und Bekanntschaft oft zuerst auf den Gräbern ihrer Verstorbenen zu gemeinsamem Gebet, so z. B. namentlich im alten Gebiete des Klosters St. Blasien, dann an der gastfreien

Tafel zusammen, und auch fremde Gäste werden bei diesem Familienfeste, der Huskilbe, wie ich selber dankbar erfahren habe, in der frisch getünchten Stube freundlich bewirtet. Da nehmen nach dem Mahl die Taglöhner und die Knechte die besten Plätze in der Stube oder in der Laube und räumen sie nicht etwa den anderen ein, nach ihrem alten Kilbenrecht. Wo so viel Menschen und Erzeugnisse zusammenflossen, da fanden sich früh die Händler ein, und ein drittes Element, das jetzt in vielen Gegenden das herrschende geworden ist, der Jahrmarkt, entstand. Vom Totengedächtnis oder vom Mahl geht man zum Markt, und Burschen und Mädchen schenken sich gegenseitig eine Kirmeß und laden sich zu gemeinsamem Trunk und zum Tanz ein, worin an manchen Orten eine bindende Liebeserklärung gesehen wird. Gerade die Kirchweihtänze hatten und haben zum Teil noch unter der Dorflinde oder Dorftanne ihren eigenen Plan, auf dem zwei Platzknechte oder Kirchweihpursche unter den planfähigen Burschen mit ihren Mädchen strenge Ordnung hielten und die drei ersten Reigen eröffneten. Im Hochstift Fulda bekam der Schultheiß, der den sogenannten Kirchweihplan mit dem Dorfspieß anführte und nach den drei ersten Tänzen den Frieden gebot, ein gewisses Maß Wein und von jedem Platzknechte einen Kuchen. Was ist von dieser gemeindeutschen Kirchweihordnung, die die Franken und Hessen am treuesten beobachtet zu haben scheinen, noch erhalten? Namentlich in den Alpen, z. B. in den Zuger, werden die Sennenspiele, wie Schwinget, Steinstoßen, Chäszennet d. h. Grimassenschneiden um die Wette, an der Kilbi aufgeführt; in Tirol und Oberbayern das Robeln (S. 129) betrieben. Wie die Hochzeit und Fastnacht hat die Kirchweih am zweiten oder dritten Tage, dem Dienstag oder Mittwoch, ihre Nachfeier, die Nokilbi, bei der die Kirchweih unter possenhafter Trauer begraben oder verbrannt wird.

Wie in der Kirchweih sind nun in der ganzen langen Kette der anderen Feste fast überall heidnische und kirchliche Formen und Tendenzen samt neueren Zusätzen zu erkennen und zu unterscheiden, wenn man die deutsche Festgeschichte darstellen will. Die meisten auf die Kirchweih folgenden Feste, die den Jahresschluß ausfüllen, nehmen die dieser eigenen Richtungen wieder auf: **Michaelis**, wo der Pflug geborgen ist, **Allerheiligen** und **Allerseelen** die herbstliche Totenfeier, in der sich Christliches mit Heidnischem zu verbinden scheint. Allerseelen war ein allgemeiner Spendetag im katholischen Oberdeutschland: der Bauer beschenkte seine Dienstboten, der Bemittelte die Armen, der Pate seine Patenkinder, der Liebende den Schatz, die Gemeinde ihren Pfarrer mit dem Seelzopf oder Spitzweck und die Lebenden die armen Seelen mit Krapfen am Tisch, wie noch in Tirol, oder mit Brot und Wein auf den Gräbern. In den Spenden des **St. Michaelis-**, **Nikolaus-** und **Martins-** und am stärksten des **Weihnachtsfestes** tritt die Freude über den Erntesegen hervor, dort mehr bei den Kindern, hier auch bei den Erwachsenen. Das Andenken des fränkischen Martin wird besonders in Franken und dem anstoßenden Schwaben und Westfalen hochgehalten. Hier beschenkte vielerorts früher der Pelzmärte die Kinder mit Äpfeln und Nüssen, an seinem Tage wird noch hier und da die Martinsgans verzehrt und von der Eifel bis Dortrecht hinab ein Feuer angezündet. Früher auch in Gottschee. Aber an diesem Tage sind auch alle Acker- und Wiesenpachte und Zinsen zu zahlen. Daher auf Allerheiligen und Allerseelen folgt Allerteufel, und mancherorts werden Knaben nicht auf Martini getauft. Der h. Nikolaus beschert als Knecht Ruprecht, Schimmelreiter, Bischof, besichtigt aber auch scharf im Südwesten das Kloseholz oder Bathelzli (Betholz), auf das die Zahl der Gebete des Kindes eingekerbt ist. An manchen oberrheinischen Orten vertritt ihn am Weihnachtsabend ein weißgekleidetes Mädchen, das an die Frau Berchta erinnert und vereinzelt auch wirklich Berchtl heißt. Aber am stärksten drängt ihn das Christkind zurück, das Heufutter für sein Tier und der bescheidene Gabenteller weichen immer mehr dem Christbaum, der mit Rosen, Äpfeln, Zischgold geschmückt zuerst 1604 in Straßburg nachweisbar ist, oder gar der Weihnachtskrippe. Im Elsaß geht am Christabend der Pickesel um. Unter der Hülle einer Geburtsfeier des Herrn hat das **Christfest** die Bräuche eines altgermanischen, am Jahresschlusse noch einmal sich erhebenden Erntedank- und zugleich Erntevorbereitungsfestes in überströmender Fülle bewahrt. Dankbarkeit und Hoffnung sind die leitenden Gefühle. Nicht nur jene späten einfachen Erntedankfeste, sondern auch die **Knöpfles-, Boßelnächte** an den drei oder vier Adventdonnerstagen bereiten es vor. Das sind Geisternächte, in denen die Geister herumschwärmen und lachen. Da wirft man abends Erbsen, Bohnen, Welschkorn als Warnungen an die Fenster. In Niederösterreich werden in der **Luciennacht** (13. Dezember) die Spinnräder stillgestellt, die Hexen ausgeraucht, aus den Lucienkreuzen geweissagt. In den Beginn der allheiligen **Zwölften, Rauchnächte** u. s. w. vom 25. Dezember bis 6. Januar verlegte die Kirche jene Geburtsfeier des Herrn. Der Genuß und die Arbeitsruhe der Kirchweih sind zwei Hauptzüge. In Niederdeutschland heißt der Christabend wohl noch der Bull- oder Dickbuuksabend; siebenerlei, neunerlei Speisen muß man essen, dann geht das ganze Jahr das Geld nicht aus. Von Magdeburg bis ins Egerland hinauf ißt man am Neujahrsmittag den altertümlichen Hirsebrei (S. 180), um reich zu werden. Mit der Sperrnacht (S. 157) hört die Arbeit auf; kein Spinnrad darf rund gehen, oder Frau Harke, Gode, Frick, Wode besudelt den Rocken; Misten und Waschen darf nicht besorgt werden. Am Abend des Neujahrstags trinkt man im Egerland die Schöne, an dem des Dreikönigstags die Stärke. Nach Neujahr tritt hier während des Dienstbotenwechsels eine acht- bis vierzehntägige Ruhezeit, die Kälberweis, ein.

Aber die Zeit zwischen den Jahren schließt nicht nur das alte Jahr, sondern begründet und erforscht auch das neue. Schon am **Andreastag** (30. November) oder am **Thomastag** (21. Dezember) gießt man Blei, namentlich die Mädchen wundern oder andreeslen. Nackt kehrt sie rückwärts das Zimmer aus und rüttelt dreimal die Bettstatt, damit ihr der Zukünftige erscheine, oder sie horcht im Dunkeln am Zaun, woher das Hundegebell kommt. Denn von da kommt auch der Liebste. Und auch das Böse erkennt man. Bei der Weihnachtsmette sieht man nach gewissen, meist abenteuerlichen Vorkehrungen die Hexen in der Kirche; auch auf einem Kreuzweg oder einem aus dreizehnerlei Holz gezimmerten Schemel. Aus der Zahl der Sterne, dem Aufblühen der Jerichorose, dem Grunzen der Schweine, aus zwölf mit Salz bestreuten Zwiebelschalen, aus dem Wetter der zwölf Lostage wird die künftige Ernte und die Witterung des neuen Jahres erkundet. Drei Ähren zog bei Bremervörde ein Mann in der Weihnacht aus dem Dach seines Hauses mit den Worten: Ik will Roggen, Hawer un Bookweten trecken. Je länger der Halm, desto besser geriet dann das betreffende Korn. Man leuchtet bei Celle nach dem Christabendessen unter den Tisch nach Körnern, wie sie die Drescher in die Stube treten. Je mehr man von einer Getreideart findet, desto besser gedeiht sie. Im Fuldischen legt man Erbsenstroh, bei Eger frisches Stroh ins Zimmer. Wie man die Obstbäume behandelt, haben wir (S. 206) gehört. Am Christabend bringt man in niederdeutschen Örtern alles Gerät unter Dach, daß der Helljäger nicht darauf ruhe, denn dann versmitt (verschmeißt, hat Fehlgeburt) das Vieh. Diesem giebt man Heu, auf das der Tau der Christnacht gefallen ist, oder legt ihm in Preußen ein Geldstück in den Eimer, und möglichst früh treibt man es am Christmorgen an den Brunnen. Die Kohlen eines halbverbrannten mächtigen Blocks, des westfälischen Christbrandes, fränkischen „Winnachtsplochs", thut man in den Kornbahr gegen die Mäuse oder verwahrt sie als Gewitterschutz. Das Gotteshaus wird nachts erleuchtet, und am Niederrhein brannten noch lange die Weihnachtsfeuer auf den Anhöhen, mit Fackeln zog man aus Schwein in Thüringen auf den Berg. Ein bedeutungsvoller Tag drängt sich an den anderen. Am **Stephanstag**, dem 26. Dezember, dem Pferdstag, läßt man man die Pferde zur Ader, reitet sie zur Tränke, in Franken über neun Raine oder um die Kirche, damit kein Stein ihrem Hufe schade. Am 27. Dezember, dem Tage des **Evangelisten Johannes**, wird in mancher Kirche noch Wein geweiht, seltener auch noch ausgeteilt, daheim getrunken und in die Fässer geschüttet, und bei einer Hochzeit und vor der Reise, in Gottschee sogar auf dem Sterbelager, genossen. Er sichert gegen Blitz und das Vermeintwerden d. h. Verhextwerden im Pusterthal. Der 28. Dezember, der **Kindleintag**, heißt bei Lauterberg Waldmannstag, an dem die Alten aus Furcht vor dem wilden Jäger nicht in den Wald gingen. **Sylvester** muß man auf Rügen die Hände in Mehl haben,

d. h. Kuchen backen, damit nicht die Unteren oder die Zwerge im neuen Jahr mitessen. Auf den nordfriesischen Inseln fragt in Stroh vermummt der „Hulkan" an diesem Tage nach dem Beten der Kinder und beschenkt sie. In den Wirtschaften würfelt man Brezeln aus, oft gewaltige, die der Bursch unter Kranzlsingen dem Liebchen in der Nacht ans Fenster hängt. Man beiert (schlägt an die Glocke) in der Christ- oder Neujahrsnacht zum Segen des Flachses oder des Hafers. Fast überall wird **das Neue Jahr** angesungen: von den Bergen kommen die Ärmeren, um unten in den Dörfern alte Lieder zu singen. Knechte und Hirten bei Dirschau und in Anhalt bringen ein Peitschenständchen; viel gewöhnlicher aber ist das Anschießen, das in Böhmen noch das Hexenschießen heißt. Am heiligen **Dreikönigsabend**, der auch der Perchtenabend und bei Jena auch Frau Hollenabend heißt, weil diese Frau auch an diesem Abend strafend umzieht, gehen mancherorts drei Buben, die Sternsinger, alte Liedlein singend, mit dem Stern um, und in Gesellschaften wird einer, der das mit der Bohne versehene Stück eines Festkuchens bekommen hat, zum König ausgerufen und muß etwas zum besten geben. Die katholische Kirche weiht das Salz für Mensch und Vieh; man räuchert in dieser letzten Rauchnacht mit neunerlei Kräutern aus Haus und Stall die Hexen aus. In manchen Dörfern wird an diesem Tag der Hirte, der Nachtwächter u. s. w. in sein Amt eingeführt. So endet mit allerlei Dämonenabwehr die längste und wichtigste Festperiode des Jahres.

Der Februaranfang bringt ähnliche Sicherheitsmaßregeln, An **Mariä Lichtmeß** (2. Februar) werden Wachskerzen geweiht. um dann bei heftigen Gewittern angezündet zu werden; auch wird z. B. in der Eifel das Wachs an den Pflügen befestigt und im Sieger Land in die Mütze getröpfelt. Enger begrenzt sind das Bläseln, die Halsweihe am Blasiustage (3. Februar), die im Südwesten an vielen Orten abgeschafft, an anderen nach dem Auftreten der Diphtheritis von neuem üblich wurde, und die **Agathafeier** am 5. Februar. Da wird Brot eingesegnet, das nie schimmelt, und z. B. in der Schweiz ein Kansterli davon in alle vier Winkel des Hauses gesteckt, um es vor Feuer zu schützen.

Der Agathazettel, mit dem es in der Kirche bedeckt wird, wird an die Thüren geschlagen und ein Rosenkranz vom Gesinde am Herd gebetet. Man zündet auch auf ein Brett geheftete Kerzen an, so viele wie Personen im Hause sind; wessen Kerze zuerst erlischt, muß zuerst sterben.

Die Energie der Dämonenfeindschaft und die Hoffnung auf ein gutes Weide- und Ackerjahr steigert sich, je mehr vom Erntesegen des alten Jahres aufgezehrt ist. An **Petri Stuhlfeier** (22. Februar) hämmern im westfälischen Sauerland die Hirten oder auch die Hausherren den Sommer- oder Sonnenvogel samt Kröten, Schlangen, Mäusen und Molchen aus den Thürpfosten, und in der badischen Ortenau schellen die Buben mit Glocken und rasseln mit Ketten Kröten und Schlangen aus den Häusern. Zu **Fastnacht** rufen im schwäbischen Saulgau die Kinder durch den Ort: Dåraus, dåraus, Dôt naus, Dôt naus. Der Fasching ist im Grunde schon nichts anderes als eine ausgelassene Frühlingsvorfeier, die vom schmutzigen d. i. fetten, gumpigen, unsinnigen Weiberdonnerstag, zu dem man ein Schwein schlachtet, fette, meist scheibenförmige Küchle, Krapfen, Heetweggen (Heißwecken) backt, an dem man in der Schweiz Schlagsahne ißt und anderswo Riesenwürste durch die Straßen trägt und das Springen und Tanzen anhebt, bis zum Aschermittwoch mit den Nachzuckungen der tollen Lust, dem Begräbnis der Fastnacht, der Beutelwäsche, sich erstreckt. Aus drei schönen Faschingstagen schließt man auf eine gute Heu-, Korn- und Kartoffelernte. Um Fruchtbarkeit zu erzielen, peitschen, fuen, futeln die Burschen den Mädchen und Frauen die Hände oder Waden oder werfen sie ins Wasser. Pflüge und Eggen, von Weibern besetzt, werden umgefahren oder auch in den Bach gezogen. In der Grafschaft Mark beißen die Knechte die Mägde und am nächsten Tage diese jene in die Zehen und traktieren sich mit Weißbrot und Schnaps. In der Schweiz haben Metzger und Küfer, in Anhalt Schmiede ihre Umzüge. Und welche andere Genossenschaften? Hauptfiguren sind der Erbsenbär in der Eifel, Hessen, Westfalen, Schlesien, Preußen und wiederum Schwaben, ferner der Hansel mit hoher Mütze, geschwärztem Gesicht oder hölzerner Maske, Schellengurt und buntflickigem Gewand, anderswo der Strohmann und daneben eine Person in alten Weiberröcken, die Hex oder lange Gret; seltener Wildleute, Teufel und Bauern. Des hoffnungsreichen Springens der Weiber ist schon gedacht, auch für den alten Schwerttanz der Männer scheint der Fasching die Hauptzeit. Narrengerichte haben sich noch in Stockach erhalten, wirkliche Fastnachtsspiele im Schweizer Muottathal, wie die „Moosfahrt". Am ersten Fastensonntag, dem Funkensonntag, werden glühende Holzscheiben, wie schon 1090 erwähnt wird, mit dem Spruche Schibi, Schibo oder Schibe, Schibe, über der Rhi (über den Rhein) u. s. w. ursprünglich wohl zum Segen der Weiden und Felder, über die sie hinfliegen, gegenwärtig zu Ehren der Liebsten, auch des Bürgermeisters und des Pfarrers, ja auch der höchsten Dreifaltigkeit, möglichst hoch in die Luft geschlagen. Im Luzerner Hinterland rollte man ein flammendes Rad bergab. An diesem Schoſſonntag wurde in der Eifel außerdem die Hütte oder Burg in Flammen gesetzt und mit Gebet umschritten, in Oberschwaben die Hexe verbrannt. Das **Lätarefest** mit dem Sommer- und Winterspiel: Stri, Stra, Stro, der Sommer der isch do scheinen vorzugsweise die Franken von der Rheinpfalz bis nach Schlesien hin zu feiern oder gefeiert zu haben. Wie würde sich die Herzogin Elisabeth Charlotte von Orleans, die sich aus dem Glanz des französischen Hofes nach diesem Fest der Heimat zurücksehnte, darüber freuen, daß es in unserer Zeit in Heidelberg wieder aufgelebt ist! Übrigens ist jetzt auch zu Güstrow in Mecklenburg der alte Wettgesang des Sommers und des Winters aufgefunden. Verwandt ist der um Mittfasten aufgeführte Umzug des Huzgür, Hiesgir, Hiesgiger, Hirzgiger bei Basel, bei Badenweiler und bei Gebweiler. Mit einer Frauenjüppe und hohen Zipfelmütze und einer Fratze bedeckt oder auch ganz in Stroh vermummt und mit Glocken um den Leib, vollführt er vor den Häusern einen greulichen Spektakel, und seine Kameraden sammeln unter einem drohenden Bettellied: Hît isch Mittelfaschta u. s. w. Brot, Eier, Butter und Geld. Er ist der offenbare Nachfolger der Alten (vetula) oder des Hirsches (cervulus), der im frühen Mittelalter zu Neujahr oder in den Fasten umzog. Hirzgiger scheint den Hirschspielmann zu bedeuten. In Soest nennt man die Fastnachtskuchen Hiärtebö cke, in Schwerte stellen sie eine weibliche Figur dar. Zum **Palmsonntag** werden in der Kirche die Palmen geweiht, Weidenzweige oder lange Stangen, oben mit Buchs- und Lebensbaum (Juniperus sabina), Blumen und Buntpapier, auch wohl Äpfeln geschmückt. Die Knaben, von denen der zuletzt zur Weihung eingetroffene der Palmesel heißt und in Elsaß mit den Palmen auf den Kopf geschlagen wird, pflanzen sie in den Garten, dann etwa auf die Bühne, vor den Stall, in den Getreidekasten oder Acker. Bei Gewitter und Krankheit verbrennt man etwas vom Palmbusch oder giebt es dem Vieh ins Futter.

Der Frühling ist da. Am **Gründonnerstag** muß man neunerlei Gemüse essen, die Regenstärke, und Blumen säen, denn die werden schön gefüllt und bunt, und aus den an diesem Tag gelegten Eiern schlüpfen Hühner, die alljährlich die Farbe ihres Gefieders wechseln. Der neue Farbenreichtum des Lenzes bricht überall hervor, sowie seine Fülle. So sind denn auch gefärbte Eier, die man sich vom Paten holt, die besten Sinnbilder österlicher Fruchtbarkeit. Gründonnerstag oder **Karfreitag** gelegte Eier werden am **Ostermorgen** nüchtern getrunken, um Bruchschaden beim Lupfen schwerer Lasten zu verhindern. Unberaffelt d. h. schweigend schiebt man vor Sonnenaufgang ein bruchleidendes Kind durch einen Eichenspalt. Jene gefärbten Eier, die man kürzlich in einem germanischen Kindersarge des vierten Jahrhunderts fand, legt der Osterhase, und das Suchen derselben, das Eierkippen, das Eierlaufen, -springen und -rennen, das Eieressen ist die volkstümliche Hauptbegebenheit des Auferstehungsfestes. In Norddeutschland überwiegen die **Osterfeuer** die Fastnachts- und Johannisfeuer, ihr Flammenschein und ihre Asche bringen Fruchtbarkeit in die Felder und Gesundheit in die Häuser und Ställe. In Süddeutschland sind sie häufig in die kirchlicheren **Karsamstagsfeuer** verwandelt (S. 139). Der kalte Hausherd wird in Bayern mit Osterkohlen wieder angeschürt. Osterwasser ist das beste Taufwasser (S. 113), vertreibt die Sommersprossen und stärkt die Pferde, die am Ostermorgen vor Sonnenaufgang in die Schwemme geritten werden. Dann wird mit Birkenruten gestiept, dann fliegt der Osterball in die Jugend (S. 127). Die Sonne macht am Morgen drei Freudensprünge, und in katholischen Häusern Süddeutschlands wird der Hausaltar im Herrgottswinkel geschmückt. Des **St. Georgstags** und der **Maifeste** ist schon gedacht (S. 145), die Bräuche des **Walpurgistages** haben viel Hirtenglauben in sich. In vielen Gegenden versammeln sich da noch die verderblichen Taustreicherinnen, die Hexen, an einsamen unheimlichen Orten, zumal auf dann oft noch so winterlichen Berggipfeln. Am **Himmelfahrtstag**, Uffartstag, werden bereits Blumen und Kränze aus Mausöhrle zur Weihung mit in die Kirche genommen, die das Haus gegen Blitz schützen und heilkräftig sind. Im badischen Oberland macht die Hausmutter dem Christusbild über dem Tisch ein Kränzlein aus Glizerli, gelben Ranunkelblumen, und jungfräuliche Uffertsbrütli, die man in Niedersachsen am ersten Pfingsttag Maibräute nennt, wandeln weißgekleidet mit Blumen im Haar durch das Dorf, um mit Eiern und Mehl zu einem Eierkuchen und mit Äpfeln beschenkt zu werden. Wer Strümpfe trägt, die an diesem Tage angefertigt sind, wird beim ersten Gewitter vom Blitz erschlagen. Am Brenner gehen die Kinder zum erstenmal zur Kirche, wo Christus vor ihren Augen durch eine runde Öffnung gen Himmel fährt. An diesem oder den dicht vorangehenden oder folgenden Hageltagen macht man feierliche Bittgänge in die verschiedenen Fluren. Am **Pfingsttag**, dessen Pfingstbube schon besprochen ist (S. 144), ist der vielartige Pfingstschmuck der Brunnen, Häuser und Kirchen zu beachten, auch die mehr niederdeutsche Pfingstkrone. Das setzt sich am **Johannistage** fort. Da werden in Tirol, Schlesien und der Eifel Kränze auf die Thüren gehängt oder auf die Dächer geworfen, in Bayern auch verbrannt gegen Brand, Gewitter und böse Geister. So oft im voigtländischen Reichenfels ein Kranz beim Wurf auf einen Baum herabfällt, bevor er hängen bleibt, so viele Jahre bleibt die Werferin unverheiratet. In Gottschee enthält der Strauß so viel Blüten, als das Haus Bewohner zählt. Eigentümliche geistliche und weltliche Johannislieder werden gesungen. Abends trank man im österreichischen Mühlviertel Met und aß Krapfen, gebackene Holler und

Lebzelten, man trinkt noch hier und da in Schwaben bis an den Bodensee den Johannissegen als Versöhnungstrank. Aber das in Norddeutschland erloschene Feuer, das Sonnwend-, Sunngicht-, Kanz(Johannis)feuer ist oder war in Mittel- und Süddeutschland, doch auch bei Danzig, die Hauptfreude, der Sprung darüber und der Tanz darum. In Bayern ist vielfach das Scheibenschicken damit verbunden. Im östereichischen Traunviertel kniete man am Feuer, was übrigens anderswo, wie das Scheibenschlagen, auch am Fastnachtsfeuer geschah. Der Feuersprung hilft gegen Fieber und bringt dem Flachs und Getreide Gedeihen, am Lech ist er die erste Liebesprobe (S. 163). Eichenlaub wird bei Glatz abends vorher in die Stube gestreut, Binsen im Kreis Hoyerswerda. Schon Augustinus kannte die Gewohnheit der Heiden, an diesem Tage zu baden, und eiferte dagegen. So bringt der Tag manches Unglück, bei Sinsheim dreifaches: eins verbrennt, eins fällt sich tot und eins ertrinkt. Am Bodensee muß St. Johannis einen Schwimmer und einen Klimmer haben. Aber man schneidet auch die Wünschelrute, und vergrabene Schätze blühen, sonnen sich d. h. glühen bis zur Erdoberfläche hinauf. In der Johannisnacht gepflückter Rainfarren macht den Träger unsichtbar, Jägerburschen gossen Freikugeln. Wenn wir nun noch der Kräuterweihe an **Mariä Himmelfahrt**, dem 15. August, gedenken, für die die Kinder wochenlang vorher einen Würz-, Weihwisch, Kruthenne, Kräuterbuschla u. s. w. aus der ganzen Hochsommerflora sammeln, damit er, kirchlich geweiht und auf dem Herd verbrannt, die Gewitter vertreibe, und etwa noch die **Dreißigste** erwähnen, die Zeit vom 15. August bis 13. September, die für Kuren besonders geeignet ist, so stehen wir schon mitten in der Erntezeit mit ihren Arbeiten und Feiern, die das deutsche Festjahr abschließen.

Zwischen die durchweg frohen, zuweilen ausgelassenen Festtage drängt sich eine Reihe von **Unglücks-, Schwend- oder verworfenen Tagen**, nach älteren Verzeichnissen 40—50 im Jahr, an denen Wohnungs- und Dienstbotenwechsel, Kauf und Verkauf, Reise, Aussaat, Verlobung, Hochzeit am besten unterbleibt. Monatstage, die die Zahl 7 enthalten, also der 7., 17. und 27., ferner Mittwoch und Freitag, auch wohl Montag, endlich der 1. April, der Geburtstag des Erzverräters Judas, der 1. August, an dem der Teufel aus dem Himmel herabgestürzt wurde, und der 1. September, der Tag des Untergangs von Sodom und Gomorrha, sind Unglückstage. Dagegen sind Dienstag und Donnerstag durchweg Glückstage, ebenso der Sonntag als Geburtstag, namentlich der weiße Sonntag nach dem Osterfest und der mit einem Quatember zusammenfallende goldene Sonntag.

Ob etwas vorgenommen oder unterlassen werden solle, hängt weiter vom **Monde** ab. Alles, was zunehmen soll, hat bei zunehmendem Monde zu geschehen, wie Säen, Pflanzen, Haar- und Nägelabschneiden, Trauen u. s. w., alles, was abnehmen soll, bei abnehmendem: Holzhauen, Mähen u. s. w. Ein böser **Angang**, bei dem man einem alten Weibe begegnet oder einem ein Hase über den Weg läuft, eine Elster oder ein Häher über den Kopf fliegt, ein Strohhalm in Kreuzform auf der Stiege liegt, schreckt manchen vom Marktgange zurück, denn er macht an dem Tage doch kein Schick. Aber eine junge Dirne, ein Schwein, Schaf und Eichhörnchen bringt Glück. Westfälische Jäger lassen wohl ein hübsches Mädchen über ihre Flinte springen, damit die Jagd glücklich ausfalle. Besonders schlimm ist es im Südwesten, wenn einem ein Wibervolch zu Neujahr den ersten Glückwunsch sagt. Das machen sich die auf ein Geschenk hoffenden Buben zu nutze und dringen gern früh mit ihren Wünschen in die Häuser ein.

9) Das Verhältnis zu Kirche und Staat.

Da in unserer Betrachtung der deutschen Feste das christliche Element nicht zu seinem vollen Recht gekommen ist, so mag ein besonderer, wenn auch nur kurzer Hinweis auf das noch so wenig untersuchte Verhalten unseres Volkes zu den beiden Großmächten, die so tief in jedes Dorf hineinregieren, zur **Kirche** und zum **Staat**, hier eine Stelle finden.

Wenn auch die **Religion** nicht nur unmittelbar durch den Gottesdienst, sondern auch innerhalb des Hauses durch mancherlei Lektüre und auch noch durch manche fromme Übung auf das Gemüt des Volkes wirkt, und wenn auch der Landmann fast mehr als alle anderen Leute durch seinen täglichen Beruf auf dem Felde an seine Abhängigkeit vom Allmächtigen gemahnt wird, so hört man ihn doch in den meisten Gegenden nicht gern religiöse Gespräche führen. Doch fehlt es ihm z. B. in Friesland und in Angeln nicht an Neigung dazu. Den Religionsspötter verachtet er oder traut ihm nicht recht. Religion ist ihm durchweg die Lehre, der er meistens mehr aus Gewohnheit als aus innerer lebendiger Überzeugung anhängt, aus der er auch seltener den idealen Glaubenskern, als gewisse nützliche Einzelsätze schöpft, die sich dann seiner Lebenspraxis anpassen müssen. Man hat beobachtet, daß der Bauer bei der Predigt vom Pharisäer und Zöllner im Evangelium heimlich auf Seiten des ersten steht. **Gott** wird wohl überall ganz persönlich und sinnlich gedacht; der Tiroler erwartet auf sein Rätsel: Was ist höher als Gott? die Lösung: Die Krone, die er trägt. Ob **Christus** wohl vielen Bauern wirklich der lebendige Mittelpunkt ihres Glaubens oder gar ihres Lebens ist? Über den **Teufel** samt der Hölle urteilt man sehr verschieden: hier ist er noch ein wirksames Schreckbild, dort lacht man über ihn als ein Stück Aberglaubens und macht ihn in vielen Schwänken zu einer lustigen Figur. Doch hütet man sich auch dann noch oft vor dem Aussprechen seines Namens. Die Vorstellung vom Aufenthalt der Toten im Himmel kämpft fortwährend mit der anderen von der Ruhe im Grabe. Unschuldig früh verstorbene Kleine denkt man sich gern als **Engelchen** im Himmel. Der bei den Katholiken, namentlich den Tirolern, sehr lebendige Glaube ans **Segefeuer** ist bei den Protestanten völlig erloschen, ebenso der an die Heiligen. Nur Petrus ist in Thüringen Himmelspförtner geblieben, und nach Mecklenburger Glauben muß ein dem Tode Naher neunmal bei Petrus anklopfen. In Süddeutschland wie in Mecklenburg ist Petrus der wolkenschiebende Wetterherr. Hält man Klas, Sanct Nikolaus, noch im Mecklenburger Fischland für einen Patron der Seefahrer? Die **Kirche** gilt beiden Konfessionen, aber im verschiedenen Sinne, als eine Heilsanstalt, aus der man mancherlei auch mit den Sinnen wahrnehmbaren Segen, wie z. B. allerlei Schutzmittel (S. 199), ins Haus tragen mag. Der Kirchenbesuch ist örtlich sehr verschieden, mit der Toleranz und Freigebung der

Religion seitens der Regierung gesunken und auch in wirklich kirchlichen Gemeinden der Kirchenschlaf während der Predigt ein häufiges, nicht zu scharf zu tadelndes Vorkommnis. Den Zuchtmitteln der Kirche widerstrebt der Bauer häufig und hält nicht allzu viel von der strengen kirchlichen Unterscheidung ehrlicher und unehrlicher Brautpaare und Begräbnisse. Doch gefallene Mädchen haben in manchen süddeutschen Dörfen ihren besonderen Kirchenplatz. Unerschütterlich hält der Bauer fest an der alten kirchlichen Eheschließung, neben der die bürgerliche Trauung keinen sonderlichen Wert hat. Man behauptet z. B. von Thüringen, daß die kirchlichen Gemeinden durchweg in der Landwirtschaft hinter den unkirchlichen zurückständen. Das hat doch wohl keine allgemeine Gültigkeit?

Die Achtung vor dem **Geistlichen** ist aus verschiedenen Gründen im ganzen vermindert. Ob die Siebenbürger Sachsen noch den Pfarrer und die Pfarrerin Vater und Mutter nennen, ob noch in Vorarlberg die Bauern ihren Priester dutzen, wie er sie? Beides verrät eine seltene Innigkeit des Verhältnisses. Häufiger wird jetzt der Bauer eine beobachtende Stellung seinem Pfarrer gegenüber einnehmen, namentlich auch dessen häuslichem Leben gegenüber. Der landläufigste Vorwurf, den er ihm macht, ist Geiz oder Habsucht. In den **Sekten** nimmt die Bauernreligion ihre eigentümlichste Form an, vielleicht die seltsamste in der frommen, aber staats- und kirchenfeindlichen Sekte der Salpetrer, die, jetzt nur noch ein paar hundert Köpfe stark, im Hotzenwald, dem südlichen Schwarzwald, ihrem Untergang entgegengeht.

Der Hofbauer hat seit alters seinen Ehrgeiz mehr in privaten, als in öffentlichen Dingen gehabt, aber gegenwärtig bewirbt sich oft auch ein kleinerer Bauer eifrig um ein Ehrenamt, wie das des Schultheißen oder Bürgermeisters. Wo haben sich noch inmitten der eifrigen alles verebnenden Gesetzgebung der neuesten Zeit alte Dorfämter und besondere Dorfrechte erhalten? Weniger Sinn als für die **Gemeinde** hatte der Bauer bisher für den **Staat**, dessen büreaukratisches Regiment es in mehreren Ländern dahin gebracht hat, daß mancher noch immer glaubt, die Steuern dienten fast ausschließlich zum Unterhalt der Beamten. Gegen neue Gesetze ist er leicht mißtrauisch und insofern konservativ. Auf Hagelversicherung giebt er nicht viel, mehr schon auf Feuerversicherung, aber die Viehversicherung, die er auch selber handhabt, steht ihm am höchsten. Das Vereinswesen ergreift ihn immer stärker. Das allgemeine Wahlrecht und die neuere Bauernbundesbewegung treiben ihn neuerlich viel tiefer auch in die hohe Politik hinein. Der große Krieg von 1870 hat im jüngeren Geschlecht einen lebendigeren vaterländischen Sinn erweckt, der den Partikularismus in den Kleinstaaten, wie den thüringischen, wohl mehr und mehr zurückdrängt, aber kaum in den größeren. Das Bild des Kaisers hängt jedoch auch in vielen süddeutschen Bauernstuben, und in manchen thüringischen Orten zieht der Kriegerverein alljährlich an einem Sonntagmittag mit seiner Fahne zur Kirche, pflanzt sie neben dem Altar auf und feiert ein kirchliches Kriegerfest.

10) Krankheit und Tod.

Nach des Lebens Freude und Arbeit kommt **Krankheit, Schwäche** und **Tod.** Manches Leiden schlägt der Bauer geringer an als wir, geduldig schleppt er seinen Bruchschaden durch seine harte Arbeit hin; hinwiederum ist er gegen kleine Entstellungen seines Körpers oft auffallend empfindlich. Das bezeugen z. B. die zahlreichen Mittel gegen die Warzen. Unter dem Anruf der drei höchsten Namen tritt er an eine Leiche, fährt dann mit der warzigen Hand gegen ein fließendes Wasser und spricht:

Warz, Warz, weich',
's kommt 'ne schwarze Leich';
Warz, Warz, stirb ab,
Wie der Tot' im Grab.

Sommersprossen, Laubflecken, Roßmucken wäscht man fleißig mit Maien- oder Ufferts- (Himmelfahrts-)tau oder auch am Karsamstag beim Glorialäuten mit Brunnenwasser. Noch baden wohl am Bodensee Mädele am 1. Mai im nassen Klee um der Kraft und Schönheit willen. Gleichmütig weiß auch der einsame Hofbauer die Notlage zu ertragen, in die ihn eine plötzliche Krankheit versetzt. Das Schmerzlichste ist ihm, wenn sie ihm die Arbeit verbietet. Um Fallersleben hat man das bittere Sprichwort: „de Buer secht (sagt) man einmal de Wahrheit: wanneer hei krank is, secht hei: „ik doege nist“ (ich tauge nichts), und der altersschwache Bauer am Brenner meint: „Nun bin ich niemand!“ Chronische, namentlich nervöse Leiden finden wenig Teilnahme: „er het im Jor dreihundertfünfundsechzig Krankheiten“ hört man im Elsaß. Am schlimmsten haben es die Irren, die man auch noch von bösen Geistern besessen glaubt. Tobsüchtige werden der Kosten halber nicht gern in eine Anstalt geschickt, sondern in ein stallartiges Gelaß gesperrt und hier und da gleich dem Vieh behandelt. Man vergißt nie wieder ihr Geschrei.

Eine tiefe Kluft gähnt zwischen der Arzneiwissenschaft und der **Bauernmedizin.** Diese nimmt eine nur kleine Zahl von Krankheiten an: Wunden, Blutungen, Fieber, Auszehrung, Rose, Brand, Gicht (Krampf), Reißen (Fallsucht) und Dampf (Asthma). Die Krankheit erscheint noch vielen nicht als ein natürlicher Vorgang, sondern als ein Zauber, den Menschen oder dämonische Mächte, böse Wesen, wirken. Von ihnen wird man behext, beschrieen, vermeint, veruntreut. In Tirol und Schlesien blasen einem auch Wiesel, Kröten, Schlangen giftige Geschwülste ins Gesicht. Ja Fieber, Krämpfe, Entzündungen gelten selber für lebendige Personen, die oft scharenweise, neun, siebenundsiebzig oder neunundneunzig an der Zahl, den Menschen anfallen und durch Beschwörungen angerufen, gebannt, verjagt, geschlagen und eingepflöckt werden. Aber man schmeichelt und droht ihnen auch und kapituliert förmlich mit ihnen. Am persönlichsten erscheint der Alpdruck als Schrättele, das Menschen und Pferde quält. Ansteckung begreift der Bauer schwer; in Thüringen erklärt er sie sich aus dem Schreck, weil dem Furchtlosen die Seuche nichts anthue.

Schutzmittel wie **Heilmittel** giebt es die Fülle, auch abgesehen von erprobten oder angeblichen Heilkräutern, die an heiligen Zeiten in heiliger Zahl schweigend zu pflücken sind. Zu jenen gehören das Unberufen, Amulette, wie ein mit Brot und Salz gefüllter Beutel, und kirchlich gewiehene Dinge, das Kreuzeszeichen, der fünfzackige Trudenfuß oder der sechszackige Schild Davids. Zur

Schutz- und Heilkraft alles Neuen und Jugendlichen in der Natur hat man ein rührendes Vertrauen, so zu den Gründonnerstagsgemüsen, zum Osterwasser und Mairegen, zum ersten Veilchen und zu den ersten drei blühenden Ähren (S. 230). Beim ersten Donnerschlag im Frühling wälzt man sich auf der Erde gegen Kreuzschmerzen. In Ostfriesland übersäet man im Frühjahr mit Sommergerste Kinder, die zu schwache Beine haben. In Bayern trägt man ein Kind, das Abnehmen hat, gegen den Aufgang der Sonne mit den Worten: Sei mir Gott willkommen, Sonnenschein, wo reitst du hergeritten, hilf mir und mein dem lieben Kind. Gott den heiligen Vater bitt' u. s. w. Zieht man ein krankes Kind durch den Spalt eines Baumes, so scheint das nicht ausschließlich ein symbolischer Akt der Wiedergeburt, sondern die Abstreifung oder Uebertragung der Krankheit auf einen anderen Gegenstand zu bezwecken. Ein Hemd, das aus dem von einem noch nicht siebenjährigen Kinde gesponnenen Garn gewebt ist, macht fest oder gefroren, feit gegen Kugeln und Hiebe. Aber auch manches von der Leiche und vom Friedhof Genommene heilt, namentlich Sargnägel. Selbst der Abendmahlswein wird wohl noch als letztes Mittel benützt. Gute Werke dienen der Heilung: Kranke spenden drei Almosen an die Armen: Brot, Mehl und Salz, oder Brot, Wein und Geld. Für einen Totkranken thun sich vierzig Leute zu längerem Fasten zusammen, oder man betet für ihn draußen unter freiem Himmel. Der Kranke unternimmt oder verspricht Wallfahrten nach den heiligen Stätten, unter denen Mariä Einsiedeln in der Schweiz für den deutschen Südwesten den ersten Rang einnimmt. Aber in diesem Gebiete sind auch neuerdings vor altdeutschen Bauerndörfern manche moderne Mariä-Lourdesgrotten eingerichtet. Gewerbsmäßige Pilger machen um Geld für Verhinderte den Zug mit. Außer diesen Heilstätten bestehen von alters her im ganzen Süden einfache Bauernbäder, meist heiße Quellen oder schwache Mineralbrunnen, aber auch Heubäder. Die Tiroler wie die allemannischen Bauern wissen sich nicht übel ins Kurleben zu schicken. Die volkstümlichste Heilmethode ist noch immer die **Sympathiekur**, die auf jenem geheimnisvollen Zusammenhange des Menschenlebens mit gewissen Naturerscheinungen, den der Bauer auch beim Ackerbau so tief empfindet, oder auch mit anderen Menschen und überirdischen Wesen beruht. Durch Sprüche und Handgriffe setzt man zu bestimmten Zeiten die Wechselwirkung der beiden in Bewegung und schafft die störende Krankheit aus dem Patienten heraus. Doch ist fester Glauben und festes Schweigen desselben bei der Kur erforderlich; häufig muß sie auch von einer Person anderen Geschlechtes vorgenommen werden, von einer Frau an einem Manne und umgekehrt, jedenfalls von einer Person, die es „kann“, gleich Wodan, der schon im Merseburger Zauberspruch des neunten Jahrhunderts es „wohl konnte“, nämlich das erlahmte Balderfohlen besprechen. Denn das Böten d. i. Büßen, das Besprechen, das Segnen und Beschwören ist bei diesem Brauchen das wichtigste Mittel. Jetzt pflegt der heilkundige Schmied oder Schäfer oder die weise Frau, die ihre Kunst vererben, aus geschriebenen oder gedruckten **Zauberbüchern**, die weder die Polizei, noch die Geistlichkeit alle hat erwischen können, die zauberkräftigen Formeln zu schöpfen für Bauern wie für manche gebildete Städter, und gewissenlose Verleger vertreiben noch immer solche Ware, wie das sechste oder siebente Buch Mose, Albertus Magnus' Egyptische Geheimnisse, den Himmelsschlüssel, das Romanusbüchlein und vor allem den Geistlichen Schild. Der enthält ein wüstes Gemisch von teils von Gott offenbarten, teils von der Kirche und heiligen Vätern gemachten und approbirten Segen und Gebeten d. h. von christlichen und heidnischen Rezepten, von neueren weitschweifigen Gebeten zu den Heiligen und alten, fast tausendjährigeen Segen, z. B. denen über die Mundfäule, über Würmer und laufendes Blut. Er scheint ein süddeutsches Erzeugnis etwa aus der wilden Zeit des dreißigjährigen Krieges und ist darum auch besonders reich an kugelabweisenden und kugellenkenden und festmachenden Beschwörungen. Von Hinterpommern bis in die Schweiz und von da wieder bis in die Bukowina kann man seine Sprüche verfolgen, welche die Forscher fälschlich für altheimische und echte Volsüberlieferungen anzusehen pflegen. Besonders alte und mit bestimmten Merkmalen, z. B. der Bestätigung durch Papst Leo X. oder Gregor versehene Exemplare werden noch mit 100 Mark und mehr bezahlt. Wirft der Besitzer das Büchlein ins Feuer, so fliegt es zu ihm wieder heraus, sowie auch der Braunschweiger Zauberer seine Kunst nicht los werden kann und deshalb vor seinem Tode lange siechen muß. Eltern geben den Geistlichen Schild ihren Kindern: Rekruten, Dienstboten, sogar noch Studenten mit in die Fremde als besten Schutz für Leib und Seele. Aber man hält ihn jetzt im geheimsten Winkel des Hauses verborgen.

Der **Tod**, der beim Volk überall von alters her der bittere heißt, bleibt schließlich nicht aus. Man kann wohl nicht sagen, daß der Bauer den Tod mehr fürchtet, als der Städter, aber er wird öfter als dieser daran erinnert, weil er in innigerem Zusammenhang mit der Natur steht, deren auffällige Erscheinungen er als Mahnungen und Vorboten des eigenen Sterbens auslegt, sowohl die der Pflanzen-, als auch die der Tierwelt. Der Nordfriese sagt: *Harwstblaas namt a Wiarth me* (Herbstblüte, zweimalige Baumblüte, nimmt den Hauswirt mit) und *Rüchfutti namt Koalfutti me* (der Tod eines Rauhfußes d. i. Haustieres führt den Tod eines menschlichen Hausgenossen herbei). Doppeldeutig ist die unzeitige Blüte am Niederrhein:

Een Blom buten den Tied
Geft een Brut of een Liek (Leiche).

Samenschießen auf dem Krautfeld zeigt an, daß die Tochter des Hauses in dem Jahre noch Braut wird, aber weiße Blätter künden den Tod. Auch, wenn man ein Ackerstück zu besäen vergessen, eine Untersaat gemacht hat, muß man bald sterben. In der Iglauer Sprachinsel sterben Kränkliche, wenn das Laub fällt oder die Bäume in den Saft gehen. In Stolberg im Harz stirbt niemand, solange der Wald grün steht. Das Wühlen einer Schermûs, eines Maulwurfs im oder am Hause, der Flug einer Elster übers Dach, der Ruf des gegen das Fenster der erleuchteten Krankenstube flatternden Käuzleins das Wackerle, Wichsi, Quak, Komm mit, komm mit oder Geh wek, geh wek heißt, bedeutet nahen Tod. Ebenso das Gehämmer des Totenührle, des gemeinen Bohrkäfers, das laute Zirpen des Hannemauchens, des Heimchens oder der Hausgrille. Heult der Hund nachts unter dem Fenster des Krankenzimmers mit gesenktem Kopf, so giebt's Tod, mit emporgehobenem, Brand. Ein unerklärlicher Schall durch das Haus, ein Auffahren der Thür, ein Zusammenklingen der Hausuhr mit dem Wandlungsgeläut, ein plötzliches Stillstehen der Uhr sind ein Vor- oder Anzeichen, Vorspuk, Vôrlât des Todes oder auch ein Anzeichen des Todes eines abwesenden Verwandten oder Freundes, der sich auf diese Weise verzeigt oder erzeigt. Die in einem Winkel verwahrten Spaten und Hacken des Totengräbers klingen nachts aneinander, wenn in einem thüringischen Dorfe ein Todesfall bevorsteht.

Um dem Todkranken das Sterben zu erleichtern, reißt man ihm in Baden und Thüringen noch hier und da schnell das Kopfkissen fort, in Siebenbürgen ersetzt man ihm das Federbett, das man auch anderswo beseitigt, behutsam durch einen Strohsack, auf dem sich's leichter stirbt. So erzählt Neocorus von einem pestkranken Ditmarscher, den die Leute nicht zu pflegen wagten, daß er sich sein Totenhemd selber angezogen und das Stroh geholt, ausgebreitet und sich darauf gelegt habe und alsbald verschieden sei. Auf dem Versehgang begleiten wohl Katholiken ihren Pfarrer mit dem Sterbesakrament bis vor oder in das Sterbehaus. Nun die letzte Ölung. Dem Sterbenden wird ein Kruzifix zum Kusse gereicht und unter lautem Gebet der Umstehenden eine brennende Kerze in die Hände gegeben oder vorgehalten. Auch legt man ihm wohl die Hand auf den Kopf, während das Ablaßglöckle das Ziglockläuten anhebt oder mit der Benedictusschelle, Gottschelle, am Sterbelager geklingelt wird, um die bösen Geister abzuwehren. Der thüringische Bauer begehrt vor allem das Amt zur Anfertigung eines Testaments. Oft reißt sich doch auch der Bauer schwer vom Schauplatz seiner Lebensarbeit los, wie jener Schwarzwälder, der als Altenteiler ins Thal gezogen war, nach seinem letzten Willen im Sarge auf seinen alten Hof auf dem Berg getragen werden mußte und erst dann wieder hinunter auf den Gottesacker. Zahllose Sagen erzählen von waizenden, sich üebenden d. h. umgehenden Bauern, die nach ihrem Tode noch immer nach Haus und Hof sehen, auch wohl die faulen Knechte mit einer „Humse" (Ohrfeige) antreiben. Vor ein paar Menschenaltern soll in Mecklenburg ein Stück Vieh ins Zimmer gebracht sein, damit der Sterbende seine Seele hineinhauchte.

Es ist eine siebenbürgische Eigentümlichkeit, daß mit dem Eintritt des Todes laute Wehklage erhoben wird, die durch das schnell aufgerissene Fenster, zu dem die Seele hinausfliehen soll, ins Dorf dringt. Meistens wird aber lautes Jammern unterdrückt, damit der Tote nicht wieder aufgeschrieen werde, wie es einst einer verstorbenen Ditmarscherin erging, die dann noch mehrere Jahre lebte. Das Fensteröffnen für die Seele ist noch weithin üblich, in Westfriesland hängt man einen Fensterladen aus. Seltener wird ein mit Milch und Wasser gefüllter Topf samt einem Leinläppchen ans Fenster gestellt, damit die ausfahrende Seele sich gehörig reinigen könne. In Siebenbürgen wird ein Schaff mit frischem Wasser unter die Totenbank gestellt. Man verhängt den Spiegel, offenbar, damit die Seele nicht davor verweile. Man rüttelt den Essig und alle Frucht, die Fässer und Krautstauden, setzt die Blumen und Vogelkäfige um, stellt dagegen die Uhr still, sagt hier und da den Pferden und Kühen, häufiger den Bienen, nachdem man dreimal an den Stock oder die Beute (schlesisch) geschlagen, den Tod namentlich des Meisters an, am knappsten und ergreifendsten in Westfalen:

Imme, Imme, din Heer is dood,
Nu bliw bi mi in mine Nood!

Bienenkörbe werden aus dem Nachlaß nur dann mit Vorteil verkauft, wenn ihnen gut angesagt ist. Anderenfalls sterben sie ab, und die anderen Tiere und Vorräte verderben. Man löschte im Oldenburgischen sofort nach dem Verscheiden des Herrn sogar das Feuer, was noch bis in unser Jahrhundert in einigen Gegenden bei Gutsübergaben geschah. Vor 100 Jahren befahl die Frau eines in der Nacht gestorbenen Schmiedes in Lippstadt den Gesellen, den Amboß zu klopfen, den Blasebalg zu ziehen, die Werkzeuge durcheinander zu werfen mit dem Rufe: Der Herr ist tot. Dann ging jemand in die Ställe mit demselben Rufe, um das

Vieh zu wecken. Im altenburgischen Ostkreis zog man in der Begräbnisstunde alles Vieh und alle Bienenstöcke in andere Stände, bei der Rückkehr der Leidtragenden wieder in die alten. Offenbar fürchtet man ein Übergreifen des Todes vom Hausherrn auf alle Wesen und Dinge im Hause, daher hält man sie gleichsam in Atem. Solange eine Leiche im Hause ist, darf übrigens nur die allernotwendigste Arbeit, wie Kochen und Viehfüttern, gethan werdeu. Dem Verstorbenen selber widmet man eine bestimmte Pflege, deren Unterlassung im Altertum die gefürchtete Wiederkehr desselben oder auch den baldigen Tod eines Hinterbliebenen veranlaßte. Die eigenen Leute, oft der Älteste, drücken dem Geschiedenen die Augen zu, daß der gebrochene Blick nicht jemand nachziehe; das Kinn wird unterbunden, wohl noch durch ein Rasenstück, damit der offene Mund nicht an seinem Sterbekleid blecke und der Tote ein Nachzehrer werde. Im Harz legte man dagegen ein Geldstück unter die Zunge: Ich gebe dir einen Zehrpfennig, nun laß mir meinen Nährpfennig. Möglichst viel Leute drängen sich ins Sterbehaus, um für den Toten zu beten und ihn mit Weihwasser zu besprengen, namentlich Kinder und alte Weiber. Die Leiche wird gewaschen, und das Wasser muß nach dem Gebrauche an einem Orte vergraben werben, wo niemand darüber schreiten kann. Meistens werden ihr die besten Kleider, die Abendmahls- oder Hochzeitskleider, angelegt. Den toten Sachsen in Siebenbürgen schmückt die treue Gattin mit dem Hochzeitshemd, das tote Kind trägt häufig das Gotte- oder Taufhemd. Aber auch besondere Sterbekleider, saterländisch Hennekleider, werden angethan. In Nordfriesland heißt der damit Versehene bireewalt. Der Anzug darf, an den Ärmeln wenigstens, keine geschlossene Hafte haben, sonst stirbt bald wieder jemand aus dem Hause. Schuhe zieht man den Toten nicht an außer den verstorbenen Wöchnerinnen (S. 189). Andere Beigaben, wie Kamm und Schwamm, Nadel und Faden und Spielzeug, kommen seltener vor; häufig die Patenbriefe (S. 116). Erwachsenen setzt man wohl eine Zipfelmütze auf, Kindern ein Kränzchen. Ledige werden hier und da mit Blumen geschmückt. Katholiken wird häufig ein Wachsstock in den zuweilen mit geweihten Kräutern ausgeräucherten Sarg gelegt und um die gefalteten Hände ein Rosenkranz, Nüster, gewickelt. Protestanten giebt man an einzelnen Orten einen Rosmarin oder eine Citrone in die Hand. Tücher werden vom Gesicht ferngehalten, damit es am jüngsten Tage Christus sehen könne. Am Kopfende des Sarges liegt eine Art Kissen aus Hobelspänen, seltener der Kopfwasen, oder etwas Heu. Bevor aber der Tote in den Sarg gelegt wird, hebt man ihn in vielen Gegenden vom Bett auf eine Bank oder auf ein Brett in der Wohnstube. Dieses Brett hat nun in Bayern eine bedeutsame Verwendung gefunden Es heißt dort Rebrett d. i. Leichenbrett, ist mit dem Namenszug, dem Todesdatum, einigen Kreuzen und auch wohl mit einem anderen Symbol und einem Spruch bemalt oder beschnitzt und wird nach dem Begräbnis nahe dem Hause oder einer Kapelle oder einem anderen viel begangenen Platze aufgerichtet oder an eine sumpfige Wegstelle oder über ein Bächlein gelegt, eine Mahnung der Vorübergehenden zum Gebet für den Verstorbenen. Seltener, etwa aus Furcht vor Ansteckung (?), wird das Brett mit dem Sterbestroh auf freiem Felde verbrannt. In den beiden ersten Verwendungen begegnet es auch um St. Gallen und Zürich, in den beiden letzten zwischen dem Titisee und der Baar, wo es vielleicht eingewanderte bayerische Holzhauer vor ein paar Jahrhunderten eingeführt haben. In westfälischen Gegenden stellt man den Sarg unter die Bodenluke der Diele, wo früher auch das Gerade und Heergewaede, die Erbschaft, mit Eiden bewährt wurde. Zwei ganze oder halbe Nächte wird die Leiche von den Nachbarn, den Notnachbarn, oder nächsten Verwandten verwacht, früher, um den Toten durch Scherze zu unterhalten und böse Geister abzuwehren. Jetzt beten die Wächter, auch wohl knieend und gegen die Wand schauend, einen Psalter (drei Rosenkränze) oder mehrere und halten sich durch Schauergeschichten, Rauchen, Essen und Trinken munter. In einzelnen Landschaften werden diese Nächte zum Stelldichein und ausgelassenen Pfänderspiel beider Geschlechter mißbraucht. Das bei der Leiche brennende Toteliechtele, ewige Licht, brennt vielerorts die ganze Zeit bis zur Beerdigung, ja man löscht es auch wohl nach dieser nicht aus, sondern läßt es ruhig ausbrennen. Von Siebenbürgen bis in die Pfalz berühren, küssen, beißen Kinder die nackte große Zehe des Toten, damit sie sich nicht fürchten. Im Egerlande hält oder hielt der sogenannte Prokurator, Leichbitter, am offenen Sarge eine eindrucksvolle Rede, in der er im Namen des Verblichenen alle um Verzeihung bat und sie zur Gottesfurcht, Eintracht und Arbeitsamkeit ermahnte. Inzwischen meldet in entlegeneren Schwarzwalddörfern, in die kein Tagblatt kommt, die Lichsageri den Todesfall und bittet um ein Gebet für das Verstorbene und trägt in ihrem Korb fröhlich ihren Lohn: Brot, Bohnen und Speck heimwärts. Das junge Mädchen bei Iglau, die den Tod austrägt, der schlesische Gemeindehirte darf die Schwelle des Hauses, zu dem er als Todesbote kommt, nicht ohne besondere Erlaubnis überschreiten, sondern muß mit einer Gerte (dreimal) an die Thüre schlagen. In vielen Örtern geht aus jedem Hause wenigstens einer mit zur Leich, in anderen nur Verwandte, Paten und Nachbarn.

Wird nun der Sargdeckel hereingebracht, so verabschieden sich in Siebenbürgen der Reihe nach die Verwandten vom Toten, und weit schallt die Klage erst der Gattin, dann der Söhne, endlich der Töchter mit dem Schluß „Ruhe wohl bis auf den lieben jüngsten Tag“. Diese improvisierten, freien rhythmischen Trauergesänge, im früheren Mittelalter in Deutschland weit verbreitet, haben außerdem nur noch die Deutschen in Nordungarn und die Gottscheer bewahrt. Zu Todtmoos im Schwarzwald stellen sich die Nächsten zu einer Hausandacht bei der Totenbaumlegung am Tage vor der Beerdigung ein um 4 Uhr nachmittags, weil man in dieser Stunde den Heiland zu Grabe trug. Bleibt die Leiche noch geschmeidig, alemannisch lumrig, nordfriesisch lennagh, so folgt ihr bald ein anderer Hausbewohner in den Tod. In Schlesien und bei Iglau wirft man nach der Aufbahrung die Stühle und Bänke um, auf denen der Sarg gestanden. Die Leiche wird, die Füße voraus, hinausgetragen, damit sie nicht den Heimweg finde. Auf jeder Schwelle, die der Sarg zu passieren hat, wird er in einigen Gegenden dreimal in den drei höchsten Namen in Kreuzform niedergelassen und in der Regel vor dem Hause nochmals niedergesetzt und in katholischen Orten mit brennenden Kerzen umgeben. Man schüttet dem Leichenzug hier und da in Süd-, wie in Norddeutschland einen Topf Wasser nach. Die vier Träger setzen ihn auch wohl auf dem Wege nach dem Friedhof dreimal nieder, an einigen Orten vor dem Geburtshause des Toten, wenn sie daran vorbeikommen. Wird der Sarg von einem entfernteren Ort zu einem schlesischen Pfarrdorf gefahren, so hält der Fuhrmann die Pferde auf jeder Dorfgrenze dreimal an und treibt sie dreimal wieder an und beeilt sich sehr, vom Friedhof wieder über die Grenze zu kommen, ehe der Sarg versenkt ist. Zwei Stiere, die den Wagen mit dem Totenbaum ins Schwarzwaldthal hinabziehen, treibt der Fuhrmann nicht mit einer Peitsche, sondern mit einer geflochtenen Rute, offenbar um Lärm zu vermeiden. In Westfriesland wird die Leiche dreimal um den Kirchhof getragen. Tjispelt jemand bei diesem Ommegang, d. h. weicht er aus der Reihe, so stirbt bald wieder einer. Dasselbe geschieht in Süddeutschland, wenn im Leichenzug z. B. durch einen entgegenfahrenden Wagen eine Störung entsteht. Fahnen- und Kreuzträger schreiten in katholischen Dörfern voran, das Leid, die Freundschaft, folgt, an der Spitze ein Leidführer. In einigen Orten behalten die nächstverwandten Männer während des ganzen Begräbnisses und der Seelenmesse bis zur Wandlung ihre Hüte auf. Trauertracht ist durchweg schwarz, bei den hessischen Schwälmern auch blau, wie bei den Bretonen. Aber bei Westheim legten die Frauen wie beim Abendmahl ein weißes Halstuch und eine weiße Ziehhaube an. Citronen und Rosmarin werden dabei in der Hand, der letzte auch wohl im Munde getragen und dann ins Grab geworfen. Namentlich in Norddeutschland und im friesischen Holland hat auch noch manches Dorf oder gar Haus seinen eigenen nordfriesischen Likstich, in Drenthe Reeweg, Westfalen Hel- oder Notweg d. h. Leichenweg, einen ausschließlich bei Begräbnissen und auch wohl Kindtaufen und Hochzeiten benützten Ehrenweg. Je nach Alter und Geschlecht läutet die Glocke, wie beim Sterben das „Scheidzeichen“, so vor dem Begräbnis das „Grabzeichen“. Wird in der Jachenau noch die Leiche in einem offnen Sarg beerdigt, nur das Gesicht durch ein Brettchen geschützt, wie man sie früher in der Zürcher Landschaft auf einem bloßen Brett zu Grabe trug? Hat man noch in armen Berchtesgadener Gemeinden, wie früher z. B. auch in der Reichsstadt Ravensburg, eine gemeinsame Totentruhe, aus der die Leiche am Grabe herausgenommen wurde, um auf einem Brett hinuntergelassen zu werden? Im Schwarzwälder Schapbachthal schaffte erst die badische Regierung dies Dodeusleere ab. In vielen Gegenden läßt man das Stroh, auf dem der Tote zuletzt gelegen oder der Sarg während der Fahrt gestanden hat, das westfälische Revestroh, auf der Heimfahrt in aller Stille herabfallen, am besten auf einem Kreuzweg, oder man verbrennt es. Wird die Leiche versenkt, so jammern in Odenwälder Dörfern die Angehörigen oft und klagen fast die ganze Lebensgeschichte des Verstorbenen im Beisein der Gemeinde vor. Selbstmörder und totgeborene Kinder werden still in der Dämmerung an der Mauer verscharrt, erstere jedoch an manchen Orten mit Glockengeläute und Gottesdienst. Klingt die Glocke dumpf, schollert die Erde dumpf auf den Sarg, tönt es beim Seilaufziehen, sinkt der aufgeworfene Grabhügel bald ein, so stirbt bald ein anderes. So schöpft der Mensch noch aus dem letzten Moment der Totenbestattung neue Todesbesorgnis. Dem Gerechten aber, dem süd-, wie dem norddeutschen, regnet es ins Grab. Kommt noch vor, daß die Witwe eines verschuldeten Mannes auf die Bahre oder auf sein Grab ihren Gürtel oder den Hausschlüssel legt, um auf die Erbschaft zu verzichten? Der Text der am Grabe eines Protestanten gehaltenen Leichenrede wird häufig zur Inschrift des Grabkreuzes gewählt, die Katholiken begehen nach der Beerdigung mit Seelenämtern und Seelenmessen ihre Nachhaltungen. Älter ist das Leichenmahl, das gleich nach der Beerdigung, oder früher auch und hier und da noch am siebenten und dreißigsten Tage, oder gar am Jahrestage gehalten wurde, der pfälzische Leichenimbs, der Gottscher Siebente u. s. w. Weit verbreitet ist dafür der rohe Ausdruck „das Fell versaufen“. Beim friesischen Begrafnismahl stehen selbst im Kuhstall Bänke und Tische, diese mit Krente- und Wittebrot und Kaffee bedeckt, und bald gehen allerhand theologische Streitfragen darüber hin und her. Im bayerischen Mittelschwaben wird der Dreißigst mit einer Bewirtung begangen. Um Sanct Blasien feiert man noch das Jahresgedächtnis, die „Jahrzitt“, mit einem Gelage und manchmal mit einer Rauferei. Im ganzen ist jetzt die Üppigkeit sehr gemäßigt und die Bewirtung meistens auf Zugereiste und die Träger beschränkt.

Die Totenverehrung zeigt sich auf den Friedhöfen, in der Anlage, Richtung, Ausstellung und Pflege der **Gräber**. In katholischen Gegenden prangen sie in Blumen- und auch Lichterschmuck zu Allerheiligen und Allerseelen. Der Seelenkultus hat sich am längsten in Tirol gehalten: den armen Seelen, die an Allerheiligen aus dem Fegefeuer geläutert werden, setzt man in ihrer Heimat Krapfen und Milch auf den Tisch, was dann morgens Arme wegholen, wärmt ihnen die Stube und bietet ihnen in Lämpchen linderndes Öl für ihre Brandwunden. An Allerseelen werden sie dann wieder in ihre Gräber zurückgeläutet. Noch im letzten Grundakkord des Lebens über den Tod hinaus klingen christliche und heidnische Töne zusammen.

Fünftes Kapitel.

Die Volkssprache und die Mundarten.

Die germanische Sprache hat ein ungewöhnlich kräftiges Innenleben entwickelt, sie wetteifert darin mit der lateinischen und deren romanischen Töchtern. Denn auch aus ihrem Schoße sind zahlreiche Dialekte hervorgegangen, die zum Teil wieder zu Schriftsprachen geworden sind, wie das Isländische, Dänische und Schwedische, das Englische, Holländische und Hochdeutsche, zum Teil nur vorübergehend sich zu diesem Range erhoben, wie das Friesische und das Niederdeutsche, zum größten Teil aber immer das stillere Dasein der Mundart geführt haben. Der romanische Sprachkreis kennt aber kaum so durchgreifende Lautverschiebungen, wie sie von der Mehrzahl der germanischen Sprachen einmal und vom Hochdeutschen sogar zweimal durchgeführt sind. Das ist um so auffälliger, als wir aus den ältesten germanischen Personen- und Völkernamen und Runeninschriften lernen, daß vor etwa 2000, ja noch vor 1500 Jahren eine ziemlich gleichmäßige Lautgestaltung alle germanischen Sprachen beherrschte. Obgleich bereits viele Unterschiede in den Formen und der Syntax darin wahrnehmbar sind, muten uns doch diese Zeugnisse wie die Bruchstücke einer allen Germanen verständlichen Gemeinsprache an. Sie trug aber damals schon ein durch und durch germanisches, von allen anderen indogermanischen Sprachen weit abweichendes Gepräge. Denn sie hatte sich etwa um 400 v. Chr. durch die sogenannte erste Lautverschiebung aus dem Verbande der übrigen indogermanischen Sprachen losgerissen und auf eine andere Konsonantenstufe erhoben. Auf dieser Stufe verharrten alle anderen germanischen Sprachen bis heute, nur die oberdeutschen und durchweg auch die mitteldeutschen wurden seit dem sechsten oder siebenten Jahrhundert n. Chr. durch die sogenannte **zweite** oder **hochdeutsche Lautverschiebung** wiederum auf eine andere Stufe gerückt. Aber die zweite Verschiebung griff nicht so gründlich durch wie die erste, nur die Tenues t, p, k erlagen ihr in den meisten Fällen. Diese wurden im Inlaut zu den Spiranten oder Doppelspiranten ſz oder ſſ, f(f) und ch z. B. Water zu Wasser, slapen zu schlafen, maken zu machen. Im Anlaut oder im Inlaut nach Konsonanten wurde t zu z z. B. in Tîd Zît oder Zeit, sitten sitzen; p zu pf z. B. in plegen pflegen, Skepper oder Schepper Schöpfer, aber nur im Hochalemannischen k zu ch z. B. in Kind Chind. Auch ging die alte Media d in t über, Dag in Tag, dagegen blieben b und g.

Die von J. Grimm erkannten zwei Umwälzungen des Konsonantismus, der übrigens allmählich und nicht in allen seinen Teilen gleichzeitig davon betroffen wurde, gehören zu den rätselhaftesten lautphysiologischen Vorgängen. Man kann nur vermuten, daß sie zusammenhingen mit den zwei größten historisch erkennbaren Wanderungen unseres Volkes, seiner Ausbreitung durch den Norden Deutschlands vom sechsten bis zum vierten Jahrhundert v. Chr. und mit seiner bekannteren nachchristlichen sogenannten Völkerwanderung. Die äußere Bewegung scheint eine tief innere Bewegung, die sich auch auf die Sprache erstreckte, hervorgerufen und die Mischung mit den unterworfenen anderssprachigen Völkern solche innere Unruhe nur begünstigt zu haben. So kam es, daß diejenigen Stämme, welche die zweite Wanderung nicht mitmachten, wie die Skandinavier, die Friesen und die Sachsen, auch nicht an der zweiten Lautverschiebung teilnahmen, dagegen bei den weit südwärts gezogenen Alemannen und Bajuvaren die ersten Verschiebungen auftreten. So fingen die Stämme an, ihr eigenes Lautsystem, ihr Sondersprachgut auszuprägen.

Diese verschiedenen Sprach- und Wanderschicksale sonderten die germanische Welt in zwei große Sprachlager, deren Grenze nicht das Meer, sondern bis auf den heutigen Tag eine Linie oder Zone ist, die Norddeutschland von West nach Ost durchquert.

Seltsam genug stehen also das Friesische, das Niederfränkische und vor allem das Niedersächsische nicht mit den Mundarten der hochdeutschen Brüder und Reichsgenossen, sondern mit den fremden Sprachen Hollands, Englands, Dänemarks und Skandinaviens auf wesentlich derselben Konsonantenstufe. Zu den vielen originellen Zügen unseres Volkes gehört auch dieses sprachliche Doppelleben, das leicht die beiden Träger zu zwei verschiedenen Völkern hätte auseinander reißen können, wie sich ja in der That der holländische Teil des niederdeutschen Stammes nicht nur eine eigene Schriftsprache, sondern auch einen eigenen Staat geschaffen hat.

Wenn die hochdeutsche Konsonantenverschiebung den ersten starken Anstoß zur Spaltung der germanischen Gesamtsprache in viele Teilsprachen gegeben hat, so traten bald Vokalunterschiede hinzu, um durch weitere Variationen des alten Lautsystems innerhalb der Stammsprachen immer neue Mundarten hervorzubringen. Im elften Jahrhundert hat bereits fast jedes uns erhaltene althochdeutsche Sprachdenkmal seinen besonderen Dialekt. Dem fortgesetzten Zerfall in landschaftliche und örtliche Mundarten bemühten sich aber schon im Mittelalter angesehene Regierungskanzleien, wie die erzbischöflichen am Rhein und vielleicht auch die staufische, eine ausgleichende feinere Sprache entgegenzustellen. Aber zur vollen Geltung einer deutschen Schriftsprache erhob sich keine. Um das Jahr 1500 erscheinen alle Bücher im Dialekt. Da ergriff Luther die aus Süddeutschland hervorgegangene kursächsische Kanzleisprache und tränkte sie mit der Volkstümlichkeit seiner heimischen nordthüringischen Mundart und mit seiner höchstpersönlichen unvergleichlichen Sprachgewalt. Er schuf die neuhochdeutsche Schriftsprache. Seitdem schieden sich **Schriftsprache** und **Mundart** immer mehr, hier schärfer als dort, doch kamen zwischen ihnen mehrere Zwischenstufen auf: eine mittlere, bequeme **Umgangssprache** der Gebildeten, die allerhand Dialektisches beibehielt; eine **Halbmundart** der Bauern für den Verkehr mit „Herren“, die von der anderen Seite her die Gegensätze ausglich; und das **Missingische**, das possierliche Versuchshochdeutsch Ungebildeter. Streng genommen, muß jede Lokalsprache, namentlich jede Stadtsprache, auf alle diese ihre Spracharten geprüft werden. Dagegen ist die aus Schriftdeutsch und Mundart gemischte Sprache z. B. Gotthelfs und Roseggers eine individuelle Kunstleistung. Auch Hebels Gedichte geben keineswegs die alemannische Mundart rein wieder.

„Jede Provinz,“ sagt Goethe, „liebt ihren Dialekt, denn er ist doch eigentlich das Element, in welchem die Seele ihren Atem schöpft.“ Jeder Dialekt hat aber auch sein besonderes Verhältnis zur Schriftsprache. Bis heute nicht völlig getrennt, stehen beide in vielfachem lautlichen Ausgleich und auch Wörteraustausch. Unterstützt von dem Buchdruck und der Reformation hat die neuhochdeutsche Sprache manche alte Ausdrücke wie z. B. Lefze, Bühel, bidmen durch Lippe, Hügel, beben auch aus den alemannischen Mundarten mehr und mehr verdrängt und umgekehrt aus der Schweizer und Tiroler Alpensprache sich Wörter wie Gletscher, Firnen, Föhn, Heimweh, Sommerfrische und Schneid' angeeignet. Unbarmherzig löscht sie ein eigenartiges niederdeutsches Wort nach dem anderen aus z. B. neuerdings moeten oder to mote gahn für begegnen, entgegengehen, übernimmt dagegen gern viele Schiffs- und Küstenausdrücke von dort. Im niederdeutschen sacht und düster erkennt sie sogar eine feine Nüance ihres sanft und dunkel, im plattdeutschen Born und Odem poetischere, feierlichere Formen ihres Brunnen und Atem an. Überall schiebt sie hinwiederum ihre schleppenden, aber deutlicheren Komposita wie Schwiegervater, Schwiegermutter, Schwiegersohn, Schwiegertochter an Stelle der kürzeren Schwäher, Schwieger, Eidam und Schnur in die Mundart vor und dazu viele Ausdrücke für modernere Begriffe. In der Magdeburger Gegend daint der Knecht oder die Magd, der Soldat aber dient. Zeitung oder Seitung steht mitten im Plattdeutschen, dessen Lautgesetz doch Tidung verlangte. In jüngster Zeit wächst der Einfluß der Schriftsprache mit dem der Stadt von Tage zu Tage. Viele niederdeutsche, aber auch thüringische Bauern lassen ihre Kinder nur Hochdeutsch sprechen; viele Leute sprechen überhaupt keine Mundart mehr. Es wäre wichtig, das Zahlenverhältnis der der Mundart noch mächtigen und der ihrer schon verlustigen Kinder etwa in den Schulen, den städtischen wie den ländlichen, zu ermitteln. Und welche Stellung nimmt die Mundart noch in der Kirche und im amtlichen Verkehr ein?

Die dialektische Aussprache zu verwischen, wird dem Schriftdeutschen im Süden durchweg schwerer als im Norden, gerade weil dort die Mundart dem Hochdeutschen verwandter ist. Auch der gebildete Franke oder Obersachse vermag kaum zwischen p und b, t und d, k und g scharf zu unterscheiden, und die Schwaben uud viele Franken und Bayern verschleiern die Vokale durch Nasalierung. Mã oder Mõ für Mann sagt man im Süden und Südosten, südlich einer Linie, die etwa von Basel bis Miltenberg am Main, von da zum und über den Rennstieg bis gegen Chemnitz zieht. Aber die Nasalierung greift in anderen Fällen viel weiter nach Westen und Norden aus: die Örter von Sinzig und Linz an bis Düsseldorf hinab liegen nicht am Rhein oder Rhîn wie weiter oberhalb, sondern am Rheng oder Rhing, und trinken nicht Wein oder Wîn, sondern Wing. In Niederdeutschland redet man im ganzen neben dem Platt, namentlich in Städten, ein reineres Hochdeutsch, doch überwindet der Westfale in seinem Schinken schwer seine altertümliche Aussprache des sch als Doppellautes: s-ch oder s-g.

Wenn auch in diesem Verkehr der vornehmen Schriftsprache mit den bescheideneren Mundarten jene den Vorteil hat, indem sie durch ihren Einfluß der Mundarten selber meistens gewinnt, so hat sie sich doch in Deutschland noch lange nicht die einheitliche Herrschaft, auch nicht über die Umgangssprache, erobert, wie in England und Frankreich, und keine leitende, maßgebende Stelle errichtet, etwa in Berlin, wie es den Sprachen unserer westlichen Nachbarn in London und Paris gelungen ist. Die Zahl unserer Mundarten nimmt auch da, wo sie wirklich räumlich zurückweichen, bis auf den heutigen Tag zu, und die Volkskunde wird sich noch lange mit den zwei Hauptaufgaben zu befassen haben: das Verhältnis der Volkssprache zur Schriftsprache und das Verhältnis der Mundarten zu einander darzustellen.

1) **Das Verhältniß der Volkssprache zur Schriftsprache** spricht am klarsten der Gegensatz aus, in dem alle oder doch die meisten

Mundarten dieser gegenüber übereinstimmen, in dem das ewige Spiel der Sprachkräfte der verschiedenen Volkskreise gipfelt. Zunächst weichen alle Mundarten im **Lautstande** von ihr erheblich ab, die niederdeutschen, die, wie bemerkt, auf einer ganz anderen **Konsonantenstufe** stehen, am weitesten. Das Mitteldeutsche hat, namentlich im Westen den Rhein hoch hinauf, ebenfalls einzelne t u p der älteren Lautstufe gerettet, z. B. in dat, wat, dit, in Palz, Parrer, Appel. Viel weiter greift aber hier der Zusammeufall der Laute p und b, t und d, g und k, von den Vogesen bis nach Schlesien hinüber, die Worte B(p)ekleidung und B(p)egleitung werden kaum unterschieden. Auch reisen und reißen klingen in diesen Gebieten gleich. Am besten stimmt das oberdeutsche Konsonantensystem zum hochdeutschen, im allgemeinen. In allen drei Zonen sind aber manche Umbildungen und Verschleifungen von Konsonanten beliebt, in einem großen Teile Niederdeutschlands wird finden zu finnen, Weder (Wetter) und weder (wieder) zu we'er verschliffen, in vielen mitteldeutschen Gegenden wird finden in fenge umgebildet. So kommt es zu Verkürzungen, wie sie das Hochdeutsch nicht kennt: der Niedersachse nennt Beverstedt Beerst, der Soester das Backhaus Bakse, der Pfälzer Handschuchsheim Hendese, der Alemanne Harmersbach Hambe, die Durchspinnnacht (S. 157) Durschpe. Überhaupt wird die Zusammensetzungssilbe nach Art des hochdeutschen Wortes „Teil" in Drittel viel häufiger geschwächt: Kirmes für Kirchmesse oder Kilbe für Kirchweih, Hampfl für Handvoll, wolfel für wohlfeil, Hensche für Handschuh, Wingert für Weingarten. So fallen denn manche Formen zusammen, schlesisch a z. B. heißt er, den und ein. Namentlich mit dem n springen die Mundarten sehr frei um. In wie vielen nieder-, mittel- und oberdeutschen Mundarten werfen die Verb- und Substantivendungen es ab, ja der Henneberger und mancher Hesse und Thüringer beraubt wie der Engländer den Infinitiv seiner ganzen Endung und sagt also aß, eß, statt essen u. s. w.! Auch der Gottscheer sagt win (finden), tschel (sich gesellen.) In bayerischen Mundarten wird das wurzelhafte Anfangs-n oft weggelassen, wie in: 'atürli (natürlich), 'acher (nachher), 'Escht (Nest), als ob es nur ein eingefügtes euphonisches oder Wohllauts-n wäre. Denn dieses wird dort und überhaupt in Süddeutschland zwischen zwei Wörtern, die mit Vokalen aufeinander stoßen, eingefügt: süße-n-Äpfel, e schwäre-n-Arbeit. In anderen bayerischen Landschaften spricht man im Hiatusfalle ein euphonisches r, im Schlesischen schiebt man ein t, d oder s ein, und wenn-s-de für „wenn du“ habe ich auch an der Unterweser gehört. Jenes n aber wird weiterhin als Artikelrest einem einzelstehenden Substantiv vorgehängt im Bayerischen: Nast (Ast), wie im Niederdeutschen: Noorsch (Arsch). Der Elsässer entzieht einzelnen Wörtern sowohl das an-, als auch das auslautende n und spricht z. B. Nachen als Ache aus. Dagegen ist wiederum für das Oberdeutsche seit dem vierzehnten Jahrhundert die Anhängung des n an schwache Substantiva charakteristisch, der Nominativ Singularis heißt die Gassen, Stuben, Schalen u. s. w. Seltener ist sie im Ostfränkischen und Westfälischen. Einzelne bayerische Mundarten bis nach Gottschee hin und einzelne südwestfälische und auch das Lüneburger und Lausitzer Wendendeutsch schlagen vor Vokalen im Anlaut ein h vor. Dafür lassen diese beide das anlautende h fallen: Err Hamtmann his ier.

Wie der süddeutsche Konsonantismus dem hochdeutschen am nächsten steht, so auch der dortige **Vokalismus**, namentlich der durch seine Diphthongen ei, au, eu für î, û, ǜ ausgezeichnete bayerisch-schwäbische, während viele andere Mundarten, die alemannischen und die meisten niederdeutschen, der Schriftsprache jene älteren einfachen Vokale entgegenstellen. Doch haben manche von ihnen andere Teile des Vokalismus wieder moderner gestaltet. So verwandelt der Westfale alle langen u des Hochdeutschen in Hut, Fuß (alt Huot, Fuoß) in au: Haut, Faut und die meisten ie in lieb, tief in leiw, deip. Jünger sind auch die westfälischen Brechungen: briäken für brechen, Duorp für Dorf. Das Aus- und Abwerfen der Vokale, namentlich des e, spielt eine noch größere Rolle als das der Konsonanten. Erst im achtzehnten Jahrhundert siegte das lutherische e von Sünde und Schande in der süddeutschen Schriftsprache, in den süddeutschen Mundarten aber halten Sünd' und Schand' in ihrer knappen Kraft weiterhin Stand. Die Apo- und Synkopierung des e veranlaßt sogar neue Laute, die das reine Hochdeutsch nicht kennt, z. B. den anlautenden X-laut in G'sundheit u. s. w. Der Nasalierung haben wir schon gedacht. Endlich schmelzt der Dialekt die Wörter eines Satzes viel inniger aneinander, so daß oft ein Satz wie ein einziges langes Wort klingt. Der Kerenzer im Kanton Glarus sagt für „Guten Tag geb euch Gott" Gotakebigot. Wer die Laute einer Mundart richtig auffassen will, muß daher die Wörter in ihrem Satzzusammenhang hören und aufzeichnen.

Die Schriftsprache hat zwar einen durchweg jüngeren Lautstand als die Mehrzahl der Mundarten, aber auch einen durchweg reineren und festeren. Er ist auch bei weitem nicht so verschieden gefärbt und geformt, wenngleich auch ihn jede Landschaft abtönt. Aber während das Hochdeutsch immer erfolgreicher nach einer einheitlichen, sicheren Aussprache strebt, so daß der gebildete Baseler durch seine Aussprache durchaus nicht mehr so weit vom Königsberger getrennt ist wie früher, gedeihen die verschiedenartigsten mundartlichen Formen oft in üppigster Fülle auf engem Raume nebeneinander. In Duisburg sagt man Kinder, eine Meile südlich Kenger, eine gute Meile östlich beginnt schon das westfälische Kinner. Verfolgen wir das Leitwort Kinder vom sächsischen Städtchen Borna aus, so hören wir schon in der benachbarten Altstadt Kinger, eine Meile südlich nach Altenburg zu Kenger, sowie eine Meile nördlich gegen Leipzig Ginder oder Ginger. Im oberbadischen Markgräflerland heißen die Kinder in Vögisheim Chindli, zwei Stunden weiter in Tannkirch Chüngli, dagegen weiter nördlich diesseits der hochalemannischen Grenze Kindli. Auch der Altersunterschied einer Bevölkerung bedingt oft Unterschiede der Aussprache. In Stralsund sprechen die älteren Leute g vor allen Vokalen wie j aus, während bei den jüngeren das stimmhafte g vorherrscht, und das alte st und sp weicht hier auch auf dem Lande dem hochdeutschen scht und schp. Ja, zuweilen ist in einem und demselben Munde eine gewisse Unsicherheit und Willkür nicht zu verkennen, als ob die Lautbildung noch im Flusse, noch nicht abgeschlossen wäre. In Halle kann man erleben, daß derselbe Mensch für kommt nebeneinander gimmt, gemmt, gömmt und gommt gebraucht.

Die hochdeutsche **Deklination** ist ein im wesentlichen festes Haus, die der Mundarten bröckelt ab und liegt zum Teil schon in Trümmern. Das Zusammenfallen mancher Formen, wie z. B. in einem großen Teil des Niederdeutschen das von mir und mich, dir und dich in mi und di, mehr noch eine Abneigung gegen scharfe Kasusbezeichnung hat die mundartliche Deklination auf dieselbe Bahn getrieben, die die französische und die englische Sprache eingeschlagen haben. Sie giebt immer mehr die alten Kasus auf, begnügt sich mit der Nominativ- oder Accusativform und versieht diese für die verschiedenen Zwecke mit einer Präposition. Fast den ganzen deutschen Rhein hinauf setzt man für den Accusativ die Nominativform: ich hab der Mann gesehn, der Wein getrunken, und die Aachener deklinieren dör Dach, fan dör Dach, dör Dach und dör Dach für der Tag, des Tages, dem Tage, den Tag. Im Niederdeutschen räumt umgekehrt oft der Nominativ dem Accusativ das Feld: Do keem een ollen gooden Mann. Der Genetiv ist fast aufgegeben und wird durch den Dativ mit von oder durch den Dativ mit darauffolgendem Possessiv umschrieben. Durch alle Mundarten hört man: der Vater von dem Kind, oder dem Vater sein Kind, oder auch der Vater zu dem Kind. Doch hat der Gottscheer noch Wuetrsch Haus = Vaters Haus bewahrt, wie man auch alemannisch Fatters Hûs und niederdeutsch wohl noch Vaders Hûs hören kann. Auch beharrt der Genetiv in Wendungen to Fischers nämlich Hûs, in Oberdeutschland beim Verbum spielen, z. B. Fanges spielen, oder baselerisch sis Laids kai Änd wüsse = seines Leides kein Ende wissen, und in manchen Redensarten, wie abseits, rechter Seiten, einer Wegen. Die im Ostobersächsischen noch geschiedenen Nominativ, Accusativ Singularis Dīr Tier und Dativ Singularis und Nominativ Accusativ Plural Dīre fallen im Vogtland, Erzgebirge und Ostfränkischen bereits zusammen. In weiten Gebieten hat sich nur infolge des Funktionsunterschiedes der Präpositionen z. B. auf der Dativ erhalten, wo er z. B. nach mit schon dem Accusativ gewichen ist. Der Plural bedarf besonderer Beachtung. Er zieht in der Mundart oft die kräftigere Endung er vor, namentlich im Bayerischen und Obersächsischen, dort in Bäumer, Steiner, Beiner, Better, Hemder, Gemüser, Gebeter, Gesänger, hier in Halmer, Klößer, Klötzer, Kränzer u. s. w. Hat nicht auch diese Neigung zu kräftigerem Ausdruck pleonastische Endungen hervorgerufen? An der Altmühl und am Steigerwald, in Nordbayern schwankt man zwischen: denen Leuten, den Leutenen und denen Leutenen. Die ursprünglich niederdeutschen Plurale auf -s: Jungens, Kerls sind bis nach Obersachsen vorgedrungen, wo man Jungens und Mädels, Kerls und Schwagers und neben Viecher Viechers gebraucht, und sogar bis Frankfurt: Fräuleins, Jungens liest man in Goethes Faust. Der Geschlechtswechsel geht in Wellen von ungleicher Stärke durch alle Mundarten. So nimmt die starke obersächsische Neigung dazu, die z. B. durch die Mittwoch, die Abscheu, die Alaune, die Brocke, die Funke, die Gedanke, die Kiele, die Wagenteer und das Bast, Dotter, Kahn, Thorweg und viele andere Wörter bezeugt wird, über das Erzgebirge und das Vogtland nach dem Oberfränkischen hin immer mehr ab. Der bestimmte Artikel zieht sich namentlich im Süddeutschen gern vor Vokalen auf den bloßen Anlaut zusammen in d'Erde, d'Augen. Vor den Eigennamen setzt der Oberdeutsche den lebendig hindeutenden Artikel, eine Neuerung, die der gemessenere Niederdeutsche und Ostobersachse nicht mitmacht. Manche Mundarten vermögen nicht mehr das weibliche Geschlecht vom männlichen und sächlichen zu trennen in den Wörtern: ein, mein, unser, euer, ihr. Das Ostfränkische z. B. sagt: mei Fader, Muter, Kind. Wie bei Luther hört man hier: ihm und ihr als Dativ von sich.

Ein anderes altes Überlebsel ist der bayerisch-oberpfälzisch-egerländische Dual: ēs oder ös, enk, enker mit der pluralischen Bedeutung ihr, euch, euer, der oberpfälzische: tiz, diaz, der bergisch-märkische: gött oder gett, ink oder önk für ihr und euch. Auf Amrum und Föhr hat sich sogar neben dem entsprechenden jat und jonk auch der Dual der ersten Person: wat und onk erhalten und zwar beide in der dualischen Urbedeutung: ich und du, du und er. Wie weit reicht mir für wir? Wo ist es üblich, das dem Verbum nachgestellte Pronomen der zweiten Person Singularis wegzulassen: Du willst nit, sagst für sagst du? Bei lebhaftem Gespräch werden außer du auch ich, ihr am Anfang des Satzes gespart: Hab's gehört u. s. w. Wie weit reicht das relative wo für welcher, welche, welches? Süd- wie mitteldeutsch ist mein, mei! für mein Gott. Für dieser heißt's in Süddeutschland selber, seller. Alte Geschlechtsformen hat sich in manchen Mundarten das zweite Zahlwort bewahrt; so wenden auch kleine Pfälzer Kinder richtig an: zween Füß', zwu Händ' und zwei Auge. Eine oberelsässisch-schweizerische Analogiebildung, die auch hier und da in Bayern begegnet, stellt sogar beedi Füß, boodi Händ und baidi Auge nebeneinander. Hier mag die Frage eingeschaltet werden, wo man noch mit römischen Ziffern rechnet, wie es z. B. auf dem Brenner die Kellnerinnen der Fuhrmannsherbergen thun, oder mit ähnlichen Zeichen z. B. ~~||||~~ = 5, wie die Drescher bei Husum und die Torfbauern bei Bremen?

Auch die **Konjugation** der Schriftsprache ist im ganzen reicher ausgestattet als die der Volkssprache. Das Verhältnis der starken zur schwachen ist auf beiden Seiten nicht das gleiche: diese hat mehr Vorliebe für die starken Formen als jene, der Niederdeutsche sagt in einigen Gegenden sogar: jūg oder joeg für jagte, der Schwabe verbronne(n), gwunke(n), gfalte(n). Doch sind in Obersachsen schwach: haude, gehaud, rufte, geruft. Merkwürdig ist die Verschiedenheit des Sinnes des starken und des schwachen Participis von drösche (dreschen). I ha drösche heißt „ich habe die Arbeit des Dreschens beendigt, das Getreide ist alles gedroschen", während i ha dröscht nur „ich drosch, war mit Dreschen beschäftigt" bedeutet. Schwer wiegt der Verlust oder Rückgang des Präteritums in den süd- und den meisten mitteldeutschen Mundarten. Das Schwäbische hat es fast ganz aufgegeben, das Rheinhessische nur einzelne Formen bewahrt. Die Bauern erzählen, etwa von ich war abgesehen, im Perfektum oder im Präsens, während die niederdeutschen Mundarten und das Obersächsische das knappe Präteritum und das Perfektum nebeneinander gebrauchen, aber wie die Schriftsprache mit deutlichem Unterschiede. Jenes historische Präsens ist dem neueren lebhaften

Volksliede genehm, aber das den Niederdeutschen eigene apologische Sprichwort, das einer Menschen- oder Tierautorität in den Mund gelegt wird, bedient sich des Präteritums. Der Konjunktiv hat sich in den ober- und mitteldeutschen Mundarten besser gehalten als der Indikativ, besonders im Bayerischen. Aber auch der Schwabe kann sagen: sonscht früag e ett = sonst würde ich nicht fragen, der Ostfranke: es paset nimr = es würde nimmer passen, es derfet = es dürfte, was der Rheinfranke nicht vermag. Im übrigen stößt man auf potentiale Formen desto seltener, je tiefer man ins Volk hinabsteigt; das Zweifeln und vorsichtige Abwägen wird lieber durch ein besonderes Wort z. B. „vielleicht", als durch den Konjunktiv ausgedrückt. Selbst in der indirekten Rede zieht der Norddeutsche den Indikativ dem Konjunktiv vor: Meent ji, he weet nich, dat u. s. w. = meint ihr, er wisse nicht, daß u. s. w., während die oberdeutschen Mundarten den Konjunktiv festhalten, am festesten die Berner, wenn man nach Gotthelf urteilen darf, der diesen Modus hier und da ganze Seiten hindurch verfolgt. Weit verbreitet ist der Mangel des Umlauts: du tragst, fallst, er tragt, fallt, aber auch umgekehrt heißt es: du mächst, er mächt, du häst, er hät. Ostbayern, Schwaben und der größte Teil Nordwestdeutschlands haben das alte auslautende t der dritten Pluralis Präsentis in -et, -t (bez. -at, -it) für -en erhalten: sie saget, se segget = sie sagen. Das futurische Hilfszeitwort werden wird im Mainzer und Baselstädtischen Dialekt nur, im bayerisch-österreichischen meist potential gebraucht, z. B. das wird schon so sein = das dürfte schon so sein; aber in Niederdeutschland auch für das modifizierte Präteritum z. B. da werd' ich ihm antworten = da habe ich ihm dann geantwortet. Man erkennt aus allem, daß die Grenzlinien des Thatsächlichen und des Möglichen, der Vergangenheit und Zukunft im volkssprachlichen Verbum viel leichter ineinander über laufen als im schriftsprachlichen.

Das weniger beliebte Particip Präsentis hat in Bayern in der Verbindung mit werden den Sinn des Geratens in einen Zustand: es wird blutend, hupfend, regnend u. s. w. Das Participium des Präteritums bilden die niederdeutschen, auch die niederländischen Mundarten im Einklang mit der englischen und den nordischen Sprachen und im Gegensatz zu ihren eigenen Schriftsprachen ohne die Partikel ge-, die dagegen in den oberdeutschen Mundarten nur scheinbar vor den Buchstaben b und p, d und t, g, ch, k, q und z fehlt, z. B. schweizerisch *botta* oder *bbotta* für *gbotta* geboten, *triba* für *gtriba*, *komma* oder *kkomma* für *gkomma*. Im Braunschweigischen erscheint für ge- ein bloßes e: *Sülwest espunnen, sülwest emâkt, dat is de beste Bûerndracht.* Das Verbum *sîn* sein wird niederdeutsch auch durch *wesen* wiedergegeben, das Particip heißt südschwäbisch *gsi*, nordschwäbisch *gwea*. Niederdeutsch wird es auch mit *hebben* konstruiert. Genaue Paradigmenverzeichnisse verlangen wegen ihres bunten Formenwechsels namentlich außer *werden*, *sein* und *haben* die Modalverba: *können*, *wollen* u. s. w. die Verba: *gehn*, *stehn*, *thun*, auch *lassen*, *wissen* und *denken*. Man denke nur an den schwäbischen Wahrspruch: Gaũ, staũ, bleibe laũ für gehn, stehn, bleiben lassen, der schon in Immenstadt lautet: *Gong, stong, bliebe long*. Mehrere dieser Verba finden aber auch eine auffallende Verwendung in der Mundart. Wie weit reicht z. B. *es hat* für *es giebt*? *Gehn* und *thun* erstrecken ihre auxiliare Bedeutung viel weiter als in der Schriftsprache. Niederdeutsch sagt man *gå sitten* = *setz dich*, schwäbisch *er gieng gehen*. *He dede soeken* = *er suchte* taucht zuerst im Niederländischen auf und Ähnliches hier und da bei den höfischen Dichtern des Mittelalters, dann namentlich im Volkslied *gar schöne thät er singen*, bis sich *thun* mit *gehn* als Hilfszeitwort durch die ober- wie niederdeutschen Mundarten verbreitet: *alleweil gehn i her*, sagt man in Graben bei Karlsruhe, *un do's abschneide*, was echt niederdeutsch heißen würde: *do gung he bi un dä(d) et affni(d)en*. Das Bayerische verwendet dies *thun* viel sparsamer.

Einen anderen oft weiten Abstand der Schrift- von der Volkssprache zeigt die **Wortbildung** sowohl in der **Ableitung**, wie in der **Zusammensetzung**. Zunächst gehen sie in der Wahl der Ableitungssilben auseinander, von denen die verbreitetsten *-ung*, und *-heit*, *-keit* im Hochdeutschen viel üppiger wuchern als in der Mundart. Diese dagegen hat die dort fehlenden Ableitungen auf -ede, ete, eta, et, die ich hier zusammenstelle, wenn sie auch verschiedener Herkunft sind. Das Niederdeutsche kennt die von Adjektiven gebildeten abstrakten Hoochde, Lengde, Höhe, Länge u. s. w. bis nach Niederhessen hinein, das Schweizerische die von Verben gebildeten Mischeta, Üebeta, Mitlideta. Am originellsten sind die hennebergischen: ein Kochet = ein Gericht, eine Portion für eine Familie, ein Flecket = soviel man zum Besohlen eines Schuhes nötig hat, ein Einmachet Hefe = soviel Hefe man zu einem Kuchenteig bedarf. Dieselben Bildungen hat auch das Alemannische bis ins badische Unterland hinein. Die Endungen -ich, bez. ig und -icht, die eine Menge oder Fülle bedeuten, wie in Reisig und Dickicht, hat das bayerische Idiom in der volleren Form -ach und in weiterem Begriffsumfang: Eichach, Staudach, aber auch Kinderach, Gaißach ein Haufen von Kindern und Geißen. Oberdeutsche Mundarten bilden nicht nur aus Stein und Holz Adjectiva auf -ern, sondern auch zur Bezeichnung des Tierfleisches Schweinernes, Kälbernes und Lämmernes, wofür man im Alemannischen auch Schwinigs und Schofigs oder Schäfigs hört. Verba mit kräftigeren Ableitungssilben, die die sinnlichen Begriffe der Hinneigung zu etwas, des Riechens und Schmeckens nach etwas wiedergeben, sind weiter verbreitet: so schmiergeln, graweln = nach Schmiere, nach grauem Schimmel riechen, in Vorarlberg knöbela nach Knoblauch schmecken, so rauchenzen, bockenzen oder rauchainen, bockainen an der Naab und Pegnitz und in Iglau, nach Rauch oder Bock riechen oder schmecken. Die bayerisch-österreichische Mundart liebt außerdem -etzen und -atzen: österreichisch naffetzn heißt in Gottschee nopfazn einschlummern, gacketzn, gelmatzn schreien und viele andere, denen auch im Niederdeutschen nichts entspricht. Die in der Schriftsprache selteneren Verba auf -sen, schen sind häufiger im Dialekt, wie grapsen, wichsen, ramschen, patschen. Der Deminutivendungen giebt es viel mehr in der Volks-, als in der Schriftsprache, wovon weiter unten.

Die Wortbildung ist manchmal weit kecker als in der Schriftsprache: sie erweitert das Gebiet der Feminina auf -in z. B. in

Tirol durch Menschin, in Oberbayern durch eine saubere Dingin = ein hübsches Mädchen. Niederdeutsch und thüringisch spricht man von einem tôën oder zuen, zunigen Wagen, in Österreich von der abigen Seiten. Der Handgaul heißt bei Marburg der Benebene, bei Meßkirch unterscheidet man das gegderhändige und das vonderhändige Pferd, wie in der Grafschaft Mark das tausiksche und das fannerhandsche. Gotthelf hat das Verbum himmelsappermentern. In volksetymologischer Anlehnung an naheliegende Begriffe und bei Wortspielen läßt das Volk der Wortbildung viel freier die Zügel schießen als der Gebildete. Die Alliteration und die Reduplikation, uralte Sprachbildungsmittel, verwendet es oft höchst wirksam an den entferntesten Punkten mit überraschender Übereinstimmung: „wirr durcheinander" nennt der Baseler chrippis — chrappis, der Bremer de Gribbel — de Grabbel! Aus dem Kreis der mit Partikeln zusammengesetzten Zeitwörter springt die Vorliebe der meisten Mundarten für das kräftigere ver- gegenüber dem zarteren hochdeutschen er- hervor, niederdeutsch sik verküllen sich erkälten, pfälzisch verschrocken, verstaunt, alemannisch verwischen und sogar verraten für erraten. Dagegen zieht der Bayer dem hochdeutschen er- oder auch zer- die Partikel der- vor, z. B. in derdrucken, derreißen oder ze- in z'brechen, z'drucken. Häufiger gebraucht die süddeutsche Volkssprache die sinnverstärkende Vorsilbe ge-, in g'eßen, g'freuen, g'segnen, gegreifen u. s. w. Die hochdeutschen vor- werden in Süddeutschland gern zu für- in fürlieb, Fürtuch.

Die Schriftsprache hat schon seit langem weit mehr **Komposita** hervorgebracht als die Mundart, weil sie früher als diese der schärferen klaren Begriffsbestimmung halber darauf bedacht war, die Ableitungswörter aufzugeben und durch Komposita zu ersetzen (S. 279), und weil sie immer neuen und zusammengesetzteren Begriffen, wie sie das moderne Leben schuf, Ausdruck geben mußte. Klopstock brachte die poetischen Zusammensetzungen hinzu. Diese letzten z. B., namentlich die mit Substantiven zusammengesetzten Participia des Präteritums, wie: staubgeboren, waldbekränzt, windbewegt, wie sie ähnlich die nordischen Volkslieder seit alters schmücken, haben, von sehr wenigen Ausnahmen abgesehen, weder in die niederländische Schriftsprache, noch in unsere Volkssprache je Eingang gefunden. Aber in einzelnen Fällen übertrumpfen die Mundarten die Schriftsprache mit ihren Komposita und mehrfachen Zusammensetzungen oder Dekomposita, namentlich wenn sie den Ausdruck steigern wollen, wie in Flüchen und bei Angaben hervorragender Eigenschaften. Wo z. B. die Schriftsprache die farblosen Steigerungsadverbien sehr, ungemein und dergleichen beigiebt, die Umgangssprache zu wirksameren wie furchtbar, kolossal greift, da steigert die Mundart sogar durch jämmerlich, verdammt, wüetig, meineidig u. s. w., aber Häufungen sinnlicher Begriffe in Komposita sind noch beliebter: hunds-, mords-, teufels-, gotts-, kreuz-, stock- werden den verschiedensten Adjektiven vorangesetzt: hundsmüde, kreuzbrav, stockblind; auch totlieb kommt vor. Die Trunkenheit hat ein besonderes Register von solchen Wörtern wie blindsternhagelvoll und auch die Einsamkeit von dem schönen mutterseelenallein herauf bis zu dem übertriebenen österreichischen steinbeinmutterseligerallein. Statt der ähnlich aufgeschwollenen Flüche erwähnen wir hier lieber der oft so seltsamen Ausrufe der Verwunderung und Beteurung: Der tausend!, Junge! oder Jungens! geht von Holland bis zu den Halligen und setzt sich im bayerischen Bue! (Bube) fort. Narr! hört man dafür in Schwaben, Narre oder Lappe! im Pusterthal. Noch bezeichnender sind die häufigeren Versicherungspartikeln wie das bayerisch-österreichische halt, ferner das kärntnische und teilweis tirolische Flickwort lei (aus „gleich“) und das niederdeutsche man. Zur Bejahung fordert das wohl ursprünglich imperativische gelt, geltet, gelle Se? vom Böhmerwald bis zu den Vogesen auf. Die Bejahungs- und Verneinungspartikeln übertreffen die meisten Wörter an Mannigfaltigkeit der Aussprache und Bedeutung. In den Städten pflegt jede Gesellschaftsschicht ihr besonderes Ja und Nein zu haben. In den Sechsämtern bei Wunsiedel giebt es drei ganz verschiedene Bejahungen je nach der Frage: Hâ oder cha, joh und hm. Viele Mundarten heben die Verneinung durch deren Verdoppelung nicht auf, sondern verstärken sie dadurch, wie

Luthers Bibelsprache. It oder et = nicht geht durch ganz Süddeutschland, ob auch an vielen Stellen abgestorben. Das noch auffälligere ä, eie für nein ist niederhessisch-hennebergisch. Statt des westfälischen und niederländischen geen, keen = kein gebrauchte der Ostniedersachse und Friese neen, aber dieses ist immer mehr zurückgescheucht. Schallnachahmungen wie wupdi, bums, perdauz werden häufig eingeschoben, wie es scheint, in Norddeutschland häufiger als im Süden.

Über den **Wortvorrat** einer Mundart läuft noch immer die wunderliche Fabel um, er bestehe aus nur einigen tausend und auf einsameren Inseln vielleicht nur aus ein paar hundert Wörtern. Freilich fehlen der Volkssprache zahllose Ausdrücke für die gemütlichen und geistigen, für die technischen und wissenschaftlichen Begriffe der Gebildeten; sogar die auch vom Landmann mitempfundenen Gefühle der Liebe und Freundschaft finden eine nur unvollkommene, oft eine nur rein sinnliche Bezeichnung, als ob er einen tieferen Einblick in seine Seele nicht gestatten möchte. Sogar manche seiner Sinneswahrnehmungen sind wirklich unbestimmter als die des Gebildeten. Zwar gewisse Fehler und Vorzüge bezeichnet er sehr treffend, aber ich staune oft darüber, wie außerordentlich unsicher er z. B. das Alter eines ihm Unbekannten schätzt. Er ist auch ärmer an Geruchs- und Farbenbezeichnungen, und der Egerländer hat für die verschiedenartigsten Feldblumen nur einige wenige Namen, viele Bayern nennen sie alle Rose. Es ist demnach nicht nur nötig, die der Schriftsprache fehlenden Wörter der Mundart, sondern auch die der Mundart fehlenden Wörter der Schriftsprache zu sammeln, um auch die Lücken und Schwächen des Sprechens und Denkens unseres Volkes kennen zu lernen.

Dagegen weiß der Ackersmann die für ihn belangreichen Merkmale der verschiedenen Zustände und Sorten seiner Pflanzen und Tiere, die Wetter- und überhaupt die Naturveränderungen, die Körperteile des Menschen, das Haus samt dem Hausrat, Maß und Gewicht u. s. w. in meist schlagendem, oft überreichlichem Ausdruck wiederzugeben, worin ihm etwa nur der Hirte, der Schiffer, der Jäger gleichkommt. Sehr alte Sprachgebilde haben sich noch unter ihrem Schutze geborgen, wie z. B. das Jägerwort die Grüß

d. h. die Hege-, eigentlich die Grünzeit, denn es hängt mit Grünen, d. i. Wachsen zusammen, die Zeit zwischen Walpurgis und Johanni, wo die Vögel in der Brut und das Wild im Setzen begriffen ist. Der den Bäumen und Gemüsen so schädliche Schmetterling wird mit hundert, oft derben Namen bedacht, und das eine Bruchenbrücken im Kreise Friedberg nennt das böse Mutterkorn mit acht Namen: Hunger-, After-, Martins-, Brandkorn, Erden-, Totenkopf, Kornmutter und Hahnensporn. Der Wechsel solcher Bezeichnungen, wie Pferd, Roß, Gaul, oder Stier, Farre, Hummel, Hagen u. s. w., oder Hund, Rüde, oder Flett, Ärn, Gang u. s. w., und der Wochentagsbenennungen weist auf Stamm- oder Gauunterschiede zurück, der oft so rasche Wechsel der Wörter für Frosch, Kröte und Regenwurm, von Ort zu Ort, oft auf verschiedene Herkunft der Kolonisten, namentlich in den ostelbischen Landen. Die mitteldeutsche Volkssprache giebt viel langsamer alte Stammwörter wie Schwäher, Schnur und andere gegen die eintönigeren Zusammensetzungen Schwiegervater, Schwiegertochter preis. In einem gewissen Gegensatz dazu gebraucht der Friese das Kompositum Omsegger (Oheimsager) für Neffe. Durchweg hat der volkssprachliche Wortschatz ein derberes Gepräge: durch ganz Süddeutschland wechselt Hucken oder Hocken etwa vom Main an südwärts mit Sitzen und herrscht dann wieder um das preußische Culmsee, in einer schwäbischen Kolonie. Gehen heißt Laufen und Laufen Springen. Ferner gilt Schwätzen für Sprechen, Heulen für Weinen, wü(e)scht für häßlich, Sau für Schwein, Buckel für Rücken, und für Mund Maul oder Gosche, in Thüringen außerdem Schnauze und Fresse, das auch in der niederdeutschen Snute und Frete wiederkehrt. Im sechzehnten Jahrhundert ist das Haupt aus allen Mundarten durch Kopf verdrängt, nur das Siebenbürgische hat Hêft und diese oder jene Mundart Kohl-, Kraut-, Mohnhaupt bewahrt. Den Montag nennt der Schweizer Gutemtag, den Dienstag der oberrheinische Alemanne Zistag, der Schwabe um Augsburg Aftermontag, der Bayer Ertag, den Mittwoch der Westfale und der ihm benachbarte Rheinländer Gudenstag, den Donnerstag der Bayer überwiegend Pfinztag, den Samstag der Norddeutsche Sonnabend, jedoch der Westfale wie der Niederländer Satertag (dach). Die Volkssprache, in der bei dem lautlichen Verfall der Verbalformen die Umschreibungen durch haben, sein, werden, thun immer mehr um sich gegriffen haben, verwendet diese Zeitwörter und machen in Verbindung mit Substantiven, Adjektiven oder Adverbien, zur Umschreibung mancher konkreten Zeitwörter der Schriftsprache: lieb haben für lieben, still sein für schweigen, still werden für verstummen, fortthun für entfernen, zumachen für schließen oder auch sich beeilen. Selbst die Participia Perfecti Passivi ersetzt die Mundart gern durch Adjectiva und Adverbia: Der Finger ist wieder gut für geheilt, er ist fort für weggegangen. Diese Wendungen sind übrigens selbst in die feinere Umgangssprache hinaufgedrungen. Ferner umschreibt man viele Substantiva, die eine Handlung bezeichnen, oder eine Person, die eine nicht berufsmäßige oder dafür geltende Thätigkeit ausübt, durch einen Nebensatz. Das Volk sagt in Bremen: ik heww hoert, wat de vertellt hebben (ihre Unterhaltung gehört) und in Mainz: mir hawe uns gefreit, wie de Onkel komme is (wir freuten uns über die Ankunft des Onkels). Man sagt ferner Schneider, aber nicht Verfasser, sondern dafür: der, wo des Buch geschriwe hot in Mainz, de dat Book schrewen het an der Unterweser. Überall wird das sinnlich Wahrgenommene dargestellt, nicht die Abstraktion.

An Fremdwörtern verarbeitet die Volkssprache zwar kein so großes Material wie die Schriftsprache, aber sie verarbeitet es gründlicher, indem sie es der heimischen Art und Gewohnheit viel genauer anpaßt. Im Herzen Europas war das deutsche Volk von je den verschiedensten Spracheinflüssen ausgesetzt, deren Maß sich nach der Höhe der Kultur und Macht der Nachbarn, der Lebhaftigkeit des Verkehrs und der Entfernung von der Grenze richtet. Der Anteil des Lateinischen, Französischen, Italienischen, Niederländischen, Englischen, Slavischen, Hebräischen wird sorgfältiger zu bestimmen sein, sowie die Einführungszeit des Fremden. Allerweltsfremdwörter müssen von den provinziellen getrennt werden: die Pfälzer Gallizismen z. B. sind wesentlich andere als die niederrheinischen. Trotz ihres derben niedersächsischen Charakters hat die Seemanssprache einen starken internationalen Beigeschmack, der nicht nur von den ebenerwähnten fremden, sondern auch von griechischen, keltischen, arabischen, baskischen, finnischen und sogar karaibischen Elementen herrührt. Hier und da hat die fremde Nachbarsprache dem heimischen Lautsystem fremdartige Laute aufgedrängt, wie in Montavon den romanischen Quetschlaut *tsch* in den echt deutschen Wörtern *Mäntschi* und *Hirtschi* für Männchen und Hirtchen. Slovenischer Einfluß hat in Gottschee sogar eine kleine Lautverschiebung zu Wege gebracht, und f in w, w in b z. B. fromm in *wrumm*, was in *bueß*, und das l in das dunkle polnische ł verwandelt.

Noch zäher als am Laut, an der Einzelform und am besonderen Ausdruck pflegt der Mensch an bestimmten Wendungen und Fügungen des Satzes festzuhalten. Aber die Charakteristik des volkssprachlichen **Satzbaues**, die erst vor kurzem in einigen trefflichen Beiträgen zur Syntax einer einzelnen Mundart in Angriff genommen worden ist, kann hier nicht über einige allgemeine Bemerkungen hinausgehen. In der Regel stimmt die Stellung der Wörter mit der schriftsprachlichen überein, jedoch nicht immer. Der Befehls- und Aufforderungs-, der Wunsch- und der Fragesatz mögen häufiger Abweichungen zeigen als der Aussagesatz. Stark schwankt namentlich der von einer Präposition abhängige Kasus, oft sogar innerhalb der einzelnen Mundart. Die in der Schriftsprache zwei verschiedene Kasus regierende Präposition regiert in manchen Dialekten nur einen einzigen und zwar in dem einen den Dativ, in dem anderen den Accusativ und im dritten sogar die Nominativform. In Annaberg steigt man *ufn Tach* = *auf dem* Dache, geht *uf der Pusd* = *auf der* Post, läßt den Drachen *in dr Hē'* = in *der* Höhe und schreibt *an seiner Mutter*. Im Übergang vom einfachen zum zusammengesetzten Satz kommt hier und da eine auffallende Verschiebung der Satzteile, z. B. des regierenden Hilfsverbs und des abhängigen Hauptverbs vor, so in den Pfälzer Sätzen: *schieb mer mol helfe* = hilf mir mal schieben, *'s werd anfange kalt* = es fängt an kalt zu werden.

Die mundartliche Satzbildung ist durchweg einfacher oder vielmehr lockerer und lässiger als die schriftsprachliche, bewegt sich am liebsten in lose aneinander gehefteten Hauptsätzen fort und vermeidet es streng, Haupt- und Nebensätze zu längeren Perioden ineinander zu schieben. Die Abneigung gegen Nebensätze, namentlich kausale, ordnet die Sätze gern bei, nicht unter. Überall, namentlich im Niederdeutschen, begegnet man Satzbildungen wie: Wult du so good sin un mi dat Book gewen für: mir das Buch zu geben, oder du unnersteihst di nich un geist wech. Überhaupt greift die Partikel und weit über ihr schriftsprachliches Machtgebiet hinaus, namentlich in der Bedeutung „doch". Der Mainzer giebt die „entbehrliche" Attribution weder durch ein Adjektiv, noch durch einen Relativsatz, sondern stets durch einen neuen Hauptsatz wieder. Auffallend ist übrigens die Vorliebe aller Mundarten für gewisse Zwischensätze, welche die Versicherung des Sprechenden, daß er rede, oder den Grund, warum er redet, anbringen: Dat kann wol wesen, segg ik, dat he krank is, segg ik u. s. w. Bis zu welcher Gliederzahl der zusammengesetzten Sätze erhebt sich das Kunstvermögen der Volkssprache, und welche Wortfolge und welche Modi beobachtet sie in solchen? Manche Mundart beginnt den Nebensatz wie einen Hauptsatz mit dem betontesten Wort, einem Sub- oder Objekt, und läßt dann erst die leitende Konjunktion folgen, so das Vogtländische: ich wenn e Par het = wenn ich ein Paar hätte, oder das Bayerische: Das wenn i gwißt het. Drängt sich die wichtigere Vorstellung im Bewußtsein vor, so verschiebt sie sogar die logische Folge von Ursache und Wirkung z. B. in dem Baseler Satz: Dä het e besseri Stell als du; drum isch er flissiger gsi, als ob der Fleiß eine Wirkung und nicht die Ursache der besseren Anstellung wäre. Oder hat „drum" hier den Sinn von „denn"?

2. Nach dem Verhältnis der Volkssprache zur Schriftsprache muß das **Verhältnis der Mundarten zu einander**, ihre hervorstechende Eigenart und ihr Verbreitungsgebiet untersucht werden. Die Mundarten werden in der Regel nur nach ihrem Lautsystem und ihrer Formenbildung, dann etwa noch nach der Wortbildung und dem Wortschatz dargestellt. Aus diesem sind nicht nur die

kennzeichnenden Sachenwörter, sondern auch die charakteristischen kleinen Form= und Füllwörter als Leitwörter aufzuzeichnen. Zu übersehen sind aber auch nicht die schwieriger darstellbaren Lautelemente, wie der **Wort= und Satzaccent**, die **Satzmelodie** und das **Sprechtempo.** Man muß sogar einräumen, daß der Gesamtcharakter eines Dialekts zunächst in der Betonung und Dehnung der Silben, in der Klangfarbe und dem Tonfall der Rede am deutlichsten hervortritt. Ein einigermaßen geübtes Ohr hört schon, bevor es noch die Einzellaute und die Wörter zu unterscheiden vermag, durch die Wand hindurch aus der Musik der Rede, aus Tonhöhe und Tonfall, die Heimat des Sprechenden heraus. Denn die stärksten durchgreifendsten Verschiedenheiten lassen sich in diesen Klängen vernehmen. Die Alemannen, insbesondere die Schweizer, sprechen die betonten Silben tiefer aus als die unbetonten. Wie in den schweizerischen Mundarten das Verhältnis von Länge und Kürze der Vokale ein viel schrofferes ist als in den mitteldeutschen, so sind auch die Abstände zwischen hohen und tiefen Tönen des Satzes in ihnen weiter. Aber auch am Niederrhein sollen die Intervalle bis zu einer Oktave sich ausdehnen. Im Schwäbischen sticht der Tiefton der betonten Silbe schon weit weniger hervor, und umgekehrt hat diese im Bayerischen den Hochton, wie auch nach meiner Erfahrung im Niedersächsischen. Dabei hängt viel davon ab, ob der Satz einfach aussagt oder fragt oder Verwunderung und anderweitige Erregung ausdrückt. Doch auch die einfache Aussage wird sehr verschieden behandelt. Der Meißener springt in seinem berühmt gemütlichen Dialekt von der Silbe, die der Hauptsilbe des Satzes vorausgeht und etwa in der Terz gesprochen wird, in die Quinte der Hauptsilbe über, dagegen der Vogtländer von der Terz in die Oktave. Und welch ein Unterschied wieder zwischen dem Meißener und dem Ostfranken?*) Da hüpft und tänzelt der Meißener über etwa 32 Töne gemütlich in gezogenem Sprechtempo dahin, während

*) Die graphisch darstellbaren Intervalle sind in umstehender, der Zeitschrift: Bayerns Mundarten I. 25 entnommener Zeichnung auf Notenlinien gestellt, die übrigen nur angedeutet. Die verschiedenen Notenzeichen geben nicht die Dauer, sondern die verhältnismäßige Stärke an. ◡ weist auf allmähliches Wachsen oder Abnehmen der Stärke.

der Ostfranke in wenigen kräftigeren Sprüngen über nur zwölf Töne rascher zum Ziel eilt:

Meißnisch

Ostfränkisch

Die Mundarten bedürfen zu ihrer **Abgrenzung** keiner durch die Natur gezogenen Scheiden. Flüsse und Berge erscheinen nur dann als Dialektgrenzen, wenn die vordringenden Ansiedler vor ihnen Halt machten. Der mächtige Rhein ist durchaus nicht überall eine Sprachgrenze, wohl aber trennt der Lech auf seinem Mittel- und Unterlauf die Bayern und die Schwaben und ein winziger Mühlbach zwischen Dorsten und Gahlen die Franken und die Westfalen. Auf der ganzen Strecke vom Rhein bis zur Weser bilden im übrigen nicht die Flußläufe, sondern Gebirge und Wasserscheiden zwischen beiden die Grenze. Die besonderen Merkmale zweier benachbarten Mundarten pflegen auch nicht alle auf einer und derselben Linie einander gegenüberzutreten, sondern einige sind von der einen Mundart weiter in die andere vorgedrungen, während die anderen zurückblieben. Und dieses Vorrücken und Zurückweichen der Laute setzt sich unaufhörlich fort. Selbst wenn man nur das eine Hauptmerkmal, die Lautbildung, ins Auge faßt, bemerkt man häufiger breite Übergangszonen als scharfe Grenzlinien, wo nicht seit alters ein paar Volksstämme sich schroff gegenüberstanden, wie namentlich die Sachsen und die Franken, und die Sachsen und die Thüringer. Doch ist andererseits gerade das Fränkische, das nach allen Seiten hin eroberte, am meisten geneigt, Mischmundarten zu bilden. So mischt es sich im Unterelsaß und in der badischen Ortenau mit dem Alemannischen; in der Oberpfalz ist die bayerische Mundart stark oberfränkisch gefärbt, in Henneberg eine ostfränkisch-thüringische und im Vogtland eine ostfränkisch-obersächsische Mundart entstanden. Langsam verschieben sich die Konsonanten in südwestlicher Richtung vom nördlichen Obersachsen über das Osterland, Meißen, das Erzgebirge, das Vogtland, bis sie den ostfränkischen Lautstand erreichen. Dagegen hat das Fränkische im Nordwesten, am Niederrhein, als salische Mundart den alten niederdeutschen Konsonantenstand bewahrt und arbeitet sich von Wesel und Geldern durch die ripuarische oder kölnische Mundart hindurch an der Mosel und auf dem Westerwald erst allmählich zu einer entschiedeneren mitteldeutschen Sprache empor. Dennoch vollzieht sich innerhalb einzelner, schmaler lang ausgedehnter Strecken allerdings eine dichte Reihe von Lautveränderungen, so daß man hier wohl von mundartlichen Grenzlinien sprechen darf und zwar von konsonantischen, wie von vokalischen. Die wichtigste und deutlichste scheidet

1) **Die niederdeutsche (plattdeutsche) Mundart** von den mitteldeutschen, die Linie der **Tenuisverschiebung**, auf der sich twee in zwei, Tîd in Zît, Water in Wasser, sitten in sitzen, Salt in Salz, heet in heiß, grot in groß, ut in aus oder us, maken in machen, slapen in schlafen verwandelt. Sie läuft zwischen folgenden Orten hin, von denen die verschiebenden gesperrt gedruckt sind: Eupen, Aachen, Erkelenz, Grevenbroich, Düsseldorf, Remscheid, Siegen, das Rothaargebirge, Kassel, Münden, Lauterberg, Sachsa, Nordhausen, Staßfurt, Wittenberg bis gegen Lübben, Frankfurt a. d. Oder, Küstrin, über die Warthe östlich von Landsberg durch das Süduferland der Netze bis Bromberg und Thorn an die polnische Grenze. Die Nordgrenze bildet die Nordsee und die Ostsee und zwischen beiden eine von Flensburg bis gegen Tondern laufende Linie. Über diese hinaus schickt das vordringende Niederdeutsche als Plänkler nach Nordschleswig, ja nach Jütland hinein die Hauptwörter mit vorangehendem Artikel: de Dach (der Tag) und dat Fatt (das Faß), vor denen die rein dänischen Dagen und Fadet zurückweichen. Andererseits hört man auf Amrum die dänische Verneinung ei für „nicht" und das dänische dîn Rakker für „du Racker!"

Dieses niederdeutsche Gebiet wird aber durch eine Linie, die südlich von Harderwyk an der Zuidersee über Zütphen nach Elberfeld bis etwa Remscheid läuft in ein um den Niederrhein, die Untermaas und die Schelde gelagertes **nieder- oder salfränkisches** und in ein den größten Teil Norddeutschlands umfassendes **niedersächsisches** Gebiet geschieden. In dem zweiten Bezirk leben einzelne Reste des **Friesischen** noch im holländischen Westfriesland und noch stärker verniederdeutscht im oldenburgischen Saterland und an der Küste uud auf den Inseln Westschleswigs fort. Ostfriesland ist völlig plattdeutsch geworden. Ferner bilden im Klevischen **Louisendorf, Neulouisendorf** und **Pfalzdorf**, die um das Jahr 1800 von Rheinpfälzern, und im Harz die sieben **Bergstädte des Oberharzes**, die früher von Bergleuten aus dem Erzgebirge gegründet wurden, mitteldeutsche Sprachinseln. Nördlich von der Linie: Wittenberg, Lübben, Frankfurt a/O. ist ein Teil des brandenburgischen Spreegebietes durch den Einfluß **Berlins** dem Niederdeutschen entzogen und dem Berliner Deutsch unterworfen worden, das selber nur wenige niederdeutsche Reste wie ik, det, Männeken bewahrt hat. Ein platt-hochdeutscher Mischmasch ist hier entstanden. Hier etwa beginnt das Kolonistenniederdeutsch, das **Ostniederdeutsche.** In **Westpreußen** ist polnisches und in **Ostpreußen** um Heilsberg und Wormditt von schlesischen Kolonisten besetztes Land eingesprengt, ferner eine Schwabenkolonie in und um Culmsee.

Jene von Oberdeutschland ausgegangene Konsonantenverschiebung hat mit ihren ich, mich, dich, sich, auch die ik, mik, dik, sik, ook noch weiter nördlich über die soeben festgesetzte Hauptgrenze des Niederdeutschen auf der Strecke: Aachen—Düsseldorf—Remscheid zurückgedrängt und zwar bis zu einer Linie, die von Kaldenkirchen bei Venlo nördlich von Krefeld bis zum Rhein südlich von Duisburg zieht und westlich von Remscheid wieder mit der obigen Hauptgrenze zusammentrifft. Diese ich/ik-Linie stellt den nördlichsten Radius eines Fächers von Verschiebungslinien dar, die alle etwa von der Quelle der Sieg am Rothaargebirge ausstrahlen. Denn wie ein zweiter etwas südlicherer Radius durch jene Hauptgrenze gebildet wird, so greifen noch zwei andere viel weiter nach Süden aus, um den dritten und den vierten Radius beizufügen. Die unverschobenen Klänge dat, wat, dit und et hört man am rechten Rheinufer noch bis nach St. Goar hinauf, auf dem linken sogar bis Saarbrücken und St. Avold und Falkenberg bei Metz. Endlich dringen die Wörter Parrer, Perd, Pund noch über die fröhliche Palz hinaus, auf der linken Rheinseite sogar bis zum Donon, einem westlich von Straßburg gelegenen Vogesengipfel. Diese vier Radien niederdeutscher Lautentwickelung beschreiben also um das Rothaargebirge einen mächtigen Viertelkreis von Venlo bis in die Straßburger Gegend. Sie erscheinen jetzt wie niederdeutsche Übergriffe in mitteldeutsches, ja hochdeutsches Gebiet; aber richtiger sagt man: die oberdeutsche Konsonatenverschiebung, die im ganzen siegreich über Mitteldeutschland bis zum eigentlichen Niederdeutschland vordrang, vermochte sich im westlichen Mitteldeutschland um den Rhein nicht völlig durchzusetzen, so daß sich einige specifisch niederdeutsche Erscheinungen gleichsam über die mitteldeutschen hinweg mit specifisch oberdeutschen berühren, wie das p für pf mit dem i für ich. Doch ist auf dem mittelfränkischen und hessischen Grenzgebiete das t des dritten Radius schon erschüttert. Es hält sich nur in der volleren Form: et blaibt dåbei und dat Häusche, aber weicht bereits dem s in: dåbei blaibts und ins Häusche.

Wichtig sind auch die Grenzen zwischen dem überwiegend niederdeutschen Steen, spreken, dem weitergehenden slapen, swemmen, sniden, smecken, dem insbesondere westfälischen S-chinken oder Sginken und dem mitteldeutschen Schtein u. s. w., das z. B. ein Teil der niederdeutschen Altmärker und Havelländer, ja sogar Pommern schon angenommen hat.

Durchschlagende Einteilungsmerkmale der **verschiedenen niederdeutschen Mundarten** sind noch nicht gefunden. Doch sondert man neuerdings nach der -en- oder -et-Endung der dritten Pluralis Indicativi Präsentis, des Infinitivs und des Gerundiums das **Niederfränkische** (und Ripuarische), das in allen drei Fällen e(n) hat, auf der Strecke von Isselburg, Wesel, Mühlheim bis Olpe, von dem **Niedersächsischen**, das im Präsens e(t), im Infinitiv und Gerundium -(e)n hat und wieder durch die Linie Wanzleben, Seehausen, Ülzen, Wittenberg, Ratzeburg, Travemünde vom **ostniederdeutschen** -e(n)- oder -e-Gebiet getrennt wird. Das niedersächsische Kernland, der um die Weser und Unterelbe gelagerte Nordwesten, hat also, übrigens abgesehen vom äußersten deutschen Schleswig und von Ostfriesland, -et und -t. Im Oberweser-, Aller- und Leinegebiet mit Göttingen, Hannover und Braunschweig spricht man bis nach Ülzen hinab mik (mek) und dik (dek) statt des sonst üblichen niederdeutschen mi und di.

Die Art des **Vokalismus** hängt hauptsächlich ab von der Quantitierung der einfachen Vokale, der Achtung ihrer alten Kürze oder Länge, von der offenen oder geschlossenen, mehr zu i oder ä, oder zu a oder o neigenden Aussprache des e und o, von der Ausbildung oder der Vermeidung der Diphthonge und von der Nasalierung. Die letzte ist dem Niederdeutschen fremd. Wie die Schriftsprache und das Mitteldeutsche dehnt es den kurzen Vokal in offener Silbe: klåge (früher klăge), lēwe (früher lĕbe), Bōde (früher Bŏte). Wie das Mitteldeutsche kürzt es Längen meistens vor Doppelkonsonanz z. B. in der Konjugation: ik blīwe (bleibe), du blĭwst, he blĭwt; ik soēke (suche), du soĕchst, ik söchte.

In Holland hält das Volk durchweg an den alten Vokalen î, û, ǖ, die der Gebildete diphthongiert, fest, ebenso der größte Teil des übrigen Niederdeutschlands. Umgekehrt hat der Nieder- und auch der Mitteldeutsche die alten Diphthonge ie, uo, üe in liep, guot, üeben, die der Süddeutsche li-ep, gu-ot, gu-et, ü-eben spricht, monophthongiert in î oder ê: lîf oder lêf, auch leif, in û oder ô: gûd oder gôd, auch goud und in oe: oewen. Also lehnt die Mehrzahl der Niederdeutschen mit der Mehrzahl der Franken die alten im Oberdeutschen behaupteten Diphthonge ie, uo (bez. ue), üe ab. Ferner lehnt sie mit den Alemannen die neuen auch im Schriftdeutschen siegreichen Diphthonge ei, au, eu für die älteren Vokale: î, û, ǖ ab, und nur auf dem südlichen Grenzgebiet zwischen Camen und dem Westharz, Bielefeld und Winterberg hat sich eine jüngere Diphthongierung z. B. in Uis, Eis, Ais, Ois statt Is, uit, aut, out, eut, üt statt ût hervorgewagt, wie sie ähnlich auch in der Netze- und Brahemundart vorkommt. Mannigfaltiger gestalten sich die alten Diphthonge ei (ai) und au (ou) in Wörtern wie: heiß, zwei, Fleisch, Seife, Kleid und Kleider oder Baum, Haupt, glauben, kaufen je nach ihrer Ein- oder Mehrsilbigkeit. Meistens werden sie zu ê oder ô zusammengezogen: Kleed, Boom.

In der Wortbildung ist das **Deminutiv** das kennzeichnendste

Merkmal. Reich sind dessen Formen zumal auf den nordfriesischen Inseln, die -k in Steenk Steinchen, -ki in Beenki Beinchen, -kan in Menkan Männchen, -i in Mammi Mütterchen, -tji in Föötji Füßchen gebrauchen. Neben dem schriftniederländischen Hauptdeminutiv -je, tje steht das volkstümliche -ien, tien: Koppien (Täßchen), Lepeltien (Löffelchen). Aber das durch ganz Niederdeutschland herrschende ist -ken, das bis zur Oder den Plural -kens, von da ab bis ins Memelgebiet -kes hat. Doch wird es im Passargegebiet um Mohrungen und Guttstadt bis gegen Elbing hin, das von Schlesiern besiedelt wurde, durch -che, Plural -ches verdrängt, und Mecklenburg und ein Teil Pommerns ziehen die nordische Deminutivendung -ing vor: Fatting, Lining. In der schwäbischen Sprachinsel um das westpreußische Culmsee taucht zum erstenmal statt des Gutturaldeminutivs -ken oder -chen das Deminutiv -la auf. Aber nicht nur die Form verdient Beachtung, sondern auch die Häufigkeit, der Umfang und der wirkliche Sinn der Endung. An der Unterweser z. B. ist man, wie etwa der Engländer oder der Norweger, viel haushälterischer damit, jedoch nicht bei Eigennamen, und ersetzt bei Gattungsnamen die Endung lieber durch ein eigenes Wort lüttje. Der Holländer und der Westfale schwelgt dagegen in solchen Verkleinerungswörtern, und der Natangsche Ostpreuße sagt sogar Sönnke und Weddake (Wetter). Zunneke, Zonnetje und Weerke gebraucht übrigens auch der Holländer, wie im Süden der Breisgauer Sonnele. Der aus Mitteldeutschland übersiedelte Ostpreuße sagt aber nicht nur Sonnche, sondern auch, wohl unter dem Einfluß des litauischen diewaitis, sogar Gottche für Gott und duchen für du. Der Mecklenburger verkleinert Adjektive wie soeting (süßchen) und Pronomina: ditting und datting, wie man in Holland allerlei deminuierte Adverbia: zoetjes, koeltjes u. s. w. und duizend dittjes un dattjes (tausend Kleinigkeiten) und in der kölnischen Übergangssprache hört: Jeder hät si Leit, dä hät en ditche on dä hät en datche. Endlich verkleinert in vielen Fällen die Endung gar nicht, sondern drückt nur Liebkosung, Zuneigung, Vertrauen aus: selbst das so deutliche lüttje Mann an der

Unterweser bedeutet in der Anrede nur „lieber Mann“ und kann einem Riesen gelten. Wann aber hat die Verkleinerung einen verächtlichen Sinn? Wo hat sie überhaupt alle verkleinernde oder irgendwelche andere Kraft verloren gleich dem schweizerischen Ärmli und Beinli, das genau Arm und Bein bedeutet?

2) **Die mitteldeutschen Mundarten** sind nördlich durch das Norddeutsche, südlich durch das Oberdeutsche bez. Tschechische begrenzt und zwar durch eine Linie, die von der obersten Saar durch den Hagenauer Forst, die untere Murg und den Oosbach hinauf, an den Enzquellen vorbei zum Neckar zwischen Stuttgart und Heilbronn und von da gegen Nürnberg zieht, den Nordrand des Fichtelgebirgs umschlingt, an der Eger hinab bis Laun, von da nach Leitmeritz, Josephstadt, Olmütz läuft. Östlich von Olmütz wendet sie sich nordwärts und erreicht, zwischen Oppeln und Brieg die Oder überschreitend, zwischen Posen und Landsberg die untere Warthe. Die Westgrenze berührt im Norden fast Malmedy, im Süden fast Metz und umfaßt ein gutes Stück von Luxemburg. Diese Grenze schließt das Ostfränkische ins Mitteldeutsche ein, aus dem es neuere Forscher entfernen und zum Oberdeutschen schlagen, weil es das alte p im Anlaut und in der Verdoppelung in pf verwandle und Deminutive mit einem l-Suffix bilde. Aber das pf kommt im An-, wie Inlaut auch im Odenwald und anlautend in Thüringen und Obersachsen vor, wo wir auch wie in Schlesien das l-Deminutiv vielleicht durch das süddeutsche Schnaderhüpfl verbreitet finden. War ein Ausscheiden aus Mitteldeutschland eine Notwendigkeit für die Niederfranken, deren Lautsystem ein entschieden niederdeutsches Gepräge hat, so ist sie es keineswegs für die Ostfranken, deren Laute sich allerdings hier und da ans Oberdeutsche anschließen, im großen Ganzen aber durchaus mitteldeutsch sind. In die **Lausitz** senkt sich ein beutelförmiges Gebiet wendischer oder sorbischer Sprache, das an der niederdeutschen Sprachgrenze nördlich von Kottbus beginnt und südlich von Bautzen endet. Andererseits gehören die Iglauer und die Brünner Sprachinsel in Mähren und Stücke des ungarischen Berglandes, namentlich die Zips, sowie die von Moselfranken gegründeten sogenannten Sachsenstädte und -dörfer in Siebenbürgen zum Mitteldeutschen.

Das Mitteldeutsche zerfällt in **West-** und in **Ostmitteldeutsch.** Zu jenem gehören 1) das **Mittelfränkische** d. h. das **Ripuarische** um Köln und das **Moselfränkische** um Koblenz. Entweder zu diesem rechnet man das Hessische oder besser wohl zum 2) **Rheinfränkischen**, das außer Deutsch-Lothringen die pfälzischen Mundarten bis zum Odenwald und die südfränkischen Grenzmundarten des nördlichen Schwarzwalds und des Neckars umfaßt. 3) Das **Ostfränkische** beherrscht etwa von der Linie Miltenberg bis östlich Heilbronn an den Taubergrund und das mittlere und obere Mainland bis ins obere Werrathal und dringt stark gemischt durch das Egerland, Südsachsen und Nordböhmen bis über Leitmeritz vor. Von den ostmitteldeutschen Mundarten erstrecken sich die 1) **thüringisch-obersächsische** zwischen dem Niederdeutschen und dem Ostfränkischen vom mittleren und unteren Werragebiet bis etwas über die Mittelelbe (Dresden) ostwärts, unter sich wieder etwa durch die Elster-Saale-Linie geschieden. Wie das Niederhessische und das Fuldische diphthongieren auch die hessisch-thüringischen Übergangsmundarten altes î, û und ǖ in Zît, Hûs, ǖben nicht, wohl aber die östlicheren, etwa von Weimar an. Den östlichen Rest des Ostmitteldeutschen bildet 2) das **Lausitzisch-Schlesische**, das am nächsten dem Obersächsischen verwandt ist.

Schon oben (S. 301) ist bemerkt, daß die hochdeutsche Lautverschiebung im rheinischen Mitteldeutsch erlahmt und das alte t und p mancher Wörter nicht verschoben hat, namentlich im Ripuarischen. Auch im In- und Auslaut bleibt hier p: in Dorp, up, helpen. Auch der Rheinfranke sagt noch Pund, Appel, Keppe (Köpfe). In Ostfranken dagegen ist die Verschiebung am weitesten durchgeführt. Aber viel charakteristischer zwar nicht dem Ober-, aber dem Niederdeutschen gegenüber ist die vielfach zusammenfallende Aussprache des d, b, g und t, p, k. Es entsteht ein für ein norddeutsches Ohr unsicher schwebender Mittellaut, eine mittelharte Media. Zwar das Ripuarische und das Schlesische scheiden scharf, aber von Obersachsen bis zu der Pfalz werden B(P)ekleidung und B(P)egleitung schwer auseinander gehalten, auch in Unterfranken sagt man Dooch für Dach und Dooch für Tag. Am schlechtesten sondert man d und t, besser b und p, und g und k werden wenigstens vor Vokalen im ganzen gut unterschieden. Hier gilt es ganz besonders scharf zu hören und sich bei mundartlichen Aufzeichnungen von der Orthographie der Schriftsprache nicht beirren zu lassen, damit endlich einmal ein wichtiger Zug der mittel- und oberdeutschen Mundarten klar erkannt werde. Die Verwandlung des g in ch zwischen Vokalen und nach r und l: sonnich, sonniche (sonnige), trâche (trage), Sorche (Sorge), Bärech (Berg) unterscheidet wieder einen großen Teil Mitteldeutschands, auch Ostfrankens und des nordwestlichen Schwabens, von Oberdeutschland. Auslautende s verwandeln manche mitteldeutsche Dialekte, namentlich die pfälzischen, in ein sch (š), also: erscht oder eerscht für erst, einige sogar das mit Konsonanten nicht verbundene s wie Hausch für Haus. Der Mitteldeutsche dehnt kurze Vokale nicht nur in offener Silbe wie der Niederdeutsche, sondern auch in geschlossener z. B. in Rād, Glās, Jāgd, Tūrm. Von Obersachsen bis nach Ostfranken hinüber nimmt die Anzahl der Wörter mit verlängertem Stammvokal zu, selbst Kind, Mist, Fleck und Speck werden hier lang gesprochen. Dagegen kürzt der Mitteldeutsche oft wie der Niederdeutsche vor Doppelkonsonanz z. B. in ich lĭde, du lĭtst, er lĭtt. Betontes ich wird von unbetontem unterschieden, im mosel-, rhein- und ostfränkischen als eich und im schlesischen als iche, das auch der Brandenburger als icke kennt. Die alten î, û, ǖ in Zît, Hûs, Lǖte werden durchweg diphthongiert zu Zeit, Haus, Leute, jedoch nicht im Ripuarischen, in Lothringen, im Fuldischen, in Niederhessen und Westthüringen. Umgekehrt werden die alten Diphthonge ie, uo, üe in î (ie), û, ǖ monophthongiert in li(e)b, gut, üben; doch lauten diese Wörter in Hessen-Nassau etwa zwischen der Linie Mainz-Aschaffenburg und Marburg leib und gout, ähnlich in Ostfranken. In weiten Gebieten wird altes ei teils zu ê, teils zu â. Der niederdeutschen Deminutivendung -ken entspricht als mitteldeutsche Hauptendung -che(n). In Niederschlesien wird neben -chen auch -ang, ing gebraucht, weiter südlich -el, aber daneben -le, -rle in Schlisserle und vereinzelt -ke in Välke (Veilchen) und im Gebirge neben Rusalein (Röslein) Gärtela (Gärtchen). Der Norden des Königreichs

Sachsen hat durchweg das vordringende -chen, der Süden -le oder -el, Ostfranken -l, -la, -le, -li. Auffallender ist als Plural von -le, la die Endung -lich auf der Rhön und am Kocher von Schwäbisch Hall abwärts und versprengt in einzelnen anderen Landschaften: also Mâdle, -la, Plural Mâdlich Mädchen. Überhaupt hat die Pluralbildung mehrfache Varianten z. B. in Frankfurt veranlaßt. Man deminuierte hier nicht bloß den Singular, sondern auch den Plural eines Neutrums, wie das Neuhochdeutsche: Kindchen, Kinderchen, erfand aber nun außerdem zu dem regelrechten Kindche(n), das der Mundart gemäß sein n abwarf, einen Plural auf -r, also Kindche-r, Mädche-r. Endlich verband man die Deminuierung des Plurals in Kinderche mit der Pluralisierung des Deminutivs in Kindcher zu Kindercher, Mädercher. Der Vogtländer verkleinert in der Kosesprache mit Kindern auch Zeitwörter z. B. drinkele = trinken, der Mainzer sagt: ja wohlche für ja wohl!

3) Der **oberdeutschen Mundarten** nördliche Grenze ist schon angegeben, die westliche läuft von der Saar- über die Moselquelle und Freiburg i/d. Schweiz quer durch das Wallis bis zu ihrem äußersten Südpunkt bei Gressonay, zieht dann als Südgrenze über den St. Gotthard, südlich von Chur gegen Botzen, über Klagenfurt zwischen Graz und Marburg an der Drau hin, um endlich als Ostgrenze auf Preßburg zu stoßen und um Budweis und Pilsen herum bis Leitmeritz zu ziehen. Dazu kommen im fernen Westpreußen die dreizehn schwäbischen Ortschaften in und um **Culmsee**, die steirische Kolonie der **Heanzen**, andere süddeutsche Siedelungen in Ungarn und die von Freisinger Klosterleuten besiedelte Sprachinsel **Gottschee** in Krain bis zur Kulpa hin.

Diese Mundarten zerfallen in das **Alemannisch-Schwäbische** und das **Bayerisch-Österreichische.** Beide trennt eine Linie, die das Ostufer des Lechs begleitet und von oberhalb Augsburg an berührt und nördlich jenseits der Donau etwa die Wörnitz hinaufzieht. Aus der westoberdeutschen Mundart sondert sich zunächst das Westalemannische (auch wohl kurzweg Alemannisch genannt) vom Ostalemannischen (auch wohl kurzweg Schwäbisch), indem jenes die von den Schwaben mitgemachte bayerische

Diphthongierung der alten langen Vokale î, û, ǖ: Zît, Hûs, Lǖte in ei, au, eu: Zeit, Haus, Leute ablehnt. Doch ist die Diphthongierung vor Vokalen und im allgemeinen auch im Auslaut im alemannischen Westen viel weiter südlich vorgedrungen als die vor Konsonanten. Diese letzte läuft etwa von Diedenhofen bei Saarbrücken vorbei, schließt hier also noch mitteldeutsch-lothringisches Gebiet ein, dann auf der Grenze des Mittel- und Oberdeutschen etwa von Rastatt und Baden-Baden bis zur Hornisgrinde im Schwarzwald, zieht südwärts über dies Gebirge bis östlich von Tuttlingen an die Donau, nördlich vom Bodensee über Ravensberg, schneidet die obere Iller nördlich von Sonthofen, dann den oberen Lech und erreicht die Grenze der bayerischen Mundart westlich von Partenkirchen. Das Westalemannische wird in ein wesentlich schweizerisches **Hochalemannisch** und in ein wesentlich elsässisch-badisches **Niederalemannisch** getrennt durch eine Linie, südlich deren man namentlich im Anlaut ch statt k spricht: chalt, Chindli, Chnecht, chli statt kalt, Kindli, Knecht, klein. Sie geht von der südlichsten Ecke des Elsasses bei Altkirch aus, überschreitet den Rhein nördlich von Basel, zieht südlich an Freiburg vorbei, von da über den südlichen Schwarzwald bis Radolfszell am Bodensee und über die Länge dieses See's hin, rheinaufwärts bis ins Quellgebiet der Iller.

Das Schwäbische unterscheidet sich vom Bayerischen namentlich durch die Aussprache des aus altem î entstandenen Diphthongs; denn während der Alemanne î z. B. in Îs beibehält, spricht der Bayer ai in Ais, der Schwabe den vermittelnden Laut éi in Eis. Auf bayerischer Seite fällt auch sofort das å oder o für kurzes schwäbisches ă auf in Lånd, Låndl und das bayerische Deminutiv -el, -l, -erl für das schwäbische -la, -le, -li. Erst später hat sich die ing-Endung der bayerischen Ortsnamen dem -ingen der schwäbischen entgegengesetzt.

Das **Bayerisch-Österreichische** läßt sich schwer auseinander halten. Obgleich der Oberösterreicher noch gedehnt genug spricht, scheint doch der Hauptunterschied in seinem rascheren Sprechtempo und in einer feineren Weichheit seiner Aussprache zu liegen. Stärker unterscheidet sich die bayerisch-österreichische

Hauptmasse vom **Oberpfälzischen** oder **Nordgauischen** nördlich von Regensburg, das manche mitteldeutsche und sogar einige westfälische Eigenheiten hat, wie ei und ou für altes ie und uo in leib (lieb) und gout (guot), ia und ua für e und o und mm, nn, ll, ss für md, nd, ld, chs.

Wenn im Oberdeutschen jene zweite Konsonantenverschiebung überall siegreich gewesen ist, so greift dagegen die unbestimmte mitteldeutsche Aussprache des d, b, g für t, p, k überall nach Schwaben und Bayern über. Während ferner das mitteldeutsche g geneigt ist, in ch überzugehen, verwandelt sich das oberdeutsche z. B. in der Endung -ig, -ich leicht in k. Echt oberdeutsch ist der Wegfall des ch in ich: das i, neben dem aber das betonte ich im Elsaß, im badischen Unterlande, in Ostfranken und in der Oberpfalz bestehen bleibt, reicht etwa von Straßburg nach dem badischen Lahr hinüber, zieht nach Karlsruhe, Heidelberg, Miltenberg, Schweinfurt, Erlangen und zur böhmischen Grenze. Südlich etwa des 49. Breitengrades herrscht das i für ich in Württemberg und Bayern. Je weiter westlich, desto stärker wird der stimmlose Spirant s im An-, In- und Auslaut verwandelt. Von der Oberisar bis an die Vogesen, vom Spessart bis an die Alpen spricht man auch im In- und Auslaut sch für s vor p und t: bischt und hascht, Angscht und Kunscht, Haschpel und Schweschter. Im Graubündner Schanfigthal heißt es: Schin Aetti hed schich an isch g'went = sein Vater hat sich an uns gewendet. In Gottschee bleibt das s tönend, klingt wie französisches j vor Vokalen l, m, n, b: shûgn (sagen), shain (sein), shlûfen (schlafen), und wird im Auslaut und vor t, p stimmloses sch: Schtoin (Stein), ischt (ist). Die **Nasalierung** der Vokale hat ihren Hauptherd in Schwaben, aber greift weit in die umliegenden bayerischen, westalemannischen und fränkischen Striche über. Je weiter davon entfernt, desto schwächer: so ist sie in Oberfranken schwächer und seltener als in Mittel- und Unterfranken. Ähnlich mag es sich mit der sogenannten **schwäbischen Streckung** verhalten, die den Vokal vor Doppelkonsonanz in noch zahlreicheren Wörtern als in Mitteldeutschland dehnt in Vôlk, Wîrt, vôl, Môst, Sâck, Bâch und auch den Bayern und

Franken nicht fremd ist. Dagegen bewahrt das Hochalemannische die alte Kürze in offener Silbe: lĕbet wohl, Bott für Bote, bätte für beten, wie überhaupt die Schweiz wohl die reinste, altertümlichste Quantitierung hat. In einzelnen schwäbisch-bayerischen Landschaften verbreitern sich die Diphthonge übermäßig, so wird im krainischen Gottschee Fleisch zu Floisch, Floasch, Fluasch, Floaisch, während im eigentlichen Österreich dafür Flâsch gilt. Die verschiedene Aussprache der diphthongierten oder nicht diphthongierten î û ü̂ in Bayern, Schwaben und Alemannien ist schon erwähnt. Im alemannischen Baden und Elsaß bis Basel werden sie sogar vor allen Fortes, härteren Lauten, mit Ausnahme von ch gekürzt, so in Basel gîtec in gittig, Brût in Brutt, Lûte in Lĭt. Zĭt und Krüt überwiegen längs der süddeutschen Diphthongierungslinie auf der alemannischen Seite. Auch Hûs wird zu Hüs im Elsaß und einem Teil Badens bis zum nördlichen Kaiserstuhl hinauf. Andererseits heißt es in diesen Gebieten frei, sei, neu und treu, schreie, baue, Reue neben Sû (Sau) und drü (drei, mittelhochdeutsch driu). Ein oberdeutsches Hauptmerkmal besteht in der Erhaltung der alten Diphthonge ie, uo, ue, üe in lieb, guot oder guet, die in manchen Gegenden wie volle Doppelvokale ausgesprochen werden.

Wenn im Niederdeutschen die gutturale Nominativendung -ken herrscht und im Mitteldeutschen ebenfalls in der Form -chen, -cher u. s. w. überwiegt, so führt im Oberdeutschen das l-**Deminutiv** auf -le, -li, -la oder -l, -el, -erl das Regiment und zwar jene Formen mehr im Schwäbisch-Alemannischen, diese im Bayerisch-Österreichischen. Doch treten z. B. in dem krainischen Gottschee neben den bayerischen Familiennamen Fuxl, Lampl, Rößl u. s. w. alemannisch klingende, wie Haberli und Werle auf, ebenso in Steiermark. Durch ganz Oberdeutschland sind ferner Verkleinerungswörter auf -i beliebt: Hanni, Rosi u. s. w. Die Mundart des kärntnerischen Lesachthals bildet bei Personennamen immer zwei Deminutionen: Sepl und Sepile, Moidel und Moidile, die erste ist Masculinum, die zweite Neutrum. Von solchen zwiefachen Verkleinerungen von Gattungswörtern verstärkt die zweite die Verkleinerung; Pâmel ist Bäumchen, Pâmile kleines Bäumchen, im Alemannischen Maidli Mädchen, Maideli ganz kleines Mädchen. Kärnten und Gottschee eigentümlich sind die Deminutiva auf -izl, -izle: Kelbizle, Lampizle (Kälblein und Lämmlein). Merkwürdig mittel- oder niederdeutsch klingen in Gottschee Jonke und Hanske, doch sind solche Bildungen vereinzelt auch im älteren Bayerischen nachgewiesen. Zahlreich sind in Vorarlberg deminuierte Verba wie föppla von foppa (foppen), gückla von gugga (gucken), süpfla von supfa (trinken). In Niederösterreich fragt man scherzhaft: no waserl denn denn? für „nun was denn?" Der Zillerthaler erlaubt sich auch Liebs Hergottl. Der Begriff der Verkleinerung geht völlig in den der Liebkosung auf, wenn z. B. der Schwarzwälder Bauer mit Stolz von seinen großen Tändeli (Tannen), die er im Walde hat, spricht. Umgekehrt bedeutet das oberösterreichische Leutl (Leutchen) ein altes gemeines Weib. Im Aargau behaupten sich dem Kinde gegebene Deminutivnamen oft für das ganze Leben. Ein Greis hieß dort Heirechlịhansli d. i. des kleinen Heinrichs Hänslein.

Die Volkskunde hat mit der Sprachforschung Hand in Hand zu gehen, um eine genauere Begrenzung und eine schärfere Charakteristik unserer Mundarten herbeizuführen.

Sechstes Kapitel.

Die Volksdichtung.

Auch aus den besten Volksliedersammlungen kann man nicht ein volles Verständnis der Volksdichtung, geschweige denn des Volksgesangs, gewinnen. Man muß das Volk seine Melodien selber singen hören; wie verschieden sind ihre Vortragsweisen zwischen den Alpen und dem Meer! Man muß auch auf die zahlreichen kunstlosen Reime achten, die sich an alle seine Arbeiten, Spiele und andere Freuden hängen von der Wiege bis zum Grabe, so dürftig und nüchtern sie oft auch sein mögen. Sie sind teilweise uralt und werden teilweise noch heute immer neu aus dem Stegreif geschaffen. Wie offenherzig klingt doch die ganze Kirchweihseligkeit des Schwarzwälder Burschen sofort aus dem Verse heraus:

Am Sunntig isch Kilbe, do versûf' i mei Geld,
Steig ûfi in Himmel un guck abi in d' Welt.

Viel reichere Poesie als so manche Verse strömen die Bräuche unseres Volkes aus, meistens Lieder ohne Worte, aber durch die Handlung beredt genug. Der Kulturmensch pflegt sie als Aberglauben zu verlachen. Den Pflanzen seines Erbackers, den Tieren seines Hauses legt der Bauer, auch wenn er ein noch so berechnender Rationalist im übrigen ist, eigenartige Empfindungen bei. Im Erzgebirge steckt noch die arme Frau beim Säen des Flachses ihren silbernen Fingerring an, damit der Flachs schön weiß werde, im Brandenburgischen bindet sie dabei ihr Kopftuch los und läßt ihr Haar lang im Winde flattern, damit er recht lang wachse. Das ist Urpoesie: die Weiber in Sumatra thun ganz dasselbe aus demselben Grunde beim Reissäen. Früher ging in der westfälischen Grafschaft Mark die Hausgenossenschaft mit dem Familienvater den Schwalben an dem Tage, wo man ihre Wiederkunft erwartete, bis ans Heck, das Thor des Gehöfts, entgegen. Feierlich wurde ihnen die Diele, die Tenne, geöffnet. Die Schwalbe fliegt hinein und besieht sich das Haus um und um und guckt in alle Winkel. Wird ihr die gebührende Ehre nicht erwiesen oder findet sie die Wirtschaft schlecht, so schilt sie, wie später es Rückert verhochdeutscht hat:

As ik weg taug, as ik weg taug,
Woeren Kisten un Kasten vull,
As ik wedderquam, as ik wedderquam,
Wos der nist mehr!
Dat mein ik, dat mein ik!

Aber nicht nur Pflanzen und Tiere beseelt das Volk, sondern auch die Naturerscheinungen in der Luft, in Berg und Wald und Wasser, zum Teil noch heute verkörpert es sie zu persönlichen Wesen von geheimnisvoller, übermenschlicher Art, und selbst die toten Menschen regt es zu strafender Wiederkehr auf. Noch hält die deutsche Sage den Saum unseres alten Heidenglaubens fest. Doch am mächtigsten durchbricht noch immer die Liebe mit ihren volleren Tönen das Alltagsleben, und sie schafft das eigentliche Lied oder doch das höchste Lied.

Das Dichten und das davon untrennbare Denken des Volkes vollzieht sich in mancherlei Formen. Die eigenen tieferen Gefühle stellt es im **Lied**, die der Vergangenheit in der **Ballade**, seine Dorfgeschichten gern im **Schwank**, seine heilige Geschichte in der **Legende** und im **Schauspiel** dar. Neckischen Scharfsinn und ernste Weisheit legt es im **Rätsel** und im **Sprichwort** nieder. Eine phantastischere höhere Welt entfaltet sich in den sogenannten **Volksbüchern**, in den **Märchen** und am originellsten in den **Sagen.**

Obgleich uns das **Lied** in der Regel als die reinste und tiefste Offenbarung des inwendigen Menschen gilt, scheint es sich ursprünglich in bloßen Naturlauten und ziemlich inhaltleeren Zurufen geäußert zu haben. Da diese aber namentlich bei schwereren gemeinsamen Arbeiten erklangen, welche gleichzeitige und gleichmäßige

Kraftanspannung erheischten, so nahmen auch sie einen festen Takt, einen energischen Rhythmus an. Solche ermunternde Weisen mögen einst in Norddeutschland erschollen sein, als es galt, die Aufrichtung der kolossalen Findlingsblöcke zu einem Hünengrabe zu ermöglichen. Heute hören wir noch hier und da, wo die Dampframme fehlt, vom Brennerpaß bis an die Nordsee die **Rammlieder**, die der Bayer Schlegelreime nennt, die beim Einschlagen von Pfählen vermittelst eines Holzklotzes zu kräftigem Heben und Niederstoßen antreiben. Oft gehen sie nicht weit über die Angabe der Zahl der zu bewerkstelligenden Stöße hinaus, wie das niederdeutsche:

Hoch op een! een, twee,
een, twee, dree!
hoch op veer! fîf, een mehr!
hoch op, söss! wiss (fest) *op, söben* u. s. w.

Etwas ausgiebiger ist das Lied vom Brennerpaß:

Steften (Pfähle) *schlågen, Ochsen (?) jågen,*
Hoch aufheben, bessre (Schläge) *geben,*
Noch â mål auf und Ruh und Rast drauf!

Von den Seehäfen tönen ähnliche Sänge von Matrosen, die den Anker lichten und die Segel hissen, herüber, wie das holsteinische: Hühup! He i-juchhe! Giebt es noch solche Gleichtaktslieder bei den Wein- oder Faßziehern in Frankfurt oder den Schiffsziehern an der Elbe und Donau? Von Paderborn bis nach dem Niederrhein, auch im mährischen Kuhländchen, sang man noch vor kurzem nach dem taktmäßigen Surren des Reffkammes **Flachsreff-**, dann auch **Flachsbrechlieder**, wobei Männer und Weiber oder auch der Vorsänger und der Chor sich ablösten (S. 239 ff). In einigen schildern sie ihre Lage oder ihre Stimmung, in den meisten aber necken, verspotten und bedrohen sie in übermütiger Laune die Mitarbeiter, besonders die trägen und die leckeren, oder auch herzukommende Fremde. Nach dem Takt des Klopfens der Weidenrinde singen die Knaben am Bach ihre **Bastlösereime**, die auch auf eine Drohung und zwar gegen die Pfeife, die nicht geraten will, hinauslaufen. Schnitter-, Hopfenpflücker- und Winzerlieder sind schon seltener. Enger schließen sich die **Drescherlieder** an den Gang der Arbeit, aber nicht an den Gleichtakt, sondern an den Wechseltakt. Aus der Landwirtschaft ist das taktmäßige Arbeitslied in die Hausindustrie der nordschleswiger und der erzgebirgischen Klöpplerinnen gedrungen (S. 155). Arbeitslieder anderer Art werden noch hier und da aufzufinden sein.

Die im Takt gesungenen **Wiegen-, Knie- und Puppentanzlieder**, die das Schaukeln der Wiege, die Hebungen und Senkungen des zum Reiten benutzten Knies und den Tanz der Puppe begleiten, führen zu der für das Lied allerfruchtbarsten rhythmischen Bewegung, dem Tanz, hinüber. Der innige Zusammenhang der **Reigen- und Spiellieder** der Kinder mit Sang und Lied ist schon hervorgehoben (S. 124); aber erst das **Tanzlied** der Erwachsenen bringt zu der Spottlust des Flachsreffliedes alle möglichen anderen Stimmungen hinzu, Freude, Stolz, Eifersucht, Niedergeschlagenheit und Verzweiflung. Der Inhalt trägt jetzt erst den Sieg über das bloße Tempo davon, der freie Schwung des Tänzers über die gebundene Anstrengung des Arbeiters. Das **Schnaderhüpfl** ist da! Die bayerischen Schnaderhüpfl heißen auch Stückl, Schleifer, in Österreich Gsetzln, Gstanzln, in Kärnten Plopper-, Plepperliedl, bei den Alemannen und Schwaben Schelmeliedle, chorze (kurze) Liedle, Rappeditzle (vom französischen *rapetissé*, d. i. verkürzt), im Koburgischen Schlumperliedla, im Vogtland Rundâs. Das Hauptwort: Schnaderhüpfl bedeutet wohl ein Hüpf-, ein Tanzlied. Seine Heimat ist der bayerisch-österreichische Osten, wo wir schon im zwölften Jahrhundert das ganz schnaderhüpflartige, nur um zwei Zeilen erweiterte Liebesliedlein in einem Briefe Wernhers von Tegernsee finden:

Dû bist mîn, ich bin dîn,
Des solt dû gewis sîn
Dû bist beslozzen
In mînem herzen:
Verlorn ist das slüzzelîn:
Dû muost immer drinne sîn.

Das Schnaderhüpfl ist westwärts bis in die mittlere Schweiz, in

Schwaben und ins Elsaß, nordwärts bis nach Thüringen, Obersachsen und Schlesien vorgedrungen. Einzelne sind bis nach Dessau verflogen und von schwäbischen Kolonisten sogar nach Ostpreußen gebracht worden. Im übrigen Norddeutschland und im westlichen Mitteldeutschland sind sie unbekannt. Ein echtes Schnaderhüpfl besteht aus einem einzigen Vierzeiler von acht Hebungen, es stellt in einer einzigen Strophe ein Ganzes dar. Es wird in Dur gesungen und in Bayern gern von der Zither begleitet. Es wird noch immer in seiner Heimat, aber auch anderswo aus dem Stegreif gedichtet und zwar in der Mundart. Als Trumpf wird ein **Juchzer** oder **Jodler** draufgesetzt. Es ist das echteste aller Volkslieder und fast das einzige, das noch immer neu geschaffen wird. Auch Bau und Inhalt zeigen ursprüngliches Volkstum.

Die ersten drei Zeilen haben oft dasselbe Anfangswort, worauf die vierte die überraschende Pointe bringt:

Gelt du Schwarzaugeti,
Gelt für di tauget i,
Gelt für die wär i recht, —
Wenn i di möcht.

Im Eingang wird oft dem Naturleben ein Gleichnis des menschlichen Lebens, einer Gemütsstimmung, eines Vorgangs, entnommen nach demselben elementaren Denkprozeß, der uns so manchen wunderlichen Ackerbrauch begreiflich gemacht hat. Mit diesem unscheinbaren Mittel wird oft eine tiefe Wirkung erzielt:

Aufn Tauern (den Alpen) *thuets schauern,*
Dass es blau niedergeht,
Das Diandl thuet trauern,
Weil der Bua von ihm geht.

Noch schöner heißt's von Steiermark bis ins Elsaß, ja bis in die Dessauer Gegend:

's isch nit lang, dass geregnet hett,
De Studele tropfe no,
I hann emol e Schatz ghett,
I welt, i hett'n no.

Die Liebessprache vieler Schnaderhüpfl ist von überraschender Zartheit und dabei von offenherziger, frischer Sinnlichkeit. Kein anderes deutsches Volkslied schildert die Reize der Geliebten so deutlich wie das Schnaderhüpfl und noch mehr das daraus entstandene Almlied. Es bewahrt treu alte schöne Bilder und Gleichnisse. Noch heute singt man von jenem verlorenen Schlüssel zum Herzen, in dem das Liebchen beschlossen ist, wovon man schon im zwölften Jahrhundert sang. Noch erinnern sich die Liebenden daran, daß die schöne Nacht zu Ende geht, wie einst in der Ritterzeit, durch ein Tage- oder Wecklied:

Wonn der Auerhohn pfolzt
Und der Kuhlbauer (Kohlenbauer) *schnolzt,*
Wonn der Brondvogel (Rotkehlchen) *schrait,*
Is der Tag niamer wait.

Noch kecker als irgend ein adliger Minnesänger drückt der Bursche die vermessene Behauptung aus, die Freude zu kennen, die Gott an seinem Schatz habe, in der Vierzeile:

Wonn mei herzliabs Deandl
Laut dudelt (jodelt) *in do Frua,*
So gfreut sich unsa Hergott
Und jugazt dazua!

Und damit bricht dann auch der eigene Juchezer oder Jodler hervor; die Stimmung ist so übermächtig, daß sie sich nicht mehr in Worte bannen läßt. Sie greift zu dem uralten Ausdrucksmittel des Aufschrei's zurück, aber des melodischen. So hallt der Jodler wie ein froher Zuruf zu den anderen Almern über das tiefe Thal hinweg oder wie ein Weckruf ins stille Hochgebirge. Nur mit Hilfe der Kopfstimme kann er zu seiner richtigen Höhe emporgewirbelt, zu seinen weiten Sprüngen hinaufgetrieben werden. Ein echter Hochlandslaut, verkümmert er bereits im Mittelgebirge, um sich in der norddeutschen Tiefebene höchstens in einem rohen Einzelschrei Luft zu machen.

Was aber die litterarische Überlieferung meistens nicht verrät, darf die wahrheitsgetreue Volkskunde nicht verschweigen: oft sind die Schnaderhüpfl derb und zotig. Zu Hunderten werden sie noch heute in den

Wirtschaften des Hohen Schwarzwaldes wie auf den Tanzböden des Koburger Itzgrundes von wein- und tanzerhitzten Burschen erfunden. Zu dieser Art gehören auch die meisten **Gasslliedl**, die der Liebhaber im Südosten nachts vor dem Fenster seines Mädchens anstimmt, auch die **Trutzliedl**, mit denen ein Bursch seinem Nebenbuhler entgegentritt, z. B. im kärntischen Lesachthal:

Pergarbuabn, Pergarbuabn (Bergburschen)
Seint rara Leut,
Steant grattlarisch (spreizbeinig) *dâ,*
Hänt in Sack die Schneid'.

Schon bei diesen und ähnlichen Wechsel- und Wettgesängen wird das Schnaderhüpfl über sich hinausgeführt zu einem mehrstrophigen Gedicht. Und wenn es nicht eine, sondern mehrere Stimmungen schildert und die Lust und das Leid der Liebe freier ausmalt, so wird daraus in den Alpen das **Almlied.** Da wird der oder die Liebende schon individueller gezeichnet als Schwaiger (Senner) oder Schwaigerin (Sennerin), als Bua aus dem Thal, Jäger, Holzknecht oder Wildbratschütz. Auch Zeit und Ort. Im steierischen Hochgebirge hebt im Frühling das Almlied an, wenn das Vieh auf die Voralp fährt, und schließt mit dem Herbst, wenn es wieder thalwärts zieht. Es schildert die Sommerfrische des Schwaigers oder der Schwaigerin, ein einsames, weltfernes Liebesidyll. Zuhöchst, wo noch der Speik und die Raute blüht, da jauchzt die Sennerin ihr Lied ihrem Buben entgegen, meist lustig und hoffnungsfroh. Aber nicht immer. Denn auch Reue und Untreue, Haß und Rache klingen wieder. Doch, wie es sich auch wende, auf der Alm ist jeder gesund, und auch der's Absterben hat, muß da a frisch Bluat kriegen und weiter — auf der Alm ist koa Sünd. Ein solches über alle Satzung der anderen Welt da drunten erhabene Hochgefühl ist keinem anderen deutschen Liebeslied in dem Maße eigen. Und wenn dieses seine ergreifendsten Töne im Abschieds- und Trennungsschmerze anschlägt, so entspringt das erquicklichste Almlied aus der Freude des Wiedersehens. Freilich der Größe der Landschaft wird es keineswegs gerecht, die Älpler stehen in dieser Beziehung noch ganz auf der kindlichen

Stufe eines Naturvolks. Nicht das Ganze oder Große der Natur zieht sie an, sondern nur die Einzelheiten. Nie hören wir etwas von dem Wechsel von Licht und Schatten, der Färbung der Wälder, den Linien der Berge, dem Sonnenauf- oder Sonnenuntergang, dem Zauber der Mondnacht, dem Sternenglanz. Weder die lautlose Stille, noch selbst die wilde Aufregung der Natur thut es dem Burschen an, wenn er hoffnungsvoll durch den Wald zur hochgelegenen Hütte emporsteigt, wohl aber das fröhliche Leben: die frische Luft, der Bäume und des Baches Rauschen, der Schrei des Kuckucks und das Pfalzen des Auerhahns, das Springen des Gamsls, das Läuten der Herde und — sein Diarndl. Schon von ferne juchazt er vor Herzenslust, woran sie ihn alsbald erkennt; dann springt sie daher wie ein Reh und wirft die Sichel auf in alle Höh. Nun steht er vor ihr, mit der Schildhahnfeder und dem wehenden Wachler, dem Gamsbart, der ihn sieghaft macht, am Hut und

Sie druckt ihn ans Herzl,
Verwoass si nit mehr (sie kennt sich nicht mehr selbst)!
Lieb's Herrgottl im Himmel,
Da schaugh emal her!

Die leidenschaftlichsten Lieder hat der Wildbratschütze, denn ihn umdräut oft dreifache Gefahr: die rastlose Nachstellung des Jägers, das Einsteigen, wenn ihn die Gemsen auf einen Platz gelockt haben, wo er weder vor- noch rückwärts kann, und die Liebesnot.

In den Thallandschaften des Südens und den Mittelgebirgen erweicht sich der kraftvolle Ton und kann noch inniger als in den Alpen sein, zumal in Schwaben und Thüringen. Der fließende Brunnen unter der Dorflinde zur Abendzeit, das in der Sonne glühende Kornfeld, der wonnig-kühle stille Wald: das ist die mildere Scenerie dieser nördlicheren Liebesdichtung. Sie hat sich viel tiefer in die gebildeten Stände hineingesungen als jene südliche: Jetzt gang i ans Brünnele; Morgen muß ich fort von hier; Weißt du, wieviel Sterne stehen u. s. w. Minder bekannt sind: Heut hab' ich die Wacht allhier, Schönste, vor deiner verschlossenen Thür; Ich hört ein Sichlein rauschen und andere, die mehr geheimnisvoll andeuten, als deutlich ausmalen und deshalb nicht in allen Kreisen gangbar geworden sind. Zu den Liebesliedern kommen, wie schon bemerkt, **Spott- und Scherzlieder**, **Trink-** und **Gesellschaftslieder** und — denn jeder Stand hat seine Lust und seine Plage — **Wander-**, **Reiter-**, **Jäger-**, **Handwerker-** und **Studentenlieder** und die so lustigernsten **Bergmannslieder**. Mancherlei Hantierung klingt mit ins Lied hinein.

Mit dem alten Tanzlied einen verwandten Ursprung hat das **Marschlied**. Mit dem Schildgesang, dem Barritus, rückten um Christi Geburt die Deutschen gegen die Römer in die Schlacht; mit dem Kyrie eleison! gegen die Normannen 883 bei Saucourt, und tiefer ins Mittelalter hinein riefen sie gern vor dem Zusammenprall mit den Feinden statt zum Herrn zu seinen Heiligen. Nach der Erfindung des Schießpulvers schwollen die Truppenmassen an, und es bildete sich eine feste Form und Satzung auch des Fußvolkes aus. Der fromme Landsknechtsorden schuf sich frische, kräftige, bunte **Schlachtlieder**, die mit seiner größten That, der Schlacht bei Pavia 1525, ihren höchsten Ausdruck erreichten in einem Liede, das noch hundert Jahre später von den pommerschen Kindern auf der Gasse gesungen wurde. Da heißt es:

Ei! wird ichs dann erschossen, erschossen auf breiter Heid,
So trägt man mich auf langen Spiessen, ein Grab ist mir bereit,
So schlägt man mir den Pummerleinpumm
Der ist mir neunmal lieber, denn aller Pfaffen Gebrumm!

Auch die Liebes-, Trink-, Preis- und Spottlieder blieben im Feldlager nicht aus. Namentlich manche schöne Abschieds- und tragische Deserteurlieder und vor allem das einem brandenburgischen Soldaten zugeschriebene **Lied vom Prinz Eugen**, dem edlen Ritter, vom Jahre 1717 haben sich bis heute erhalten. Den neueren Soldatenliedern, die hinter den alten zurückstehen und viele Kunstlieder, wie „Wir sitzen so fröhlich beisammen" unter sich aufgenommen haben, hat jedoch der letzte große Krieg ein schönes zweistimmiges Marsch- oder Beiwachtlied hinzugefügt: Bei Sedan auf den Höhen. Die eigentlich **historischen Lieder** fallen leicht in den ledernen Chronikenstil, nur einige frischere, wie das Lied auf den im Jahre 1402 hingerichteten Seeräuber Störtebeker, kannten die Fischer auf Rügen noch in unserem Jahrhundert. Die **Vaterlandslieder**, deren Mangel eine charakteristische Eigenschaft der älteren Volksdichtung ist, beginnen erst in neuerer Zeit aufzukommen.

An das eigentlich **geistliche Lied** wagt sich das Volk seltener, aus Ehrfurcht vor dem Stoff oder aus Scheu vor dessen abstraktem Wesen. Doch verfaßten in Sundewitt noch vor kurzem einfache Bauern treffliche fromme Gedichte, und in manchen Gegenden, z. B. im Siegerland, hört man volkstümliche choralartige Weisen auf der Landstraße singen. Die katholische Bevölkerung kleidet gern legendarische Erzählung in Liedform und verherrlicht ihre Heiligen, vor allen aber Maria, so die Franken am Rhein und am Main und die Deutschböhmen. Am ergreifendsten verbindet sich damit das reimlose Arbeitslied der Gottscheer in Krain. Beim Hirsegäten singt der Chor:

Die Wachtel schlägt hier in unserem Feld,
Gott geb uns hier ein gutes Jahr,
Im Weinberg und im Hirseboden.

Dann hebt der Vorsänger von Maria an:

Sie tritt wohl hin auf den breiten Weg,
Auf den breiten Weg, auf den schmalen Steig.

Nun ertönt wieder die dreizeilige Wachtelstrophe des Chors, und der Vorsänger schildert dann, immer wieder einfallend, Mariens Gang über den Berg nach dem Rosengarten, und wie sie dort die lichten Rosen bricht und lichte Kränzlein daraus flicht. Die aber hängt sie ans heilige Kreuz. Zum Schluß:

Wo will sie hin mit dem heiligen Kreuz?
Zum Gottesweg schön, ins Himmelreich.

Das Gottscheer Lied vom „zerrissenen" Stall in Bethlehem endet:

Den Fuss bewegt er (Joseph), *das Kindlein wiegt er,*
Das Kindlein Jesus wieget er,
Der Ochse bläst, der Esel schnaubt,
Dass sie's Kindlein Jesus erwärmen thun.

Solche naive Lieder durchziehen dann die süd- und mitteldeutschen Weihnachts-, Drei Königs-, Passions- und Osterspiele.

Das deutsche Volkslied fällt leicht in eine epische Gangart und nähert sich damit einer anderen wichtigen Dichtgattung des Volkes, der **Ballade**, die, wie der Name schon andeutet, ursprünglich auch mit Tanz verbunden war. Das deutsche Liebeslied hat insofern einen internationalen Zug, als es die tiefsten Gefühle mit dem fremden teilt; aber diese erwachsen doch bei den verschiedenen Völkern aus einer alten Verschiedenheit des Gemüts und der Lebenslage. Die Ballade dagegen hat ein schärferes internationales Gepräge. Ihre Stoffe reisen von Land zu Land über hohe Gebirge und breite Meere und bahnen sich auch aus der Kunstpoesie einen Weg hinüber in die Volksdichtung. Aus der altgriechischen Litteratur kam die Hero- und Leandersage nach Frankreich und von dort, wiederum von Kunstdichtern bearbeitet, nach Deutschland, um von hier aus als Volksweise alle germanischen Stämme, namentlich die norddeutschen und skandinavischen Seeanwohner, zu ergreifen. Vielleicht noch heute singt der Paderborner:

Et wasen twei Kunnigeskinner,
De hadden enander so leef,
Se kunden bisammen nich komen:
Dat Water was veel to deep.

Im mährischen Kuhländchen, von dem die See allzu weit abliegt, zieht das Mädchen in den Grunwald, wo der Liebste in einem Waldwasser ertrunken ist. Die Landschaft gestaltet den Text, aber auch den Stil um, und hier und da giebt eine einzelne besonders großartige Ballade den meisten anderen den Ton an. Mehr als zwei Drittel der alten Gottscheer Balladen, mag ihr Inhalt sein, welcher er wolle, beginnen mit dem Verse: Wie früh ist auf der Hansl jung! oder Wie früh ist auf Mutter Maria! weil in ihrem berühmtesten Gedicht von der schönen Meererin, der Kudrun des alten Epos, die gefangene Heldin mit ihrer Wäsche am frühen Morgen zum Meeresstrande geht, um zu waschen und in ihrer Erniedrigung überrascht zu werden von ihrem Geliebten, ihrem Befreier.

Das unerschöpfliche Thema der meisten älteren Balladen ist eine Liebesgeschichte zweier Personen, die einen natürlichen Gegensatz ihres Wesens oder einen socialen Unterschied des Standes oder ein anderes ungewöhnliches Hindernis, wie es Nebenbuhlerschaft, Tücke und Untreue bereiten, zu überwinden haben oder daran zu Grunde gehen. In die ältesten Gedichte ragt noch wohl die übermenschliche Welt hinein: Meermänner und Meerfrauen stellen schönen Menschenkindern nach, und die Elfenkönigin sucht den an ihrem Berg vorüberreitenden tapferen Ritter mit ihrem Leibesglanz und ihrer Musik zu umstricken. Die skandinavischen und die schottischen Balladen sind noch voll des bezaubernden Grausens dieser altmythischen Mächte, in den deutschen mischen sich nur selten blutdürstige Wasser- oder wilde Männer und verführerische Elfinnen in die Händel der Menschen. Aber Frau Venus, die den Tannhäuser in den Berg lockt, gehört doch auch dazu, und der aus dem Tode wiederauferstandene Geliebte der Lenorensage. Erst Bürger und Goethe flößten den dämonischen Gestalten der ältesten Vergangenheit wieder frisches Blut ein. In unseren Volksballaden, wie sie wohl zumeist aus dem Ende des Mittelalters stammen, drängen sich dagegen andere Figuren vor. Könige, Markgrafen, Ritter lieben Schäferinnen, Goldschmieds- oder Wirtstöchter und Müllerinnen, oder Hirten, Schiffer, Spielleute und Zimmergesellen werden von Herzoginnen und anderen vornehmen Damen geliebt. Es war die Zeit, in der die niederen Stände dringlicher als je in Stadt und Land gleiche Rechte mit den höheren verlangten. Zwischen Liebende gleicher Herkunft, den Herrn von Falkenstein, den seine Frau aus dem Kerker losbittet, den Jäger und das von ihm im Walde geliebte Mädchen, den Soldaten und seinen Schatz, tritt die Untreue, die Feindschaft eines Stärkeren, der davonführende Krieg, die Wanderschaft und andere Not. So klingt die Ballade gar oft traurig aus. Wie gewaltig nahm doch auch diese epische Dichtung die Seele ein! Die stralsundische Chronik berichtet zum Jahre 1543, der gottlose Organist Peter Kulen habe, wenn er Christus unser Heiland habe anstimmen sollen, statt dessen gespielt: Ik sach den Herrn van Valkensteen ut siner Borg wol riden.

Die epische Ruhe des serbischen Balladenstils, die Würde des spanischen, die Leidenschaft des italienischen und die Anmut des französischen erreicht der deutsche nicht. Aber seine Sprunghaftigkeit steigert sein dramatisches Leben, und tiefes Naturgefühl und innige, wenn auch derben Ausdruck nicht scheuende Liebe durchdringen das Ganze. Dazu bemerkt man oft den Hang zu süßer Spielerei mit phantastischen Bildern, zu einem ähnlich grübelnden „Traumwerk", mit dem uns die gewaltigen Radierungen Dürers, wie seine Melancholie, so zauberisch umspinnen. Da der knappe Strophenbau lyrischen Erguß nicht gestattet, so läßt der Sänger oft die Grundstimmung fortwährend im Refrain oder Kehrreim zwischen die Strophen hineinklingen. Doch hat dieser oft wenig mit dem Inhalt zu thun. Aber die Blumen: z. B. van Gold dre Rosen oder Lindenzweig und Rosenblümlein, die der Kehrreim am häufigsten einflicht, mögen ursprünglich mit dem Hauptgedanken im Zusammenhang gestanden haben, wie der Natureingang des Schnaderhüpfels. Jetzt schmücken sie den Vortrag, wie freundliches Grün und Blüten die gastliche Tafel.

Noch viel innerlicher spricht sich auch in der Ballade das Mitgefühl der Natur mit den menschlichen Begebenheiten aus. Wenn der Mensch lustig ist, so lacht die Sonne; wenn er nach seiner Liebsten schmachtet, sind die Sterne traurig. Blumen und Bäume, auch das Tier, trauern mit, das Vöglein fliegt grüßend zu der fernen Geliebten hinüber, der Sterbende segnet zum letztenmal die grünen Wiesen und den dunklen Wald, und in der englischen Ballade deckt den einsamen Erschlagenen das Rotkehlchen mit grünen Blättern leise zu.

Das alles wird rasch erzählt, oft nur angedeutet, ohne alle Vorrede und Episode, selbst die Hauptbegebenheit. Nur die Schilderung der Folgen derselben dehnt sich gern bequemer aus.

Der sprachliche Ausdruck läßt oft zu wünschen übrig: bedeutungslose Wörter, wie wohl, sich, es, lei, oder ganz beliebige, wie dölpel, dölpel, dölpel, werden eingeschoben und Silben wiederholt, des Metrums oder der Melodie halber. Die Melodie überragt an Schönheit meistens weit die sprachliche Gestaltung. Sie quillt im Lied wie in der Ballade aus vollem

Herzen, ist daher frisch, naiv und einfach. Sie kennt ursprünglich keine Schnörkeleien, doch bringen die Mädchen z. B. in Nassau gern allerlei Verzierungen an, und die Burschen werfen wilde Juchzer dazwischen. Die meisten Lieder werden stimmig d. h. mindestens zweistimmig gesungen, wobei sich z. B. in Nassau die zweite Stimme in Terzen, Quinten, seltener in Sexten bewegt, während der krainische Gottscheer die Sexte der Quinte vorzieht. Die norddeutschen Lieder sind mannigfaltiger rhythmisiert, als die süddeutschen, die dafür in der Schweiz und im Osten den Jodler entwickelt haben. Die Melodie ist strophisch, gewöhnlich in vier, aber auch in drei Zeilen gegliedert, nicht durchkomponiert. Sie scheut nicht den Taktwechsel, in der Regel aber den Übergang in eine andere Tonart. Doch in dem Paderborner Liede von den zwei Königskindern, die einander so lieb hatten, werden alle Strophen in Dur gesungen, nur die dritte, welche die erste Katastrophe so ergreifend knapp schildert, mit überraschender Wirkung in Moll:

Dat hörde 'n falske Rune (Jungfer)
In ere Slapkammer, o weh!
Se dede de Keeskes (Kerzchen) *utdämpen;*
Leef Herte bleef in de See.

Im fünfzehnten Jahrhundert, als das Rittertum sank, entfaltete das deutsche Lied seine schönste Blüte, der dann die Lutherische Reformation und die Bauernrevolution wohl nicht günstig waren. Doch erfüllte es oft, in ein Kirchenlied verwandelt, nun auch die hohen Schiffe der Gotteshäuser. Als die eine jener Bewegungen entartete und die andere erdrückt war, in der Zeit nach dem Augsburger Religionsfrieden von 1555, begann jene romantische Gestaltenwelt der deutschen Ballade allmählich zu versinken oder doch zu erstarren, und vollends der dreißigjährige Krieg verwilderte den Volksgeschmack, so daß man jenen märchen- und sagenhaften, novellistischen und schwankartigen Begebenheiten Berichte von unerhörten Natur- und Wundererscheinungen, Räuber- und Mordgeschichten der Gegenwart, Familienhändel zwischen Mann und Frau oder Vater und Sohn und saftige Anekdoten vorzog. Die Ahnen unserer Gassenhauer,

Jahrmarktslieder und Tingeltangelcouplets erschienen, jedoch ganz verdrängt wurden die mittelalterlichen Figuren auch bis heute noch nicht.

Dem Volksliede kam nämlich eine andere Hilfe von seiten der Kunstpoesie, das **volkstümliche Lied**, das zum Teil jene alten Figuren und Geschichten der Ballade und andere alte Motive des Volksliedes, z. B. des Soldatenliedes, wiederbelebte, aber auch neue sentimentalere Stimmungen einführte. Man streitet, ob das volkstümliche Lied vom Volksliede zu unterscheiden sei oder nicht. Gewiß sind auch schon früher von Gebildeten, von Bürgern, Studenten und Mönchen, Lieder verfaßt worden, die jetzt als eigentliche Volkslieder gelten. Gewiß nähert sich auch manches eigentliche, besonders gut abgerundete Volkslied gar sehr dem volkstümlichen eines Kunstdichters, der es ja auch bei der Abfassung darauf anlegt, im Volkstone zu dichten. Und so geht auch sein Gedicht, wenn es eine ansprechende, leicht faßliche Melodie gefunden hat, ins Volk ein, wie wenn es einer aus dem Volk bei einer bestimmten Gelegenheit unmittelbar aus der Stimmung seiner Genossen heraus geschaffen hätte. Aber selten hat das Volkslied eine in unserem Sinne harmonische Durchbildung des Stoffes. Sprache und Metrum haben häufig ihre Mängel und Ecken, die Folge der Gedanken oder Scenen ist sprunghaft, die Komposition, durch ältere Vorbilder öfter zerrüttet als gefestigt, hat leicht etwas Regelloses. Ich erinnere nur an jenen oft unmotivierten Anfang der meisten Gottscheer Balladen: Wie früh ist auf der So und So! Die zerfließenden Umrisse des Volksliedes sind ganz besonders der Lockerung durch Zusätze und Abstriche ausgesetzt, es wird noch grausamer zersungen als das fester gebaute volkstümliche. Es ist in stetem Flusse. Mit der ersten schlesischen Schule seit Opitz, Dach, Flemming und Paul Gerhardt begannen die volkstümlichen Gedichte ins Volk zu dringen, der Schwulst der zweiten schlesischen Schule unterbrach diesen Verkehr, bis der Sigwartdichter Miller, Goethe, Uhland, Heine, Hauff, Eichendorff, Geibel, Scheffel und manche andere unbedeutendere Schriftsteller dem Volk einen ganzen neuen Liederschatz schenkten. Wie diese volkstümliche Dichtart das Volkslied meisterte, so meisterte auch wohl andererseits das Volk mit Glück jene, selbst Uhlands guten Kameraden. Es tastete die erste Strophe nicht an, aber es verbesserte die zweite folgendermaßen:

Die Kugel kam geflogen!
Gilt sie mir oder gilt sie dir?
Ihn hat sie weggerissen,
Er lag mir vor den Füssen,
Als wär's ein Stück von mir.

Es ließ die ganze dritte Strophe fahren, vielleicht als nicht ganz verständlich. Ist nicht auch mit den Worten: als wär's ein Stück von mir der höchste Ausdruck des Schmerzes erreicht? Das Gedicht ist knapper, einheitlicher, fast wirkungsvoller geworden. Ob die Kamerunneger, bei denen es in der Duallasprache sehr beliebt ist, sich auch derartige redaktionelle Eingriffe erlaubt haben? Das Jugendgedicht Goethe's:

Kleine Blumen, kleine Blätter
Streuen dir mit leichter Hand
Gute, junge Frühlingsgötter u. s. w.

hat ebenfalls merkwürdige Schicksale erlebt. Mit der banalen Melodie, der später Studenten die Verse: In der großen Seestadt Leipzig unterlegten, zog es in die Schweizer Alpen, wie in Nassau und Ostböhmen ein, häutete sich überall und vermischte sich arglos mit anderen Gedichten. Am weitesten sind diejenigen Kunstlieder verbreitet, die von vornherein von den Verfassern einer bekannten Weise angepaßt wurden, wie Hauffs Morgenrot und Steh' ich in finstrer Mitternacht und Hoffmanns von Fallersleben Deutschland, Deutschland über alles. Übrigens zeigt das volkstümliche Lied darin Anzeichen des Alterns, daß die mit Adam Hiller stärker einsetzende volkstümliche Liederkomposition etwa seit 1850, seit Mendelssohns Tode, stockt. Dennoch scheint es das eigentliche Volkslied immer weiter überströmen zu wollen, da die Dichtkunst des Volkes, etwa abgesehen von der bequemen Erfindung der Schnaderhüpfl, fast erloschen ist. Doch nicht überall die Singlust und die Spiellust. Das erkennt man aus den **geistlichen Schauspielen**, den scheinbar höchsten Leistungen der Volkspoesie. Sie sind namentlich in Bayern und den österreichischen Alpenländern und in Böhmen, Schlesien, Deutsch-Ungarn bis heute in Übung, kamen im vorigen Jahrhundert aber auch noch in der alemannischen Baar, in der Rhön, im Thüringer Walde, im Erzgebirge, im Rheinlande, im Harz vor. Doch haben die Geistlichen hier die Hand vielfach im Spiele gehabt und namentlich die jüngeren steirischen, tiroler und böhmischen sind zum großen Teil Scenen aus Martin von Cochems Leben Jesu 1680 und sogar aus der Hans Sachsischen Tragödie von der Schöpfung und dem Fall und der Austreibung Adams aus dem Paradiese 1548 entnommen oder nachgebildet. Manche **Paradiesspiele**, **Weihnachtsspiele**, **heilige Dreikönigsspiele**, **Passions-** und **Osterspiele** atmen aber namentlich in den lyrischen Partien den reinsten, naivsten Volksgeist. Mit der innigsten Teilnahme wendet das süddeutsche Volk sein Herz an gewissen Tagen von seinem Alltagsleben und den alten Sagen und Liebesgeschichten hinüber zu den feierlichen Handlungen der biblischen Geschichte, die es dann fast wie eigene Erlebnisse empfindet, namentlich die idyllischeren. Die Hirten, als sie auf dem Felde die frohe Botschaft vernommen haben, eilen mit warmer Kleidung im Ranzerl, mit Essen und einer Maß Bier in den Stall zu Bethlehem, um die Mutter zu speisen, den alten Joseph zu tränken und das Kindlein zu decken. Sie bitten die Maria:

Du herzliabste Mutter, gieb acht auf dös Kind,
Es is ja gar frostig, thua's einfatschen geschwind.

Im Christkindleinsspiel von Oberkatz an der Rhön geht die Naivetät so weit, daß Joseph aus seiner Schnupftabaksdose die Zuschauer schnupfen läßt. Das stört niemanden.

Viel weniger beachtet ist das humoristische Gegenbild des geistlichen Spiels, das **Fasnachtsspiel**, das im fünfzehnten und sechzehnten Jahrhundert in den Städten, namentlich in Nürnberg, zu einer bald unflätig derben Posse, bald zu einer philiströs moralischen Komödie voll Allegorien ausgebildet, sich noch auf dem Lande bei den Alemannen der Schweiz und Süddeutschlands erhalten hat, allerdings wie das geistliche Spiel nicht ohne manche Beihilfe gebildeter Männer. Der von der städtischen Bühne vor anderthalb Jahrhunderten feierlich verbannte Hanswurst tritt noch heute ganz unverfroren auf der ländlichen Bühne auf, die freilich in der badischen Baar wohl nur ein hoher, fester Misthaufen ist, oder die Truppe zieht, wie in alter Zeit, von Haus zu Haus. Einer Wandelbühne eigener Art bedient sich die sogenannte Moosfahrt des Schwyzer Muotathals. Die ganze vermummte Gesellschaft spielt den ersten Akt derselben bei einer Brücke, den zweiten auf einer eine Viertelstunde entfernten Wiese, den dritten vor einem Frauenkloster. Auch aus diesem modernen ländlichen Fasnachtspiel schaut noch das alte Doppelantlitz mit seiner Narrenfratze und seiner Büßermiene heraus. Der Aschermittwoch wirft schon seinen Schatten zurück in die Faschingslust: neben Hanswurst erscheint z. B. im Muotathal ein liederlicher Bacchus und weiterhin ein Jakobiner und Freimaurer in einer Person auf der einen Seite, auf der anderen ein Bußprediger vom Aussehen Johannes des Täufers und weiterhin ein „Professor“. Die Hauptfiguren des Bacchuszuges sind die sieben Todsünden, die 1781 auch im Hüfinger Fastnachtsspiel in der Baar umzogen, verdeutlicht durch allerhand Figuren aus der Bibel und sogar aus der griechischen Mythologie. Vom Bodensee zur Baar hinauf und von da wieder das Kinzigthal hinab bis in die Offenburger Gegend blüht noch heute hier und da das Faschingsspiel. Da sind außer den Narrengerichten zu dieser Zeit auch **Ritter- und Räuberstücke** beliebt, in Haslach an der Kinzig die Weibertreue von Weinsberg, die Grafen von Hohengeroldseck und, wie in der Schweiz, Wilhelm Tell und in der Baar Bearbeitungen der noch immer beliebten Rittergeschichten Christophs von Schmid: der Ostereier oder der Rosa von Tannenburg. Die uralte dramatische Lust bricht mit dem allerersten Frühling immer wieder hervor, hier und da in Bayern und in der Grafschaft Glatz noch in besonderen **Winter- und Sommerspielen.**

Die deutsche Volkspoesie der Gegenwart hat keinen einheitlichen Charakter mehr, sie ist ein buntes Gemisch mannigfaltiger Strömungen, die in den vielen Landschaften unseres Vaterlandes sehr verschieden gefärbt sind. Von den letzten Jahrhunderten des

Mittelalters her bis zum Jahre 1897 sind viele große geschichtliche Stürme nicht spurlos über sie hingegangen. Mittelalterliche Motive sind versetzt mit den roheren des dreißigjährigen Kriegs, und die Kunstlitteratur hat sie hier stärker, dort schwächer, bald veredelt, bald verschlechtert, die verschiedenartige landschaftliche Umgebung hier früh die Sangeslust ausgelöscht, dort ewig jung erhalten. Von den Friesen gilt das Wort *Frisia non cantat*, und in der That wissen wir von dortiger selbständiger Volkspoesie nichts. Schon 1681 kannte der Pastor Cadovius Müller nur ein einziges altes ostfriesisches Lied von Buhske di Remmer, einem losen Mann, der sieben Jahre um sein Weib freite. Ohne Sang und Klang geht noch heute der Friese stundenlang über die Kappe seines hohen Deichs, rechts die endlosen von Parallelgräben durchschnittenen Marschweiden und links die über das Watt heranspülende See. Der Tiroler aber schmettert seinen Jodler am lautesten in die Luft hinaus gerade auf der höchsten Schneide, wo schon aller Vogelsang schweigt außer dem Schrei des Adlers! Aber grundverschiedene Formationen und Gesteine wirken auch innerhalb der Alpenwelt wieder verschieden wie auf das Leben, so auch auf die Poesie. Aus den frischen, grünen Matten des steirischen und Tiroler Hochgebirgs sprudeln unablässig noch heute die frischesten und keckesten Schnaderhüpfl und Almlieder herab, auf dem rauhen, steinichten, walddüsteren Plateau des krainischen Karstes verschwinden beide, wie die dortigen Gewässer in seinem Kalkboden und, wenn auch nicht alle Scherz- und Spottlieder verpönt sind, so singen die Gottscheer doch vorzugsweise Marien- und Heiligenlieder, sonstige geistliche Gedichte und namentlich auch die dem Steiermärker und Tiroler unbekannten ernsten Balladen. Der Gegensatz zwischen der lyrischen übermütigen Sinnlichkeit dieser und der epischen nüchternen Zurückhaltung jener Alpenbewohner, denen nicht leicht ein derbes Wort entschlüpft, spricht sich aber auch in der Form aus. Die steirische Poesie lebt im Reim, sie wiegt sich zwischen zwei Zeilenpaaren anmutig hin und her, ihr Schnaderhüpfl spielt häufig mit dem Schlußreim seinen höchsten Trumpf aus. Die ganze Gottscheer Lieder- und Balladenwelt erscheint in dem überall längst verschollenen Gewande strenger

Reimlosigkeit und schreitet in zwei oder drei Zeilen unter fortwährenden Wiederholungen gleichsam zögernd weiter. So schroffe Gegensätze finden wir, von dem sanglosen Friesland abgesehen, kaum in Deutschland wieder, wie zwischen diesen zwei benachbarten Gebieten der östlichen Alpen. Doch wie in Italien der Süden von leidenschaftlicher Lyrik, dagegen der Norden von erzählenden Romanzen überquillt, so herrscht auch im deutschen Süden das Lied, im Norden die Ballade vor. Ja hier hat diese die Mundart länger festgehalten als in den meisten süddeutschen Strichen und, wie es scheint, am zähesten den ursprünglichen Charakter eines Tanzgedichts bewahrt. Die Ditmarschen sangen noch im siebzehnten Jahrhundert zum Tanz von ihrem ruhmreichen Hemmingsteder Sieg über die Dänen, von des Seehelden Herrn Heinrich gefahrvoller Brautfahrt und von der Frau Nachtigall, die werbend mit einem Goldringelein zu der Hamburger Bürgermeisterstochter fliegt. Obgleich sich die große Masse der Volkspoesie in allen Landschaften Deutschlands wiederholt, so haben doch manche Landschaften ihnen eigentümliche Dichtarten, wie z. B. die des Südostens ihre geistlichen Spiele und die in Nordungarn, in Siebenbürgen und seltener in Gottschee ihre halb gesungenen, freien rhythmischen **Totenklagen**, die an der Bahre von bestellten Klageweibern oder Frauen der Verwandtschaft improvisiert werden. Es zucken noch die alten durch die Tartaren und Türken über Siebenbürgen verhängten Leiden in seinen vielen wehmütigen **Waisenliedern** nach.

Von diesen versprengten Totenklagen und den Schnaderhüpfln abgesehen, erfindet das Volk heutzutage kaum noch neue Dichtungen mehr; auch ist die Sangluft weithin ermattet. Aber noch immer regt wie in uralter Zeit die gemeinsame Arbeit zum Singen auf, und wo es nicht das Spinnen mehr thut, ist es z. B. in Nassau das Beerensammeln, Honigkochen, Bohnenschneiden, Flachsreffen, die Schafschur und das Wollwaschen, in Gottschee das Rübenstoßen, das Lesen von Erbsen und Linsen und das Auslösen der Maiskörner, im badischen Unterlande das Hopfenzupfen und Tabakfassen. Aber auch die Muße der Sonn- und Feiertage verschönen die Burschen und Mädchen noch mancher Gegenden auf ihren gemeinsamen Gängen auf der Landstraße oder in den Wald, und unter der Dorflinde, auf der Bank vor der Thüre, in den Lauben erklingt noch manches Lied. Zumal die Feste, wie das Hausfest der Metzelsuppe, der Hochzeit und der Kirmeß, die Oster-, Mai- und Pfingstfeier und der Sylvesterabend sind vielerwärts ohne Sang nicht denkbar. Die Mädchen sind die Hauptträger des Volksgesanges: in manchen Ortschaften giebt es noch ganze musikalische Familien, vor deren Thüre die Jugend horchend steht. So haben sich auch manche Mädchen, namentlich in der ersten Hälfte unseres Jahrhunderts, ihre Lieblingslieder zu Heften zusammengestellt, in Böhmen wie in Baden. In dem einzigen Orte Ichenheim bei Lahr giebt es solcher für den Geschmack des Volkes sehr charakteristischer Liederbücher noch Dutzende.

Der Volksgesang ist zweifellos der Hebung fähig, aber auch bedürftig. Die Ausbildung der Stimme in der Schuljugend und weiterhin die Ausbildung des Geschmacks der unzähligen Gesangvereine namentlich für die einfache Schönheit des echten Volksliedes und für den vollendeten Vortrag desselben kann Wunder wirken. Die Volkskunde aber spürt dem bestehenden Volksgesange nach, um die Fragen beantworten zu können: Singt man in der Mundart oder in der Schriftsprache wirkliche Volkslieder oder volkstümliche? Welche Gattung überwiegt: das Schnaderhüpfl, das eigentliche Lied oder die Ballade? Welche Stoffe, Motive, Figuren sind vor anderen beliebt? Wie sind die Melodien beschaffen? Welche Lieder fehlen der Nachbarschaft oder sind gar nur einem Orte eigen?

An die Volkspoesie im engeren Sinne schließt sich das **Rätsel**. Es gehört zu den alten Lieblingen des germanischen Volkes, und rätselhafte Ausdrucksweise erstreckt sich in Form von Umschreibungen, die man im skandinavischen Norden Kenningar nannte, tief in die Volkspoesie und namentlich auch in die angelsächsische und die nordische Kunstpoesie. Schon vor tausend Jahren war das Tunkal, das Dunkle, wie das Rätsel im Althochdeutschen hieß, sehr beliebt. Ja man merkt bald, daß unsere neue sonst so findige Zeit nur wenig neue Volksrätsel erfunden hat, obgleich die Freude am Raten dem Volke verblieben ist. Aber immer wieder greift es gern auf den alten Bestand zurück: von den Alpen bis nach

Mecklenburg reicht das tausendjährige vom Schnee und von der Sonne, das in der Wetterau lautet:

Da flog ein Vogel federlos,
Der flog auf den Baum blätterlos,
Da kam die Jungfer mundelos
Und frass den Vogel federlos —

und ebenso alt und von den Alpen sogar bis zu den norwegischen Kjölen nachweisbar ist die schwäbische Charakteristik der Kuh:

Viere ganget und viere hanget,
Drei spitzige, zwei glitzige,
Und einer laicht (jagt) *Fliegen.*

Wie schon diese paar alten Beispiele zeigen, hat das Rätsel den innersten Trieb, das Unpersönliche zu personifizieren, das Gewöhnliche zu verschönen, das Sinnliche zu vergeistigen. Seltener kommt es umgekehrt zu einer Versinnlichung des Geistigen und Abstrakten, wie etwa des „Gedankens" und etwa noch „Gottes" und des „Jahres".

Schon früher unterschied man zwischen dem **eigentlichen Rätsel** und der **Rätselfrage.** Jenes charakterisiert, je nachdem es einfach oder zusammengesetzt ist, eine oder mehrere Sachen direkt in Prosa oder Vers, bedient sich neben dem Reim auch der Assonanz und des Stabreims und außerdem wohl auch wunderlicher Lautbildungen und Wortentstellungen. Die andere Art hebt mit einem Fragwort an: Welcher, was, wann, warum u. s. w., um sich nach irgend einem Verhältnis zu erkundigen, läuft aber oft auf einen bloßen Scherz hinaus, z. B.: Worüm knippt de Hahn sien Ogen to, wenn he kreiht? Antwort: He weet sien Lex (Lektion) utwennig! Das eigentliche Mark des Rätsels aber liegt in jener positiven Sachencharakteristik, die nun allerdings oft ganz im Sinne jenes altdeutschen Tunkal sehr unbestimmt und dunkel gehalten ist, so daß sie mehrere Deutungen zuläßt. Dabei ist aber nicht zu übersehen, daß das Volk die Begriffe häufig anders gruppiert als wir. So nimmt es in ein altes Rätsel von sieben Vögeln ohne weiteres die Biene und die Fledermaus und sogar auch wohl noch den Mistkäfer auf. Es darf aber auch nicht verschwiegen werden, daß sehr viele Rätsel, selbst in dem ernsten oberkrainischen Gottschee, absichtlich auf Zweideutigkeit ausgehen, um den Ratenden zu einer derben oder gar obscönen Lösung zu verleiten, während der Rätselsteller dann selber voll überlegenen Humors mit einer ganz artigen und harmlosen herausrückt. Zu dieser schlimmeren Sorte des zweideutigen Rätsels gehört z. B. das durch ganz Deutschland verbreitete Rätsel von der Moorrübe. Von der unverständlichsten Kürze z. B.: Ruug (rauh) bi Ruug? d. i. Schaf beim Futter — dehnt sich das Sachenrätsel namentlich im Ichrätsel, das sich wie die Erzählung eines persönlichen Erlebnisses gebärdet, bis zu einem kleinen epischen Bericht aus, der dann etwa beginnt: Ich ging mal aus und suchte was u. s. w.

Im Rätsel steckt ein Stück echter, oft kühner Volkspoesie, es tummelt sich am fröhlichsten im Dorf und in dessen nächster Umgebung und versteckt hier namentlich folgende Dinge, nach denen man es auch am besten ordnet, in ein phantasievolles Kostüm: Feld, Wiese und Bach, die Pflanzen, die Tiere und Tierchen, die Menschen mit ihren Körperteilen und ihren Geschäften, das Haus mit seinem Dach und dessen Dachtraufe, seinem Ofen und Keller, mit dem Haus- und Ackergeräte und etwa noch die Kirche mit Wetterhahn, Glocke, Kanzel, und darüber das Wetter und den Wind und den Himmel mit Sonne und Mond und dem Siebengestirn. Wie weiß es in Mecklenburg und anderswo das tote topographische Verhältnis eines sich schlängelnden Bachs zu einer abgemähten Wiese in den lebendigsten Verkehr zweier Persönlichkeiten umzugestalten: „Du Kringelkrummüm, wo wist du henüm?“ „Du Kahlekoppschoren, wat fröchst (fragst) du dorna?“ Das Rätsel in Niederdeutschland belauscht namentlich auch das Stillleben der Tiere, z. B. der sich plusternden und vom Schwein bei ihrer Toilette gestörten Ente und das menschliche Thun bis zu dem alles verzehrenden Würfelspiel hin. Schön personifiziert werden besonders der Schnee und die drei Brüder: Sonne, Mond und Wind. Da werden gemeindeutsche, süd-, mittel- und norddeutsche und dann wieder oldenburgische, pommersche

Rätselgruppen bemerkbar werden, je nach der Landschaft und den Hauptrichtungen ihrer Bevölkerung.

Außerdem liefert die biblische, namentlich die alttestamentliche Geschichte eine ganze Gallerie von Rätselfiguren: die gestorbenen und nicht geborenen Adam und Eva; den Mörder des vierten Teils der Welt, Kain; ferner Noah mit seiner Arche, Lots Weib, Elias auf dem feurigen Wagen, Jonas im Walfisch und andere. Sie werden bald feierlich, bald derb behandelt. Dem neuen Testament hat man das sinnige mecklenburgische Rätsel entnommen: Wennihr (wann) güng de Sünn' mit twölf Stiern uppe Jer (Erde) ümher? und erwartet die Antwort: As uns' Herr Christus mit sien Jünger wandelte. Wie weit ist aber die Heiligenlegende oder die Geschichte in die Rätselbildung hineingezogen? Das Rätsel spielte eine so vornehme Rolle im Gedankenleben des Volkes, daß es oft zum Angelpunkt ganzer **Rätselmärchen** und **-anekdoten** gemacht wurde. Namentlich wird einem Straffälligen aufgegeben, ein Rätsel zu lösen, um sich von der Strafe zu befreien. Das erinnert an das alte Kranzlied, in dem der Sänger sein Mädchen um ihr Rosenkränzlein bittet, es aber erst erwirkt, wenn er eine Anzahl Rätsel richtig gelöst hat. Oder es wird auch einem zum Tode Verurteilten auferlegt, ein Rätsel zu erfinden, um von der Strafe befreit zu werden, wenn seine Richter es nicht lösen können. Die erste Art hat ihren klassischen Ausdruck in Bürgers Ballade vom Kaiser und vom Abt gefunden, sie ist z. B. im reichen mecklenburgischen Rätselbuch durch mehrere humorvolle Geschichten vom König Fritz vertreten, der darin die Rolle des Kaisers spielt. Er kommt mit den Bauern und Pastoren zusammen, wenn er mit dem alten Zieten über Land auf den Viehhandel geht. Die zweite Art lebt in den sogenannten **Halslösungsrätseln** fort, die durch Rätselkünsteleien und gewaltsame und willkürliche Wortbildungen, die dem Richter die Lösung unmöglich machen, sich auszeichnen. Verwandte Motive enthalten dann namentlich die Rätselschwänke, in denen der Teufel oder der Pastor sich hervorthun. Darin wird dann oft das Rätsel von der launigen Erzählung ganz überwuchert. Bis in die Schweizer und Tiroler Alpen ist folgendes Mecklenburger Stückchen beliebt:

De Paster hett von de Kanzel ut na sien Koek rinsehn künnt. Eens Sünndags will sien Fru nich mit na de Kirch, se müßt bi den Aantenbraden (Entenbraten) bliben. Oh, se süll man mitkamen, dor wull he wol vör uppassen. Als he nu midden in de Prädigt is, röppt he: „Helena, gottsacramenta, die Enta verbrennta“. Dor hett sien Fro jo Bescheed wüst, ower de Lüd' hebben alle weent (geweint) un meent: wat hett uns' Paster hüüt wedder schön prädigt!

Einen anderen noch immer begehrten Unterhaltungsstoff gewährt der **Schwank.** Er kündet sich schon im apologischen Sprichwort an, er entfaltet sich breiter unter dem Schutze des Rätsels. Der Volksschwank ist der veredelte, stilisierte Klatsch. Sich über die lieben Mitmenschen lustig zu machen, ist sein Ausgangspunkt und sein Ziel. Schon neckt das eine Kind das andere gern mit seinem Vor- oder Familiennamen, so in Oberfranken: Hansgerg, hast die Katz dewergd (erwürgt) und im Meyerreichen Bremen:

Meyer leeg (legte) *Eier*
In Brommelbeerbusch,
Do keem de Reiher,
Neem (nahm) *Meyer sine Eier* u. s. w.

In den sogenannten **Nachbarreimen** wandert der Spott durch das ganze Dorf von Haus zu Haus und zerrt am liebsten am Bürgermeister, der z. B. einen Kürbis ausbrütet, an dem Pfarrer, dem Müller und anderen Handwerkern, von denen die Kinder schon namentlich den gefürchteten Schlotfeger, während sie ausreißen, damit ärgern. Und nun geht's freundnachbarlich hinüber mit den **Ortsneckereien** zu den nächsten Dörfern, deren Dummheit, Übermut, Streitsucht, Armseligkeit, Schmutz verhöhnt wird, oft übrigens witzlos nach einer landläufigen Schablone, z. B. nach der alemannischen:

Basel isch e scheni Statt,
Liestel isch der Bettelsack,
Binnige isch der Sudlziber,
Bottmige isch der Deggel driber.

Oft verdanken Örter einem einzigen dummen Streich ihren ewigen Spitz- oder Übernamen. Kniaborer heißen die Friedländer in Steiermark, weil einer von ihnen beim Zaunmachen sein eigenes Knie anbohrte. Die Drahowitzer nennt man im Egerlande d'Läwen, weil sie einmal einen steinernen, wasserspeienden Löwen für einen Heiligen hielten; die Franzensbader d'Schattenhupfer, weil sie einst, als sie in einer Mondnacht angeheitert von Eger heimkehrten, die tiefen Pappelschatten der Allee für Gräben ansahen und über jeden einzelnen springend hinwegsetzten. Durch ganz Schwaben und Franken heißt es von einem unbefriedigenden Ausgang: Es geht aus, wie's Hornberger Schießen. Die Hornberger im Schwarzwald hatten alle Welt zu ihrem Schießen eingeladen, aber das Pulver vergessen. Durch eine Reihe solcher Großthaten sind berühmt geworden die deutschen Abdera's: Osterburken im fränkischen Baden, Hirschau in der bayerischen Oberpfalz, Polkwitz in Schlesien, Teterow und Wesenberg in Mecklenburg, Schilda in der Provinz Sachsen und Schöppenstedt in Braunschweig. Nicht weit davon in Kneitlingen wurde aber auch Till Eulenspiegel geboren, dessen rohe Bauernschlauheit den Bürgern die unsaubersten Streiche spielte.

Dieser Necktrieb ist uralt und scheint sogar einigen germanischen Stämmen ihren Namen gegeben zu haben, wie den Gepiden oder Gaffern, den Sueven oder Schläfrigen. Auch die Bezeichnungen der blinden Hessen, der thörichten Bayern, der dummen Schwaben gehen hoch hinauf. Ja von den Herulern erzählte man vor anderthalb Jahrtausenden fast dieselbe Heldenthat wie von unseren sieben Schwaben, nämlich, daß sie sich auf der Flucht mit ausgebreiteten Armen in ein blau blühendes Flachsfeld stürzten, in der Meinung, es wäre Wasser.

Der Schwank wagt sich über den Kreis der gewöhnlichen Menschen hinaus an die Heiligen, vor allen an Petrus; er wird dann zu einer humoristischen Legende, in die zuweilen sogar Christus und der Herrgott selber hineingezogen wird. Den tollsten Übermut aber bringt der Teufel hinein, der übers Ohr gehauene dumme Teufel.

Nun kommt aber auch die Weisheit auf der Gasse zu ihrem Recht. Das **Sprichwort** faßt eine Erfahrung in einen knappen

Satz zusammen. Die deutschen Sprichwörtersammlungen zeigen, daß die meisten solcher Sätze in allen deutschen Landschaften übereinstimmen. Die Lebensphilosophie unseres Volkes ist im großen Ganzen überall die gleiche, gleich scharf verständige und nüchterne. Aber die Stammesart, die Lebenslage der Bewohner schränken manche Erfahrungssätze ein oder erweitern sie, und einzelne widersprechen sich. Der Süd- und der Norddeutsche, der Winzer und der Marschbauer, der Arme und der Reiche haben ihre besonderen Wahrheiten im Laufe der Zeit gefunden und auch besonders formuliert. Das **eigentliche Sprichwort** schwebt wie ein aus dem tiefsten Brunnen der Erkenntnis geschöpfter Richterspruch frei und unabänderlich über den Menschen und den Dingen. Das **apologische** oder **Beispielssprichwort** steht dagegen nicht so unabhängig da wie das eigentliche Sprichwort und kann auch nicht dessen hohen Ernst wahren. Es legt nämlich einen Erfahrungssatz oder auch nur eine Redensart einem in einer ungewöhnlichen Situation befindlichen Menschen oder noch drolliger einem Tiere in den Mund und deckt dabei eine Fülle von Humor auf und zugleich, niederdeutsch wie es ist, manchen Zug der niederdeutschen Volksseele. Wie deutlich tritt der Gleichmut des Oldenburgers in den Wechselfällen des Lebens aus den folgenden drei Beispielen heraus: „Alls mit Måten," sae (sagte) de Snîder, do slooch he sin Fro mitte Äl (mit der Elle). „Dat is man en Oewergank," sae de Foß, do harrn (hatten) se em dat Fell oewer de Oren trocken (gezogen). „Ochaer (ach! ach!), wi arme dartein (dreizehn)," sae de Pottbacker (Töpfer) un fallt midden (mitten in ein) Dutz Pött vannen Boe'en (von dem Boden). Diese Art ist nordgermanisch, außer in England und Skandinavien namentlich in Holland und Niederdeutschland gebräuchlich. Noch in Köln heißt es: „Bässer es bässer" sät de Jung, do schtreech e der Zucker op der Zirop, oder „Prakeseren es de Kunns", sät de Schniider, da saz (setzte) e der Lape neven et Loch. Aber weit südwärts über die niederdeutsche Grenze scheint sie nicht hinauszugehen. Oder doch?

Die Sprichwörter gehen leicht in **Redensarten** über, die bald ohne Vergleich auskommen, bald in einen solchen auslaufen. So sagt man am Niederrhein: Bäter is bäter oder Brulech brengt Brulech (Hochzeit), und das Bauernwillkomm von Heilig Kreuz bei Kolmar lautet: Sitze, Herr Pfarr! Err wore mied sin wie'ne Hund, Err wore gloffe sin wie'ne Kalb, Err wore schwitze wie'ne Bär, Err wore Hunger ha wie'ne Wolf, Err wore Durst ha wie'ne Soï. Froï, gang hol eins trinke! Man möchte versucht sein, die zweite Gruppe der Redensarten nach den zur Vergleichung herangezogenen Dingen zu ordnen, aber es mag doch richtiger sein, die Haupteinteilung der Sprichwörter, Redensarten und Vergleiche nach ihrem Inhalt zu geben. Ihr Begriffsgebiet fällt teilweise zusammen mit dem des Sachenrätsels: auch sie beziehen sich auf Feld und Flur, auf Pflanzen, Tiere und Tierchen, auf die Menschen und ihr Leib und Leben, auf Haus und Hof, auf die Kirche, auf Wind und Wetter. Aber sie greifen doch viel weiter nach anderen Gebieten hinüber. Das menschliche Leben wird nach den verschiedensten Richtungen hin und viel schärfer kritisiert: die bäuerliche Arbeit, das Handwerk und der Handel, das Verhältnis von Bauer und Bürger, von Land und Leuten, der Sinn und die Seele, Recht und Gericht, Kirche und Frömmigkeit, Gott und Teufel. Man erkennt, diese Volksweisheit schickt sich an, mit ihren Mitteln die ganze Weltordnung zu umspannen, und mit dieser Arbeit ist sie noch heute beschäftigt.

Auf keinem Gebiete bestätigt sich auch noch heute der schöpferische Sprachtrieb des Volkes so kräftig wie auf diesem. Das beweist vielleicht am deutlichsten die unverminderte Liebe zum Stabreim. Noch wird dieser nicht nur häufiger, sondern auch viel wirkungsvoller verwendet als im Hochdeutschen, schon in einzelnen Wörtern: am Niederhein heißt der Landstreicher Landlöfer, die Mittelsperson Medelsmann. Man sagt nie mehr oder weniger, sondern mie of men. Wie scharf klingt dort sech op sech sälf säte für sich selbständig machen! Selbst alte nicht allitterierende Sprüche dichtet das Volk zuweilen keck in Stabreime um: Zo frö gefreit (sonst: jung gefreit) hät of gereut, sagt der Kölner.

Und hier mag man nun auch gedenken all der **Nachahmungen**

des Klangs der Glocken, des Geschreis der Vögel und der Frösche, des Geklappers der Mühle, des Knarrens des Wagens, des Takts der Dreschflegel, des Hämmerns des Schmiedes. Das geschlagene Korn klingt und klagt, der Hammer des Schmiedes befiehlt und der Ambos erwidert darauf. So tief ist die Einbildungskraft des Volkes dabei erregt, daß aus diesen Lautmalereien Märchen und Legenden erwachsen sind. „Man muß selber in der Christnacht," sagt ein niederrheinischer Kenner, „mitgefühlt haben, wie unter den Holzschuhen der zur Mette gehenden Landleute der hartgefrorene, knirschende Schnee jauchzend emporruft: Krist, Krist, Krist."

Siebentes Kapitel.

Sage und Märchen.

Sage ist Dichtung, die sich aber von aller übrigen Volkspoesie dadurch unterscheidet, daß sie nicht aus dem wirklichen Leben und seinen Freuden und Leiden erwächst wie durchweg das Volkslied oder auch der Schwank, auch nicht aus der kritischen Betrachtung der Wirklichkeit wie das Sprichwort und endlich auch nicht aus der spielenden Umschreibung wirklicher Dinge und Handlungen wie das Rätsel. In der Sage erträumt sich vielmehr das Volk hinter dem wirklichen Dasein des Menschen und der Natur ein Scheinleben, aber ein Scheinleben von so wunderbar reellem Einfluß auf das eigentliche Leben, daß es oft mehr gilt als die bedeutungsvollste Wirklichkeit. Denn über die Sinnenwelt hinausgreifend, wurde die Sage aus bloßer Dichtung zur Herzenssache, zum Bekenntnis. Der Glaube war ihre stärkste Triebkraft.

Die deutsche Sage ist aus dem Stamme des deutschen heidnischen Mythus als ein mächtiger Schößling hervorgedrungen, der seit Jahrhunderten verkümmerte, weil der christliche Glaube und die moderne genauere Erkenntnis der Dinge ihn unaufhörlich untergruben, und der dennoch auch heute noch, in einzelnen Zweigen sogar üppig, weitergrünt, weil manche alte Glaubensquellen noch immer nicht völlig verschüttet sind. Die Volkskunde hat festzustellen, welche Sagengattungen in einer Gegend ganz vergessen wurden, welche zwar nicht vergessen sind, aber nur zur Unterhaltung erzählt werden, und welche nicht nur erzählt, sondern auch geglaubt und erfahren werden. Man wird bei genauerem Nachforschen auch von der letzten Art noch mehr finden, als man denkt. So dauert der Glaube an das Umgehen gewisser Verstorbener und der verderbliche Hexenwahn, dieser sogar von einem Teil der Geistlichkeit anerkannt, noch in breiten Schichten nicht nur des Volkes ungebrochen fort. Auch das Grausen der wilden Jagd verspürt man noch in vielen Wäldern, eingeschränkter ist schon der Glaube an die Erscheinung gewisser Dorftiere, schwarzer Männer und weißer Frauen. An Gewässern und Waldstellen sieht und hört man doch noch immer Nixen oder Waschwibeli und Waldfrauen. Hier und da horcht man noch in der Nacht auf, ob irgend ein Hausgeist im Stalle wirtschaftet. Erzählt werden mit halbem, zweifelndem oder mit vollem, überlegenem Unglauben noch weit mehr Sagen, die dann aber gern, wie schon vor Jahrtausenden, den alten Weibern in die Schuhe geschoben werden. Die Hauptmasse der gegenwärtigen Volkssage besteht noch immer aus 1) diesen **mythischen heidnischen Sagen.** Sie zerfallen in drei Hauptgruppen, weil drei Erscheinungsgruppen aus dem Gesamtleben der Menschheit und der Natur auf die Sinne und das Gemüt und somit die schaffende Phantasie des Volks den stärksten Eindruck machten, das sind erstens der **Tod**, zweitens der **Alpdruck** und drittens die großartigen **Naturerscheinungen**, namentlich die **Wettererscheinungen.**

Die Sage von den **Toten und den Seelen**, die man gewöhnlich **Gespenstersage** nennt, kennt mannigfache Formen der Seele. Diese erscheint als Wind oder Hauch, dem man bei einem Sterbefall das Fenster öffnet, der mit Sturmgewalt dem sich Erhängenden entfährt, der sich mit dem wilden Heer im Sturme vereint. Die Seele des Grenzsteinverrückers flattert als Irrlicht am Rain, die der alten Jungfer als Kiebitz über dem Moor. Als Schlange, Maus und Kröte schlüpft sie aus dem Munde des Träumenden und bewohnt in dieser oder in Wieselform das Haus mit dem Lebenden. Namentlich mit der Schlange ist des Hauses Wohl und Wehe verknüpft, darum darf sie nicht beleidigt werden. Von ihrem Erdendasein Unbefriedigte: Ermordete, Ertrunkene, Ungetaufte, im Liebesglück Umgekommene, Lediggebliebene, im Kindbett Verstorbene, auch um Mehrung der Habe besorgte Landwirte kehren sehn- oder rachsüchtig zur Erde zurück; zu ihrer Strafe müssen Mörder, betrügerische Müller oder Wirte, Grenzsteinverrücker und Geizhälse Wiedergänger, Neuntöter werden, sie müssen geistern, waizen, sich üben in Menschen- oder in Tiergestalt. Merkwürdig ist der wiederholte Zug, daß ein derartig Schuldiger, wenn seine Leiche im Sarge davon getragen wird, dem Leichenzuge aus dem Giebelfenster seines Hauses stier nachschaut. Auf keinem anderen Gebiete tritt die Moral, die Gerechtigkeit der Sage so streng hervor, die namentlich auch Habsucht und Übermut straft durch Vergletscherung der Alm, durch Versinken des üppigen Klosters in den Erdboden, durch Überflutung der Marsch.

Die Sage vom Alpdruck entsprang aus der schwer fühlbaren, man möchte sagen, greifbaren Last der nächtlichen Atembeklemmung. Der Alp, der oder die Mahr, die Trud, das Schrättele oder Tockele bedrückt die Brust des Schlafenden in allerlei tierischen und menschlichen Gestalten. Auch das Vieh, namentlich die Pferde, peinigt dieser Dämon. Bestimmte Segen oder Flüche und andere Schreckmittel helfen dagegen. Der Alpglaube ist eine der Hauptwurzeln des **Hexenglaubens.** Denn der Träumende glaubt oft von einer bekannnten unangenehmen Person aus dem Dorfe gedrückt zu werden, die fortan als eine mit Zauberkraft ausgerüstete tückische Hexe nicht nur dem schlafenden Menschen oder Tiere nachstellt, sondern namentlich auch dem neugeborenen Kinde, der Braut, der Wöchnerin. Das erste zumal schädigt sie mit ihrem bösen Blick oder vertauscht es gar gegen einen Wechselbalg. Auch fährt sie hinaus mit zerstörendem Wirbelwind und Hagel über die Flur, verknotet die Zweige der Bäume, zerknickt das Korn und macht es schwarz und streift in der Mainacht den Tau vom Grase, um dem Vieh den ersten Weidegang zu verderben. In dieser Nacht reiten die Hexen auf Besen zu ihren Versammlungen auf hohe noch winterliche Berggipfel. In diesen Teil des Hexenglanbens spielen schon die Sagen von Naturgeistern, wie z. B. den Wetter- und Schauerjungfrauen hinein.

Die umfangreiche **Sage von den Naturgeistern** stellt vorzugsweise das ewig wechselnde Spiel der Wettererscheinungen dar, die das bäuerliche und das seemännische Leben und Empfinden noch weit stärker beeinflussen als das unserige, vor allen den Wind, die Regen- und Nebelwolke, die Gewitterwolke. Aber auch andere Naturgegenstände werden in das sagenhafte Wesen einbezogen. Steinen, Pflanzen und Tieren legt man wunderbare Eigenschaften bei, wie zum Teil schon ihre Namen: Schreckstein, Wünschelrute, Donnerguge (Hirschkäfer) verraten. Von Vögeln, Heimchen, Schlangen, Katzen und manchen Waldtieren erzählt man sich seltsame Neigungen und Abenteuer. Gewisse Zeiten und Orte, wie der Dachtrauf, Kirchhof und Kreuzweg, besitzen besondere Kraft, ebenso gewisse atmosphärische Erscheinungen wie der Märzenschnee, der Weihnachts- und der Maitau. Wasser und Feuer, Sonne, Mond und Regenbogen haben ihren eigenen, aber kleinen Sagenkreis. Erst jene Wettererscheinungen gelangen zu vollem persönlichen Leben, und es wird gut sein, die zahlreichen sachlichen, wie persönlichen Bezeichnungen derselben und die von ihnen gebrauchten Redensarten hier zusammenzustellen, denn man hat in diesem noch oft deutlich die Keime der Sage vor sich. Der scharfe Nordwind im Frühling heißt im deutschen Südwesten der Roß- oder Geißenschinder, wie der Boreas im Februar in Böotien zu Hesiods Zeit der Rinderschinder hieß. Die mecklenburgischen Seeleute sagen bei starkem Sturm: nu hebben de Jungens den Sack wedder apen makt, der den Windsack des Drescherbrauchs (S. 237) und den Sack in manchen deutschen Sagen erklärt. Und wer denkt nicht dabei an den Schlauch, in welchem Äolos die Winde gefangen hielt? Die Wälderinnen strecken ihre blanken Arme herüber, sagen die Aargauer, wenn sie zarte Sommerwolken über den Schwarzwald aufsteigen sehen. Üppig entwickelt ist die Sage vom Wirbelwind, von der Windsbraut, der Hexe, dem Gürtel der Elfin, welcher Baum oder Mensch, um den er gelegt wird, zerreißt. Der heulende Wind ist ein gespenstischer Hund, der sich an zugiger Stelle, wie dem offenen niederdeutschen Herde, ascheverzehrend niederläßt oder in Hohlwegen oder auf schmalem Steg als Dorftier dem Wanderer aufspringt. Wie man dieses mit Brosamen beschwichtigt, füttert man allzu heftigen Wind mit Mehl. So durchläuft auch die Wetterwolke verschiedene Stufen der Personifizierung: sie ist ein siedender Kessel oder ein Backtrog der Riesen, aber auch ein Feuerdrache, der Glück oder Unglück durch den Schornstein herabbringt, oder sie ist der Riese oder die Riesin selber.

Aus diesem Anschauungskreise entwickelten sich die beiden Hauptsagenkreise der Naturgeister, **der Riesen und der Elfen.** Die **Riesen** verkörpern die plumperen, ungestümeren Naturmächte; sie sind später oft in **Teufel** verwandelt, so daß die Sagen der beiden fortwährend ineinander übergehen. Sie sind gewaltige Steinwerfer, Hufschmiede, Mäher, Baumeister, schließen allerlei gefährliche Bündnisse mit den Menschen, fahren aber bei Wetten mit ihnen oder gar dem Herrgott gewöhnlich schlecht. Sie erfreuen sich der Gesellschaft eines alten häßlichen Weibes, des Teufels Großmutter.

Viel reicher und schöner ist die Sage von den Elfen und Mahren, Wetter- und Schauerfräulein, den Bergfräulein oder Saligen der Alpen, den Wald- und Holzmännern oder -weibern, den Nickern und Nixen, den Kornweibern, den Zwergen, Unterirdischen, Erdmännle, den Heinzelmännchen oder Hausgeistern. Wie diese Namen schon andeuten, bevölkern die Elfen den ganzen Weltraum von den Wolken des Himmels und den Alpengletschern bis in die Keller der menschlichen Wohnung und in die tiefsten Erdhöhlen hinab. Von Menschenform, wenn auch oft zarterer und winzigerer, und nach Menschenart lebend und Familien und Völker bildend, bald schön, bald häßlich, bald gütig, bald tückisch treten sie den Menschen freundlich oder feindlich viel näher als die Riesen, bei Hochzeiten, bei der Ernte, oben im Bergwalde und unten im Schacht, helfen oder verlocken in Not und Gefahr, bedürfen aber auch der Hilfe der Menschen. Sie schließen sogar Ehen mit ihnen, in Güte, oder mit Zauber und Gewalt. Die feinsten Gebilde sind die edlen Saligen des Hochgebirgs, die Schützerinnen der Gemsen. Aber die schönsten Sagen blühen aus den Liebschaften der Mömeken, Mahren und Nixen mit Menschenkinden auf, und bald humoristisch, bald wehmütig klingen die Geschichten von des kleinen Volkes Überfahrt in ein anderes Land, wenn das christliche Glockengeläut oder das Pochen der Bergleute sie aus der alten Heimat vertreibt. Gerade diese Sagen haben noch in manchen Familien lebendigen Glauben.

Aus dem weiblichen Elfenvolke von so wechselndem Charakter sonderten sich später **drei höhere dämonische Frauen** aus, die drei Schwestern, Jungfern, Basen, Muhmen, Heilrätinnen, Marien vgl. S. 118. Im bayerischen und alemannischen Gebiete auch zu Heiligen geworden, haben sie ihre heidnischen Eigennamen: Einbet, Warbet, Wilbet und ihre eigentümlichsten Sagen festgehalten. Eine ist schwarz, eine schwarzweiß, eine weiß; die eine wird auch wohl blind genannt und bei der Erbteilung betrogen. Sie sind Schicksalsfrauen, die bei der Geburt, der Hochzeit und beim Tode erscheinen. Einbet heißt auch Hel, die in das Totenreich einführt, von dem dann die Sage ein bemerkenswert deutsch gefärbtes Bild entwirft.

Diejenige Sage, die man **die alte Göttersage** nennen darf, soviel Wandel und Zusatz sie auch erfahren hat, geht aus der Naturgeistersage hervor, unterscheidet sich aber dadurch von ihr, daß sie sich um eine einzige bestimmte Persönlichkeit dreht und diese auch meistens mit einem festen Eigennamen belegt. Im übrigen ist ihr Wesen in der gegenwärtigen Überlieferung dem der Dämonen ziemlich gleich. Die hervorragendste Figur, einst der **Hauptgott**, ist der **wilde Jäger**, die großartigste Auffassung des Sturms, namentlich des Wintersturms. Er heißt Wode, Waul, Hackelberg, Nacht-, Welt-, Heljäger, Schimmelreiter, Schnellerts, Breit-, Lang-, Schlapphut, auch Berchtold, Ruprecht und Töst, Türst, oder er heißt nach kriegerischen Königen, jagdlustigen Rittern und strengen Vögten Berndietrich, Karl der Große, Herodes oder Rods, der Rodensteiner, Hapsberger oder auch der ewige Jude, Junker Martin, St. Hubert und Erzengel Gabriel, endlich der Nachtrabe, wie er denn vereinzelt als Raubvogel, ja als Kuckuck erscheint. Er führt die wilde Jagd, das Nachtgjaid, die wilde Gefahr oder das wilde oder wütende Heer, das Wodesheer, das Guotisheer oder kurzweg Wuotes. Entweder ist kein Ausgangs- und kein Zielpunkt seines Umzugs angegeben, sondern frei stürmt er durch die Wälder oder über die Milchstraße, zuweilen auf einer bestimmten Bahn, der Heer- oder Fröngasse, oder gar durch bestimmte Häuser hindurch. Namentlich im Süden tönt ihm wohl sanfte Musik vorauf. Oder das wilde Heer braust aus einem Berge zum Kampf, auch wohl zur letzten Schlacht hervor. Oder der wilde Jäger verfolgt ein wildes Weib, einen Eber, eine Kuh, einen Hirsch. Ein Schimmelreiter mit Schlapphut oder auch kopflos, vereinzelt ein ewiger einäugiger Fuhrmann, wirft er eine stinkende Weiber= oder Tierkeule herab. Man muß sich vor ihm auf dem Mittelweg niederwerfen, wenn man seinen Kopf behalten oder doch vor Anschwellung bewahren will. Hunde und Raben begleiten ihn. Sein Gefolge besteht aus Totenvolk, ungetauften Kindern, Hexen und bösen Geistern, aber auch seligen Leuten oder auch aus Schweinen, darunter eine einäugige Sau. In seinem Berge wohnen die Verstorbenen. Die Sage von der letzten Schlacht knüpft sich an den hessischen Odenberg bei Gudensberg, den Kyffhäuser, den Untersberg, den Donnersberg (?) und andere, aus denen er unter einem großen Kaisernamen hervorkommt. Während die Jagd des wilden Jägers auf langhaarige und langbrüstige Holzjungfern und Saligfräuleins weitverbreitet ist, beschränkt sich die Jagd Hackelbergs auf einen ihm todbringenden Eber auf einen Teil Norddeutschlands. Wenn in Oberdeutschland das wilde Heer einen getöteten Hasen, in Welschtirol der wilde Jäger Beatrik einen verspeisten Bock aus der Haut wiederbelebt, so erinnert das an den nordischen Gewittergott, der ebenfalls einen Bock wiederbelebt.

Ebenso reich ist die Sage von der früheren **Hauptgöttin**, der Frau **Holle** und **Holda** in Nord=, der Frau **Bertha** in Süddeutschland, der **Weißen Frau** in Gesamtdeutschland. Nebennamen sind Oster= und Burgjungfrau, im Nordosten Fru Freen, Frien, Freke, Fru Harke, Harre, Fru Gode, Waud, im Südwesten Frau Fasten, Fronfastenweib. Oft schön, oft häßlich, oft glücklich, oft traurig, spinnt und wäscht sie und straft die faulen Spinnerinnen und Wäscherinnen. Sie lockt in den Berg und reicht hier einen Trank, ruft ihren Schweinen, besitzt einen Brau= oder Schatzkessel, jagt mit der wilden Jagd, der zuweilen der treue Eckart voranzieht, und wird von dieser gejagt, verwandelt sich in eine Schlange, wird gefangen und von einem Hirten aus einem Bergesschooß oder Burgkeller erlöst, wirft ein Kind ins Feuer und ist eine Kinderscheuche. Aber sie hat auch ein Kinderparadies und gewährt in ihrem Berge auch anderen Toten lieblichen Aufenthalt. Ihr Schlag bringt Schwellung, ihr Griff Entzündung hervor, sie schleudert ihr Beil auf Menschen und verwirrt ihnen Haar und Verstand. Ihre Hauptsagen melden von ihrer Jagd und ihrem Umflug im Winter, von ihrer segensreichen Wagen-, Pflug-, Schlitten- und Schiffahrt und von ihrer Erlösung im Lenz. Sie ist auch die verlockende Frau Venus im Hörsel-, Venus- und Vrenisberg, die Lurlei oder Lure des Elfenfelsens, sowie wahrscheinlich auch die scheintote weiße Frau, die von einem Diebe aufgeweckt zu ihrem Gemahl zurückkehrt. Die weiße Frau ist die Ahnfrau vieler edler Geschlechter.

Vergeblich wird man im deutschen, wie übrigens auch im skandinavischen Volke Weltschöpfungs-, Weltentwickelungs- und Weltuntergangssagen nachspüren, wie sie einzelne Gedichte der altnordischen Edda vortragen. Sie stammen aus unurwüchsiger Gelehrtenpoesie.

2) Seit der Einführung des Christentums drangen viele christliche, kirchliche und konfessionelle Elemente in die Sage ein, so entstand die **christliche Sage**. Vom lieben Herrgott im Himmel, wie auch von seinem Wandel auf Erden, bei dem ihn seine Jünger, namentlich Petrus, begleiten, gehen zahlreiche Legenden, die oft einen schwankartigen Charakter haben, der vollends die Teufelsgeschichten beherrscht. Heidnisches und Christliches ist vielfach miteinander verschmolzen, in manchen lieblichen Marienlegenden die alte gütige Göttin mit der Mutter Gottes, in den Teufelssagen das Riesische mit dem Teuflischen, am schönsten beide Elemente in den großen deutschen Erlösungssagen. Denn der Zug, daß die vom beiden vergeßlichen oder feigen Jüngling nicht erlöste weiße Burgfrau sich mit der Hoffnung auf einen Erlöser trösten muß, der in einer Wiege liegen wird, die aus dem Holz eines Baumes gezimmert werden soll, der aus einer noch nicht gesäeten Eichel oder Nuß hervorsprießen wird, stammt aus einer christlichen Legende von Adam, der auf einen ihn durch das Kreuzholz erlösenden Heiland hofft. Und der Zug der anderen Sage von einer letzten Schlacht stammt aus einer oströmischen Antichristlegende, in der sich der Antichrist und ein Kaiser eine letzte furchtbare Schlacht liefern. —

Die oft schwierige Gründung der Kirchen und Klöster und die Eigenart ihrer Türme, Taufbecken, Glocken hat viele Sagen hervorgerufen. Sittenlose Klöster ereilt endlich das Verderben, fromme Mönche thun mannigfache Wunder, unfromme müssen umgehen. Von den Orden treten die der Kapuziner und der Jesuiten am meisten hervor und ihren Gegnern, den Freimaurern, wird derb mitgespielt.

3) Die **historische Sage** erwuchs aus dem unbezwinglichen Triebe des Volkes, die Geschichte sofort in Sage zu verwandeln, über dieser jene ganz zu vergessen und die verschiedensten Personen und Ereignisse miteinander zu verwechseln und zu verschmelzen und endlich Altmythisches einzumischen. Diesen Vorgang zeigt uns die altdeutsche Heldensage wie die allermodernste Dorfsage von Bismarck oder der Schlacht von Sedan. In der Hameler Rattenfängersage scheint der historische Auszug der Hameler zu einer für sie verderblichen Schlacht zusammengeronnen zu sein mit dem mythischen Zuge von Menschen oder ihren Seelen, die ein dämonischer Spielmann auf Nimmerwiederkehr in den Berg lockte. Die über Wonn und Weide milde waltende Göttin verwandelte sich in eine weide- und waldschenkende Gräfin oder Burgherrin in Bremen, Wimpfen und anderswo. Die Geschichte muß sich dem Mythus fügen, die historische Erinnerung vergeht sehr rasch. Wie weit reicht sie überhaupt zurück? Die sogenannten Hunnensagen sind gelehrten Ursprungs, all die ungeheueren Schicksale, die seit der Hunnenzeit bis in die neuere Zeit über unser Vaterland dahingegangen sind, haben keine deutlichen Spuren in der eigentlichen Volkssage zurückgelassen. Nur die Kroaten-, Franzosen- und Schwedenverheerungen haben sich ihr tief eingeprägt und dann der alte Fritz und Napoleon. Viel liebevoller verfolgt der kleine Mann die früheren Begebenheiten eines Dorfs, die sich auf ihm bekannten Schauplätzen zugetragen haben. Die Denkwürdigkeiten der Burg, Kirche, Zehntscheuer, der Linde, des Weihers und Brunnens sind die echtesten Erzeugnisse der historischen Sage.

Der Sage schließt sich scheinbar eng das **Märchen** an, einige Figuren wie z. B. Frau Holle sind auch beiden eigen, und manches

Märchen mag aus einem Mythus, einer Sage entsprungen sein. Aber die Unterschiede beider sind doch sehr bedeutend. Die Sage ist zeitlich beschränkt, gewöhnlich zu einem Moment, zu einem Hauptdatum zusammengefaßt; das Märchen breitet sich frei aus, oft über viele Jahre hin und steigert sich von einem Moment zum anderen bis zu einem Schlußeffekt. Die Sage ist auch räumlich beschränkt, haftet an einem bestimmten Berg oder See der Heimat und hat mehr nationalen Charakter; das Märchen spielt irgendwo in der Welt und durchzieht die ganze alte Welt von einem Ocean zum anderen, es ist durchweg international. Die Sage verlangt ernstlich Glauben, das Märchen nur scherzender Weise, jene wiederholt treulich den alten Mythus, dies sinnt auf neue novellistische Unterhaltung. Die Sage ist ärmer und eintöniger, das Märchen geistreicher und abwechselnder. In jener überwiegt das Übermenschliche, in diesem trotz aller Wunder das Menschliche. Die Sage ist dem Märchen vielleicht ethisch, dieses aber jener jedenfalls künstlerisch überlegen.

Welche deutsche Märchen nun unserem Volke ganz zu eigen gehören, das ist noch nicht ausgemacht; nur so viel steht fest, daß die Mehrzahl derselben auf verschiedenen Wegen von Indien her eingewandert sind. Doch hat auch diesen fremden unser Volk das Gepräge seiner humoristisch-innigen Gemütlichkeit aufgedrückt. Auch hat der eine Stamm diese, der andere jene sich zu eigen gemacht, so ist z. B. Sneewittchen erst später von Niederdeutschland nach Oberdeutschland gekommen, wo sie nämlich ihren plattdeutschen Namen weiterführt. Wie sehr die Märchen aber den Deutschen in Fleisch und Blut übergegangen sind, das lehrt uns der Umstand, daß die reizendsten Märchen in der Mundart, insbesondere der westfälischen, vorarlbergischen und elsässischen erzählt werden.

Die meisten Märchen tauchen überall in Deutschland auf und werden am besten nach den Typen geordnet, wie sie in Grimms Märchen vorliegen, also nach dem Typus des besten Jüngsten oder Dümmlings, Aschenputtels, der Gänsemagd, des Tischlein deck dich u. s. w. Zu sondern wären die mehr legendarischen, die Tiermärchen und die Diebesschwänke vom Meister- oder Gaudieb.

Sehr willkommen würden auch Nachrichten über die Zeit der Einführung einzelner Stücke sein.

Nach dem letzten Grimmschen Märchen fand ein armer Junge im Schnee einen kleinen goldenen Schlüssel und grub auch bald das dazu gehörige eiserne Kästchen aus der Erde. Er fand auch endlich ein ganz kleines Schlüsselloch, daß man es kaum sehen konnte. Er probierte und der Schlüssel paßte glücklich. Da drehte er einmal herum, und nun müssen wir warten, bis er vollends aufgeschlossen und den Deckel aufgemacht hat, dann werden wir erfahren, was für wunderbare Sachen in dem Kästchen lagen.

Möge uns die Volkskunde mit der völligen Aufschließung des Herzens unseres Volkes nicht allzu lange warten lassen!

Register.

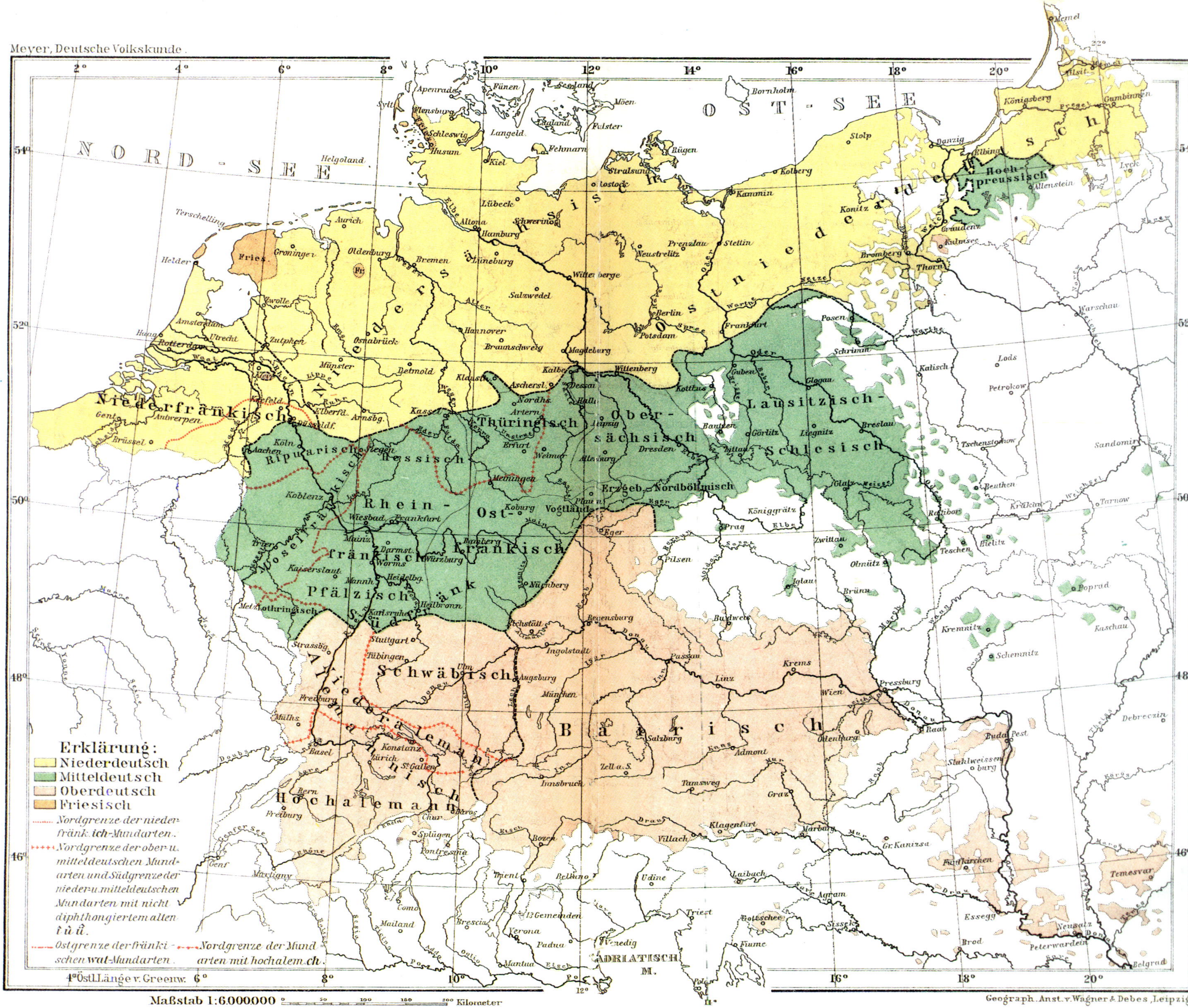

Geograph. Anst. v. Wagner & Debes, Leipzig.